中国国际关系学史

任 晓 著

商务印书馆

创于1897　The Commercial Press

图书在版编目（CIP）数据

中国国际关系学史 / 任晓著. — 北京：商务印书馆，2022

ISBN 978-7-100-20938-0

Ⅰ.①中… Ⅱ.①任… Ⅲ.①国际关系学－历史－中国 Ⅳ.①D80-092

中国版本图书馆CIP数据核字（2022）第049522号

中国国际关系学史

任 晓 著

商 务 印 书 馆 出 版
（北京王府井大街36号 邮政编码 100710）
商 务 印 书 馆 发 行
三河市尚艺印装有限公司印刷
ISBN 978-7-100-20938-0

2022 年 7 月第 1 版　　　　开本 640×960　1/16
2022 年 7 月第 1 次印刷　　　印张 27 1/4

定价：128.00 元

序 一

袁 明

43 年前，我在北大攻读国际法与国际关系史研究生时，担任"近代中国对外关系史"一课的老师是吴其玉先生（1904—1995），当时他已经75 岁了。吴先生年轻时曾在普林斯顿大学获得政治学博士学位，归国后曾担任燕京大学法学院院长。他基本以英语给我们授课，但是有一次讲课将近结束时，他凝视窗外，用中文缓缓地又非常清晰地诵出杜甫诗句："杀人亦有限，列国自有疆。苟能制侵陵，岂在多杀伤？"现在我也已经过了 75 岁，对中国与世界的关系有了比年轻时更多的观察与思考。我想，吴先生在那一刻，是否不经意间又开出了一个题目？

我们现在讲的国际关系学，其主要内容，或说思想根源，开始于近现代的欧洲。17 世纪以后，欧洲内部思想、社会激烈动荡，后来又在全世界拓张，又引发了全球各地不同形式的反应。西方知识界以体系方式逐步把这些活动归纳成一个知识结构。这里面的一个关键词是"国际"（International）。这个词是欧洲人的创造。19 世纪中叶马克思创立第一国际，后来恩格斯又创立第二国际，都是将"国际"概念变成国际组织的实践。美国在 18 世纪后期建国以后，曾长期受"孤立主义"的影响。"国际主义"在美国发展，是美国走出 19 世纪以后的事情。但是，"孤立主义"在美国人的精神世界里植根深厚，这一点与欧洲有很大不同。

国际关系学被介绍到中国时，中国面临的又是与欧洲、美国很不一样的历史场景。历史学家章百家分析道："对中国来说，真正的灾难并不在旧的对外交往体制的彻底崩溃，而在于它刚踏入新的国际社会一下子就被抛到了最底层，找不到任何盟友，找不到任何足以自卫的手段。"因此，中国的国际关系学，是从民族救亡开始的。

中国知识界在一百多年前开始做"中国与世界"这篇现代大文章时，有一种精神气象值得后人尊敬。梁启超是代表人物。他的一段自述是这样说的："余乡人也。九岁始游他县，十七岁始游他省。犹了了然无大志，梦梦然不知有天下事。曾几何时，为十九世纪世界大风潮之势力所簸荡、所冲击、所驱遣，乃使我不得不为国人焉，不得不为世界人焉。"面对世界潮流冲击，中国出现了一批觉醒者，表现出难能可贵的文化自觉。

任晓教授在二十多年前就开始关注国际问题研究的中国视角。经过长期的资料收集与思考，终于完成了《中国国际关系学史》这部著作。看到书稿中所列出的详细人名、文稿、刊物与书目，我非常感慨。这需要沉浸到无数史料中去"淘金"，这也是为后人留住历史，向生命致敬。

"作为大学来讲，就要从历史、全局的角度研究更多的问题，更长远的问题，更学术性的问题。"这是中国外交界一位资深长辈的嘱托。我们依然在路上。

2022 年 3 月

序　二

秦亚青

　　国际关系作为一门学科，是 1919 年一战之后在英国威尔士阿伯里斯特维斯大学正式建立的。中国国际关系研究大致可以追溯到 20 世纪 20 年代，几乎与这一学科的正式建立同步，至今也已经有着百年历史了。编写一部中国国际关系学史实在是一个大的工程，尤其是自始至终一人完成，就更是一件不容易的事情。任晓教授完成了这件不容易的事情，以这部《中国国际关系学史》呈现给我们一幅完整的中国国际关系学科地图，可喜可贺。

　　梳理中国国际关系学发展的历史，对于学科传承和发展具有重要的意义，不仅使我们了解前辈的卓绝努力、当代学者的开拓进取，也为以后中国国际关系学科的进路提供了重要的参考和思想的启迪。对于中国国际关系学科发展的历程，不少学者都做过研究，发表过专著和文章，从不同视角对学科的发展进行过讨论和评述。相比之下，任晓教授的这部著作具有几个突出的特点。

　　其一，一部时间跨度最长的学科史。《中国国际关系学史》应该是迄今为止时间跨度最长的中国国际关系学史。整部著作的研究时段跨越了一个世纪，从 20 世纪 20 年代一直写到当下。依照作者自己的话说："努力向前追溯至开端和向后延伸直至 2020 年。"近年来，对于中国国际关系学科史的著述更多的是集中在某一个时间段之内，比如新中国成立以来、改革开放以来或是民国时期，而任晓教授的著作则是全时段的呈现，对民国时期国际关系学科发展的论述就长达 100 页之多，应是补充了学科史的缺失。这不仅使我们对学科的整个发展历程有了一个清晰的了解，也包含了一个重要的观点，即中国国际关系学的历史实际上几乎是与西方同步的。

其二，一部历史脉络清晰的学科史。《中国国际关系学史》的总体设计有着编年史的特点，结构安排是按照学科发展的历史时期设计的。民国时期显然是中国国际关系学科的发端时期，然后是中华人民共和国成立之后的三十年和改革开放之后的年代。改革开放之后的讨论，又分别分为 20 世纪 80 年代、20 世纪 90 年代以及 21 世纪三个阶段。这些时间段的选取和划定反映了中国近现代史的发展脉络，契合了具有重大意义的历史事件，也再现了中国国际关系学科坚持不懈、坚韧前行的发展历史。

其三，一部内容全面充实的学科史。《中国国际关系学史》对于每一历史时期的表述，都充分考虑了学科的整体面貌和重要内容。一般来说，一个学科包含了教育体系、研究成果、专业机构、学术期刊等重要内容。不少学科发展的研究往往更加偏重研究成果而对其他内容有所忽视。任晓教授自然对学术研究成果进行认真梳理，包括每个时期的重要著述及其历史和现实意义、在国际关系学发展历史上的地位、对重大国际问题的分析与反思等，同时也对每一个时期学科发展的其他主要内容都做了比较详细的论述，比如，高校国际关系专业的设置和变化、国际关系专业学会的作用和意义、专业学术期刊的发展与取向等。对于一部完整的学科史著作而言，这些内容同样是十分重要的；对于读者来说，则会看到更加系统完整的学科面貌。

任晓教授是一位勤于思考、笔耕不辍的学者，《中国国际关系学史》是一部学科发展历史的重要著作。认真阅读整本著作，除了以上的感受之外，还有两点尤其值得称赞。

一是作者在对中国国际关系学科发展历史的讨论之中，有不少独到的见解。从章节的题目上，我们就可以看到作者对学科发展的理解和诠释。"起落""重建""中兴""跃升"，把这些关键词连接起来，会形象地反映出中国国际关系学科的总体脉络，也会明晰地表现作者对学科历程的点题式评议。我以为，这不仅仅是一种为篇章设计选用的词语，而是经过认真考虑之后的总结与反思。无论是对学科圈子之内的专业人士，还是对一般有兴趣的读者，都会产生启发性意义。

二是从中国国际关系学科的发展历史来看，学术总是在开放的学术体系中发展进步的，是在与全球学界进行互学互鉴、辩论争鸣中突破创新的。书中专门讨论了中国学者在世界国际关系学界的参与、交流和发表，并高度重视这类交流的知识蕴含与学科意义，告诉我们一个学科不可能在封闭的系统中，不可能在自娱自乐、自我陶醉，甚至妄自尊大的心态中发生、发展、进步。比如，作者高度重视的"中国学派"，也必然是在与中国学者、与世界学者的交流沟通、辩论争鸣中形成和发展的。中华文化为我们的学术创新提供了重要的智识资源，一个重要的原因就是中华文化始终是世界多元文明中的一部分，始终是在与其他文明和文化的开放性互动中生发生长、进化跃升的。

任晓教授在书中引用过李约瑟博士的一句话："也许整个问题归结到一点，就是要实践谦逊和友爱的精神。我们必须真诚相信，一切种族主义的思想，一切自我陶醉的文化优越感都是和世界大同社会的目标背道而驰的。"中国国际关系学的发展和创新，最终是为了人类共同知识的繁茂与丰赡，为了人类共同价值的构建与弘扬，为了实现世界大同和人类共同体的美好理想。面对一个冲突四起的世界，国际关系学人更应该有这样的理想和信念。

为此，我们共同努力。

2022 年 3 月 6 日于青岛即墨

目　录

绪　言

已故国际关系史家王绳祖先生曾说，国际关系学成为一门独立的学科，为时不算太久，大约是 1919 年以后的事。中国在 20 世纪 20 年代也开始了国际关系史的研究。[①] 这大致是一个事实，不过应该加以限定。也就是说，这只是从现代"discipline"（学科）出现的意义上而言的。若要说国际关系思想的产生，那就源远流长了，至少可上推至 2500 多年前，无论是就古代的希腊还是中国而言，都是如此。

2019 年，国内外多家学术机构或刊物，以举行研讨会或发表文章等方式，纪念国际关系学科的"百年"，如北京的国际关系学院（UIR）组织召开了"国际关系研究百年回顾与展望"国际学术研讨会。据该校于 2019 年 4 月 30 日发出的邀请函，内称，"自 1919 年英国威尔士大学设立世界上第一个国际关系教席以来，国际关系学在 2019 年即将迎来学科的百年诞辰。作为一门与现实紧密相关的社会科学，国际关系学关注战争与和平、安全与发展、国际社会与世界体系、国际政治经济关系、中国与世界关系等诸多方面，并以不同的理论流派、多样的研究视角以及丰富的议题领域，推动着国际关系理论与现实议题在这一百年中的巨大变革"。该校主办的这一盛会汇聚了国内外众多优秀学者，取得了成功。

2019 年 7 月，吉林大学也召开了"国际关系学百年：历史学家与国际关系学家的对话"国际学术讨论会。同月，清华大学主办的第十二

[①]　王绳祖：《在国际关系史研究会上的发言》，载国际关系史研究会编：《国际关系史论文集》，1981 年，第 2 页。原书无出版者。

届政治学与国际关系学术共同体年会以"大国竞争与世界分化：反思百年国际关系"为主题。而外交学院主办的《外交评论》杂志则辟出了以"百年国关与中国：历史、理论与实践"为名的专栏，等等。诸多单位都开展了学科回顾与前瞻的工作。

当然，就学科反思而言，这并非首次，而是前已有之的。

对中国国际关系学科的发展演进进行回顾与反思，20世纪80年代基本上无从谈起，只有极个别的例子。90年代尚不多见，这多半是因为那时可以反思的对象或内容还不多。90年代末，尤其是进入21世纪后，就明显多了起来，所发表的相关文章可以列出一张不短的单子。[1]

除了论文外，还有学者以著书的形式试图对中国国际关系学科的历程和状况进行历时的以及横切面的扫描，按照其出版时间的先后可举出如下四种：

一是王逸舟和袁正清主编的《中国国际关系研究（1995—2005）》（北京大学出版社2006年，简称北大版）。该书意在介绍和探讨晚近十年（1995—2005）中国国际关系理论研究的基本状况，包括这一方兴未艾的学科内部的各种流派、代表人物及其特点、承上启下的特征以及存在的缺失。根据主编原话，"主要介绍的是冷战结束以来中国国际关系研究的情况，或者不那么严格地界定，是'和平崛起'最新阶段的中国国际关系理论状况"[2]。由此可见，该书的时间跨度为从"冷战结束"至2005年。

----

[1]　按照发表的时间先后，它们包括倪世雄、许嘉：《中国国际关系理论研究——历史回顾与思考》，《欧洲研究》1997年第6期；俞正梁、陈玉刚：《中国国际关系与国际关系理论20年》和许嘉：《20世纪末的中国国际关系理论研究》，以上两文均载鲁毅等主编：《新时期中国国际关系理论研究》，时事出版社1999年版；秦亚青：《国际关系学和中国的国际关系研究》，《亚洲评论》1999年春夏号；苏长和：《为什么没有中国的国际关系理论？》，《国际观察》2005年第4期；任晓：《走自主发展之路——争论中的"中国学派"》，《国际政治研究》2009年第2期；郭树勇：《中国国际关系理论建设中的中国意识成长及中国学派前途》，《国际观察》2017年第1期；孙吉胜：《改革开放以来中国国际关系理论发展——话语、实践与创新》，《世界经济与政治》2018年第8期；等等。当然，这只是一个"不完全统计"。

[2]　王逸舟主编：《中国国际关系研究（1995—2005）》，北京大学出版社2006年版，"绪论"第59页。

为此著者选定了十七个议题加以分析讨论,分别为中国的马克思主义国际关系研究、中国的现实主义理论研究、中国的国际制度理论研究、中国的建构主义研究、中国的国际政治经济学研究、中国的英国学派研究、中国的女性主义国际关系研究、中国的国际战略研究、中国的国家利益研究、中国的联合国研究、中国的主权问题研究、中国的地区主义研究、中国的安全问题研究、中国的国际关系方法论研究、中国国际关系学科中的全球化研究、中国国际关系学科中的民族主义研究、国际关系研究"中国化"的论争。

二是王军、但兴悟所著的《中国国际关系研究四十年》(中央编译出版社 2008 年,简称编译版)。该书是两位青年学者的著述,其勇气可嘉。作者认为,学科的发展需要学者们不断反思。从整体的角度回顾与思考中国国际关系学科的历史与现状,是整体性的学科反思。由于中国国际关系学并不发达,西方学界常用的流派体系和思想史框架难以应用于中国的相关研究。作者最终确定,分"历史篇""议题篇"和"反思篇"三大部分来论述和分析中国的国际关系研究的进程。该书材料甚详,议论大致公允,不足之处是虽然考虑到了中华人民共和国成立前在中国发展出来的国际关系学术,但只有寥寥数语,并不足以反映那一时期的状况。对于从 1949 年到改革开放启动这一时期的反映也较简略。

三是张宇燕主编的《当代中国国际政治学研究》(中国社会科学出版社 2016 年,简称社科版),该书是作为中国社会科学院"中国哲学社会科学学科发展报告"的"当代中国学术史系列"中的一种而撰写的。该书涉及的时间跨度始自中华人民共和国成立直至 2013 年。就其写法看,大体是按照各个分支领域来撰写的,于是便有了国际安全、国际政治经济学、国际组织、全球治理、外交学、民族主义、国际关系方法论等篇章题目,也有了国际关系中中国关切度甚高的题目,诸如国际格局与国际秩序、国家主权和国家利益、地区一体化、国际关系学之学派生成、中国外交等。对于所考察对象的时间起讫,该书未作明确交代,从相关内容看大体上还是以考察改革开放之后的时期为主。

四是贾庆国主编的《中国国际政治与国际关系学四十年》(商务印书

馆，简称商务版）。该书所考察的时间范围和对象十分清楚，即改革开放以来四十年间国际关系学在中国的发展。

在这四部书中，北大版着重对1995—2005年间中国国际关系学的十七个分支领域进行了详尽的考察。该书汇聚了学有所长的中青年学者，分头研究探讨某个分支领域并分头撰写，各展其所长，共同构成了一部质量颇高的著述。社科版和商务版大致都是考察了改革开放以来中国国际关系学科的发展，未考虑之前的状况。编译版则考察了中华人民共和国成立以后的国际关系学科史。显然，这些著述以选择改革开放开启以来这一时期为多，也有选择中华人民共和国成立以来的，北大版则大致选择"冷战结束以来"。它们的共同特征是均为集体著述，写作出于多人（编译版为两人）之手。

本书与上述四种著述均有不同，其特点是：第一，全书从头至尾由一人独力完成。第二，努力向前追溯至开端和向后延伸直至2020年。就追溯而言，不仅溯及至中华人民共和国成立以来，而且再向前追索了民国时期的国际关系学。本书从发端开始写起，这为前人所撰的学科史所无。第三，不按照国际关系学科的各个分支领域来结构本书，而是从头至尾分作几个时期，揭示各个不同时期中国国际关系学的整体面貌，分析每一个时期的主要特点和主要研究议题，从而展示中国国际关系学发展的历程。第四，前述几种著作均未考虑中国国际关系学者以英语发表的著述，而英文著述恰恰是这二十年间中国学界十分重要的学术成果。由是观之，本书的工作是前人所尚未做过或至少是语焉不详的。

各章的安排是按照时期划分进行的。中国的国际关系学发端于1949年以前，之后的三十年是一个曲折反复的时期。20世纪70年代末，中国开启改革开放，成为一个分水岭。80年代末是另一条重要分界线。90年代末则是20世纪走向结束之时。本书按照这几个时间点，划分各个时期，因而这也是本书各章的重要依据。进入21世纪以后的二十年，学术发展具有较强的连续性，未出现明显的分界线，因而本书将其看成同一个时期；因这一时期内容非常丰富，故分为两章来分析。

本书虽然尽其所能地努力反映整个中国国际关系学在各个时期的发

展及其面貌，但仍难免挂一漏万，很难不出现遗漏。比如存在大量的地区国别研究类学术作品，它们是中国国际关系研究中的重要组成部分，但本书无法将其都囊括在内，能够提及的只有其中的一小部分，大部分只能作删繁就简处理，因而是需要其他著作分别加以论列的。这方面已经出版了几部著作，包括资中筠和陶文钊主编的《架起理解的桥梁——中美关系史研究回顾与展望》（安徽大学出版社 1996 年版），中国社会科学院日本研究所和亚洲太平洋研究所编、金熙德主编的《中国的东北亚研究》（世界知识出版社 2001 年版），朴键一主编的《中国对朝鲜半岛的研究》（民族出版社 2006 年版），北京大学东南亚学研究中心编的《中国东南亚学研究：动态与发展趋势》（香港社会科学出版社有限公司 2007 年版），黄朝翰、曹云华主编的《中国的东南亚研究：成就与挑战》（世界知识出版社 2007 年版）等，读者若感兴趣可以查找阅读。

第一章 民国时期国际关系学

"民国时代，中西文化交流，新旧思想冲突，产生了许多学术著作和历史资料。'五四'时期及其后的一段时间里，中国几乎变成了世界学术的缩影，各种主义、党派、学派、教派纷纷传入，形形色色，应有尽有。一个时间，中国历史上出现了春秋战国以后的又一次百家争鸣的盛况。"

这段话，见于学术耆宿周谷城 1989 年 1 月为《民国丛书》[①] 所作之序。他把民国时期与古代春秋战国时期思想学术的繁荣相提并论，前所未有地凸显了民国学术的地位。这自然是把国际关系的学术及其他社会科学包括在内的。

一、民国国际关系学概况

根据国际关系史大家、已故王绳祖先生的说法，国际关系学在世界上成为一门独立的学科，为时不算太久，大约是 1919 年以后的事。中国在 20 世纪 20 年代也开始了国际关系史的研究，自那时以来迄王先生写作之时的 20 世纪 80 年代初，以 1949 年为界，可分为两个时期，一为 20 世纪 20 年代至 1949 年；二为 1949 年至 1980 年。关于第二个时期，我们将在下一章分析。

在第一个时期，研究和教学工作相继开展，无论从深度和广度来看，

---

① 《民国丛书》，1989 年开始由上海书店出版社影印出版，迄 1996 年先后出版五编共五百册。2012 年，上海书店出版社又开始出版《民国丛书续编》。

都呈现着草创时期的痕迹。这个时期较为重要的著作有周鲠生的《近代欧洲外交史》（1926 年）、张忠绂的《中国国际关系》（1933 年）①和《欧洲外交史》（1934 年）、柳克述的《近百年世界外交史》（1933 年）、袁道丰的《战后各国外交政策》（1933 年）、钱端升的《战后世界之改造》（1947 年）。论述某一国的外交政策或某一国际关系事件的著作有：张忠绂的《英日同盟》（1931 年）、张乃燕的《世界大战全史》（1935 年）、于飞黄的《苏德战争史》（1947 年）、杜若君的《欧局与远东》（1939 年）、吴品今的《国际联盟及其趋势》（1925 年）、萨孟武的《国际纷争与国际联盟》（1928 年）。

论述中外关系的著作较多，有曾友豪的《中国外交史》（1926 年）、金兆梓的《现代中国外交史》（1932 年）、张忠绂的《中国国际关系》（1933 年）、张忠绂的《中华民国外交史》（1936 年）、向达的《中西交通小史》（1933 年）、唐庆增的《中美外交史》（1928 年）、束世澂的《中英外交史》（1933 年）、邵循正的《中法越南关系始末》（1935 年）、周景濂的《中葡外交史》（1936 年）、王芸生的《六十年来中国与日本》（1932年出版第一卷，凡七卷）、王信忠的《中日甲午战争之外交背景》（1937年）、陈复光的《有清一代之中俄关系》（1947 年）、李抱宏的《中美外交关系》（1946 年）。

此外还有若干专题论文分别见于《中国社会及政治学报》《东方杂志》《国闻周报》《世界政治》《世界知识》以及《清华学报》《燕京学报》《金陵学报》和《社会科学季刊》（武汉大学）上。也出版过一些文件汇编和资料，如蒋廷黻的两卷《近代中国外交史资料辑要》（1931年）②、黄月波的《中外条约汇编》（1935 年）、王光祈的《西藏外交文件》（1930 年）、中国海关编的《中国对外条约汇编》（1917 年）、故宫博物院的《三朝筹办夷务始末》（1929 年至 1930 年）、《光绪朝中日交涉史料》（1932 年）、《光绪朝中法交涉史料》（1936 年）、《宣统朝中日交涉史

---

① 世界书局印行，为王造时主编的"世界政治学丛书"之一种。
② 重印版本见蒋廷黻：《近代中国外交史资料辑要》，东方出版社 2014 年版。

料》（1933 年）、王彦威和王亮的《清季外交史料》（1934 年）。出版过一些有关外交史或国际关系史的译著，但数量很少。在设有外交系或国际政治系的大学里，开设了《外交史》或《国际关系史》的课程。[①] 王绳祖先生着眼的是国际关系史和外交史，除此之外，未提及的还有：1926 年，林懿民、萨孟武合著《国际关系与经济》，阐述国际关系中战争与经济的关系。1933 年 10 月，王亚南《现代外交与国际关系》阐述外交的意义、功能及近代外交的演进。其间，方法论性质的著作有平心的《国际问题研究法》、雨君的《国际问题研究法》、石啸冲的《怎样研究国际问题》等，分别阐述国际问题的基本概念、由来，研究国际问题的基本方法，国际现象的分析与估量，国际政治、国际经济研究法及国际政治论文写作法等。

有人认为："在我国，用科学的观点方法进行国际问题的研究，除开二十年代的一些政治文献应予另论外，大致可以认为是从一九二五年五卅反帝爱国运动前后开始的。"[②] 这一估计，似稍偏晚了些，与五卅运动也未必有太大关联，王绳祖的说法应更为接近事实。

早在 1914 年，商务印书馆就出版了《国际条约大全》（该书 1925 年增订，1928 年五版）。薛典曾、郭子雄则编有《中国参加之国际公约汇编》（商务印书馆 1937 年 6 月初版），部头甚大，近一千页。商务印书馆还出版有"新时代史地丛书"，由吴敬恒、蔡元培、王云五任主编，该馆自称此丛书："关于社会进化、社会运动、政治运动、国际运动、国际问题、各国现状、政党政治、各种政策、国际战争、各国革命以及外交经济地理等莫不分门别类，辑成专著，加以系统的编制。全书十二类，分八十种。"[③] 其中就包括陈博文的《中日外交史》和《中俄外交史》，唐庆增的《中美外交史》、束世澂的《中法外交史》以及吕思勉的《日俄战

①　王绳祖：《在国际关系史研究会上的发言》，载国际关系史研究会编：《国际关系史论文集》，1981 年。原书无出版者。

②　戴文葆：《国际问题研究的硕果——试论乔冠华〈国际述评集〉及其他》，载戴文葆：《新颖的课题》，生活·读书·新知三联书店 1986 年版。

③　见陈博文：《中日外交史》，商务印书馆 1928 年版。

争》、夏渠的《国际联盟》、张辅良的《国际智识合作运动史》等。每种篇幅均不甚大，如《中法外交史》为142页，《中日外交史》为168页。在该丛书之外的则有蒋恭晟的《中美关系纪要》（中华书局1930年版）等。"这中间胡愈之是前驱先路，他从外国文学的译介转向政治外交的研究。他在《东方杂志》第二十三卷第一号发表的《国民外交与国际时事研究》一文提出了问题。与此同时，他发表了国际问题研究的十篇论文，从叙利亚问题、比萨拉比亚问题、棒喝运动、裁军问题、国际联盟到石油战争、坦及尔问题与苏丹问题等。他以本名和'伏生'笔名发表的国际问题论文，在上海引起了中外报刊的注意。"[1]

洪钧培编撰《国民政府外交史》，则出于"史之为物，非所以叙陈迹，述往事，乃为推阐递嬗变化之由，追识成败得失之道，借以惕励来兹"，因而"汇集国民政府外交之经过事实，并表彰其失利之先因，意者民众得此，或可明了国民政府外交之真相，对于此后外交，倘外交当局再有造成失利之先因发生，知预拟具体办法，以某事前补救。而外交当局阅此，或亦将惊醒所办外交之过失所在，而知有所惕励也"。[2] 由此可知，"追识成败得失之道"为其著述宗旨。

从王绳祖先生以上所列以及本书著者的搜求补充，大致可获得对民国时期国际关系研究的一个印象。当然，王先生是从国际关系史的角度列举的，并非全部，比如本章下面将会述及的民国时期有关国际法的研究著述，就不在此列。

彼时从世界范围看，国际关系学也是一门年轻的学科，在中国当然也会带有初创期的特点。不过，既然1911—1937年被历史学家称为"中国资产阶级的黄金时代"[3]，那么，这一时期必有有利于资本主义发展的内外条件。这些条件诸如除抗战时期外是基本和平而非战乱的时期，又譬

① 戴文葆：《国际问题研究的硕果——试论乔冠华〈国际述评集〉及其他》，载戴文葆：《新颖的课题》，生活·读书·新知三联书店1986年版，第161页。

② 洪钧培编：《国民政府外交史》（第一集），上海华通书局1932年11月再版。

③ 〔法〕白吉尔著，张富强、许世芬译：《中国资产阶级的黄金时代（1911—1937）》，上海人民出版社1994年版。

如人才条件的具备，还有比如中国在第一次和第二次世界大战中都是战胜国，等等。民国上承晚清时期，那时中国派出了不少青少年留学欧美诸国和日本，他们学成回国后，在社会各领域都发挥了极为重要的作用，这也包括社会科学领域。①这方面例子甚多。一个重要的反映是《中国社会及政治学报》（China Social and Political Science Review，以下简称《学报》）英文季刊。《学报》创刊于1916年，终刊于1941年，共出版24卷。该刊是中国社会政治学会的会刊，而中国社会政治学会是中国最早的全国性社会科学专业协会，1915年在北京成立。

由该刊1916年第一卷第一期的"编者按"可知，起初是由美国驻中国公使芮恩施（Paul S. Reinsch）提议仿效美国政治学会（American Political Science Association），成立中国社会政治学会，旨在研究国际法与外交。经过与顾维钧博士的磋商，他们就成立该学会的可行性与实用性达成了一致意见。由于顾维钧即将赴美担任中国驻美公使，因此，该学会的组织工作就落在了日后学会刊物的主编严鹤龄身上，严转而找到伍朝枢寻求合作。在众人的通力合作下，该学会于1915年底成立，1916年4月开始出版会刊《中国社会及政治学报》。学会每年选举一次，会长、副会长等职均由选举产生。顾维钧曾经于1927—1928年担任会长，胡适于1933—1934、1935—1936、1936—1937年担任会长。②此外学会理事会共有九名成员，每届任期三年。该学会的目的之一是"鼓励法律、

---

① 胡愈之1919年曾说："美国对华外交，最能举亲善之实。此东西两大共和国，其国民感情，素称和洽。吾国近年派赴西洋之留学生，亦以赴美者占最多数。自美政府付还庚子赔款，充留学费用后，每年学生赴美者，约百余人。此等学生，业经回国，在政治界教育界事业界占重要位置者，实繁有徒。"见《胡愈之文集》第一卷，生活·读书·新知三联书店1996年版，第45页。

② 历任会长分别是：1915—1920，陆征祥；1921—1924，颜惠庆；1925—1926，胡贻谷；1927—1928，顾维钧；1929—1930，颜惠庆；1931—1933，张煜全；1933—1934，胡适；1934—1935，王正廷；1935—1937，胡适。第一副会长一直由外国人担任，似主要是美国驻华公使，其中以芮恩施担任时间最长，自1916—1920年共六任。第二副会长和秘书则一直由中国人担任。1927年之前，会计也都是由中国人担任，1927—1937年，则完全由外国人担任。见孙宏云：《中国现代政治学的展开：清华政治学系的早期发展（一九二六至一九三七）》，生活·读书·新知三联书店2005年版，第277页。

政治、社会学、经济学以及行政管理方面的研究"，这同样是《学报》的主要探讨范围。之所以决定出版英文刊物，是因为国内已经有不少相关的中文刊物，却没有一种研究社会政治的英文刊物。《学报》的首任主编是严鹤龄，之后担任主编的先后有毕善功（L. R. O. Bevan，1874—1945，英国人，1920—1922 年间代理《学报》主编）、刁敏谦、蒋廷黻、萧公权等人。①撰稿人当中既有中国学者，也有外国学者。在学会日后的发展过程中，条件逐渐趋好。如中国社会政治学会在卡内基国际和平基金会资助下建立了自己的图书馆，袁同礼、陶孟和、萧公权、蒋廷黻等人都曾经担任过图书馆管理委员会的委员。

　　《上海通志》的编撰者在回顾民国时期社会科学研究时认为，民国国际政治研究经历了从最初评介西方学说到关注国际关系概念、由来、研究方法，并根据时事变化，关注外交学研究和法西斯主义研究的过程。②

　　这反映在学界人士开展的研究工作中。上引王绳祖先生的例举中已经提到的，有学、官两栖的蒋廷黻（1895—1965）。蒋留学美国，最终获哥伦比亚大学博士学位。学成回国后，先后任教于南开大学和清华大学。蒋廷黻在任教于清华时（1929—1936 年），曾有如是的观察，即"一九三〇年我们中国尚没有日本、苏俄、蒙古、西藏、泰国及越南历史专家"。于是，他便积极鼓励王信忠学习日本史，王在东京研究两年后，回到清华任讲师。③另一例是让朱谦云研究苏联历史。为了能够在苏联多住几年以增广在研究对象国的经历，朱曾担任中央社驻莫斯科记者。后来又有邵循正，清华毕业后为了准备将来研究蒙古史而赴巴黎研究波斯

---

①　中国社会政治学会编：《中国社会及政治学报》第一册，国家图书馆出版社 2011 年版，"出版说明"第 1—2 页。

②　张仲礼、杨森耀等主纂：《上海通志》第三十四卷《哲学、社会科学》，上海人民出版社、上海社会科学院出版社 2005 年版。

③　王信忠后来撰有长文《甲午战前之中日外交政策概说》，全面梳理和分析了中国的对日政策史，该文的最后对日本之对华和对朝政策的历史进行分析，陈述日本绕过俄英外交牵制，强迫朝鲜废除中韩宗藩关系并进攻中国运兵船，最后以一句语气沉痛的句子为全文结尾："与九一八事件作比较，读者将作何感想？"见《社会科学》季刊 1936 年 10 月第 2 卷第 4 期（国立清华大学主办）。

和阿拉伯语。[①] 从中，我们可以看到当时清华大学在这方面学者队伍的一个缩影。

　　到日本发动全面侵华之前，中国的国际关系学已经渐渐形成规模。即以 1933 年而论，仅生活书店一家，那一年就出版了伏生（即胡愈之）著的《伏生国际论文集》、张明养著的《世界经济会议》、祝百英著的《伦敦会议的悲剧》、徐懋庸著的《犹太人》、金仲华著的《国际新闻读法》、沈立人著的《中国与国联技术合作》、娄壮行著的《金本位问题》等。[②] 蒋廷黻自己，在任教于清华期间，曾立志用十年时间写一部中国近代史，然终于未能实现。不过，30 年代他在辞去驻苏大使的职务回国，还未恢复行政院政务处的职掌，而南京已沦陷，在汉口暂有几个月的安逸期间，写出了篇幅不大的《中国近代史大纲》，初版于 1938 年。[③]

　　学者柳克述在 1930 年曾做过一个总的估价，或可援引在这里："外交史的研究，年来渐为国人所注重，而国内外交史方面的著作物，却为数甚少，颇不敷一般的需求。而且在此少数的著作物中，论者认为尚有两种不甚适合之处：一在范围方面，一在时期方面。第一就范围方面说，现在几种外交史方面的著作物，或专谈中国，或专谈外国，或单谈中国与某一外国的外交关系，而求其对于中国外国，兼容并包，使人读此一编，即对于近代中外重要外交情况，能有一贯的了解与全盘的认识，似乎尚不可得。其次就时期方面说，国内现有的几部外交史，谈外国的多半叙述至世界大战或华盛顿会议为止，谈中国的多半叙述至五卅运动或中国国民党北伐为止。实则自华盛顿会议以至今日，为期将近十年，而自国民党北伐以至目前，为期亦达五年之久。在此十年五年之间，国际之变迁何限？中国之变迁何限？此皆为一般人所极欲知，极欲闻，而事

---

　　① 见《蒋廷黻回忆录》，岳麓书社 2003 年版，第 137 页。

　　② 钱小柏、雷群明编著：《韬奋与出版》，学林出版社 1983 年版，"生活周刊社及生活书店出版的图书目录"第 220—221 页。

　　③ 海南出版社版本为：蒋廷黻：《中国近代史》，海南出版社 1994 年版，内附有蒋氏的《评〈清史稿·邦交志〉》及《琦善与鸦片战争》二文。

实上似亦陷于不得知不得闻的状态。"① 鉴此，他本人决意将近代中外外交，合而为一，撰成了《近百年世界外交史》，截至 1930 年止。

民国时期的学人，因感于中国在外交中屡受不公正待遇，而极为注意此问题。有的学者称："中国政府，向无外交方针。中国国民，向鲜外交常识。故政府对外交常居被动，人民对外交每多盲从。……嗟夫外交岂易言哉，有枢机焉。"② 九一八事变发生后，民族危机日深，国人对国际问题尤其是中日关系极为关注。国际问题研究会、东北问题研究会等各种研究国际关系的团体次第成立，专门讨论国际问题的期刊如北平的《外交月报》，南京的《外交评论》《日本评论》等纷纷创办，学者对于国际法和国际关系所发表的评论与著述激增，各大学政治系也加重对国际法和国际关系方面的教学与研究。在当时国内研究国际问题的重镇之一的北平，主要学术领导人为燕京大学政治学系主任徐淑希、北京大学政治学系主任张忠绂以及清华大学政治学系的王化成。《外交月报》为北平学界研究国际问题学术成果的主要发表阵地，"以记载国际情报，阐明国际法理，研究国际条约，讨论外交政策，考证外交史实，便利外交研究为主旨"，其主编先后由徐淑希、张忠绂，及后来接替徐淑希任燕京大学政治系主任的吴其玉担任。其中，张忠绂任职时间较长，自第 2 卷第 4 期（1933 年 4 月）至第 7 卷第 5 期（1935 年 11 月）。③ 而成立于 1935 年 8 月 31 日的外交学会，以顾维钧为名誉理事长，理事长张学良，副理事长王卓然；常务理事刘馥、尹寿松、吴其玉、王之相、王钟羽；理事鲍明钤、曹国卿、王大桢、王世疈、吴瀚涛、田雨时、周维新、徐仲航；监事关吉玉、阎宝航、于成泽、张展、刘达人，有会员 114 人。1936 年 11 月教育部备案。④

---

① 柳克述：《近百年世界外交史》，商务印书馆 1930 年初版，正中书局 1960 年再版。

② 史俊民：《中日国际史》，北京鸣报社 1919 年初版，第 1 页。

③ 孙宏云：《中国现代政治学的展开：清华政治学系的早期发展（一九二六至一九三七）》，生活·读书·新知三联书店 2005 年版，第 217 页。

④ 蔡鸿源、徐友春主编：《民国会社党派大辞典》，黄山书社 2012 年版，第 214 页。

二、主要论域

民国时期国际关系的学术研究主要体现在如下论域中。

（一）基本理论和方法

这方面较有代表性的是 1925 年张奚若发表《主权论》（商务印书馆）①，述及主权的起源、演变及发展趋向。张明养著《国际政治讲话》（开明书社 1935 年版），对作为一门新学问的国际关系学进行了若干学科性的探讨。在他看来，20 世纪开始后，尤其是在欧洲大战后，一种新兴的学问在科学的领域中渐渐滋长成立了。这种新兴的科学，现在还无一个适当的名称，不妨暂称之为国际学（The Science of International Studies）。

1. "国际学"

张明养认为，在中国第一次用"国际学"这个名词的，是南开大学教授徐敦璋先生，他曾在二十二年（即 1933 年）出版的《外交月报》上连续发表《国际学的研究》一文。国际学这一名词虽为人们所不习常听见，但与此同样性质的名词，却是在报章书籍中所时常看到的。这些名词之最习见者有下列数种：（1）国际政治；（2）世界政治；（3）国际关系；（4）国际研究；（5）国际问题；（6）国际事情；（7）国际政治经济；（8）国际法研究；（9）国际组织或世界政府。

国际学因为是一种新兴的科学，所以还没有一个确切的定义。不过笼统地说，国际学是研究各种国际生活的科学，换句话说，国际学是研究两国以上或全世界各国间所发生之政治、经济、社会、文化与法律之关系的科学。这里所说的国际生活，范围是极广大的，不论政治、经济、社会、文化的生活以及这些生活所由发生的背景，和这些生活所造成的结果，都包括在内。有些人说国际政治是以两国以上的政府或国际集团

---

① 作为商务印书馆《百科小丛书》第七十九种出版，1925 年初版。另见于《张奚若文集》，清华大学出版社 1989 年版。

为背景所行的政治现象，但国际学的范围较国际政治为广，其所研究者并非仅限于政府所行之政治现象，有些为人民所行的现象，亦在研究之列。①

周鲠生则强调了这门学问的必要性，指出，一般人以为国际关系，远不如国内事情之直接于本身有切肤之痛。于是对于本国以外的事情，对于国际生活状态，视为无关紧要，不肯加意去考究。这样的疏忽态度，在闭关时代犹可说无害；到了现代，人类交际频繁，国际生活复杂，社会连带关系，由国内社会，推及于国际社会，那样的态度就不妥当了。平时不研究国际事情昧于世界大势，一遇国际关系上有事变发生，莫能穷其原因之所在，总不免把近因看作远因，误认事变的导火线为事变的真因。

因而，我们需要研究国际政治。我们属于人类一分子，为人类全体谋平和福利，求世界新组织，是我们研究国际政治的第一个目的。为养成国民的外交常识，是国际政治研究的第二个目的。推广科学研究的范围，增加人类知识，可以说是人类社会进步之一个要素。以科学的精神，观察国际关系事实，推究其因果关系，其所得的结果不无资于人类知识之增加。社会科学向来偏重在国内社会生活现象之研究，今当实行扩张其研究范围于国际社会关系。然则扩张社会科学自身之领域，便是我们研究国际政治的第三个目的。②

胡愈之则撰写了"为什么研究国际问题"的文章。他认为："帝国主义的大炮和火轮船，从百年前起，已冲破了几千年来紧闭着的大门。不必说，各大都市，已变成'十里洋场'，就是内地偏僻的乡村，美孚公司的煤油，蓝开厦的棉布，德国的肥田粉，都已变成了农民的必需品。此外中国的农业生产，茶、丝、桐油、大豆、草帽辫、烟草等，一大部分也是专为了运输出口而生产的。世界小麦市场的不景气，立即影响到中国的小农，中国农民购买力的低落，也影响到世界贸易。因此，老旧的，

---

①　张明养：《国际政治讲话》，开明书社 1935 年版，第 1—4 页。
②　周鲠生：《国际政治概论》，神州国光社 1930 年版，第 2—5 页。

孤立的，闭关主义的中国，在近百年中间，便脱胎换骨，变成了'世界的中国'。"资本帝国主义把全世界造成整个的经济机构，而殖民地的中国只是这机构的一部分。经济上中国和世界已经是密切不可分离了，那么在经济生活的上层建筑的政治和文化方面，中国自然也脱不了世界的干系。许多国际事变，都和中国有直接或间接的关系，同时中国内部的政治经济文化的变动，有一大部分，是直接或间接受国际的影响。……所以我们不懂得国际关系，就不懂得中国，不懂得中国，也不能懂得国际关系，因此不但为了中国的前途，我们应该明白世界潮流和国际关系的趋向。就是在我们的个人生活中，国际问题也成为人人不可或缺的常识，没有了解着国际的关系，我们的生活，只是暗中摸索，准会到处碰壁，或者是开倒车的。[①]

　　中国在民国时期，先后经历了两次世界大战，加之远东局势日益恶劣、中国军阀割据冲突不断，因此战争与和平问题很自然成为学界的关注重点，"冀求世界人类之如何和平相处，遂为政治学人专心致意以研索之问题矣"[②]。学人们积极关注国家安全、地区安全和国际安全，分析欧洲的集体安全制度，希望扼住军火交易和军备竞赛的步伐，呼吁各国裁减军备，实现世界和平和国际秩序的建立。同时，对于造成世界不安定的因素，民国学人也将视角转移到民族仇恨、经济竞争和领土纠纷方面。[③]

　　战争与和平问题，一向是国际关系学中的经典性问题，民国时期学人对此加以论列，实属自然。雷海宗认为，"和平"是一个相对的名词、相对的观念。和平有两个假定：假定有列国，假定有战争，和平只是列国两次战争间的中间时期。既有列国，必有国际政治、国交与外交。有

---

　　① 《胡愈之文集》第三卷，生活·读书·新知三联书店1996年版，第286—289页。原载《生活》周刊1933年12月。

　　② 程仰之：《七年来之政治学》，载孙本文编：《中国战时学术》，正中书局1946年版，第86页。

　　③ 毛维准、庞中英：《民国学人的大国追求：知识建构和外交实践》，《世界经济与政治》2011年第11期。

国际政治，必有利益冲突，利益冲突迟早必要引起战争。战争是列国世界不可避免的现象，几乎可说是自然的现象。[①] 这样的"命中注定"说并非无道理，也是时代留下的印记。

在胡愈之看来，"十九世纪以来，每次经济恐慌的结果都引起战争。因为帝国主义在国内遇到了经济恐慌的时候，不得不向外发展，夺取殖民地市场。而这殖民地争取的结果，必然地引起帝国主义的战争"[②]。只有在帝国主义内部发生革命或者殖民地民族独立运动高涨的时候，才能使这摆动停止。世界政治走入一个新的动向。

胡愈之认为，"和平""安全""不侵略"这三个名词是不能分开的。和平并不就是消极的反战争。什么样的状态才是真正的和平呢？是在消极方面，没有侵略的事实的存在，在积极方面，有相互安全的感觉，这样才实现了真正的和平。但要达到安全和不侵略的目的，却不能不有反侵略的战争，或者反侵略的战争的预约。[③]

不光是胡愈之，其他不少学人也持这一观点。张友渔认为，和平拥护者，必须着重集体安全，实行互相援助。不论是社会主义国家、资本主义国家或殖民地半殖民地的国家，只要他是希望和平、拥护和平、保障和平，便不能不和别的国家相联络、相团结而树立所谓和平阵线；同时，侵略的国家，为了加强它的力量，打破和平阵线的抵抗力，便也不能不联合别的侵略的国家而结成所谓侵略战线。这样一来，资本主义世界和社会主义世界的矛盾、资本主义国家相互间的矛盾及资本主义国家和殖民地半殖民地国家间的矛盾，便转化为形式上单纯、内容上复杂的一个新的矛盾，即和平阵线与侵略阵线的矛盾。[④] 张友渔写这段文字时在1936年末，历史的发展已经证明了他的分析和洞见。

---

① 雷海宗：《如此世界　如何中国》，中国文史出版社2018年版，第19页。原载《观察》1946年10月26日第一卷第九期。

② 《胡愈之文集》第三卷，生活·读书·新知三联书店1996年版，第23页。

③ 同上书，第612—613页。

④ 张友渔：《一九三六年的世界》，载《张友渔学术精华录》，北京师范学院出版社1988年版，第494页。原载《时代文化》1937年1月2日第1卷第4号。

周鲠生在探讨国际战争的原因时指出，近世民族主义自有他的合理的基础不可否认。然而民族主义恶化的结果，成了一种狭隘的国民的迷信，我们把他叫作"盲目的民族主义"。这个盲目的民族主义，实在充分发挥原始的幼稚的"群感"，而可说是在一般战争的原因中构成一个要素。[①] 一切政治主张都有他们的自然的弱点；行到极端的时候，都有流弊。民族主义流于狭隘的地域观念，就不期而成了一种民族自利主义或盲目的民族主义，对外则演成帝国主义。有些民族只知为自己民族着想而不想到世界上尚有其他民族的利益。[②]

如何化解？周鲠生认为，具有抵制民族主义潮流的趋势，有两种主义，一是共产主义，二是国际主义。国际主义发达于 19 世纪后半期，它可以使民族主义发扬光大，可以补救民族主义的不及，可以发达民族间的平和倾向。

王亚南在研究中则发现，随着历史的演进，战争有减少的趋势。据历史家统计，现代最先进的英国，它在过去 800 年中，就打了 419 年的仗。而在欧洲大陆，处在战争旋涡中的法德诸国，当然在同一时期，有超过英国以上的战争频繁的记录。可是，我们如把统计的时期，缩短到现代的这 100 年，情形就很不相同了。英国由 19 世纪中叶到现在，只从事过屈指可数的十数次战争；法德亦大略相同。……就世界全般讲，愈到现代，战争的次数是愈少了；就各别国家讲，一个国家愈采取较合理的进步的社会经济形态，战争也愈要减少的。一国可能由进步的社会经济形态的采取，化除内部各种族间各政治地区间的战争，则全世界愈可能由进步的社会经济形态的采取，化除各民族间各国家间的战争。因此，有理由断定：社会愈进步，战争愈会减少。在最进步的大同社会里面，战争是可能消灭的。[③] 王亚南得出的结论是：第一，战争本身是一种社会现象，是一定社会制度下的社会矛盾的暴露。第二，被理解为社

---

① 周鲠生：《国际政治概论》，神州国光社 1930 年版，第 206 页。

② 同上书，第 222—223 页。该书第十二章为"民族主义与国际主义"。

③ 王亚南：《论战争与社会进步》，载《王亚南文集》第五卷，福建教育出版社 1989 年版，第 69—70 页。原载王亚南：《社会科学新论》，经济科学出版社 1946 年版。

会矛盾暴露的战争，既可作为解决那种社会矛盾的手段，又可作为一种新社会诞生的催生手段。第三，战争对于一个社会，是演着促成进步的作用，抑是演着阻碍进步的作用，不是由战争的胜负决定，甚至也不是由它对外是侵略性质抑是求解放性质决定，而最基本的是由它究竟是导出了解放社会生产力的结果，抑是导出了束缚社会生产力的结果来决定。①

2. "国际政治"的界说

李平心对"国际政治"做了一个界说，认为"国际政治是各个国家和各国人民在国际间所发生的利害矛盾和利害结合，以及由此产生的斗争和协调底诸过程之总和"②。他也对周鲠生《国际政治概论》的观点提出异议。在周鲠生看来，国际政治可以分成三部分做个别的研究，即"第一从历史上研究最近国际关系底变迁；第二就制度上说明国际政治底组织；第三是从思想上讨论国际关系之原则。第一部是历史的研究，研究'已然'的；第二部是制度上的研究，研究'现然'的；第三部是思想上的研究，研究'应然'的"。李平心引用周鲠生的话之后指出，这种划分法当然有一定道理，但在理论上而言，实际却包含了很大的缺点和错误。因为第一，它把历史、制度和思想三者看作截然划开的要素，而忽略了它们相互间的关联性和统一性，其实在国际政治关系底发展过程中，这三者常是融合为一、互相包摄的。例如要研究近代的国际政治变迁史，我们就无法割离历史和思想的考察；要研究国际政治思想，更不能离开历史过程和国际政治组织的关联做孤立的考察。第二，它把历史、制度和思想三者看作互相平行的要素，不能从本质上去观察这些要素发生、成长的根源，因而也就不能把握住国际政治现象的基础和上部构造的现实关系。……第三，它使历史、制度和思想三者概括了国际政治的全部，而忽略了国际政治现象的复杂变化，照这种划分法推论，似乎上述三种要素就可以决定一切国际政治的动态。其实谁都看得出，有许多国际事

---

① 《王亚南文集》第五卷，福建教育出版社1989年版，第77页。

② 李平心：《国际政治研究法》，载《平心文集》第一卷，华东师范大学出版社1985年版，第329页。

变和国际政治问题并不是只从历史上、制度上和思想上去考察一下就可以说明的，倒不如说，这三者乃是现实生活变动的积业和产物。[①] 李平心认为，虽然主张这种划分法的人举出了历史的考察这个方法，但是他们仅仅把历史当作国际政治事件发生的渊源和背景，而不能把一切国际政治现象都当作历史的发展过程来考察，因此他们主要地是从静态方面研究国际政治，而不是从流动和发展过程中观察国际关系。

李平心又撰成《国际经济研究法》一文。在还很少有人注意研究国际经济之时，李平心注意到了。在他看来，国际经济的变动和发展并不能超脱一般政治经济学的基本原理，在资本主义和社会主义两大经济体系中显示出来的主要法则，照样也可以应用到国际经济研究的领域中。可是国际经济也有它自己的特性，要是我们只知道公式地搬用一般经济学的理论，而不能把国际经济当作一个特殊的范畴来研究，结局就反而会模糊自己对于国际现象的本质的认识。

李平心认为，国际经济最根本的一个特征，就在于它是由许多单位的国民经济和各种不同的社会经济形态错综地汇合而成的，所以它是种种矛盾的经济关系和经济要素的统一体。但是它却不是各部分国民经济和各种经济形态的单纯结合，因为组成这个统一体的一切分子因素是在不息地交互影响，交互斗争。[②] 在研究国际经济时，人们的任务在于分解若干并存的国民经济和社会经济体系之间的矛盾和联系，探求这种种的矛盾和联系怎样发生变化，并说明它们怎样引起和推动一般的国际关系的变化。

李平心分别讨论国际政治和国际经济，自有其理。不难理解的是，在那时他还尚未自觉到合二者而提出"国际政治经济"之学，这门分支性的学科在中国得到倡导是多年以后的事了。

---

① 李平心：《平心文集》第一卷，华东师范大学出版社 1985 年版，第 330—331 页。

② 李平心：《国际经济研究法》，载《平心文集》第一卷，华东师范大学出版社 1985 年版，第 314 页。

3. 相关理论问题探索

民国学人也对国际关系的相关理论问题进行了一定的研究。比如，均势（balance of power）或曰势力均衡，以及前已述及的战争与和平等，都是国际关系学中十分基本而重要的理论问题，它们得到了一定的研究和讨论。

"均势"的理论和实践问题，在国际关系学中一向极受重视，也歧义迭出。杜亚泉认为："吾国近十年中外交状态，固赖列强均势之局，得以维持，无容讳饰，欧洲均势之破坏，其必非吾国之福，不待智者而知。"[①]吴颂皋也强调了均势的作用，以为国与国之生活关系，固随时代之推进而日益发展，但当国际间法治社会尚未组织完备之时，所谓国际和平，无不建立于均势之上。国际间之均势，立于平衡状态，则和平易于维持。反之，均势一经动摇，则结果战争纵未必立即发生，而国际间争端日多，危机四伏，盖为必然之倾向。……故就事实而论，支配国际政治者，虽有经济的、历史的等不同因素，而足以表现国际政治之唯一现象，则唯有"均势"两字。[②]

与杜、吴所取视角不同的是，胡愈之批判了他所称的"势力均衡政策"。在他看来，这是在 19 世纪到大战前最流行的外交政策，也可以说是侵略的外交政策。1914 年开始的世界大战，实际上也就是这种外交政策所促成的。所谓势力均衡政策是什么？就是帝国主义分配殖民地赃物，准备第二次战争的政策。势力均衡政策也是以弱小民族为鱼肉的政策。在这中间，只有极少数帝国主义国家占支配地位，而一切弱小国家确实被榨取压迫的。[③]因而，在胡愈之眼里，"势力均衡政策"是鱼肉弱小民族的政策。

有的学者使用了"均势制度"一语。比如雷海宗认为："把和平世界

---

① 杜亚泉：《大战争与中国》，载汪晖：《文化与政治的变奏：一战和中国的"思想战"》，上海人民出版社 2014 年版，第 155 页。

② 吴颂皋：《外交政策论及其他》，黎明书局 1934 年版，第 61—62 页。

③ 《胡愈之文集》第三卷，生活·读书·新知三联书店 1996 年版，第 586—587 页。原载《世界知识》1937 年 6 月。

引入战争旋涡的，就是均势制度。……所谓国际均势，总不能'均'，因不均而不安，因不安而必战。就理性讲，这是愚不可及的事，因为战后还是不均，但就人性言，这是自然不过的事，因为各方都有侥幸之心。"①主观上不断追求人们所认为的"均势"，结果却导向了战争。这就不能不使人们质疑作为一种"制度"或"政策"的均势。

李平心不赞成站在均衡论的观点上解释帝国主义战争。在他看来，为什么目前世界战争的危机一天紧迫一天？这绝不是因为人心思乱，或者某些国家的侵略欲强化，也绝不是由于国际均势的破坏……根本的原因还是在于资本主义生产机构的内在矛盾加速地发展。在说明某帝国主义战争过程的时候，我们不能不在找出酿成这种战争发生的国内的基本矛盾之外，更要求找到促成战争爆发的国际间一般的客观条件，这就是帝国主义发展的不平衡。——不用说，这种不平衡还是资本主义生产内部的矛盾的表现。正是因为不平衡发展是资本主义运动的不变法则，所以它就使帝国主义和帝国主义之间的矛盾愈益尖锐化，帝国主义战争即是由这种矛盾的量的增加达到某种程度的质的突变。在这种铁的法则之下，绝对的均势是不会有的。但是也正是因为有资本主义发展的不平衡这一现象存在，使某些帝国主义不能不竭力缓和资本主义内在的对立危机，或者是为要保持国际既成的秩序，或者是为要避免本国的以至全般的资本主义经济政治的崩溃，或者是为要结成一条统一的国际反动战线，例如战后缔结的凡尔赛条约、国际联盟公约、远东九国公约、罗迦诺条约、凯洛格非战公约等都是这样产生出来的。②

针对有人认为正确的物本论不应该用"均势"而应该用矛盾来解释，因为"均势"只是现象不是本质这一看法，李平心认为，我们绝不能否认，由某些国家为维持国际"现状"所做的外交活动以及由此缔结的一般和平关系，能够暂时和缓（并不是和解）帝国主义的冲突——国际正当关系的破裂；在这种状态之下，所谓国际间的相对的均势（"相对的均

---

① 雷海宗：《如此世界　如何中国》，中国文史出版社 2018 年版，第 21—22 页。原载《观察》1946 年 10 月 26 日第一卷第九期。

② 平心：《国际问题研究法》，生活书店 1936 年初版，1939 年第四版，第 180—181 页。

势"五字下加了着重号。——引者）是暂时可以维持的。但因为这种均势是建基在帝国主义的矛盾上面的，所以是容易破坏的，而破坏均势的最有力的原因，又是资本主义经济政治发展的不平衡性的极度强化。[1] 李平心理解的"均势"与均衡论者所想象的完全不同："均势——对立的统一的一个形式——乃是有条件的，暂时的，过渡的，相对的"，这话可以很适当地用来解说"国际均势"的意义。

在李平心看来，根本否认"有所谓国际均势的存在"，这种看法并不见得正确。第一，我们不能不承认在过渡的特定的关系之下，是有相对的国际均势存在的，许多前进中的中外国际时论者时常用"国际的和平均势"这个术语，就因为这个道理。第二，在目前某些侵略国家破坏国际的和平因素的时候，我们否认国际的和平均势在某种限度之内的作用，客观上就等于助长侵略主义的气焰。总之，我们不必因为用了"国际的均势"这术语，就害怕堕入机械的均衡论的错误中去。正确的物本论是把均势在对立的统一与斗争这个法则之下观察的，它并不否认"均势"的存在，它只反对使"均势"成为绝对化、抽象化、力学化。[2]

作为一场惨绝人寰的世界战争，第一次世界大战规模空前，破坏深重。战后，人们痛定思痛，缔结同盟被认为是导致大战的一大原因。张君劢就说："自欧战之起，世之考求战因者，必曰此同盟政略为之也。三国协商与三国同盟相对峙，各挟其友邦以自重；日夜纵横捭阖，以图损人利己。其终也者战祸爆发，全欧成为焦土；胜者难奏凯歌，而满目疮痍，则与败者同出一辙。于是政论之事，愈谓同盟均势之说，万难适合于今后；而所以改弦易辙者，舍国与国之间别谋联合，以是非曲直外，无他方法；即此国际联盟之所由来也。"[3]

大战以后，旧式的同盟外交，并没有完全绝迹，可是因各国人民大众的反对，已成为被诅咒唾骂的名词。原来作为重心的势力均衡政策，

---

①　平心：《国际问题研究法》，生活书店 1936 年初版，1939 年第四版，第 181—182 页。

②　同上书，第 183 页。

③　张君劢：《国际联盟产生记略》，载吴品今：《国际联盟及其趋势》，商务印书馆 1930 年第四版，下卷第 163 页。

为新的重心即集体安全制度所代替。

胡愈之认为，集体安全制度是和平的反侵略的政策。集体安全制度不同于一切旧式外交，它有三要点：完全公开，不排除任何他国，是第一点；参加的国家，地位一律平等，因此决不至以弱小国家作牺牲品，这是第二点；集体保障义务，只能适用于防卫和反抗侵略，而不适用于侵略的目的，这是第三点。① 集体安全制度尚未发展到相当广大坚强。但在大战后二十年的国际政治中，已经显示出维持和平与制止侵略的一部分效力。就一般的集体安全说，国际联盟至少已表现了一个雏形。目前的国际联盟并没完全实现集体安全制度的原则。盟员并不能包含世界一切国家。国联的组织不能使参加各国获得绝对平等，依然免不了一部分大国的操纵。而且对侵略国家施行集体制裁，也缺乏有效的机构。但这都是国联的缺点，而不是集体安全制度本身的缺点。从德意日三侵略国家的反国联的坚决态度，可以明白，就是这样一个残废不全的集体安全组织，对于和平也不是没有一点儿效用的！

胡愈之还认为人们对集体安全制度存在着两种误解。第一种误解以为集体安全制度和旧式的同盟外交并无分别，因此就认为是"以夷制夷"政策，弱小国家要是参加了，只有上当，却不能得到安全保障。第二种误解以为不侵犯条约就是维持现状，因此认为足以妨碍反对侵略、复土保权的抗战。第一种误解是由于不明了集体安全制度不拒绝任何国家参加，而且每一个参加国家都是自动的、主动的，而不是被动的、被支配的。这是为了共同防御一切侵略战争而结合，绝不是为了反对任何国家而团结。遇到侵略的战争，不适用互助的保障，这是集体安全制度最主要的原则。第二种误解是由于不明白侵略国非法造成的事实，并不受不侵犯条约的保障。为复土保权而发动的抗战，不但为不侵犯条约所许可，而且和反侵略国家订结不侵犯条约，事实上更足以增强抗战的力量。② 结

① 胡愈之：《论三种外交政策》，载《胡愈之文集》第三卷，生活·读书·新知三联书店 1996 年版，第 587 页。原载《世界知识》1937 年 6 月。

② 胡愈之：《论三种外交政策》，载《胡愈之文集》第三卷，生活·读书·新知三联书店 1996 年版，第 588—589 页。原载《世界知识》1937 年 6 月。

论是，只有建立集体安全制度，才能促成集体的持久的和平。

4. 方法之论

其间，关于方法论的著作有平心的《国际问题研究法》、雨君的《国际问题研究法》、石啸冲的《怎样研究国际问题》等，分别阐述国际问题的基本概念、由来，研究国际问题的基本方法，国际现象的分析与估量，国际政治、经济研究法及国际政治论文写作法等。[①]

在研究国际问题的基本方法论问题上，李平心批评了他所称的"观念论"。在他看来，在国际问题研究中，没有比观念论更能妨害我们对于国际现实的认识的，因为它认为头脑支配国际间的一切，把造成各种国际现象间的真实原因驱逐了。这样就使人们无法找求出国际问题的规律性，要了解国际间发生的一切事件的本质简直是不可能的。那么什么是"观念论"呢？在李平心看来就是"浮面地用精神，道德，政治等说明国际问题，而忽视那产生国际问题的物质基础的研究法"，它们都有把我们的思想引到虚无缥缈中去的危险。要免除观念论的错误，我们必须借助于另一种立足于正确的方法论上的历史观，这就是历史的物本论。观念论认为决定国际现象的，只是观念或什么超物质的东西，而物本论却以为一切国际事件和国际问题底发生，都有社会的物质基础，离开了这种物质基础，就断乎不能认清一切国际问题的真实原因，和各种国际现象的真实规律。[②]

李平心又论证，我们不必回溯从前的国际史，只消考察当前的国际局面，便可以用充足的事实证明世界的经济法则决定着全般的国际生活动向。现阶段的国际问题无疑是国际经济矛盾的反映。首先是资本主义内在的矛盾——生产关系对于生产力的阻遏比以前任何时候都更紧迫，这样就造成空前的普遍到全资本主义世界的恐慌，各个资本主义国家为

---

①　上海通志编纂委员会编：《上海通志》第7卷，上海人民出版社／上海社会科学院出版社2005年版，第4794页。

②　李平心：《研究国际问题的基本方法论》，载《平心文集》第一卷，华东师范大学出版社1985年版，第287—289页。原载《世界知识》1936年4月1日第四卷第二期、1936年4月16日第三期、1936年5月1日第四期，署名平心。

要挣出恐慌的泥坑，就不得不施展各种凶猛的经济政治战术，来抢夺世界的市场资源或提出重新分割世界的要求，这种斗争因着资本主义发展的不平衡性空前强化，就愈益急剧了。其次是苏联社会主义经济建设的飞跃发展也给旧世界的经济体系以极大的威胁。因为苏联对资本主义国家的经济独立性日益升高，就使帝国主义的经济网日益缩小。再者是帝国主义为要缓和国内的恐慌，又不得不对弱小民族实行更猛烈的经济掠夺，这样就使弱小民族的固有社会经济体系遭受不可抵抗的摧毁。这三种基本的国际经济矛盾不断加剧，就决定了国际间的政治和思想矛盾的强化，今日任何一个重大国际问题都逃不出这条铁律。[①] 由此可见，李平心所说的物本论实即唯物论，重事物发展变化的经济基础。

在《怎样研究国际问题》文中，胡愈之认为必须懂得三个主要原则：第一个原则，是以物质的背景去研究。研究社会科学须站在物质论的观点，研究国际问题，更应特别注重物质的背景。一切国际的变象，都只是物质的经济的变动的反映而已，离开物质与经济关系去研究，便一无是处。第二个原则，是从动态中去研究。这就是说，应把各个国际事件，当作不绝的流变的过程看待，当作对立的统一看待。如果忽略了每一事件的因果，而就其本身单独去下判断，便一无是处。第三个原则，是从联系中去研究，现代经济把世界打成一片，各部分都相互密切地联系着，因此要明白这一部分的变化，必须明白其余部分的变化。看上去是两件绝不相干的事，实际上却相互发生联系。因此不论哪一个国际事件，都不能孤立地去研究。

要完全了解这些原则，对于国际问题，做正确的研究，则必须对于社会科学，尤其是社会科学方法，有相当的根底。要是对于经济科学，对于史观和物质论，没有充分的了解，研究国际问题是不易入手的。有了这些素养，对于研究国际问题，方具了正确的观点，以后所应注意的，

---

① 李平心：《研究国际问题的基本方法论》，载《平心文集》第一卷，华东师范大学出版社 1985 年版，第 290 页。

就是研究资料的搜集和鉴别了。[①] 搜集材料的时候，第一要知道材料的来源，是从哪一国通信机关发出的；第二要明白这材料有多少准确性，方才不至上当。关于这一点，胡愈之又专门提及金仲华所著的《国际新闻读法》（《时事问题丛刊》第七种），建议读者取而参看。

（二）外交史和中外关系研究

对外交史和中外关系开展研究，是民国时期的一个重点。这方面成果大致可分为两类，一类是中国外交通史性质的，另一类是中外双边的。

通史性质的著述，较早的有刘彦的《中国近时外交史》（商务印书馆 1911 年初版，1921 年第三版）。该著从鸦片战争写起，大体至 1920 年，"绪论"称："吾国数千年之国际状态，皆限于与邻近大陆诸国生变迁。……至明清之交，忽变为中西交通时代。至近时百年内，更变为外力迫压时代。""中日战争拳匪事变而后，中国问题全变成世界问题。……依他国之力而解决之，则为瓜分。依本国之力而解决之，则为保全。凡我国民，负兴亡之责任。鉴以往之如何失败，思将来之如何图强，是所宜亟亟也。"[②] 经世致用的著述用意，跃然纸上。

若干年后，刘彦撰述出版了《被侵害之中国》（即中国最低限度应取消之不平等条约），其"序"曰："十七年前，余留学东京时，著《中国近时外交史》，大为国内所欢迎。国内有外交专书自此始。而余痛心中国之被侵害，亦自此始。欧洲大战，日本乘各国不能干涉之时，必欲将中国变为韩国第二。……余乃著《欧战期间中日交涉史》一书[③]，痛发挥日本侵害中国之政策，及其手段。亦痛发挥中国非国民外交不足以救亡。……于民国十六年六月完成《帝国主义压迫中国史》之后，即着手编撰本书。其目的，盖欲使研究不平等条约者，得简单入手之门径。又

---

① 李平心：《研究国际问题的基本方法论》，载《平心文集》第一卷，华东师范大学出版社 1985 年版，第 290—293 页。

② 刘彦：《中国近时外交史》，商务印书馆 1921 年版，第 1 页。

③ 商务印书馆 1921 年初版。

欲使研究取消不平等条约者，得根本解决之要领。"①

此外，刘彦又著《最近三十年中国外交史》（上海太平洋书店 1930 年版），叙述和探讨 20 世纪头三十年的中国外交。由此可见，刘彦在外交史研究方面做出了突出的成绩。②

曾友豪所编的《中国外交史》（商务印书馆 1926 年版）也是早期的一部外交史。卷一述中国与欧美各国之关系。卷二为中日交涉史，论述民国三年（1914）以前之中日邦交和欧战起后之中日关系史。卷三"中国与列强"论列强之权利竞争，权利竞争之反动——义和团事件，列强之协调政策及银行团问题，以及修约问题。

张忠绂编著的《中华民国外交史》，初版于 1936 年，作为其对象，该书研究的时段不长，大体是自 1911—1922 年的中国外交。张忠绂作于 1942 年的"再版自序"云："中国近代对外关系，若自江宁条约③起算，恰届百年；若自尼布楚条约起算，则已二百五十三年。此百年或二百余年之中国外交史，据作者所知，无论在任何文字中，迄未见详尽之著述。"④ 在当时，张因获知蒋廷黻正从事于清季外交之研究，为避免工作重复并顾及读者之需要计，特先致力于辛亥革命以后之外交。张忠绂称"未见"的所谓"详尽之著述"，其实已有刘彦的《中国近时外交史》出现在前，然而张氏仍言"未见"，难免令人不解，大体反映出此类著述为数甚少，但并非绝无。

颇见功力的是钱亦石所著的《中国外交史》（生活书店 1947 年版），此书展示了难得的真知灼见。比如对外交史的理解，钱著便见识不凡。钱先设问，继之给予回答道："外交史要讲些什么？它决不应该讲些历来

---

①　刘彦：《被侵害之中国（即中国最低限度应取消之不平等条约）》，上海太平洋书店印行 1928 年版，1932 年第四版，第 1—2 页。

②　《国立清华大学校刊》1928 年 11 月 21 日第 11 期上刊登一则消息称："政治学系新聘刘彦先生为中国外交史讲师，刘先生已应允日内即来校上课。刘先生为中国外交史名家，著作丰富，可毋庸特别介绍。"见孙宏云：《中国现代政治学的展开：清华政治学系的早期发展（一九二六至一九三七）》，生活·读书·新知三联书店 2005 年版，第 114 页。

③　即中英《南京条约》。

④　张忠绂：《中华民国外交史》，正中书局 1945 年版。

外交上许许多多琐屑事情，它应该讲的是历来外交政策的变迁，这种变迁的根据和其得失。我们知道，外交，并不是它自身能够单独存在的东西，它只是某一种政治系统之下，在邦交关系上运用一种手段来完成这个政治任务的策略。如果要离开政策来讲外交，就决无外交可言，勉强要讲，也只是些毫无意义的外交故事，不能成为外交史。"[1] 因而，钱亦石认为，所谓外交史，说正确些，应当说是外交政策史，或外交政策变迁史。

而对于外交政策并非只是外交部门之事，钱亦有精到论述："外交政策，根本是要由整个政治系统来决定，断不能由外交这一部门来单独决定。正因为整个政治无政策，所以才有无政策的外交；不然的话，就决不会让外交在那里因循误事。"[2]

蒋廷黻则极为强调外交史料的重要性，指出："外交史的特别在于它的国际性质。一切外交问题，少则牵连两国，多则牵连数十国。研究外交史必须搜集凡有关系的各方面的材料。"[3] 其所编《近代中国外交史资料辑要》（简称《辑要》）上、中两卷专论中日甲午之战以前的历史，材料专采自中国方面。原计划的下卷论下关条约（即马关条约）以后的历史，材料则中外兼收。蒋廷黻编这部书的动机不在说明外国如何欺压中国、不平等条约如何应该废除。他的动机全在要历史化中国外交史，学术化中国外交史，更希望读者得此书后能对中国外交史做进一步的研究。《辑要》上、中两卷由商务印书馆分别于 1931 年和 1934 年出版。但是中卷

---

① 钱亦石：《中国外交史》，生活书店 1947 年版，第 2 页。

② 同上书，第 11—12 页。钱另著有《紧急时期的世界与中国》（生活书店 1937 年版）。1937 年 8 月，日军大举入侵上海，"八一三"淞沪抗战爆发。时任教于上海暨南大学和法政学院的钱亦石以一介书生，奋起投身抗战，组织和参与战地服务团，加入张发奎将军率领的军队抵御入侵之敌。因劳累过度和条件艰困，钱亦石不幸感染疟疾，虽经送医，但终告不治病故。钱亦石一度还曾任《世界知识》主编。又可参见许涤新：《风狂霜峭录》，生活·读书·新知三联书店 1989 年版，第 163—164 页。

③ 蒋廷黻编：《近代中国外交史资料辑要》（上卷），商务印书馆 1931 年印行，"自序"第 1 页。

出版后不久，蒋廷黻即投身政治，无暇继续这一庞大的计划了。

相较于通史性质的外交史，双边关系性质的著述更为多见。

陈复光所著的《有清一代之中俄关系》（云南大学文法学院 1947 年印行）称得上是一部力作。作者 20 世纪 20 年代留学美国，就读于哈佛大学，撰有英文论文《1689 年以来之中俄关系》，学成归国后，又努力广泛搜求中外史料，还"曾随轺车使于俄，得帝俄时之密档而读之"[1]，终而撰成一部史料翔实、论证严密的著作。此书所述范围，上至 1689 年尼布楚条约之缔结，下迄帝俄之崩溃，共两百余年。曾经"长陆大[2]及使苏"的杨杰在序文中评论该书"所蒐集的史料，异常丰富，内有关于康雍乾间之中俄邦交，帝俄经营黑龙江与乌苏里江，和日俄数度缔结密约之经过等珍贵记载，可说是发前人之所未发，且叙述简要明畅，在国内出版界中，关于中国与帝俄关系的著作，实属不易得者"[3]。

这一类的双边关系论著，还包括束世澂的《中法外交史》（商务印书馆 1928 年版），该书对中法交通的起源、不平等条约的缔结、法国对华干涉等进行了研究。束世澂还有《中英外交史》（商务印书馆 1933 年版），述论中英交通的起源、中英战争及签订的不平等条约、英国对中国的领土经济侵略等。

（三）外交学研究

民国时期已经出现了对外交学的探讨和著述，而且已经颇见深度了，很具有代表性的是杨振先所著的《外交学原理》（商务印书馆 1937 年版）和刘达人所著的《外交科学概论》（中华书局 1941 年版）。在杨振先看来，外交学是一个很旧的科学，亦是一个很新的科学。所谓很旧的科学是因为外交学所研究之材料，国际公法老早已经讲及；所谓很新的科学，是因为外交学新近始从国际公法分离而自成一独立科学。1906

---

① 姜亮夫："跋"，载陈复光：《有清一代之中俄关系》，国立云南大学文法学院 1947 年版，第 465 页。

② 即陆军大学。

③ 陈复光：《有清一代之中俄关系》，国立云南大学文法学院 1947 年版，"杨序"。

年美儒福斯特（Foster）刊其名著 *The Practice of Diplomacy*（即《外交之实践》。——引者）于世，不久（1916 年）英儒沙淘（Satow）亦将其杰作 *A Guide to Diplomatic Practice*（即《萨道义外交实践指南》。——引者）在英出版，此二书实为英语方面外交学之创作。自是以后，外交学始逐渐于国际公法之外独立讲授。[①]1930 年，杨振先自欧美回国，由国立暨南大学校长郑韶觉聘为外交领事专科主任，"即以是学授诸生徒，因感国内缺乏完善教本，遂决心自编一册"[②]。数年后，《外交学原理》成书出版。杨振先此书共十二章，分别为"外交""元首""外交部长与外交部""外交官（上）""外交官（下）""外交团—海上敬礼—政治犯""领事官""国际会议""国际条约（上）""国际条约（下）""中国条约""国际公断"，可说十分清楚而明白，把外交学是一门什么样的学问讲清楚了。

王亚南在《现代外交与国际关系》中谓，"外交"是一个政治的语词。我国古籍述及"外交"二字，似始于《墨子》。《墨子》修身篇有云："近者不亲，无务来远，亲戚不附，无务外交。"王亚南讨论了外交之意义与性质、外交之功能、外交之经济的基础等。他认为，外交是处理国际间相互关系的。国际关系随时代而异其内容，外交亦随时代而异其性质。

在古代，在中世，政治宗教势力大于一切，于是，外交受支配于这种势力，而其所处理的国际关系，亦大抵限于政治或宗教的范围。现代则不然。现代是经济势力大于一切的时代。由经济的国际分工，一方面加繁了各国间的相互接触，另一方面造出了各国间的相互依存。其结果，政治的羁绊、宗教的维系、地域的关联、种族的结束，通在经济作用下，显得松懈无力了。经济利益所在，同种同教同政治系统者可以分离，异种异教异政治系统者亦可以结合。由是，经济在各国外交关系中，具有决定的作用，各国的外交政策，就大都以经济利益为旨归了。这种经济

---

① 杨振先：《外交学原理》，商务印书馆 1937 年版，"序"第 1 页。

② 同上。

中心主义，构成了现代外交关系的一个显著特征。

　　王亚南又说，在昔国际关系简单，各国相互间无何等紧密接触；间有议和善邻或合纵连横一类任务，只派遣一二能言善辩的使节，就很容易对付下来。故当时所谓外交，全未脱出"术"的范围。降及近代，世界各国间相互的关系，较之往昔一国各省，甚或一省各地域间之关系，尤为密切；历史的、政治的、种族的、经济的交互错杂之连锁作用，不但加广了国际范围，而且加深了国际利害关系；于是处理各国间的交涉交际事件，就须得于能言善辩以外，彻底了解世界大势，及各国历史政治种族经济上之种种相互关联……①

　　就外交的功能，王亚南认为外交是传达各国间的情意的，是疏通各国间的隔膜的，在各各拥护自国利益的立场上，虽然彼此不免发生争执，但在拥护自国利益，同时亦不忽略对方利益的途径上，彼此亦会进于谅解。②

　　关于近代外交的发生，亚当·斯密曾有一段精辟而独特的议论。他说："与简昧而未开化的人通商：常须有一种特别保护。……公使的设置，在先并非为了战争或同盟的目的，而是为了商业上的利益。……欧洲诸国人民由商业利益上不断惹起的冲突，恐怕就是他们在一切邻国永久派驻公使的由来。"王亚南认为，斯密所谓"公使的设置，在先并非为了战争或同盟的目的，而是为了商业上的利益"以及"欧洲诸国人民由商业利益上不断惹起的冲突，恐怕就是他们在一切邻国永久派驻公使的由来"这两点，已充分说明了近代式的外交之本质的经济的意义。亚当·斯密是一位尊重历史事实的学者，他的议论，一定能予我们以可资信赖的根据。③

　　而在刘达人看来，"外交科学"无疑是一个新名词，从来，许多人对于外交是抱有一种传统观念，以为外交云者只是一种术，办外交也单看

────────────

① 王亚南：《现代外交与国际关系》，中华书局1933年版，第1—3页。
② 同上书，第11页。
③ 同上书，第13—14页。

外交官的仪表、辞令和策谋之如何，所谓"樽俎折冲""纵横捭阖"，在国际坛坫之上，尽其权谋术数之能事而已。至于用科学的方法来研究外交是什么，是被人认为异端的。刘达人自己则认为，外交不单是技术，而且是一种学问；易言之，办理国际外交大事，无论是手段、方式、内容，都具有一种指导原理。"外交科学"，简言之便是以科学的方法、体系来研究外交上一切问题的学问。它的任务即在发现办理国际外交的基本原则。然而，国际外交现象是非常复杂多端的，从外形而内容，从内容而本质，这些课题绝非"形而上学"的方法之所能彻其究竟；所以"外交科学"应当立于一个新的理论基础之上，将外交科学各部门的知识完全整理在一个体系之下，用科学的方法，从纵的（已然）、横的（现然）、规范的（应然）各方面加以分析和研究，以期确立外交科学在一般社会科学中的基础。①

民国外交家顾维钧则指出："现代外交知识在欧美各国为国民必具之常识，而关心国家利益国际和平者，又莫不专心致志，深思力学。盖根据事实，认清事实，非得力于理论之探讨，文化之传播不为功。外交固不能脱离事实，尤不能脱离学理；前者为外交术，后者为外交学；无外交学则不能有外交术，学理与技术盖外交前进之双轮也。"②顾维钧的话，可以说将"外交"何以为学的意义，做了十分透辟的阐述。

除《外交科学概论》外，刘达人在整体研究计划之下还著成了《外交大辞典》（共同主编）和《国际法发达史》（与袁国钦合著）③两部论著，学术成绩可谓卓著。刘达人认为，外交和国际法是能单独存在而实际又不可强分的，所以研究外交不可不明国际法；研究国际法更不可忽略外交。三者的材料虽各别配置，事实可以互补短长；目的虽有所不同，而其理论则前后贯通。

对于作为对象的外交和外交政策如何理解，是民国时人反复讨论的

---

① 刘达人：《外交科学概论》，中华书局 1941 年版，"序"第 1 页。

② 外交学会编，王卓然、刘达人主编：《外交大辞典》，中华书局 1937 年初版，1940 年再版，"序"。参与编撰人员还有李华森、何建东、袁国钦、刘琨。

③ 刘达人、袁国钦：《国际法发达史》，商务印书馆 1936 年版。

一个问题。比如，在外交评论社的陶樾看来，国家正和个人一样，都不能离群而索居。国与国间既然发生了关系，就不能不讲求外交之道。要维持一个国家的生存和保障一个国家的安全，须靠武力，当然不消说；但除武力以外，同时又非靠外交不可的。所以简单说来，外交就是国家为对外求生存而不能不运用的一种手段。

外交的意义既是这样严重，外交于国家的命运，既有左右的力量，则所谓外交云者，无疑的绝不会草率从事，或者甚至于盲目而无定向的。各国外交必有其一定所遵循的步骤和途径，此即所谓外交政策。[①]

如果说，陶樾对"外交"的这一理解是准确的话，对"外交政策"的界说则让人感到摸不着头脑。

在张仲实看来，一国对外政策的目的，是从它的政治的和经济的结构生长出来的。换一句话说，对外政策，乃是对内政策的机能。它要解决某一国家某一社会的发展在一定的历史环境之下所提出的任务。只有从这一见地上，我们才可以说明帝国主义国家对外为什么要采取侵略政策。因为金融资本为了赚取额外利润，为了榨取殖民地人民，所以它对外不能不采取侵略政策——夺取殖民地作为它的势力范围和销货市场、投资场所及原料产地。因此，这里我们更可得到一个结论说，对外的侵略政策，总是跟人对人的榨取制度有着密切的联系的。[②]

相形之下，胡愈之的说法似更真确，在他看来，一切外交政策都是根据本国的地位和国际的现实环境来决定的。国家地位和国际环境发生变化的时候，外交政策必然也跟着发生变化。要是不然，牢守着固定的原则，抛撇着现实而谈外交，那样的外交不但不能达到预期的目的，而且一定走投无路，对于国家和民族是根本有害的。在我们这时代，保护和发展国家利益的最主要的手段，自然是军事手段，就是国防军备。可是单靠军事手段是不够的，必然还得用政治手段。所谓外交政策就是保

---

① 周鲠生等：《近代各国外交政策》，外交评论社编行，正中书局印行 1934 年版，1936 年再版，"编者序言"。

② 张仲实：《张仲实文集》第二卷（上）《时政评论》，中央编译出版社 2016 年版，第 549 页。原载《世界知识》1937 年 11 月 1 日第六卷第十二期。

护和发展国家利益的一种政治手段。一个强国需要有外交政策，一个弱国更需要有外交政策。因为一个弱国，国防军备，既然不如人，那么除了运用政治手段以外，还有什么方法来保卫和发展国家利益呢？[①]

　　稍后，胡愈之又有关于"外交国策"的阐述。他认为，一个主权完整的独立国家，必然而且必须有确定的外交国策。在他看来，"外交国策是根据民族意志和国情来决定的。国情又包含历史条件、地理环境和国内的政治社会制度等要素。这些虽然不是永久不变，但是断不至于早晚不同。尤其是民族的意志，在一个相当的长时期内，是决不至随便变更的"[②]。而根据此种外交国策所采取的外交行动，则尽不妨因时制宜，千变万化。因此外交国策和外交行动是截然不同的两件事。那么，要怎样才能算得是外交国策呢？第一，外交国策应该是整个民族意志的表现。比如英国是一个岛国，英国人民有一大部分是依靠航海贸易为生的。因此保护海上的贸易道路，成为英国外交国策的基调。第二，外交国策要和国内政策的目标一致。反之，国内政策也应竭力求和外交国策相适应。第三，外交国策是根据各国的民族意志、国家需要和特殊国情来决定的。[③]胡愈之在"外交政策"一语之外，另提"外交国策"，是颇为独到之见。

　　还有学人对中外的外交实践及其经验进行总结，提出的观点亦颇见光彩。譬如《大公报》有一篇社论对于外交方针做过十分精彩的论述。在分析了苏联和日本外交上的成功后，社论说："反观中国，国难以还，最初则过信国联，期待英美，其后则八方失望，进退两难，就整个外交政策言，殆不能无寂寞空疏之感。"继之提出自己的主张，此即：独立自助，以固根本，多边修好，以保均势。所谓独立自助者，决心"自力回生"，不求特别外援是也。所谓多边修好者，不事纵横捭阖，唯以坦诚应付是也。前者为吾人死中求活自卫自全之精神，后者为吾人与世无忤亲

---

①　《胡愈之文集》第三卷，生活·读书·新知三联书店1996年版，第471、583页。

②　同上书，第602页。

③　同上书，第606—608页。

仁善邻之表现。①

张奚若则概括，"知己知彼，百战百胜"不但是兵法之理，也是外交秘诀。头等外交家的特色就在能省察情势，刚柔并用。应该强硬处强硬，应该柔软处柔软。应该归罪他人处归罪他人，应该自认其错处自认其错。……自对内言，维持社会秩序，保护人民生命财产，为国家第一要务；自对外言，一个国家在国际间享有许多权利，同时也负有许多责任；……②

而办外交，尤其是办今日中国的外交，应有以下数种资格：第一，应明了世界大势，应明了人我强弱虚实之点，应明了在现时及将来的国际情势下国家最有希望的生路在哪里。第二，应具有处大难临大节的胆量。没有识见固然不行，光有识见没有胆量，也是不行。识见只能辅助我们决定一种政策，要执行这种政策，还须有坚强的毅力和无畏的精神。第三，让步应有限度，过此限度，就须有牺牲的决心。③在发表于 1935 年 7 月28 日《独立评论》第 161 号的文章中，张奚若准确地预见了后来的发展："我的第一个假定便是：日本为实现其所谓'大陆政策'，将借此千载一时的机会，在最近的期间，并吞全中国。第二个假定是：日本并吞全中国的事实将使世界各国，尤其英美俄三国，发生极大的威胁与恐慌。要解除此种威胁，要消灭此种恐慌，只有诉诸战争，而战争的结果日本因限于物力与人力将为战败者。第三个假定是：日本战败后，战胜各国，因无更妥善的方法处置这样大的一块地方，将使中国恢复其自由，完全的或部分的。"④证诸历史，不能不认为张奚若的预见是极为精准的。

---

① "大公报"社评：《独立自助与多边外交》，载中国人民大学中共党史教研室编：《批判中国资产阶级中间路线参考资料》（第二辑），中国人民大学 1959 年版。原载 1934 年6 月 21 日天津"大公报"。

② 张奚若：《宁案与五国通牒》，《现代评论》1927 年 4 月 16 日第 5 卷 123 期，载《张奚若文集》，清华大学出版社 1989 年版。

③ 张奚若：《塘沽协定以来的外交》，《独立评论》1935 年 3 月 31 日第 144 号，载《张奚若文集》，清华大学出版社 1989 年版，第 281 页。

④ 张奚若：《东亚大局未来的推测》，载《张奚若文集》，清华大学出版社 1989 年版，第 285 页。

1936 年发生了"七君子事件"，作为七君子之一的王造时，也曾就公开外交和国民外交"立言"。他如是写道："欧战当中，美总统威尔逊提倡公开外交、国民外交，反对秘密外交、买卖外交，欧战以后，各国外交，似乎向此方向进一步矣。……所谓外交公开者，无他，即将政府主要的外交宗旨，及交涉进行程度，及其结果，随时相机使国民了解耳。……试回顾五四时代的外交与五卅时代的外交，其所以能稍挣到一点面子者，不凭民众运动凭什么？……故国民外交与公开外交，乃弱小国家的工具，今日我政府与人民不可忽视者也。"[①] 这里值得注意的是，他对"国民外交"和"公开外交"之于弱小国家重要性的强调。

张奚若还指出过国际关系中的名誉或威望问题，"国际间许冲突，历史上许多战争，都是因为一国认他国有侵犯她的名誉的行为而起的。至于此种侵犯名誉的事实是实在的、还是想象的，是当真、还是误解，当然是另一问题。大概自历史上看，至少可说有一半是想象和误解。这个名誉问题，拿中国话说，可说完全是一个'面子'问题。威望心是名誉心之一种，是面子问题，是一特殊方面"[②]。这里触及了国际关系中的声誉、威望这一问题，但也仅是触及，而对其开展专门研究，则是多年之后的事了。

（四）国际组织研究

根据西里尔·布莱克（Cyril Black）的看法，国联和联合国这两个国际组织的产生，代表了西欧和英语国家的现代世界观念，也就是这些国家率先形成了国际组织，进而推动其他国家采行其价值和制度，以达到整个世界的转型。[③] 然而，它们实际的运作及其影响是复杂的，经过了曲

---

① 1933 年 8 月 24 日。见《荒谬集》，载王造时：《中国问题的分析 荒谬集》，复旦大学出版社 2015 年版，第 232—233 页。

② 张奚若：《英国人的头脑与此次出兵》，《现代评论》1927 年 2 月 12 日第 5 卷 114 期，载《张奚若文集》，清华大学出版社 1989 年版，第 263—264 页。

③ C. E. Black, *The Dynamics of Modernization: A Study in Comparative History*, Harper Torchbook edition, 1967, p. 139.

折的历程，也反映在民国时人的认识中。

第一次世界大战后，中国积极参与了巴黎和会，但中国作为战胜国的合法权益没有得到维护，山东权益反落入日本之手，因而拒绝签署凡尔赛和约。虽然是弱国，中国毕竟显示了自己的气节，国内的五四运动也由此触发。而对于即将诞生或新近诞生的国际联盟（简称国联），中国自然是不能不加以重视的。然而，在学者吴品今看来，当时的情形是，"国际联盟一事，各国讨论及之者已数年矣，今我则如何者？全国上下，昏昏犹在梦中；赞成乎？反对乎？讨论其庇点乎？"[①] 鉴于此种情形，吴品今起而撰《国际联盟及其趋势》（商务印书馆1922年初版，1930年四版），该书分上、下卷，上卷为"通论"，述战前国际形势及国际联盟成立之经过；下卷为"分论"，详析国际联盟之组织及附带问题，是民国时期论述国联较详尽之书。梁启超为之序曰："国际联盟，足以解决今日之时局乎？吾信其不能。虽然，吾敢豫言：二十世纪下半期之世界，国际联盟之世界也。"[②] 在当时，梁当然不可能预估到刚诞生不久的国联命运几何以及后来的第二次世界大战，但二战后，联合国继国联而起，正应了梁氏之语和世界组织化的大势。

在吴品今看来："我国人于一年以前，期望国际联盟过奢；至于今日，对于彼之失望殊觉太甚。巴黎和会将开之际，威尔逊等唱其高调；令吾人听之：以为理想的正义之道，霎时间可以涌现；不独未来之平和恃其保障，即未来之冤抑，亦赖之伸理。实则世界本无如此速成之事；国际联盟，乃人类之团体，自不能为超之人事业；而人类进化又本有一定之步骤：一方面虽准向上之目的循序渐进，一方面对于四周之现状终不免委曲迁就；试观往昔历史上多少之文明事业，何非经一波三折，始克告成者。"[③] 又说："历几何时，此次国际联盟将变为历史上之事实，或至瓦解不存，或至从新组织，或至另换一种名称，或至无国际字样；组

---

①　吴品今：《国际联盟及其趋势》（上卷），商务印书馆1930年第四版，第128页。

②　同上书，"序"。

③　吴品今：《国际联盟及其趋势》（下卷），商务印书馆1930年第四版，第142—143页。

织中及世界中：或有中国，抑无中国，皆不可知；惟此种未来之结局，多半植因于今日；吾侪虽不知其果，亦当察其因；故今日之我，与我之今日，皆可珍重宝贵。"[1] 由此可见，这位学者既看到了国联的作用，又看到了国联的局限，可说有比较清醒的认识。

卢瀛洲所撰的《国际联盟研究》，对国联进行了十分系统的考察。外交家王宠惠为之序云："十余年来国联历届大会，中国无役不从，各重要委员会亦均有中国代表参与其间，中国对于国联之倾心合作盖由来已久。……《国际联盟研究》一书，从法律、组织、历史三方面，作系统之叙述，随时附以评论，其书取材新颖，论辨精审，实为我国出版界近年不易多得之作。"[2]

这方面的著述还有夏渠编《国际联盟》（商务印书馆 1928 年版），于国际联盟之起源组织及其所营之政治的经济的社会的事业，悉为详述，列举无遗，末附余论一章，畅论联盟欧洲化及违反平等原则之两趋势。郑毓秀则编译《国际联盟概况》（商务印书馆 1926 年版），以为国人研究国际问题者之参考。全书分为七编：（1）国际联盟会之法规与组织；（2）国际联盟会财政之管理；（3）国际法庭；（4）国际联盟与裁减军备；（5）联盟对于奥国财政之改造；（6）国际联盟与交通问题；（7）联盟会之卫生组织。内国际法庭一编，为该法庭中国籍法官王宠惠博士亲自撰述，尤见详确。关鲁敬则著英文 *China's Relations with the League of Nations, 1919-1936* 一书，于 1936 年底完成，原准备次年夏天在上海出版，但因日本全面侵华战争爆发，延至 1939 年始问世。[3]

在实践中，随着国际关系的演进，国人对国际联盟希望和失望交织，体现在研究著述中，亦颇为明显。胡愈之经历了如下的认识过程：九一八事变发生，日本侵占中国东北后，"中国信赖国际联盟的结果是一场落空"。他发表于 1933 年 2 月《东方杂志》的《日本帝国主义的挑战》

---

① 吴品今：《国际联盟及其趋势》下卷，商务印书馆 1930 年第四版，第 148 页。

② 卢瀛洲：《国际联盟研究》，商务印书馆 1934 年版，"序"。

③ 张力：《国际合作在中国——国际联盟角色的考察，1919—1946》，"中研院"近代史研究所专刊 1999 年 6 月第 83 期。

一文称，过去一年中，至少我们得了许多有益的教训：国际联盟是帝国主义的御用工具，帝国主义者都是蒙着羊皮的狼，没有一个可以倚靠。国联的本身就是战胜国家的集团，它的主要作用，是建立战胜国对于国际经济政治的支配权，缓和帝国主义内部的冲突，阻止战败国的复仇战争。[①] 然而，因为中国过去倚赖国联失败，而就把国联完全不放在眼中，甚至于反对把中日事件提交国联处理，那就属于因噎废食。国联虽然不是有实力的和平组织，但是只要我们了解国联的实质，运用得适宜，国联对于反侵略战争，还是能够起相当作用的。尤其是我们对日抗战中间，在外交上，甚至是一分一毫的机会，我们都得尽量利用，断没有放弃国联外交的道理。[②]

到第二次世界大战终结，中国以战胜的四大国（后加法国为五大国）之一的姿态出现于世界舞台上，成为新生的世界性组织联合国（UN）安全理事会的五个常任理事国（"五常"）之一，对联合国自然是肯定有加，并积极参与其中了，学界加以重视也自不例外。

（五）边疆和涉边疆外交的研究

近代以来，欧美列强纷纷闯入中国，攫取权益，致"边患"和边疆问题日益突出，这一情形延续至民国时期，不能不引起学人的关注和研究。学者张凤岐有云："近年以来，国人渐知中国边疆问题之重要，金以我国领土丧失，均起于边疆；而外侮之来，又以边患为最烈！推言其故：则人事因循与环境阻碍，各居其半。言人事，则政府忽于殖边与国人缺乏边疆之认识；言环境，则交通梗阻，种族复杂，强邻侵略，实为万阶。"[③] 张维翰序文则指出："数年以来，政府与国人已渐注重边疆问题，惟关于云南对外关系尚无系统之著述。"[④] 张凤岐感于此，欲于西南边疆，进行一系统的论述，撰成《云南外交问题》。该著以历史之眼光，作云

---

① 《胡愈之文集》第三卷，生活·读书·新知三联书店1996年版，第62、156、304页。

② 同上书，第631页。

③ 张凤岐：《云南外交问题》，商务印书馆1937年版，"自序"。

④ 同上书，"序"。

南外交实际问题之探讨。材料则取自中西官书档案，旁征各家权威作品，再留心滇省实况，观察访问。滇缅界务、滇越商约之材料，则采自主持地方外交当局之官方报告。总计研讨调查，前后凡十余年，五易其稿而成，为一部力作。

在西北方向上，则有刘伯奎著《新疆伊犁问题研究》[①]，1943年出版。该书对于帝俄时代的远东政策，以及俄国占领伊犁及其交涉之始末，均有很详尽的论述。在当时，中国已面临一个新的时代，就对外言，英美各国已与我国订立平等新约，中国已跻身于强国之林；就对内言，积极建设新疆，得以早日完成抗战建国的伟业。[②] 伊犁问题，于此阐明。

东北是"边患"中十分突出的部分，殆无疑问。在北方学人中，最早注意到东北问题的，乃是南开大学校长张伯苓。"他于民国十六年组织了一个东北考察团，南开教授蒋廷黻、萧淑玉等十余人参加，到东北考察了一个多月，归来后并组织了一个东北研究会。蒋廷黻之对东北边患着手研究，与此次东北考察大有关系。'九一八'事变发生后一年又三个月，蒋的'最近三百年东北外患史'也在《清华学报》出现了。他于日患之外，又强调了东北的俄患，……"[③]

当然，以东北问题之突出，注意研究的不乏其人，其中的一个重要问题是中东铁路问题。中东铁路系依照1896年中俄合办东省铁路公司合同，授予华俄道胜银行承办中东全路建筑事宜。换言之，是由俄人所组织的华俄道胜银行，向中国政府承办这条铁路的建筑事宜，而非由俄国政府经营。合同订立以后，于1897年开始建筑，至1903年7月1日，便能全路通车。……当俄人建筑中东路，在俄人心目中，并非以商业的性质视之，而是当作东方侵略的通路，军事交通的工具。[④] 就此相关的问题，世界周报社编成《中东路事件》一书，叙其来

---

① 刘伯奎：《新疆伊犁问题研究》，重庆独立出版社1943年版。

② 同上书，"序"第3页。

③ 李云汉：《抗战前中国知识分子的救国运动——民国二十年至二十六年》，载周阳山编：《知识分子与中国》，时报文化出版事业有限公司1980年版，第394页。

④ 世界周报社编：《中东路事件》，华通书局1929年版，第9—10页。

龙去脉，并加评述。

此外，更有华企云撰述总论性的《中国边疆》。[①] 该书为新亚细亚学会边疆丛书之一种。根据出版者的说法，自从晚近日侵东北，俄攫外蒙，英寇康藏，法窥滇边以来，国中人士都高瞻远瞩地把目光移到了边疆方面，寝假而"到边疆去"的呼声洋溢盈耳地经人鼓吹起来。不过到边疆去是有先决条件的，就是中国边疆无论其已往情形、现在状况、四周环境、国际关系，以及日俄英法等帝国主义为对于满蒙康藏怎样的垂涎觊觎，乘隙蚕食，都非要有确切的认识不为功。因此而有该书对整个中国边疆实况的撰著，甫一出版，大受欢迎，首印五千册不数月间即全部售罄，可见边疆问题受到社会关注的程度。不止此也，著者华企云还撰有《满蒙问题》《新疆问题》《西藏问题》《云南问题》《实业计划之边疆建设》《满洲问题》《蒙古问题》等专论性著述，其对中国边疆诸问题的广泛研究，于此可见。

而在刘思慕看来，中国关于边疆问题的新书，他认为遗憾的地方，第一就是大多数的著作不免带有偏狭的民族主义的观点，对于边疆问题的因果关系，未能做充分的、严正的剖析。第二，有一部分著作又嫌芜杂，虽可供给我们以相当的材料，但未能给我们以一个明了的观念。[②] 他因而提笔撰写了《中国边疆问题讲话》（生活书店 1937 年版），其特点是提纲挈领，简明扼要，叙述清楚。

抗战期间，四川的华西大学与因战事绵延而迁来的金陵大学、金陵女子大学、齐鲁大学和燕京大学在成都华西坝联合办学，五大学为西部地区高等教育发展打下了坚实基础，推动了边疆研究的复兴，改变了中国边疆研究的格局。[③] 其中的代表是以李安宅为首的华西大学边疆研究所。[④]

---

① 原书未见标明出版年份，其自序作于 1930 年 5 月。

② 思慕：《中国边疆问题讲话》，生活书店 1937 年版，第 1—2 页。

③ 袁剑：《边疆研究中的华西学派》，《中国社会科学报》2020 年 8 月 26 日。

④ 详细的研究见汪洪亮：《抗战建国与边疆学术：华西坝教会五大学的边疆研究》，中华书局 2019 年版。

（六）年鉴和辞典

这一时期，作为工具书的年鉴和辞典也已经出现。

1912 年《世界年鉴》（神州编译社编辑部编辑）是民国创立后中国人自己编纂出版的第一部年鉴。该年鉴以"世界现存各共和国成立年表"为题，刊载了在中国人民推翻帝制创立民国之前世界上已有法兰西、瑞士、葡萄牙、美利坚、尼加拉瓜等二十个国家先后建立了共和国，并详细注明所在区域和成立的具体时间，从而使国人知晓中华民族也是一个与时俱进的民族。[①] 世界知识社编的《世界知识年鉴》从 1936 年开始出版，关于该年鉴的编撰出版意图，其"序"云："我们只是看到，我国图书馆事业素不发达，关于国际问题的参考书籍又极缺乏，学习研究的人查考某一问题，极感困难，往往花费很多功夫，还得不到结果，我们自己就是常常吃这种苦头的；……"[②] 后来的事实证明，连续性地编撰《世界知识年鉴》，是一个颇具眼光的举措。

外交学会则组织编撰了《外交大辞典》。外交家王宠惠为其所作之序，颇为精准地概述了当时的状况，以及《外交大辞典》撰成的意义。序称："吾国出版界关于外交书册，即瑕瑜互收新旧并录，综计亦不过数十种，以视欧美之大量供给，日新月异，殆瞠乎其后；且珍籍尤罕，辞典则几无之。衡以今日社会情状，亟需此类专门辞书；……而此种专门辞书，对国民外交之补助，为功实巨。外交学会有鉴于此，特聘专家多人，阅时二载，渐成外交大词典一书。内容充实，纲举目张，其足以大助国人对外交之认识，增进国人对外交之修养，固无可疑。"[③]

[①] 《民国丛书续编》编辑委员会：《〈民国丛书续编〉第一编的历史文献价值》，载民国丛书续编编辑委员会：《世界年鉴 1913》，上海书店出版社 2012 年版，第 2 页。

[②] 世界知识社：《世界知识年鉴 1936》，上海生活书店 1936 年版，"序"。

[③] 外交学会编，王卓然、刘达人主编：《外交大辞典》，中华书局 1937 年版，"序"。

表 1.1　民国时期重要国际关系学著作举隅

作者	书名	出版者	出版年份
史俊民	中日国际史	北京鸣报社	1919
刘彦	中国近时外交史	商务印书馆	1921
吴品今	国际联盟及其趋势	商务印书馆	1922
张奚若	主权论	商务印书馆	1925
曾友豪	中国外交史	商务印书馆	1926
贾士毅	关税与国权	商务印书馆	1927
刘彦	最近三十年中国外交史	上海太平洋书店	1930
周鲠生	国际政治概论	神州国光社	1930
华企云	中国边疆	新亚细亚学会	1930
蒋廷黻	近代中国外交史资料辑要	商务印书馆	1931、1934
洪钧培	国民政府外交史	上海华通书局	1932
王亚南	现代外交与国际关系	中华书局	1933
卢瀛洲	国际联盟研究	商务印书馆	1934
吴颂皋	外交政策论及其他	黎明书局	1934
周鲠生等	近代各国外交政策	正中书局	1934
王芸生	六十年来中国与日本	大公报社	1934
张明养	国际政治讲话	开明书社	1935
张忠绂	中华民国外交史	正中书局	1936
刘达人、袁国钦	国际法发达史	商务印书馆	1936
杨振先	外交学原理	商务印书馆	1937
王卓然、刘达人主编	外交大辞典	中华书局	1937
张凤岐	云南外交问题	商务印书馆	1936
思慕	中国边疆问题讲话	生活书店	1937
刘伯奎	新疆伊犁问题研究	重庆独立出版社	1943
钱亦石	中国外交史	生活书店	1947
焦敏之	近代国际政治史	上海棠棣出版社	1948
谭焯宏	国际公法原论	商务印书馆	1922
周鲠生	国际法大纲	商务印书馆	1932
李圣五	国际公法论	商务印书馆	1933

作者	书名	出版者	出版年份
王惠中	国际法纲要	中华书局	1934
王化成	现代国际公法	中国文化服务社	1942
王铁崖	新约研究	青年书店	1943
王铁崖	战争与条约	中国文化服务社	1944

三、中国太平洋国际学会的蓬勃

（一）太平洋关系学会及其中国分支

这一时期学术组织方面的一个重要发展，是国际性的太平洋关系学会（Institute of Pacific Relations 或 IPR）的诞生，它对中国在内外事务及国际关系研究方面产生了颇为重要的推动和促进作用。

在美国各大学建立亚洲研究的机构之前，太平洋关系学会是美国组织开展对亚洲问题研究最主要的学术组织。其存在时间是从 1925—1961年。IPR 多年的资助者洛克菲勒基金会和卡内基基金会曾经称其为"对于太平洋地区和远东的独立研究最重要的唯一的来源"。[①]

在若干年间，IPR 的工作成果极为丰硕。从 1926—1952 年，太平洋关系学会出版了 249 本专题著作，696 页会议文件或资料，60 篇专题文章，136 本小册子，46 个项目的有关教育的材料。这些出版物加起来约为 114466 页，光是图书这一项就有 72411 页，平均每本书 291 页。长期的研究规划广泛包括了各方面的问题，如人口问题，土地占有，农业技术，远东各国的工业化、家庭、殖民机构、民族运动、劳工组织、国际政治、商业和投资等。[②]

中国是太平洋关系学会最早的六个分会国家之一。[③] 太平洋关系学会的工作促进了中国包括国际关系在内的研究的开展和成果发表。

---

① 〔美〕弗雷德里克·范德比尔特·菲尔德著，竞耘、芦荻生译：《从右到左——我的自传》，世界知识出版社 1992 年版，第 155 页。

② 同上书，第 155—156 页。

③ 其余五个是美国、澳大利亚、加拿大、日本、新西兰。

太平洋关系学会的中国分支（China Institute of Pacific Relations）由中华青年基督教会全国协会发起，并于1925年6月30日至7月14日召开了第一届会议，宣布正式成立中国太平洋关系学会，时名为"中国太平洋国交讨论会"，会址设在上海。范源濂、梁启超、蔡元培、伍朝枢、宋庆龄、朱其慧等被聘为董事，余日章任会长，青年会全国协会干事陈立廷为主任干事，执掌日常事务。作为一个"少数志同道合者的结合"，会员大多有留学欧美的经历，包括曾经在民国时期学界、外交界和实业界、政界知名的人物，如胡适、蒋梦麟、陈翰笙、费孝通、钱端升、颜惠庆、张伯苓、林语堂、陈衡哲（莎菲）、冀朝鼎、徐永煐、潘光旦、徐新六、丁文江、刘大钧、何廉、马寅初、陶孟和、周寄梅、陈立廷、刘驭万、陈光甫、阎宝航、夏晋麟、陈达、张嘉璈、吴鼎昌等。①自1931年起，该会定名为"中国太平洋国际学会"。

第一次世界大战后，"国民外交"观念在中国流行一时，在其鼓吹者看来，中国是弱国，无法以武力作为外交后盾。因此，为维护国权，必须依靠人民自发地组织起来，参与外交活动，监督政府的外交政策，充当政府外交之后盾；同时，也应积极参与民间国际交往，对外宣传中国民意，寻求民族间之谅解。中国分会之酝酿及成立，正值国民革命、五卅运动、废约运动时期，民族主义运动的勃兴又为其国民外交理念增添了动力。中国分会起初定名"中国太平洋国交讨论会"，以国民外交为旗帜，反映了这些民间人士参与外交、维护国权的意愿。而从其国民外交实践来看，他们所致力的国民外交，侧重于对外的一面，即对外宣传国民政府的外交政策、传达中国民意、充当政府外交的后援。20世纪20年代后半期，在太平洋国际学会所举办的历届会议会场上，中国会员的国民外交实践以关税自主、取消领事裁判权、收回租界等为主要目标。从20世纪20年代末开始，随着中日矛盾日渐激化，其重心转向揭露和批评日本的侵略。但太平洋国际学会有关中日关系，尤其是东北问题的讨论在中国国内引发了失望

---

①　李晔、李振军：《太平洋学会研究（1925—1960）》，燕山大学出版社2016年版，第14页注2。

与批评。1931 年，中国分会为避免非议，进行了调整，更名为"中国太平洋国际学会"，以突出其学术组织的特征，并有意将"国民外交"的一面淡化。然而，其对外交往活动，仍体现着国民外交的理念。

中国太平洋国际学会的国民交往实践有其自身特点：首先，由于它所参与的是一个国际学术组织的活动，因此它注重将对具体问题的主张建立在学术研究的基础上，均以事实作为根据。其二，与其他以国民外交为旗帜的社会组织或报刊相比，中国太平洋国际学会的国民外交实践有天然的优势与便利。它本身是一个活跃的国际组织的分支，可以在国际会场内外，与其他国家的会员进行交往；而上述国际会议，为各相关国家的新闻界所广泛报道，影响较大。[①]

当然，参与国民外交和出席定期举行的国际会议，远不能涵盖中国太平洋国际学会的全部工作内容。作为一个学术团体，在 1928—1949 年间，它所组织的一批有关中国经济、社会、文化、政治、国际关系等问题的调查与研究成果，是留给后人的重要遗产。

从 20 世纪 20 年代末起，太平洋关系学会开始与各会员国的学者及研究机构合作，组织和赞助有关太平洋问题的研究。中国被该会视作研究的重点之一，学会与一批中国学者建立了合作。中国分会协助学会主持进行一系列有关中国政治、经济、社会、文化、国际关系等问题的研究，其中，抗战前进行的几项调查研究因规模较大、历史较长、成果较多而最为引人注目。这些研究项目，在选题、研究资金、人员、技术、资料等方面展现出深度的国际学术合作。从研究题目来看，既包括东北问题、关税问题等国际关系突出问题，又涉及工业化、土地利用、农村、外国投资、人口及移民等社会、经济领域的问题。对于与太平洋关系学会合作的研究者及研究机构而言，该会所提供的资助，有力推动了研究工作的开展，一些研究机构的发展，也由此受益。这些中国学者的研究成果以英文形式出版，也有助于向国外学界推介其工作。[②] 以下列举中国

---

① 张静：《中国太平洋国际学会研究（1925~1945）》，社会科学文献出版社 2012 年版，第 227—228 页。

② 同上书，第 229 页。

太平洋国际学会 1932 年的部分出版物，以使读者获得一个概念。

徐淑希：《满洲问题》，"中国太平洋国际学会丛书"，上海：中国太平洋国际学会，1932 年。

鲍明钤：《在华外侨之地位》，"中国太平洋国际学会丛书"，上海：中国太平洋国际学会，1932 年。

鲍明钤：《外人在华沿岸及内河航行权》，"中国太平洋国际学会丛书"，上海：中国太平洋国际学会，1932 年。

陶孟和：《中国劳工生活程度》，"中国太平洋国际学会丛书"，上海：中国太平洋国际学会，1932 年。

夏晋麟编著：《上海租界问题》，"中国太平洋国际学会丛书"，上海：中国太平洋国际学会，1932 年。

刘大钧：《外人在华投资统计》，"中国太平洋国际学会丛书"，上海：中国太平洋国际学会，1932 年。

谢家荣、朱敏章：《外人在华矿业之投资》，"中国太平洋国际学会丛书"，上海：中国太平洋国际学会，1932 年。

金冶井谷：《日本对华投资》，"中国太平洋国际学会丛书"，中国太平洋国际学会编译，上海：中国太平洋国际学会，1932 年。

W. F. Spaloling：《银价问题与远东》，"中国太平洋国际学会丛书"，上海：中国太平洋国际学会，1932 年。

夏皮罗（H. L. Shapiro）：《夏威夷之华侨》，"中国太平洋国际学会丛书"，中国太平洋国际学会编译，上海：中国太平洋国际学会，1932 年。[1]

以上只是中国太平洋国际学会出版物中的一小部分，此外还有为数相当可观、由中国学者撰述的英文著述[2]，以及由中国人士在包括太平洋关系学会的主要学刊《太平洋事务》（*Pacific Affairs*）在内的国内外刊物上所发表的相关研究文章。总的来说，中国太平洋国际学会及有关学者

---

①　以上均据张静：《中国太平洋国际学会研究（1925～1945）》，社会科学文献出版社 2012 年版，第 172—173 页。

②　同上书，第 173—180 页。

的工作和研究成果相当丰硕，可圈可点。

（二）陈翰笙及其学术活动

这里不能不提到的一个学术人物是陈翰笙（1897—2004）。在多年间，无论在国内还是国际上，陈翰笙都十分积极活跃，产生了很大影响。

1933年8月，中国学者陈翰笙向IPR第五届大会提交了关于中国土地问题的英文论文。[1] 该文从两个方面陈述了中国土地问题的真实情况：第一，贫农耕地不足，土地分配不均，耕地分散；第二，地主占有大量土地，地主、富农残酷剥削农民，农业生产力低下。太平洋关系学会认为，这篇论著是关于中国土地问题的权威著作。[2]1936年，欧文·拉铁摩尔接受并获任为IPR主要学术刊物《太平洋事务》（*Pacific Affairs*）季刊的总编辑，但条件是允许他在担任这一工作期间仍在中国做研究，这样一来，必须有得力的人员在IPR纽约总部协助工作。学会总干事爱德华·卡特（Edward Carter）希望作为会员国的苏联推荐人员，但苏联分会找不出合适人选，最后由中共驻共产国际代表团推荐了时在苏联的陈翰笙。当拉铁摩尔得知陈曾在美国留学[3]，也很满意。于是，陈翰笙于1936年赴纽约太平洋关系学会中央秘书处，担任《太平洋事务》的编辑，至1939年结束。作为中国学者而出任立基于美国的该刊编辑，这应该是唯一的一例。

若干年间，一些中国学者和活动家在太平洋关系学会的这一主要刊物上发表了多篇文章，《太平洋事务》亦对中国学者的有关研究论著予以评论、介绍。这些都增进了中西学界的相互了解与合作，对中国相关学科的发展，起到了不小的促进作用。[4]

---

[1]　Chen Han-sheng, *The Present Agrarian Problems in China* (Shanghai: China Institute of Pacific Relations, 1933).

[2]　陈翰笙：《四个时代的我：陈翰笙回忆录》，中国文史出版社2012年版，第48页。

[3]　陈翰笙获美国波莫纳大学学士、芝加哥大学硕士、德国柏林大学博士学位。

[4]　张静：《中国太平洋国际学会研究（1925~1945）》，社会科学文献出版社2012年版，第168页。

　　1933 年，太平洋国际学会打算出版一套研究各国生活水平的书，用意在于了解国际资本对各国人民生活的影响。陈翰笙决定研究与国际资本发生联系的中国烟草生产地区烟农的生活。于是，陈带领调查组到安徽、山东、河南烟草区展开调查，后续工作则由王寅生、张锡昌等在 1934 年和 1935 年两年完成，并整理出丰富的第一手资料。到 1939 年，陈翰笙根据这些调查材料，加上又在美国搜集了大量有关资料，用英文写成《工业资本与中国农民》一书，副题为"中国烟农生活研究"。它通过烟草这个最典型的商品作物，反映出国际垄断资本同中国的中央政府到地方政权，从军阀官僚到土豪劣绅，直至买办高利贷者互相勾结，剥削压迫农民的真实画面，很具有说服力。[①]

　　陈翰笙还发挥了向世界说明中国的作用。1938 年初，太平洋关系学会加拿大分会邀请陈翰笙访加，向加拿大人民讲述西安事变真相、中国全面抗战等情况。在两个多月的时间里，陈翰笙从东到西，走遍了加拿大十几个较大的城市，宣传中国人民抗日战争的决心和理论，赢得了加拿大各界人士的一致赞扬。[②]

　　在日本法西斯强敌入侵、中国面临亡国灭种危险的情势下，中国知识分子无不忧心如焚，殚精竭虑，努力贡献自己的智慧，国际关系的分析家，同样如此。陈翰笙也是其中之一。1938 年 1 月，他用英文在《美亚》（Amerasia）杂志发表《中日战争的经济背景》一文，批判日本侵略的辩护士所谓日本对华不是侵略战争，而是反对共产主义，不是为了任何物质利益，而是"一场心理战争"的谰言，指出这完全是日本法西斯外交官所放的烟幕。文章从经济（根源）上说明日本帝国主义的掠夺性，这就是：日本由于其岛国本身工业化不充分，缺乏适当的国内市场，急需解决国际资本主义的尖锐竞争所引起的各种问题，而暴露出自身的矛盾及弱点；这个矛盾就在于：日本资本家要前进，但没有内部发展所需的资本，更缺乏可供输出的大量剩余资本。日本缺乏财政资源用以开

---

　　① 陈翰笙：《四个时代的我：陈翰笙回忆录》，中国文史出版社 2012 年版，第 47 页。

　　② 同上书，第 63 页。

发新领土进行殖民及生产新财富，它只想抢夺并由此垄断原料、榨取千百万更多的小生产者；日本法西斯不能开发日本，便抢夺满洲；不能开发满洲，便又要抢夺蒙古及华北。"日本制度的掠夺性是军事冒险或战争的同义语。"

文章又指出，由于侵占东三省及由此加重了经济发展的不平衡性，日本资产阶级已分裂为两个集团：一个是新集团，由军火资本家、与之有联系的银行家、少数与军火工业有利害关系的大地主，以及为军火工业引进原料的大多数进口商组成，可简称为重工业集团。另一个为老集团，由轻工业资本家主要是从事纺织工业的资本家、主要与这些资本家有联系的银行家、大多数地主，以及多数出口商组成，可简称为轻工业集团。这两者都想征服中国，前者主要关心的是立即获得原料，后者主要关心的是马上扩大市场；前者主张急切地以军事手段征服大陆，后者主张以缓进的外交及政治方式征服中国。1932 年以来，日本军国主义者和军火工业家及其金融资本家结合到一起成为法西斯集团，在政府中的力量越来越大；日本重工业集团与军国主义者的共同政策就是这场日本侵华战争直接的最主要的原因。文章指出，日本法西斯主义近来又有新发展（表现于"内阁参议"的设置等），"这无疑将使日本成为全世界民主国家不共戴天的死敌"，中日间的问题已成为全世界的问题。①

同年 10 月，中国抗日战争武汉保卫战最紧张的时刻，陈翰笙又在《美亚》（*Amerasia*）杂志发表《中国持久抗战的前景》一文。文章一开头就指出，中国抗战问题已成为"当前世界政治讨论的一个主要话题"，为了深入了解这个问题，需要考察中日战争的基本性质。文章分析了

---

① 张振鹍：《给人以知识和启发——〈陈翰笙文集〉中几篇论国际关系的作品简介》，载张椿年、陆国俊主编：《陈翰笙百岁华诞集》，中国社会科学出版社 1998 年版，第 219—221 页。《陈翰笙文集》（即 *Chen Han-sheng's Writings 1919-1949*）是由后人所编，收集了从 1919 年 7 月到 1949 年 6 月整整三十年间作者以英文撰写的大量论文、书评及函札，其中有多篇是论述国际关系的，有的当年在国外刊物上发表，有的是第一次刊布。此处所述陈翰笙二文的中译见中国社会科学院科研局组织编选：《陈翰笙集》，中国社会科学出版社 2002 年版。

九一八事变后日本政治上的两个派别，即激进派与温和派，指出：前者在政治中一直占据优势，直到日军在台儿庄遭到重大失败后，他们开始认识到武力征服大陆远比原来预期的困难得多，于是来谋求与温和派妥协。这种妥协的结果就是6月间近卫内阁的改组，温和派的宇垣一成与激进派的板垣征四郎一起入阁，这实际上等于是一个新内阁，它体现出了日本自1931年以来最强大最统一的政治力量。两派都想以攻占汉口早日实现胜利。

文章说，包括日本人在内的许多人现在正提出中国能否继续抗战的问题，一则日本启事，从中国内部各方面的弱点举出四条理由说明中国已不能继续抗战。文章逐条批驳了这些理由，指出远东的真正问题是"军国主义和帝国主义对民主主义和民族主义"的斗争，在中国以国民党和共产党为主包括所有政治力量的统一战线已经建立，全民族正在进行抵抗日本帝国主义侵略战争，从政治、军事、财政、行政等各方面来看，中国继续生存下去的前景都非常好。甚至像板垣征四郎这样的激进派都没有低估当前的形势，认为"战争将长期继续下去"，"日本必须准备至少打十年"。文章说："战争是否将持续十年，无法预言，但可以肯定的是，只要中国领土上还有日本军队，中国人就只有继续抵抗下去，别无选择。今天中国人正决心为民族主义和民主而战，他们必定会胜利，因为历史上进步力量总是取得最后胜利。"[①] 历史已经证明了陈翰笙的洞见。

作为一位国际知名学者，陈翰笙多年活跃于国际知识界。光是在《太平洋事务》一家刊物上，陈翰笙就至少发表有：

《山西阎锡山"土地村公有"真相》（英文）：《太平洋事务》季刊1936年9月。

《论南京政府的内蒙政策》（英文），《太平洋事务》季刊1936年12月。

《论日本侵略战争的内在原因》（英文），《太平洋事务》季刊1936年

---

① 张振鹍：《给人以知识和启发——〈陈翰笙文集〉中几篇论国际关系的作品简介》，载张椿年、陆国俊主编：《陈翰笙百岁华诞集》，中国社会科学出版社1998年版，第219—221页。

6月。

《评（苏）卡扎明：〈中国经济地理概要〉》（英文），《太平洋事务》季刊1937年6月。

《评甘尼斯：〈当中国团结一致的时候：中国革命史说明〉》，《太平洋事务》季刊1937年12月。[①]

还在战争期间的1944年，活跃于大后方桂林的陈翰笙为躲避国民党政府的缉捕，在英国朋友帮助下，从桂林经昆明流亡印度。在德里大学做评卷员兼英国远东情报局译员期间，他冒着四十几度的热带酷暑，埋头于英军低矮的军用棚营房内查阅并摘记了英国皇家学会考察印度全境的14卷档案，又利用印度史学会的条件，对喜马拉雅以南和印度东、南、西部沿海的全境进行了实地考察。在第三次逗留美国期间（1946—1950年），陈翰笙在美写成了英文专著《印度和巴基斯坦经济区域》。他创造性地按地形、水利、农作物、耕作制度、社会经济发展水平等五项标准，划分南亚次大陆为21个经济区域。他指出科学的方法是按照不同的经济区域来从事南亚次大陆的经济治理。1959年，商务印书馆出版了这部书的汉译本。20世纪80年代德里大学再次出版了附有巨幅地图的该书英文本，国际学术界至今仍认为这部书富有学术价值。[②]

四、《世界知识》及其影响力

在这一时期，对中国的国际关系研究产生了很大影响的刊物是《世界知识》杂志。《世界知识》是与生活书店密不可分的。1932年7月，邹韬奋依托由他本人主持的《生活》周刊创办了生活书店。生活书店成立时的章程及第二年的合作社章程，都是胡愈之起草的。胡愈之原来在商务印书馆任《东方杂志》主编，学识渊博，思想进步，担任生活书店编

---

① 《陈翰笙著作、文章目录》，载《四个时代的我：陈翰笙回忆录》，中国文史出版社2012年版。

② 薛葆鼎：《他的事迹是一座丰碑》，载张椿年、陆国俊主编：《陈翰笙百岁华诞集》，中国社会科学出版社1998年版，第34页。

审委员会主席。生活书店诞生后，除了继续出版《生活》周刊外，还开始较大规模地出版书籍和其他杂志，其中就包括《世界知识》杂志。[①]

《世界知识》是在民族危亡日益严重的时刻，为了救亡图存，教育唤醒民众，由胡愈之等在上海创办的，创刊号上标明为国际政治经济文化半月刊。据夏衍忆述，胡愈之创办《世界知识》的背景和初衷是，希特勒的纳粹党在德国登台之后，国际形势瞬息万变，因而急需有一本专门介绍和评论国际知识的杂志，缺乏这方面的知识，就不可能正确地认识当前的形势。[②] 1934 年 9 月 16 日，《世界知识》创刊于上海福州路复兴里，由生活书店出版，其创始人包括胡愈之、毕云程、金仲华、刘思慕等。《世界知识》最初实际上由胡愈之主编，但他不愿出面，而让毕云程出面担任主编和发行人。1936 年起，则由金仲华担任主编。《世界知识》的诞生，具有重要的开创性意义。

《世界知识》的使命是写天下大事，为苦闷、彷徨的中国民众开启一扇了解世界的窗口。写世界、论世界，必要了解世界、研究世界。因此正是《世界知识》创刊，引领了中国对国际问题的专门研究。金仲华、冯宾符等人很快就在"了解、研究、写、论"的过程中成为中国一代优秀的国际问题专家。

1937 年 7 月，日本全面侵华战争爆发。不久，《世界知识》被迫撤离上海，随着战局的变化，先后迁移到武汉、广州、香港出版。从 1939 年 4 月至 1940 年 11 月，乔冠华在香港为《世界知识》撰写了一系列文章，这些文章讨论的主题是第二次欧洲战争的形成、发展和演变的错综复杂的情势。《世界知识》是双周刊，不需要每周都写，因此乔冠华可以广泛地收集资料，专门研究当时已经爆发了的欧洲战争各个方面的问题。他利用香港的有利条件，收集左、中、右各种报纸、杂志和书籍的有关资料，得以在此后的文章中，相当多地引用各种来源的材料。多年后，这些文章于 20 世纪 80 年代初结集为《从慕尼黑到敦刻尔克——关于第二

---

① 钱小柏、雷群明编著：《韬奋与出版》，学林出版社 1983 年版，第 15—17 页。

② 费孝通、夏衍等：《胡愈之印象记》，中国友谊出版公司 1989 年版，第 8 页。

次欧战的形成、发展和演变》一书①。而由后人编成的刘思慕的《第二次世界大战：历史与现实》文集②也反映了二十世纪三四十年代刘对世界形势的观察、分析和研究。

1941年底，日本偷袭珍珠港，太平洋战争爆发，香港继之沦陷。于是，《世界知识》的停刊，也就不难想见。由于香港被日军占领，《世界知识》所有的资料，包括全部图版，损失殆尽。在这一情况下，很难再在重庆（或别的地方）出版。③战争期间，《世界知识》被迫中断出版达四年之久。

1945年抗战胜利，金仲华从重庆返回上海，当然希望已停刊数年的《世界知识》能在上海复刊。时金仲华为新闻界、文化界的重要人士，是宋庆龄最信任的助手之一，周恩来称他是（我党）最可靠的朋友。陈毅则尊他为著名的国际问题专家。金仲华和冯宾符既是商务印书馆原东方杂志社的老朋友，冯又把王德鹏介绍给金仲华。从此，金、冯、王三人就成为世界知识社的核心。④

这也就是说，抗战前由上海生活书店出版的《世界知识》，现在要复刊，并成立新的世界知识社。1945年10月，经过金仲华、冯宾符、王德鹏的精心筹划和鼎力合作，世界知识社终于成立。《世界知识》复刊后的第一期（第12卷第11期）于1945年12月1日与读者见面，深受大众欢迎，社会影响不小。世界知识社不仅出版杂志，还翻译出版了许多国际问题研究书籍。如英国坎特伯雷大主教的《战后苏联印象记》、美国杰姆斯·艾伦的《战后世界经济与政治》和《论马歇尔计划》、陈翰伯

---

①　乔冠华：《从慕尼黑到敦刻尔克——关于第二次欧战的形成、发展和演变》，世界知识出版社1984年版。

②　刘思慕：《第二次世界大战：历史与现实》，国防大学出版社1990年版。该书由时任中国二战史研究会副秘书长张海麟所编。

③　石啸冲：《学者·编辑·社会活动家——忆金仲华》，载中国人民政治协商会议上海市委员会文史资料工作委员会、中共上海市委统战部统战工作史料征集组编：《上海文史资料选辑——统战工作史料专辑（六）》，上海人民出版社1986年版，第26页。

④　王振羽：《父亲王德鹏和冯宾符的毕生友谊》，载《冯宾符国际问题文选》（下册），世界知识出版社2002年版，第905—906页。

翻译的《麦帅陛下》、茅盾翻译的《俄罗斯问题》、郑森禹等撰写的《日本问题读本》、冯宾符翻译的《德国问题内幕》和撰写的《世界新形势》（1947年）、冯宾符和陈原撰写的《国际现势读本》（1947年）、陈原撰写的《苏联看世界》、周建人翻译的《新哲学手册》、金仲华编（朱育莲绘制）的《第二次世界大战后世界政治形势地图》等，在社会上都产生了影响，深受读者欢迎。① 就其中的翻译作品言，可举《豪门美国》一例，该书系由美国乔治·塞尔迪斯（George Seldes）所著，由杜若等三人合译，1948年作为"世界知识丛书之六"，由世界知识社刊行，该书标明的该社社址是上海河南中路82号。

金仲华历来重视掌握世界地理知识，热衷于研究和编制地图，他认为，研究国际问题离不开世界地理知识，某些问题如缺少地理背景，就不易讲清楚。抗战前，他编绘过一本《世界政治参考地图》和一张《世界政治经济地图》（挂图），都由生活书店出版，很受读者欢迎，因为这些地图对学习国际时事的读者大有帮助。太平洋战争爆发后，金仲华从香港到桂林工作期间，设计了一本《第二次世界大战参考地图》，由于战时桂林制图条件困难，乃用木刻代图版，没有铜版纸，便代以桂林土纸。这本地图不到一年就出了两版，受到各方面的欢迎。

1946年，金仲华一面工作，一面又构思绘制国际政治地图。翌年，他的《第二次世界大战后政治参考地图》出版。这本地图，内容相当详尽，材料亦颇为充实，结构完整而有系统。1948年，金仲华在三个多月的时间内，再又绘制了《世界现势图解》出版，既有图，又有说明，还有图标，三者搭配，有助于读者对问题的思索琢磨。② 除此之外，由后人编成的《第二次世界大战前后——金仲华国际问题文选》一书，则汇集了金仲华自1934—1949年间在《世界知识》上所发表的一部分国际问题

---

① 冯宾符著，杨学纯、沈中明编：《冯宾符国际问题文选》（上、下册），世界知识出版社2002年版，第907—908页。

② 石啸冲：《学者·编辑·社会活动家——忆金仲华》，载《上海市文史资料选辑——统战工作史料专辑（六）》，上海人民出版社1986年版，第26—27页。

分析文章。^① 这些文章，反映了金仲华分析国际关系的闪光智慧和时人的国际问题研究曾经达到的水平。

譬如，在写于 1934 年 9 月 16 日的《远东风云中的北太平洋》一文中，金仲华写道："在 1931 年的九一八，日本帝国主义开始向我国东北投掷一个武装侵略的炸弹，受到这个炸弹的直接打击的，自然是我国；但这个炸弹的强烈的爆裂性，也间接地威胁到太平洋东岸的美帝国主义和太平洋西北岸的苏联远东。"他进而指出了亚太地区日美苏三大力量之间的关系状态，即：日美因为海军比率的问题，渐渐形成了具体的对立；日苏在中东路买卖问题的争持上，发生了尖锐的冲突；同时美苏关系则保持着成立邦交以来的常态，而前面的两种关系如果更趋于恶化，则这常态的关系或许可以发展得更为密切。^②

金仲华能够敏锐地捕捉表象后面的内层实质。写于 1934 年 10 月 1 日的《南太平洋的形势和国际关系》一文指出了日本抢夺资源的动机："1931 年日帝国主义的进攻中国东北，是它的东进政策的一个具体表现；这没有减少它的南下的野心。战争侵略狂的发展，需要大量的物质资料来支持，这样便增加了市场争夺的需要。这几年来，一方面日帝国主义的军事势力向东亚大陆挺进，一方面它的经济势力向西南太平洋的各殖民地市场伸展。香港、菲律宾、马来亚、泰国、荷属东印度、澳大利亚、以致更西面的印度都发见了日本货的涌入。"^③

而关于欧洲，他看到"欧洲第二次大战的爆发，当在法国集团和德国集团无法维持均势的时候；这是从纵的形势的观察所达到的结论。至于战争爆发的地点，则现在欧洲遍地都是政治的火山口，而且火山的脉脉相通，到了战机成熟时，它们的爆发将是同时的或者连珠式

---

① 世界知识出版社 1987 年版。《世界知识》的创办人胡愈之是金仲华长期密切合作的战友。他积极支持这本书的出版，在逝世前不久，抱病为这本书题写了书名。这是这位进步出版界的元老亲笔题写的最后一个书名，可称珍贵。

② 金仲华：《第二次世界大战前后——金仲华国际问题文选》，世界知识出版社 1987 年版，第 1—3 页。

③ 同上书，第 8—9 页。

的"①。请注意，这些堪称精辟的见解都发表于尚早些时候的1934年，而在后来一步步为历史所证明。

金仲华还目光如炬地指出，1922年的华盛顿海军会议举行于第一次世界大战结束之后，是各国海军暂时停止竞争的一个表示；1935年的伦敦海军会议则举行于第二次世界大战的前夜，它是帝国主义列强公开军备竞争，准备厮杀的一个信号。这也许是第二次世界大战前夜最后的一次"和平"集会了（见1935年12月16日发表的《海军会议与世界现势》）。在他看来，第二次世界大战，并不是从1939年9月1日才开始的。远溯到这战争的萌芽，是在1931年九一八事变日本侵略者进攻中国东北的时候；在欧洲造成这战争的第一个条件的，是1933年初希特勒的登台；而真正以大规模战争的形式出现的，是1935年的意阿战争（见1940年1月1日发表的《从1939到1940》）。金仲华的这一见解，可称是"第二次世界大战1931年开始"说的先声。

第二次世界大战结束后，金仲华又接连撰写了《战后国际问题研究大纲》之一至五，分别是《战后国际问题概论》《战后新欧洲研究》《战后中东新问题》《战后的远东与太平洋》以及《战后美国动向研究》，对战后的整个世界都有鞭辟入里的分析和把握，反映了一位中国国际问题分析家的胆识和水平，可以说不输世界上其他国家的任何研究者。

世界知识社除出版《世界知识》杂志外，还出版其他各种书刊和年鉴、辞典等工具书。当时世界知识社出版的期刊，论述日本情况和中日关系的图书，以及邹韬奋的《萍踪忆语》、斯诺的《西行漫记》，还有《大众哲学》《钢铁是怎样炼成的》等，是上海地下党首选的推荐书刊。

当时上海地下党文委的领导人有沙文汉、艾寒松、姚溱等，在他们领导下，金仲华、冯宾符、王德鹏、毛志芬以及一时来世界知识社隐蔽的乔石等人，在简陋的条件下，进行约稿、编稿、校对、发行以及书籍编辑出版等全套工作。由于有陈翰伯、马叙伦、廖胡今、姜椿芳、宦

---

① 金仲华：《第二次世界大战前后——金仲华国际问题文选》，世界知识出版社1987年版，第16页。

乡、刘思慕、张香山、艾寒松、刘尊棋、郑森禹、陈原、李纯青、陈虞孙、吴景崧、胡绳、戈宝权、董秋斯、柳无垢、陶大镛、梁纯夫等一批知晓世界事务的专家为世界知识社提供文稿、书稿和译稿，使世界知识社的杂志和图书出版得有声有色，产生了很大社会影响。[1] 在解放战争中，1949 年 3 月 22 日，国民党上海市社会局对《世界知识》下了停刊令，称："查该刊第 19 卷第 8 期所刊载之《山雨欲来》、《对台戏》、《颜邵来自石家庄》、《李代总统的课题》等文鼓吹局部和平，违反国策，值兹戒严期间，奉令应予以停刊处分。"然而仅仅两个月之后，上海就解放了。不久的 6 月 17 日，《世界知识》又再度复刊。

值得一提的是，当年的《世界知识》还有姊妹刊，其中之一是《时代》杂志及其出版者时代出版社。这是上海地下党利用苏联的关系，以塔斯社名义创办的出版社，先后出版过《时代》杂志、《时代日报》和大量的苏联图书。《时代》杂志曾被迫停刊。1945 年 8 月抗战胜利后不久，《时代》杂志和《世界知识》杂志相继复刊。由于这两个刊物都受中共上海地下党文委的领导（具体领导人是梅益、姚溱、冯宾符和姜椿芳等），它们又都是以探讨国际问题为主，很多作者是共同的，如陈翰伯、刘尊棋、戴文葆、陈虞孙、戈宝权、石啸冲、杨重光、满涛等，因此《时代》杂志和《世界知识》杂志的关系相当密切。

另一个相关的杂志是《风下》。二战结束后，冷战很快开启。胡愈之等由苏门答腊回到新加坡后，深切感到需要尽快开辟新的舆论阵地，拥有一个呐喊的窗口。1945 年 12 月 3 日，以沙平（胡愈之）为主编的《风下》周刊诞生了。印度尼西亚素有"千岛之国"的美名，以印尼为主体的南洋群岛则泛称为"风下之国"，刊物取名于此，意即办刊宗旨，是立足东南亚，面向祖国。《风下》得到了郭沫若、茅盾、陶行知、黄炎培、沈钧儒、许广平、楼适夷、何其芳、马凡陀等名家的支持。由于《世界知识》和《风下》两份杂志都是胡愈之一手创办的，都带有胡愈之的性格和特质，所设栏目有许多相似之处。因而也有人把《风下》称为《世

---

① 　冯昭奎：《父子两代与〈世界知识〉的缘分》，《世界知识》2014 年第 18 期。

界知识》的海外版。[①] 1948 年，由于殖民当局的"紧急法令"，《风下》周刊被迫停刊。从 1945 年 12 月到 1948 年夏，《风下》共出版发行了 130 多期。

1949 年，解放战争已见分晓，历史发生重大转折。这一年也是《世界知识》创刊 15 周年，周恩来总理亲笔为之题词。次年，《世界知识》根据指示迁京出版。自 1950 年 5 月起，《世界知识》就"定居"在北京了。

五、中国人研究日本

（一）"不能不"研究的日本

在近现代史上，日本对于中国是一个影响较深的国家，两国之间的交往、纠葛剪不断、理还乱，积极的与消极的，和平的与非和平的，相互缠绕，发展为日本帝国主义一步步侵入中国，蚕食中国领土，直至发动全面侵华战争，最终又遭到失败。在如此背景下，日本这个邻国不能不引起中国有识之士和研究者的重视，对日本的研究相对来说也就走在前列，出版了诸多这方面的著述。较早的有史俊民撰写的《中日国际史》，该著叙述详尽，所论亦可称得当。史俊民指出了向对手学习的必要性，称："中国地处东亚，日相接触，而足以资借镜者，莫如日本。日本自维新以后，对外政策，朝野一心，措施有序。如甲午之战，仇我也而志在急于自拔。迨拳匪之变，对我有庚子之师。……一举一动，莫不收己国极大之利。雄视欧亚，有由来矣。"因而"采集中日近年各种条约密约合同等，加以按语，附以事实，其或偶加论断，则本诸良心与经验，期与阅者见以悃忱"。[②]

早在 1919 年，李大钊就已看清了日本一些人所倡的"大亚细亚主义"的实质，首先指出"大亚细亚主义"是并吞中国主义的隐语。中国

---

① 何方、冯昭奎、朱烈、萧扬、宋明江、黄书海、张锡昌：《〈世界知识〉与我的命运》，《世界知识》2014 年第 18 期。

② 史俊民：《中日国际史》，北京鸣报社 1919 年初版，第 1 页。

的运命，全靠着列强的均势，才能维持，这也不必讳言。日本若想独吞，非先排去这些均等的势力不可。想来想去，想出这个名词。表面上只是同文同种的亲热话，实际上却有一种独吞独咽的意思在话里包藏。其次，"大亚细亚主义"是大日本主义的变名。就是日本人要借亚细亚门罗主义一句话，挡欧、美人驾，不让他们在东方扩张势力。在亚细亚的民族，都听日本人指挥，亚细亚的问题，都由日本人解决，日本作亚细亚的盟主，亚细亚是日本人的舞台。到那时亚细亚不是欧、美人的亚细亚，也不是亚细亚人的亚细亚，简直就是日本人的亚细亚。这样看来，这"大亚细亚主义"不是平和的主义，是侵略的主义；不是民族自决主义，是吞并弱小民族的帝国主义；不是亚细亚的民主主义，是日本的军国主义；不是适应世界组织的组织，乃是破坏世界组织的一个种子。[1] 不能不说，李大钊的眼光是锐利的。他自己，则主张亚细亚人应该共倡一种新亚细亚主义以代日本一部分人所倡的"大亚细亚主义"。这种新亚细亚主义，与日人浮田和民氏所说的也不相同，浮田和民主张拿中、日联盟作基础，维持现状；我们主张拿民族解放作基础，根本改造，凡是亚细亚的民族，被人吞并的都应解放，实行民族自决主义，然后结成一个大联合，与欧、美的联合鼎足而立，共同完成世界的联邦，益进人类的幸福。[2]

然而日本在对外扩张的道路上越走越远，欺凌中国日甚。1930 年 10 月，由林同济所撰的《日本对东三省的铁路侵略：东北之死机》由上海华通书局出版。在这本著作中，林同济清楚地看到日本对东三省的野心，从日本建立南满铁路会社、中日合办铁路、日本对中国自办铁路的阻挠以及对日本在中国东北铁路的态势分析，得出日本对东三省侵略的总观察，并揭露日本的政治野心。次年，日本关东军制造了震惊中外的九一八事变，使林同济意识到日本在开始全面吞并中国。中国人讲公理，求制裁，然而一切落空。在经历种种痛楚后，以"力"为母题的思想逐

---

① 李大钊：《大亚细亚主义与新亚细亚主义》，载《李大钊选集》，人民出版社 1959 年版，第 127 页。

② 同上书，第 128—129 页。

渐在林同济心中产生、形成系统，这是他后来提出的"战国时代""大政治""尚力政治"说的基础。

再试以刘思慕（1904—1985）的研究经历为例来加以说明。

1930年前后，随着日本帝国主义的侵略一步紧似一步，中华民族的危机日益深重。北大台湾籍学生宋斐如以及彼此熟悉的吕振羽、谭丕模等人发起组织以日本问题和东方民族运动为中心的东方问题研究会，并编辑出版《新东方》杂志，刘思慕受邀参加了这个研究会，同时在宋斐如主编的《新东方》杂志担任编辑，他的注意力因而转向侧重于日本时事，在这个刊物上发表了若干有关日本内政外交的文章。这是刘思慕从事日本问题研究写作的开端。全面抗战开始后，刘到了香港"国际新闻社"，担任类似国际方面专栏作家的工作，专门从事国际时事、特别是日本问题的分析。彼时，旧友宋斐如发起组织"战时日本研究会"，邀集一些留学过日本或对日本问题有研究兴趣的人士参加，并创办《战时日本》月刊。此二端推动刘对日本问题和国际问题进行认真的研究。[①]

此时从事日本研究的还有郑学稼、李纯青等人。1937年7月，生活书店出版了郑学稼所著的《日本财阀史论》。作者在序言中说："在我直觉里，日本是一个资本主义最后阶段的国家，应受银行资本与产业资本渗合而成之金融资本的统治。所以，我研究的第一步，不是政治的表面现象，而是构成政治内容之金融资本的探究。……开始时候，我概括地知道了日本有几个金融资本家，——他们被日本人称为财阀。后来，我个别地研究各个财阀的历史和现状。这样，我所关涉的范围有日本史，日本经济史，政治家传记，政党史等等。"[②]而另一位专攻日本的学者李纯青则从日本工业出发，研究了财阀，然后从各个财阀不同的利益，去寻

---

①　刘思慕：《我是怎样研究起国际问题来的》，载北京图书馆《文献》丛刊编辑部、吉林省图书馆学会会刊编辑部编：《中国当代社会科学家》第六辑，书目文献出版社1983年版，第104—107页。

②　李纯青：《〔新话〕怎样研究日本问题》，载李纯青：《笔耕五十年》，生活·读书·新知三联书店1994年版，第56页。

找它的代表，那就是政党。政党由人物构成，然后深入研究人物。[1]

到 1948 年，刘思慕在上海士林书店出版了《战后日本问题》一书，该书对日本战败投降、美国片面管制及对日政策、战后改革、东京审判、日本人民运动和日本经济复兴等刚发生或正在发生的事件进行了阐述。还从历史的角度，对明治维新以后日本资本主义发展及走上军国主义道路等历史特点做了回顾，不仅比较分析了战后与战前日本的不同，而且对日本帝国主义与英、美、法等帝国主义的异同，也做了比较分析。郭沫若给予该书以颇高的评价，为之作序，称"这部力作实在是最切合时宜的，而作者的实事求是的精神，尤其值得我们学习"[2]。

（二）民族危亡中的日本研究

相比之下，王芸生编著、洋洋七卷的《六十年来中国与日本》，是一个更有代表性的学术产物。1931 年 9 月 18 日，日本帝国主义进攻沈阳的炮声响了，东三省危急。当此之时，《大公报》总编辑张季鸾因感国家之可危可耻，提议在报上开辟一个专栏，每日刊载一段中日关系的史料，以为警醒国人之助，并请大公报编辑王芸生担纲。王芸生因感义不容辞，奋勇任事。当时确定计划，从 1871 年订立《中日修好条规》开始，至 1931 年九一八事变终止，时间整六十年。后来成书时即定名为《六十年来中国与日本》。这部书之所由产生，乃出于一片忧国之情。1932 年，该书第一卷印成，张季鸾为该书作序，语称："吾侪侧身报界，激刺尤重，瞻念前途，焦忧如焚。以为救国之道，必须国民全体先真耻真奋，是则历史之回顾，当较任何教训为深切。"[3] 王芸生本人则称："今日日本所加于我之横逆，足以唤醒中华民族！天助自助，夫复奚疑？中国复兴

---

[1]　李纯青：《笔耕五十年》，生活·读书·新知三联书店 1994 年版，第 158 页。

[2]　章晓：《刘思慕生平事略》，载刘思慕：《第二次世界大战：历史与现实》，国防大学出版社 1990 年版。

[3]　见"张序"，载王芸生编著《六十年来中国与日本》第一卷，生活·读书·新知三联书店 1979 年版。

之一大机运，亦在于此焉。本书之作，所以望国民之知耻而怀奋也。"[①] 在那样一个中国人面临着民族危亡的历史进程中，救亡不能不是当时中国的时代主调，因而也不能不在那时的国际研究中留下深深的印记。

《六十年来中国与日本》这部书，开始动笔于1931年9月，至1934年5月4日第七卷出书，由大公报社编印出版，其间不过两年半时间，因而难免粗糙。书中收入的史料文献，都是文言体，王芸生所作的历史叙述也都是用浅近文言写的。"编例"中说明，"本书虽名《中国与日本》，然自甲午战争以后，中日外交渐成为世界的关系，与欧美各国有不可分离之势。如甲午以后俄国的侵略东北，德国的经营山东，均为后此对日关系的前身；及以后美国注意满蒙问题、华盛顿会议等事，均与中日外交成直接关系，故也不能略而不述"。也就是说，它的撰述以中日关系为主轴，旁及其他国家及其关系。第七卷记事包括从1915年袁世凯复辟称帝至1919年巴黎和会时止的中日关系，可惜撰述到此后搁笔。

直至1957年，按王芸生本人的说法："由于领导上的启迪，师友们的鼓励，就着手进行修改。工作相当认真，广泛搜罗战后新出的史料，使之充实，并在叙述部分改用语体文。花了相当大的力气，修改了一、二两卷。到一九六六年五月，国家形势有了变化，个人遭遇也不很平常，于是再度搁笔。"[②] 直到"文化大革命"结束，作者年已垂暮，该著修订计划，已不许可像一、二卷那样大加增删。乃大致维持旧状，增添重要的晚出文献，删去不甚需要的东西。这样，把一至七卷书修订完毕，才得以由生活·读书·新知三联书店推出新版。据第一卷封底交代："本书曾在三十年代初由大公报社编印出版。当时由于战争影响，没有出齐，只出版了七卷，内容包括一八七一年到五四运动的中日关系。此次重印，作者作了修订和增删，并将编写第八卷，用大事记形式记述从巴黎和会至九一八事变的中日关系。"第八卷最终由生活·读书·新知三联书店于

---

① 见王芸生编著：《六十年来中国与日本》第一卷，生活·读书·新知三联书店1979年版，"修订导言"。

② 同上。

1982 年出版。①

　　类似的还有蒋坚忍著的《日本帝国主义侵略中国史》。② 该书的献词是"谨以此书纪念我济南惨案朝鲜惨案东三省惨案死难诸同胞"。何应钦作序称该书"洋洋二十万言，旁搜远绍，无一事非实情，无一句非确证，将六十年来日本侵略中国的罪状，和盘托出，其用心良苦。日本帝国主义与我国关系至为密切，其压迫于我较一切帝国主义者为尤甚。中国不欲求自由平等则已，欲求自由平等，非先脱离日本帝国主义的羁绊不可"。③ 这应该是当时中国所有有识之士的共同看法。九一八事变后，王芸生与徐谟、张忠绂等南北著名学者在北平组织了东北外交研究委员会，创办《外交月报》。东北外交研究委员会为国联李顿调查团提供有关外交资料及说贴五十四种，在李顿调查团来华调查九一八事变过程中发挥了重要作用。接着日内瓦国联会议举行，王芸生应顾维钧邀请赴日内瓦襄赞中国代表团工作，在会议上正式提出"关于后藤（新平）子爵指斥日本陆军（关东军）扰乱满蒙"的说贴。这对证明柳条沟事件系日本关东军阴谋策划，驳斥日本代表关于田中奏折的诡辩起了重要作用。④

　　创立于北平的《独立评论》周刊，则是全面抗战爆发前最能表达民族心声的一种刊物，代表了从局部抗战到全面抗战这一段时间内学人对内对外政治思想的主要趋势。

　　《独立评论》创刊于 1932 年 5 月 22 日，距离上一年九一八事变发生才八个月，距离伪满洲国在长春成立才两个多月，迄 1937 年 7 月 25 日因战火而停刊为止，计出刊 244 期。各类文章之中，谈论"中日关系与

---

　　①　20 世纪 80 年代，张篷舟主编了《近五十年中国与日本（1932—1982）》多卷，继王芸生编著的《六十年来中国与日本》第八卷之后，沿用大事记及附录体裁，备载 1932—1982 年间中、日有关大事，及附录重要文献，按年分卷编印，供研究中、日近现代关系史之参考。该书由四川人民出版社出版。

　　②　此书无出版者和出版年份。从何应钦的序作于 1930 年 4 月看，很可能出版于 1930 年。

　　③　蒋坚忍：《日本帝国主义侵略中国史》，第 1 页。

　　④　1938 年，王芸生提议并创办了军事委员会国际问题研究所，其主要任务是"对日本军政现势之研究，用供我帷幄之运筹"，并负责所务，直至 1945 年因病去世，该研究所也因之终止存在。

挽救国难""日本情势""国际联盟"三者合计达 205 篇，约占全部文章 1317 篇的 16% 左右。[①]

1933 年是国际关系史上具有标志性的年份，这一年内：国联处置中日问题失败、裁军会议失败、伦敦世界经济会议也即告失败，蒋廷黻认为这是国际主义的破产，偏狭的、军备竞争的国家主义的胜利；至于未来，要看日本采取的是攻势或守势的外交：如果日本是为东北本身而占领东北，那么它既已得了东北就会满足；但是如果日本自己要给东北问题更大的"世界性"，那么世界大战必会在短期内爆发。蒋廷黻根据日本外相广田在日本国会的演说词——对于中国共产党的发展日本保留干涉的权利，遂认为日本是要借东北来控制全中国，这是攻势的外交。[②] 蒋廷黻的分析，由几年后的七七事变、珍珠港事变引起的太平洋战争而得到了证明。

《独立评论》的主要撰稿人大多是学有专长的知识分子，或许是经常聚谈的关系，除了在开放政权、统一方式的问题上有民主论（胡适、张奚若）、独裁论（蒋廷黻、丁文江）、折中论（陈之迈、张佛泉、萧公权）的差别，对于抗日问题的看法则有相当的共识，既反对一味退让，也反对即行开战，而主张在抵抗中求妥协，同时利用一切国际关系来牵制日本，使它有与中国妥协的可能。[③]

然而，日本帝国主义的穷凶极恶，毕竟把艰苦卓绝的战争强加给了中国人民。张友渔于战时 1941 年 7 月的分析，揭示了日本在凶恶的表象下所处的困境：战争并没有给予日本资本主义以摆脱困境的出路。恰恰相反，战争枯竭了它的资源，破坏了它的生产，使它的整个经济陷于绝境，而人民的生活则日益恶化。这种严重的经济危机，又引起了政治的纷扰和社会的不安，而革命的危机也在酝酿着。这不仅使它的侵略战争走向失败，而且动摇了它存在的基础。为了克服这危机，又迫使它不能

---

① 陈仪深：《自由民族主义之一例——论〈独立评论〉对中日关系问题的处理》，载《"中央研究院"近代史研究所集刊》1999 年第 32 期。

② 同上。

③ 同上。

不更进一步法西斯化。虽然这是绝路，但还是一条路。除了这，更没有他路可走。法西斯主义把战争作为手段，而战争又加剧了法西斯的过程，二者是互为因果，互相运用的。[①] 这是暂时困顿中具有穿透力的洞见。

根据许涤新的忆述，周恩来在 1938 年 1 月 7 日就写成了《怎样进行持久战》的论文，指出抗日战争的长期性（发表于《群众》第一卷五期，1938 年 1 月 15 日）。[②] 在此前后，身处延安的毛泽东为批驳日本全面侵华后出现的"亡国论"和"速胜论"，决定撰写一部关于抗战战略策略的著作，对全面抗战十个月来的战争经历和经验做一个总结性的概括与解释，以回应全国人民关于抗战前途、抗战策略、抗战方式的关切，从而指明抗日战争的方向。经过深入研究和写作，1938 年 5 月底 6 月初，毛泽东在延安正式做了《论持久战》长篇讲演，明确指出，抗日战争是持久的，最后胜利属于中国。这篇《论持久战》长文，目光如炬地预见到抗日战争将经过战略防御、战略相持、战略反攻三个阶段，明确指出通过三个阶段，中国必将从劣势转变到中日平衡再到占据优势，而日本必将由优势转变到中日平衡再转向劣势。《论持久战》强调，"兵民是胜利之本""战争的伟力之最深厚的根源，存在于民众之中"，不仅指明了经过持久抗战中国人民必能取得最后胜利的光明前景，而且提出了在战争中发动群众、依靠群众，通过持久战不断削弱日军优势、壮大和发展自己的有生力量、夺取抗战胜利的抗战策略。[③] 经过七十多年的检验，《论持久战》已经成为一部政治军事的经典之作。

学者方面，张仲实撰写了《抗战必胜论》，批驳了对抗战前途的怀疑派和悲观派，论述抗战必胜。张仲实指出，有一个基本的原则，要认识清楚，就是被压迫者跟压迫者的斗争，不能单从物质的数量上来估计。就物质的数量讲，自然，压迫者优于被压迫者；但从斗争的质量与意志

---

① 张友渔：《四年来的日本》，载《张友渔学术精华录》，北京师范学院出版社 1988 年版，第 580 页。原载《世界知识》1941 年 7 月 16 日第十二卷第九期。

② 许涤新：《风狂霜峭录》，生活·读书·新知三联书店 1989 年版，第 175 页。

③ 毛泽东：《论持久战》，载《毛泽东选集》（一卷本），人民出版社 1967 年版，第 407—484 页。

讲，被压迫者却优于压迫者。因为压迫者内部有矛盾，战斗力是很薄弱的，而被压迫者内部，却没有矛盾，没有摩擦，为了求生存，只知前进，因而意志是一致的，战斗力是很强的。所以，历史的经验告诉我们，在被压迫者与压迫者的大决斗中，最后的胜利总是属于被压迫者方面的。[①]张仲实的结论是，我们只有下最后的决心，抗战到底，牺牲到底，才是唯一的出路。

（三）战国策派及其思想

20 世纪 40 年代初，正当抗战正酣之时，中国出现了一个很有特色的思想流派 —— 战国策派。这是一个诞生于国家危亡时刻，在民族精神和文化重建构想中极富理论个性的学派，颇引时人关注。这一思想流派，因其核心人物创办的《战国策》半月刊而得名。《战国策》半月刊发行于 1940 年 4 月到 1941 年 7 月。它是由西南联大和云南大学的一批教授林同济、陈铨、雷海宗、何永佶等在昆明创办的。1941 年 7 月停刊以后，他们又于 1941 年 12 月至 1942 年 7 月，在重庆版《大公报》上开辟了"战国副刊"，继续阐发战国策派的思想和观点。

1940 年 4 月 1 日，《战国策》半月刊正式创刊。其发刊词谓："本社同人，鉴于国势危殆，非提倡及研讨战国时代之'大政治'（high politics）无以自存自强。而'大政治'例循'唯实政治'（real politics）及'尚力政治'（power politics）。'大政治'而发生作用，端赖实际政治之阐发，与乎'力'之组织，'力'之驯服，'力'之运用。本刊有如一'交响曲'（symphony），以'大政治'为'力母题'（*leitmotif*），[②] 抱定非红非白，非左非右，民族至上，国家至上之主旨，向吾国在世界大政治角逐中取得胜利之途迈进。此中一切政论及其他文艺哲学作品，要不离

---

① 张仲实：《张仲实文集》第二卷（上），中央编译出版社，第 75 页。原载《国民》周刊 1937 年 7 月 30 日第 1 卷 13 期。

② *Leitmotif* 是一个德语词，意为主导旋律。《战国策》创办者以中文"力母题"对应之，似音义兼具。

此旨。"① 这段话，清楚地阐明了办刊的宗旨和办刊者的出发点。

在世界战争的大背景下，"战国策"派以新的"战国"时代比拟之，提倡"大政治"，反对注重内争、割据、阶级的小政治观，其首要的关注是时势、战争和外交问题。比如战国策派核心成员之一的林同济就认为，十年来国际大政治的蜕变，是把法国革命后欧洲文化所表现的"大战国时代"加强地、急转直下地表演出来。对这个恶劣无情的大现实，我们不但无法逃避，并且竟成为直接受殃的第一人。1918 年至"七七"，我们国家所遭遇的孽运乃紧迫着我们的思想及时作适应。② 从上次欧战后之高歌"公理战胜"，以至"九一八"之苦赖国联，其思想都出于一条的路线。置身火药库旁，却专门喜欢和人家交换"安详古梦"。这恐怕是我们民族性中包含的最大的危险。林同济的结论很明确：大同可以为人们最后的理想。"战国"必须是我们入手的途径。要取得世界和平的资格，先栽培出能作"战国之战"的本领。③

也是战国策派主要成员之一、同样拥有政治学博士学位的何永佶，深知国际环境是严峻的、现实的，"大政治"观要求根据国与国之间的利害关系来分析和预测国际局势，也只有从"大政治"观出发才能看出国际间的无情逻辑以及"国与国间的悲欢离合"，寻找到最适合于目前形势的对策。

《战国策》还以重建中国文化为宗旨发表了大量文章，主张文化形态史观，提出文化重建构想，纵谈"大政治"学说，抨击官僚传统，检讨国民性，提倡民族文学运动，在学术思想界掀起了不小的风波。一时间，"战国策"派名声大噪。

从客观现实来讲，20 世纪前半期的世界，乃是西方列强瓜分世界，彼此争斗，图霸天下的乱世。而此时的中国则是积贫积弱，遭受欺凌，

---

① 转引自李金凤：《战国策派核心成员考论》，《现代中国文化与文学》2016 年第 1 期。

② 林同济：《廿年来中国思想的转变》，载许纪霖、李琼编：《天地之间：林同济文集》，复旦大学出版社 2004 年版，第 28 页。原载《战国策》1941 年 7 月 20 日第 17 期。

③ 林同济：《战国时代的重演》，载许纪霖、李琼编：《天地之间：林同济文集》，复旦大学出版社 2004 年版，第 13 页。原载《战国策》1940 年 4 月 1 日半月刊创刊号。

特别是日本全面入侵中国使中华民族面临亡国灭种之危。面对如此困厄之境，寻求救亡图存、保国安民、守土卫疆的理论也就顺势而生，而既以拯救国家民族为己任，又以策士心态来御敌的战国策派知识分子，用地缘政治及其理论指点世界和中国之态势，也成自然情理之事。学者张江河认为，地缘政治学正是抗日战争时期的战国策派首先引入中国的。[①]而据李金凤通过考察战国策派的所有文章发现，西南联大教授洪思齐又是介绍和运用地缘政治学的第一人。[②]

从主观认同看，战国策派的代表人物早年对欧美国家强盛的历史进程均有深切体悟。例如，林同济、何永佶在美国研读的是政治学，雷海宗在美国攻读历史和哲学，陈铨和贺麟均是先留美后留德，前者既修过文学又学过哲学，后者长期专事哲学。这样的学术背景和现实观察使他们的主观意识抹不去其所受教育和环境影响的烙印，表现为从己所认同的西方兴衰理论，来对待世界和中国的现实问题，而地缘政治及其理论当属此列。例如，林同济和雷海宗就以斯宾格勒在《西方的没落》中提出的"历史形态观"，即每一种文化都像有机体孕育着生、长、衰、亡的生命规律的历史观为指导，结合中国历史发展之时势，认为当时的世界是"战国时代的重演"。由于以往战国时代的特点是群雄争霸，一切皆战，竞争于力，而地缘政治之本质在他们看来即是"尚力政治"，因此，他们把地缘政治及其理论移入中国以促中华文明之强盛，就成为理归必然的文化认同。[③]

在思想趋向上，战国策派以文化形态史观为理论基础，以战国时代重演为时代标识，以民族强盛为奋斗目标，以尚力政治为现实之路，以英雄崇拜为精神激励，并与其所认为的战国时代的需要一体构成了一定的思想体系。曾就读于西南联大的何兆武也体认这一点。根据他的表述：

---

① 张江河：《地缘政治与战国策派考论》，《吉林大学社会科学学报》2010 年第 1 期。

② 见李金凤：《战国策派核心成员考论》，《现代中国文化与文学》2016 年第 1 期。

③ 张江河：《地缘政治与战国策派考论》，《吉林大学社会科学学报》2010 年第 1 期。另见温儒敏、丁晓萍编：《时代之波——战国策派文化论著辑要》，中国广播电视出版社1995 年版。

"后来，雷先生、林先生，还有外文系的陈铨、云南大学政治系的何永佶等几个人物办了一份杂志《战国策》，别人称他们做'战国派'，在抗战期间算是一个重要的学派。"①

当然，在战国策派之外还存在其他各家。据石啸冲回忆，抗战时期，他为读书出版社编过一套未完成的国际问题丛书，只出版了五种，即张友渔的《东京的统治者》，沈志远编译的《今日之美国》，叶文雄、冲矛编译的《南洋各国论》，石啸冲本人撰写的《新南斯拉夫》，沈志远与石啸冲合写的《太平洋现场手册》。同时，还接受生活书店之约，参加张友渔拟编的《世界政治手册》，担任编写世界各国简介和国际问题词目。未等抗战胜利，该书的编写工作搁浅。1947 年，由陈原最终编成了这本书。②

也是在战争期间，中国共产党领导的重庆《新华日报》，发表了一系列国际述评，前有卓芸（章汉夫），后有余伯约（夏衍），而以乔冠华用"于怀"的笔名执笔的时间最长。他从 1943 年 1 月到 1946 年 3 月，每两周一篇（只在 1944 年 4 月至 8 月因病中辍），论述了第二次世界大战后期的重大战役、重要国际会议和世界战争全局的关键性问题，还评论了战后一年间错综复杂的国际关系。部分述评在 1943 年出版了两本小册子：一本是《形势比人强》，另一本是《向着宽阔光明的地方》。1945 年的国际述评，则以《从战争到和平》的书名出版了单行本。③ 它们反映了中国共产党方面对国际问题的研究分析和取得的成果。

---

① 见何兆武口述，文靖撰写：《上学记》，生活·读书·新知三联书店 2008 年版，第 151 页。

② 《石啸冲同志的讲话》，载中国出版工作者协会编：《生活·读书·新知革命出版工作五十年纪念集（1932—1982）》，中国出版工作者协会 1984 年版，第 83 页。又据张友渔回忆，太平洋战争爆发后，他到了桂林，应桂林新知书店负责人沈静芷之约，他写了《日本国力的再估计》和《二十六年来的日苏关系》，分别以"远方书店""国光出版社"的名义出版。见同书第 99 页。

③ 1983 年，这些文章被全部搜集起来，题名为《国际述评集》，由重庆出版社出版。参见戴文葆：《国际问题研究的硕果——试论乔冠华〈国际述评集〉及其他》，载戴文葆：《新颖的课题》，生活·读书·新知三联书店 1986 年版，第 158—159 页。

六、国际关系研究的国际化

（一）内外联结中的国际研究

这一时期，中国的有识之士们已经看到了由近代而现代，国内事务与国际事务之间的相互影响和密切联系在日益增强。此二者之间已经形成了密不可分的关联，这体现在有识之士和不少学人的认识与研究中。

穆藕初就指出，国际间政治上之侵略，足以妨碍中国之商务。"历史将昭示吾人，不仅敌国间之商务，难以充分发展，即附近各国之商务，亦受政治侵略之影响，而妨碍其进步。良以甲国对乙国政治上之侵略，乙国之人民，无论如何良懦，必有极深切之痛苦的感觉，并极明显之抵抗的反应。因此其影响遂及于甲国对乙国之商务，其结果且酿成战争，欧战即其最显著之例也。因政治侵略所发生之结果，不仅当事国之商务，因而停滞，且波及于其邻近及其他有关系之各国。故国内和平，诚为增进商务所必要，而国际间之友谊，尤为增进商务上之远大利益所必需。商务之进步，必须基于国与国间之好意。而政治家之侵略，恒易造成不可磨灭之恶感。其为害于商务，虽隐而不可见，然其足以减少商务上之发展，甚为明显。虽其邻近各国，亦极易感觉。"①

穆藕初之言，把战争与和平对于商业开展的影响，表达得十分明白了。中国以外之势，其影响及于中国之内可能至深。而《大公报》亦同样深刻地认知到外部力量作用于中国而可产生的结果，因而中国与这些力量不能不建立起不同形态的关系："中国今日，尚居于次殖民地地位，国际关系本极复杂。西南一部之于法，西北边境之于俄，东北与华北之于日，东南之于英美，情态错综，历史悠久，若非善于因应，概保亲交，则一发之牵动，可以引起事变，亦即可以影响于国内国策之进行，此在今日重要时期中，多边外交之所以不容忽视者也。吾人尤应注意：现代国际生活，不啻天下一家，任何潮流动响，皆可波及中国，吾人固不能

① 穆藕初：《中国商务与太平洋（1922年10月25日）》，载穆藕初著，赵靖主编：《穆藕初文集》，北京大学出版社1995年版，第190—191页。

倚赖外力以图存，亦不能离国际团体而特立，是故周旋坛坫，目光四瞩，不特在现代国家为必需，在国际关系复杂万状之中国，将来或联合他国而自成集团，或自动自主以加入一既成集团，事虽属于未来，注意不可以不早。"①

这一时期较为晚近论及这一问题的还有焦敏之的专著《近代国际政治史》，作者是一位在上海法学院和暨大任教的上海学者。焦敏之认为，近代（现代）世界史的开端，是 1789 年的法国大革命。"法国革命以后，各国（尤其是欧洲各国）内部的事变，具有强烈的世界的意义，影响到了其他国家的生活，所以一国的事件，动辄成为国际或世界的事件，有的国家同情，有的国家反对。内战变为对外战争，两个国家之间的矛盾、战争，往往成为多数国家之间的矛盾、战争。……固然，在此之前，一国的问题，也有成为世界问题者，但就其范围和性质说，是不能与当时法国的问题并论的。因为在基本上，封建的闭关主义，狭隘的经济范围，地方性的生产和科学技术的落后，一国的内政问题，是少有可能转变为国际问题的。只有当资产阶级的生产方式在铸造着全世界时，一国内部的政治经济斗争，才成为世界的政治经济斗争。"② 还有一点，很明显地，自法国革命以来，差不多很少有哪一个国家的内政问题，能够爽爽快快地由内部自行解决。特别是在东方落后的国家当中。在帝国主义时代和今日世界新民主主义和帝国主义对立的时代，一国的事件，外在的因素，一天一天地在增大其重要性或决定性。很明白的例子就是中国。③

十分自然，民国学人所研究的课题与当时中国所面临的问题和外交实践息息相关。

1921 年 7 月，美国在哈定总统领导下发起华盛顿九国会议，中国亦受邀出席此次会议，这成为争取国权的极好机会。该会议初无正式名称，

①　"大公报"社评：《独立自助与多边外交》，载中国人民大学中共党史教研室编：《批判中国资产阶级中间路线参考资料》（第二辑），中国人民大学 1959 年版。原载天津《大公报》1934 年 6 月 21 日。

②　焦敏之：《近代国际政治史》，上海棠棣出版社印行 1948 年版，第 1—2 页。

③　同上书，第 2 页。

尚在酝酿时就在中国学界引起极大注意，称其为"太平洋会议"。余日章称："太平洋会议乃予吾人以一大好机会，足以促进吾人研究，对内如何措置使军阀崩颓，政治统一，教育兴展，民智日开，实业发达，民生日裕。又使吾人明了对外如何应付，不失我大陆国民之体面，我国家之尊严，并能主持世界之公道，与夫永久和平。……深望我同胞急起研究而有真正公意之发表并毅然决然迅作精诚努力整顿国是之伟大举动。太平洋会议对政府代表或可轻视，其于我国民对内对外正大建设之言论与行为，必加特别注意而致敬太平洋会议，诚千载一时之机会，我同胞岂可放弃之乎。"[1]

穆藕初也持类似看法，称："太平洋会议将于本年十一月十一日开会于华盛顿，我国人以无限之热望，无限之同情，希望此会议之成功，俾向之受屈于巴黎和会者得直于此会议。……太平洋会议为我国生死存亡之所系，不可不慎重讨论，慎重提案，以免蹈巴黎和会之覆辙也。""我可以至诚之态度，恳切之言语，陈说我国与国际间和平之关系，及某国侵略我国之行为足以危及国际间之和平，于是提出'我国政治的独立与经济的独立'之议案，以求列国公道之承认。"[2]

《申报》鉴于兹事体大，在其星期增刊开展集中研讨。申报星期增刊的主其事者鉴于中国参加此会议之关系重大，将前后所载凡属主因与副因、远因与近因一一汇编成册，附以《申报》对于此问题的各种评论，而成《太平洋会议之参考资料》一书（项衡方编），适足以为鉴。财政专家贾士毅则由于奉命赴美列席华盛顿会议充专门委员，留居四月，因就所见所闻，撰成《华会见闻录》（商务印书馆），共由十章组成，自华会开幕至结局作有系统之记载。关于限制军备问题太平洋问题远东问题叙述尤详。[3]

---

[1]　项衡方编：《太平洋会议之参考资料》，上海申报馆 1921 年版，"余日章博士序"。

[2]　穆藕初：《太平洋会议之参考资料序》，载穆藕初著，赵靖主编：《穆藕初文集》，北京大学出版社 1995 年版，第 226—227 页。

[3]　贾士毅：《华会见闻录》，商务印书馆 1923 年版，其"自序"云："民国十年十月，余奉命赴华府会议充专门委员。……重加编次，篇中详述华会之议案，及关于吾国之交涉，间或考其得失，附以评论，而首末则均叙来往程途游历各地风俗习惯山川名胜。"

此外，还有黄惟志著成了《华盛顿会议》，也由商务印书馆出版。周守一则撰成了《华盛顿会议小史》一书，该书载明，在出席会议的中国代表团看来，以为山东铁路已可买回，关税已实行值百抽五，其他也有不少零碎的便宜，比较在巴黎和会以战胜国而遭排斥总算好得多。而且华盛顿会议，商教联合会特派余日章、蒋梦麟两先生以国民代表的资格，到美监督代表、影响舆论，比较巴黎和会好得多了！[1] 同时，周守一也指出内政影响此次外交最大之点，便是全国七零八落，没有统一的政府。……军阀专制，政治失轨，遂使人看轻。此外如要求取消二十一条本来可以拿国会未批准作理由，但因为中国数年来没有国会，竟致不敢主张。[2]

关税问题，是当时的中国深为关切的问题。自鸦片战争后，中国开始一步步丧失关税主权。穆藕初说："中国人对于协定关税所最感苦痛者：第一财政上无伸缩之余地；第二出口货受同一税率之束缚，不能使土货畅销国外；第三进口货不论奢侈品、消耗品、日用品、需要品一律课以值百抽五，致使奢侈品、消耗品易于输入，而需要品反因而阻碍此皆有害于中国之对外商务者也。中国人虽不主张保护关税，然不能不要求恢复税权，俾使自主更正，使合于科学的经济的原则，以促进商务之发达。"[3] 可见，关于关税自主，中国争之已久。

贾士毅就此问题，经深入研究，撰成《关税与国权》（商务印书馆1927 年 7 月初版，为"关税问题丛书"之一种），论述极详，使该书厚达 650 页，并以英文注书名为 *Tariff Autonomy and National Sovereignty*，也即关税自主与主权，表明了该书的主旨。在贾士毅看来，一国之税权，一国之主权系焉。自主之国，税则率由自定，不受人制限。此东西列邦所同也。我国不然。自道光中叶江宁条约成立，海关税制遂易国定而为协定。其始作俑唯英国，未几而俄、法、美、日诸邦接踵效尤。其始唯进出口税协定，未几而年度、标准、改正货价，亦以失其自由。其始唯

---

① 周守一：《华盛顿会议小史》，中华书局 1922 年版，第 315、328 页。

② 同上书，第 329—331 页。

③ 穆藕初：《中国商务与太平洋（1922 年 10 月 25 日）》，载穆藕初著，赵靖主编：《穆藕初文集》，北京大学出版社 1995 年版，第 188—189 页。

聘用客卿襄办税务，未几而太阿倒授。海关行政完全劫持于外人之手。

是故欲恢复国权，必自关税自主始。天下未有税权不能独立，而可与言国权者。我国关税之宰制于人，亦已久矣。循是不变，则财非其财，国非其国。频年朝野士大夫，感于片面协定关税之痛苦，抵掌自主，举国一致。始建议于巴黎和会，继提案于华府会议。虽层累波折，樽俎维艰，而卒于去年召集关税会议，得列邦之承诺，毅然以自主之权，返之于我。[①]1925 年 10 月，北洋政府迫于全国人民激烈的反帝斗争形势，邀请美、英、日、法、意、荷等六国代表在北京召开关税特别会议，协商解决中国关税自主问题。主要议程是：甲、关税自主：（1）制定国定税则；（2）裁撤厘金。乙、过渡期间临时办法：（1）征收临时附加税；（2）征收奢侈品附加税；（3）陆海边界划一关税税运办法；（4）估定货价。丙、有关事项：（1）证明洋货出产地办法；（2）关税存款问题。

柳克述的《近百年世界外交史》做了十分清楚的交代：1925 年至1926 年，英美等十二国代表与前北京政府在居仁堂开关税会议，虽勉强通过了中国关税自主的原则，但对于加征百分之五至百分之三十的附税，即所谓过渡的差等税率，多方留难，不肯承认，致无果而终。其后南方革命政府，虽在所辖地方，自动征收二点五及五厘附加税，但亦未得各国正式承认。及至 1928 年 6 月中国统一告成后，国民政府乃对关系各国政府进行正式之谈判。

与中国关税自主问题有关者，共有英、美、法、意、日、荷、比、葡暨瑞典、挪威、丹麦、西班牙等十二个国家。其中日、比、丹、葡、西、意六国，算至 1928 年，条约期满，中国政府外交部即根据是年 7 月7 日宣言，概予作废，照会对方，磋商新约。至其他六国，虽未满期，亦同时与之接洽，俾一致尊重中国关税的自主权。1928 年 7 月 25 日，中美关税新约首先成立。自中美新约成立后，各国态度，咸受相当影响，次第承认中国关税自主。至 1928 年底，即中国政府预定公布海关进口新税则时，上述十二国，除日本多方狡赖外，悉与中国达成关税完全自主之

---

① 贾士毅：《关税与国权》，商务印书馆 1927 年版，第 1—2 页。

约。日本延至 1930 年 5 月 6 日也与中国缔结新的关税协定。[①]

（二）国际化

就国际关系的研究而言，民国时期的国际化程度是一个重要的背景因素，即："中国变成'世界的中国'；民国中央和地方政府频繁参与各种国际活动。在国际联盟的前十年中，中国共参与了 13 个国际条约，在非欧洲国家中，仅次于加拿大和日本参与的数量。这也是知识分子探索未来发展的沃土，如柯伟林（William Kirby）所指出的，'自 1912 年中华民国建立后，与更为宽广的世界的相互作用往往以决定性的方式影响着中国的发展面貌……如果不是特别注重从国际化的角度来观察，我们简直无法正确地理解现代中国史'。"[②] 又据胡愈之概括："吾中国自加入欧战以来，在国际关系上，已获得巨大之报偿。威海卫及青岛则已光复故物矣。与战败国所订之不平等条约则多已废弃矣。客邮则已撤除矣。国际联盟中，中国亦居然占有重要位置矣。苟吾民能自振作，则在今日，吾国固久已得跻于强国之林，不再为他国所鱼肉矣。"[③]

国际化背景和日渐提升的教育，使得国际关系研究如鱼得水，并直接诱发了双重效果。一方面，中国学者积极引入西方学术，教书育人，著书立说，参与国际讨论和争鸣。另一方面，西方学说也激活了学者对自身文化的深入发掘，学者以西方的概念框架来解释中国的事物与发展，并从经典著述中寻找契合点，其"六经注我"和"我注六经"的冲动更加强烈。[④] 比如，张明养批评了蒲莱士（James Bryce，今译布赖斯）所著《国际关系论》对国际关系的长时段理解。这种长时段的理解将国际关系分为五个时期，即从"古代各部族互相争夺、时局极其纷乱的时代"，到"罗马统一以后领袖各国而使世界暂时安定的时期"，再

---

① 柳克述：《近百年世界外交史》，正中书局 1961 年版，第 248—249 页。

② 转引自毛维准：《民国时期的国际关系研究》，《国际政治科学》2011 年第 2 期。

③ 《一九二三年之世界与中国》，载《胡愈之文集》第一卷，生活·读书·新知三联书店 1996 年版，第 386 页。

④ 毛维准：《民国时期的国际关系研究》，《国际政治科学》2011 年第 2 期。

到"罗马帝国衰亡之后教皇专权横行天下的时代",而后是"十六世纪政教分离至十八世纪产业革命前后"的时期,最后是"十九世纪开始以后"的时期。张明养指出"真正国际政治的开始是在产业革命以后",这是因为"产业革命的成功,使欧洲成立了几个民族的国家,孕育着资本主义的萌芽,同时复因产业革命交通工具的发展,使全世界的领土打成一片,有些文化落后的地方就沦为帝国主义者的殖民地,而各帝国主义者间又因为利益上的冲突相互依赖的关系,更发生密切的接触,于是世界政治就在这样的情境下开始了"。① 实际上,作为国际关系史开端的产业革命话语强调了资本主义对于国际政治之重要性;而资本主义从其最初的雏形发展到最后阶段的帝国主义形式又构成了之后的基准时间话语,并将国际关系史分为商业资本的重商主义时期、工业资本的民族主义时期和金融资本的帝国主义时期。② 显然,张明养具有自己的视角,因而有着与蒲莱士不同的"基准时间",进而对国际关系具有不同的解读。

这一时期,国际关系史和外交史研究是尤其突出的方面。在教学层面,民国中国知名大学在政治系和历史系中都开设了国际关系史和外交史课程,例如北京大学由张忠绂开设的西洋近代外交史、中国外交史;燕京大学由坦康开设的外交史,由徐淑希开设的西洋外交史,由洪煨莲开设的远东近世外交史等;清华大学由蒋廷黻开设的近代中国外交史;武汉大学由时昭瀛开设的中国外交史,由缪培基开设的近代欧洲外交史;中央大学、复旦大学和中山大学开设的外交史、中国外交史和欧洲外交史等课程。在研究成果方面,民国学人出版了相当数量的国际关系史和外交史著作,或者在其理解和论述国际政治现象与规律的过程中大量借助了国际关系的历史方法和视角。然而,这些研究成果和相关论述却常被后人所忽视。③

---

① 张明养:《国际政治讲话》,开明书店 1935 年版,第 4—6 页。

② 赵思洋:《反思国际关系史的书写——近代中国国际关系研究中的基准时间》,《世界经济与政治》2017 年第 12 期。

③ 同上。

　　就国际发表而言，这一时期的中国学者十分活跃，他们用英语撰写的论文和文章经常出现在当时国外主流的政治学和国际关系研究杂志上，如《美国政治学评论》（*The American Political Science Review*）、《美国政治和社会科学院年报》（*Annals of the American Academy of Political and Social Science*）、《太平洋事务》（*Pacific Affairs*）、《外交事务》（*Foreign Affairs*）和《远东季刊》（*The Far Eastern Quarterly*）等。此外，《美国国际法杂志》（*The American Journal of International Law*）、《经济学季刊》（*The Quarterly Journal of Economics*）和《种族发展杂志》（*The Journal of Race Development*）等期刊上也能看到中国学者关注和研究国际问题的身影。

　　在各位作者中，除专职的大学教授或研究机构人员外，还有职业外交家如顾维钧、施肇基、王正廷和徐谟等，政府官员如谭延闿、孙科等，宗教团体领袖如于斌、余日章等，社会团体领袖如黎肇寰等，以及"学人外交"参与者如胡适、徐淑希、张歆海和陈之迈等，这显示各阶层知识分子有志于在国际性出版物上对中国与世界议题进行讨论或传播。20世纪20年代，夏晋麟还曾撰著英文的《中国外交史研究》一书（商务印书馆出版），对于外国人在中国境内之领事裁判权、租借地、势力圈、门户开放主义、军警、关税诸问题均有详细的论述。

　　民国时期，学者和学者型外交官积极活跃于国际学术和外交实践中，成为国际机制和国际组织中的重要参与者，他们包括陆征祥、王正廷、顾维钧、施肇基、颜惠庆、王宠惠、王世杰、徐淑希、徐谟、梅汝璈、梁鋆立、郑天锡、蒋廷黻、叶公超、张忠绂和张彭春等多人。其中很多都是学官两栖，双重身份。作为首位从英国获得法学博士学位的华人，郑天锡曾经从1936—1949年担任海牙国际法庭的法官。在联合国相关机构筹备和建立阶段，中国的声音也得到了国际尊重。特别是在国际法编撰方面，中国学者贡献良多，如梁鋆立，是民国时期中国学者参与国际法的制定、编辑及国际机构实践的代表。梁鋆立的著述经常出现在《美国国际法杂志》（*The American Journal of International Law*）、《世界事务》（*World Affairs*）和《美国政治和社会科学院年报》上。二战结束后，中国外交家在世界人权制度设计问题上，与美国一道发挥了重要作用，在整体上推动了国际人权保护思想和机制的发展。[①] 其中的杰出代表是张彭春。

张彭春（1892—1957）青年时代在美国哥伦比亚大学学习教育和哲学，1922 年获得博士学位后回国，先后曾任教于南开大学、清华大学、芝加哥大学、夏威夷大学、哥伦比亚大学等校，时间长短不等。1933 年 6 月，作为太平洋关系学会会议的中国代表之一，张彭春被派到加拿大的班夫（Banff）市出席会议。会后，受邀前往美国檀香山在夏威夷大学任教一年。1934 年，张在檀香山出版了 *China: Whence and Whither?*（《中国：何去，何从？》）一书。[②] 1936 年，张又在伦敦出版了 *China at the Crossroads*（《十字路口的中国》）。该书由埃文斯兄弟有限公司（Evans Brothers Ltd）出版，系在 *China: Whence and Whither?* 的基础上经增写后完成，全书扩展到 179 页。它成为张彭春向西方讲述中国历史、传统文化和哲学思想的重要载体，书中不仅详细叙述了中国的历史成就，重点介绍了儒家思想，还表达了对中国社会的思索。

战时，张彭春先后出任中国驻土耳其和智利特命全权公使。1946 年 1 月 10 日至 2 月 14 日，张彭春作为中国四名正式代表之一出席了在伦敦召开的联合国大会第一次会议，大会期间被任命为联合国经济及社会理事会常任代表（1946—1952 年）。1 月 23 日，他在经社理事会召开的第一次会议上做了"一种新的忠诚"的讲演。2 月 7 日，提出创立"世界卫生组织"（World Health Organization）建议案。1947—1948 年，张彭春担任联合国人权委员会副主席和《世界人权宣言》起草委员会副主席，为《世界人权宣言》的起草做出了卓越的贡献。由于张彭春又是召开世界卫生大会的倡议者，建立世界卫生组织（WHO）的提议人，因而他堪称联

---

① 毛维准：《民国时期的国际关系研究》，《国际政治科学》2011 年第 2 期，第 144 页注 1。

② Pengchun Chang, *China: Whence and Whither?* Honolulu: Institute of Pacific Relations, 1934.

合国有关组织机构的缔造者。[1]

从民国时期学者的研究议题中，可以发现在不同阶段他们所共同关注的重点议题和学术诉求有所不同，如追求中国国际地位平等，废除不平等条约、治外法权，收回租界、铁路主权、内河航行权，实现关税自主，反对帝国主义和列强侵略，关注远东局势特别是日本威胁，关注中美之间关系的正常开展，认识到实业竞争与国际地位之间的联系，痛恨国内冲突同其国际诱因之间的联系，警惕国际贸易和国际金融对中国经济发展的影响和威胁，同时也展现出民国学人乐见中国国际地位的提升和反思，以及对战后国际体制及国际和平的向往等。[2]

不过，贯穿民国外交的主要线索是收回国权或"寻找主权"。与之相应，民国学人在国内外平台上探讨的重点也与"国权"相关。很显然，这些需要收回的"国权"都与不平等条约有关，而这些条约大都是"单边性"和基于"恶意、嫉妒和阴谋"的；就分类而言，则涉及治外法权、领事裁判权、租界和租借地特权、通商口岸权、关税自主、铁路权益、驻军权和内河航行权、失土收复、沿海贸易权以及外国银行特权等。正如顾维钧在 1917 年就指出的，中国外交面临的"枷锁（shackles）"包括治外法权、关税自主、通商口岸和铁路权等。刁敏谦则呼吁："中华民族将坚持不懈，直到收回所有租界和租借地，直到外国军队撤离中国土地，直到所有内河航行权和沿海贸易权都回到中国人手中，直到中国人真正当家作主。"[3]

学者们往往将这些外交诉求纳入到"救亡图存"的话语中。就此而言，国人所求常常无非"平等"二字，其目标是"在国家家庭中重新获

---

①　孙平华：《张彭春——世界人权体系的重要设计师》，社会科学文献出版社 2017 年版，第 57—58 页。

②　毛维准、庞中英：《民国学人的大国追求：知识建构和外交实践——基于民国国际关系研究文献的分析（1912—1949 年）》，《世界经济与政治》2011 年第 11 期。

③　Minch'ien T. Z. Tyau, "Forging New Links: A Survey of Eighteen Months of United China's Foreign Relations", *Pacific Affairs*, Vol. 3, No. 7, 1930, p. 660.

得平等地位"。[1] 中国的"卑微国际地位"被视为"中国的最大障碍"。[2]
夏晋麟认为,中国面临的"最重要问题"是"国家生存和国家独立";外
交活动的首要目标是"中国必须从外国主宰和干涉中解放出来"。[3] 其中,
日本被学者视为"过去和现在都是我们复权运动最大的障碍";英国和美
国次之,但英、美也被视为中国收回国权的巨大助力。

(三)中国的国际地位问题

无论参加巴黎和会,加入国际联盟,还是出席华盛顿会议,都会涉
及中国旨在达成的目标若何,也必然涉及中国的国力状况,以及在国际
上之地位所带来的制约、所造成的可能。巴黎和会上,几个大国上下其
手,决定弱小民族的命运,中国欲从战败的德国那里收回早先被侵夺的
权益,却遭受大挫,已给中国人一个教训。因而对于加入国际联盟之取
舍,自不能不引起争辩。梁启超撰《论研究国际联盟之必要》文,表达
了既要参与其中又不求"自庇"的务实态度。梁主张:"不必问国际联盟
之近效何如;不必问我之能否厕其列以求自庇;但当求使我国堂堂立于
天地间,不愧为组织此'国家以上团体'之一健全分子;但当求以我国
之力,促进此'国家以上团体'之发荣滋长,而率以正轨。夫如是,则
研究此初诞育之国际联盟,察其禀性,而觇其祈向,岂非全国民所当有
事耶?"[4]

1933年中国政治学会召开首届会议,其议题展现了学者对外交问题
的关注及其思考逻辑。其"外交策略案议题大纲"包括:"(甲)一般问
题,其中包括如何利用国联?提高中国的国际地位?如何发达中国与欧

① T. Z. Koo, "Human Needs Being Worked out in China Today", *The Annals of the American Academy of Political and Social Science*, Vol. 132, 1927, pp. 112-114.

② Meng-Pu Wei, "The Kuomingtang in China: its Fabric and Future", *Pacific Affairs*, Vol. 13, No. 1, 1940, p. 32.

③ C. L. Hsia, "A New Deal for All Nations", *The Annals of the American Academy of Political and Social Science*, Vol. 222, 1942, p. 127.

④ 梁启超:《论研究国际联盟之必要》,载吴品今:《国际联盟及其趋势》(下卷),商务印书馆1930年第四版,第162页。

美之经济上利害关系？如何完成不平等条约的取消？如何实现华盛顿九国公约的效用？如何完成远东互助及不侵犯条约？（乙）中国外交的出路，日内瓦？华盛顿与伦敦？莫斯科？东京？（丙）中日亲善问题，中日亲善之意义与形式如何？中日亲善之理由如何？中日亲善之实在性如何？（丁）中国外交方案的根本问题，笼统的以夷制夷或有计划的联结及牵制政策，拖延主义或消极抵抗，不得要领的应付或负责任的有限度的退让，多方的独立的触动或交互的连线。"[1]

同时，有学者关注民国时期外交体系内部因素对中国外交的影响，认为无论是亲美还是亲日皆不可取，因为"欧美派之物质与技术援助之有限，日本派之欲求与日本亲善而不可得"，所以两者都不能视为解决问题之长久政策；认为国家统一、国力培育，即"内治"才是第一要务，"国际间纵横捭阖之策，置为缓图可矣"，中国应该推行"独立自主国之外交政策……在国家尚未统一、省治安定、财政增加、民力提升和小限度国防，可以收回国权"，并在此后，"外人势力不及于内地，而我之势力反可及于域外，而后政策可以运用自如"。[2]

20 世纪 30 年代初，洪钧培也讨论了中国国际地位问题及其两面性。他论述道："欧洲各国因大战之后，经济损失过巨，工商无由振兴，而日美乘时跃起，握世界上工商业牛耳，因是世界经济中心点，自大西洋移至太平洋。我国适处太平洋之左岸，又为各国工商业竞争之处，因是世界竞争无不集中于我国，商业固不足论，即世界政治，亦有时视我国政治为转移。又日美近因种种利害冲突关系，感情日劣一日，太平洋风波，随时可以爆发，论者谓太平洋风波不起则已，若起，则我国首当其冲，旨哉此言。总之：我国以实力论，固无国际地位之可言，若以人口物产及世界大势观之，则我国国际地位，实罕与俦匹。夫我国国际地位，一方既若是危难，一方又若是重要，吾人理应如何奋发有为，以救国难，

---

① 毛维准、庞中英：《民国学人的大国追求：知识建构和外交实践——基于民国国际关系研究文献的分析（1912—1949 年）》，《世界经济与政治》2011 年第 11 期。

② 同上。

而发扬我中华民族精神哉？"①洪钧培在这里点明了中国国际地位的两面，主张要有所作为。

在雷海宗看来，各国间地位的蜕变与升降，就是国际政治的主题。由此立场去观察，是我们明了世界与认识中国的最简便的方法。世界大小六十余国，撇开法理与表面的名义不谈，专就实际而论，可以分为三类，就是强国、自保之国，及殖民地。强国为力的中心，其力的自然趋势为向外发展。殖民地为强国之"力"的发展对象，在法理上已成殖民地的区域不必说，连许多名义上仍有独立主权的国家实际也属于此类。自保之国介乎二者之间，其力勉强足以自保，不致成为他人的殖民地，同时也不能向外发展，不能自有殖民地。以上是就事理而言。具体的逐国推敲，任何一国都不是注定的要永久属于三类中的一类。②随着三类国家的发展变化，它们的地位也是会发生变异的。求人不如求己，在个人已经如此，在国家尤其如此。被日本中途打断的建国运动，我们若要继续完成，只有依靠自力。而只有发展自力，中国才有永远自保的希望。

民国时人的极其强调"力"，实在是得自于本国的历史而得到的经验，也即强权政治是最现实而又残忍的东西，"强国之间互相嫉视，互相克制，势力平衡时则维持一时的和平，优劣显然时则常是爆发战争。三个法则大约是强权政治必须遵守的：（一）没有一个强国将自己未来的命运，信赖于他强国的好意，允许或协定之上。（二）每一强国把法律放在自己手里，对其势力扩展的限制，只有其他强国的武力。（三）强大的国家必须用一切方法，甚至于用武力，防止其他国家渐次强大起来。这是强权政治下每一强国熟知而仅守的法则（见《时代批评》九十二期社论）"。③由此而来，第二次世界大战后亲苏反美，或反苏亲美，归根结

---

① 洪钧培编：《国民政府外交史》（第一集），上海华通书局 1932 年再版，第 10—11 页。

② 雷海宗：《如此世界　如何中国》，中国文史出版社 2018 年版，第 11—12 页。原载《周论》1948 年 1 月 16 日创刊号。

③ 周鲸文：《论中国对美苏的外交关系》，载中国人民大学中共党史教研室编：《批判中国资产阶级中间路线参考资料》（第四辑），中国人民大学 1959 年。原载《时代批评》1947 年 10 月 16 日第 4 卷第 93 期。

底都于中国不利，而且易招致很多的灾难。

（四）世界观察和札记

行万里路之后撰成的对世界的观察和札记，是中国有识之士考察外国而记下的闻见和思考，其中不乏有深度的研究性文字，也成为国际观的一个方面。在一定意义上，它们是反映近代中国人看世界的《走向世界》丛书[①]中各种近代札记所反映的、时人观察和思考世界的继续。这些人士包括梁启超、胡愈之、邹韬奋、费孝通等人。

这方面的观察和思考首推梁启超的《欧游心影录》一书。第一次世界大战结束后不久的1919年，梁启超前往欧洲游历，次年，相继发表了《欧游心影录》的各部分。他以耳闻目睹、亲身考察的事实，向国人展现了欧洲资本主义世界在第一次世界大战和俄国十月革命之后的景象。就中国和世界，梁写道："我们须知世界大同，为期尚早，国家一时断不能消灭，而且各国所耗元气，都要取偿于外。……若是自己站不起来，单想靠国际联盟当保镖，可是做梦哩！虽然如此，我们却不能将国际联盟这件事看得毫无价值，还要尽自己的力量，促他的进步。这回国际联盟，总算世界主义和国家主义调和的发轫，把国家相互的观念，深入人心。知道国家意志，并不是绝对无限，还须受外部多大节制。"[②]梁看到了绝对国家意志之弊，以及"国家主义"和"世界主义"平衡的必要。

梁启超还体认到国际关系中的小国问题。在他看来，从前巴尔干小国分立，实为世界乱源，如今却把巴尔干的形势更加放大了，各小国相互间的利害太复杂，时时刻刻可以反目，又实力未充，不能不各求外援，强国就可以操纵其间，此等现象，为过去战祸之媒，战后不唯没法矫正，反有些变本加厉。[③]这也得到了历史的佐证。梁启超的《欧游心影录》，可算那一时期的一本名著。

---

① 先后由湖南人民出版社和岳麓书社整理出版，钟叔河主持。

② 梁启超：《欧游心影录（节录）》，载陈崧编：《五四前后东西文化问题论战文选》，中国社会科学出版社1985年版，第355页。

③ 同上书，第337页。

1931 年初，在结束留学而从法国巴黎回国途中，胡愈之以世界语学者的身份到莫斯科，进行了七天的访问，写下名著《莫斯科印象记》。这是中国第一本比较系统地描述社会主义苏联政治、经济和人民生活状况的著作。^①

不久后又有邹韬奋。1933 年 7 月，邹韬奋离国赴欧，自称存着学习的态度前往欧洲，想就自己观感所及，写成文字，借《生活》周刊报告给国人。写作这些陆续发表于《生活》周刊的书简，邹韬奋是本着极为认真之态度的，自称："这些'寄语'虽然是'拉杂写来'的零篇断简，但是记者在观察研究的时候，心目中却常常涌现着两个问题：第一是世界的大势怎样？第二是中华民族的出路怎样？中国是世界的一部分，我们要研究中华民族的出路怎样，不得不注意中国所在的这个世界的大势怎样，这两方面显然是有很密切的关系。"^②就此，邹韬奋写出了多篇文章，次年结集出版，此即日后颇为闻名的《萍踪寄语》。邹韬奋在《萍踪寄语》初集问世后，又接着出版了二集和三集，三本书都是在欧洲的时候写成，写后寄到国内来，所以叫作"寄语"。而接下去的《萍踪忆语》，其材料是在美国考察所得到，而在回国后写成，故称为"忆语"。"这本书对于美国的政治、经济、社会、文化各方面，如政治背景、劳工运动、农民运动、青年运动、杂志和新闻事业等等，都根据种种事实，有所论述；尤其注意的是旧的势力和新的运动的消长，由此更可明了资本主义发达到最高度的国家的真相和它的未来的出路。这里面有着种种事实和教训，给我们做参考。所以我们研究美国，从美国是一个资本主义发达到最高度的代表型的国家看去，从国际的形势看去，从太平洋的风云看去，都有它的重要的意义；就是从中国取长补短的立场看去，也

---

①　见《胡愈之生平》，载《胡愈之文集》第一卷，生活·读书·新知三联书店 1996 年版，第 2 页。

②　邹韬奋：《韬奋文集 2》，生活·读书·新知三联书店 1955 年版，"萍踪寄语初集弁言"。"萍踪寄语初集弁言"写于伦敦，见《萍踪寄语》（初集），该书及《萍踪寄语》二集、三集以及《萍踪忆语》均出版于 20 世纪 30 年代，后合为一部《韬奋文集 2》。本章所引上述各书均见该书。

很有它的重要的意义。"①

学者费孝通则撰有《初访美国》（1945 年）和《美国人的性格》（1947年）二书，均由生活书店出版。②"初访"是 1943 年的事，它反映的是"一个在清朝末年出生，小城镇里长大，在当时的教育体制中循级而进，'正途出身'，在国内和国外大学里学过所谓社会学和社会人类学，在抗日战争时期，在大学里当了教授，而且在艰苦的条件下坚守岗位工作的人，在他初次访问美国时，他是怀着什么样的一种心情去看那个和他本国不同的世界的"③。

费孝通在 20 世纪 40 年代提出来的问题至今天依然深刻，此即：中国人对于美国不了解，不认识，或是美国人对于中国不了解，不认识，会有什么结果？为什么中美有了这样长的接触，有不少人到过美国，或来过中国，而两国还是这样陌生？④ 经过了多年之后，这个问题依然是那样耐人寻味。

在《初访美国》这本书中，费孝通已经十分清楚地表述了日后被称为"地区研究"或"区域国别研究"的学术取向，这就是："美国政府明白这次战争是全球性的，美国将在世界各地进行战争，而且现代的战争不能缺少当地人民的合作，为军事上的需要，作战的部队必须对于战区的人民有较深的了解。而且他们也知道军事胜利之后，对于解放区的种种设施，都得根据当地的民情来擘划，来推行，所以召集了各种专门人才设立区域训练班。……在区域训练班里，地理、历史、文化各方面全得顾到。于是专家之间得互相配合，贡献他们各人的专门知识，来完成对某一区域的介绍。"⑤ 这种研究工作，便是在二战后蓬勃发展起来的地区研究，在当今中国则通称为"区域国别研究"或"国别与区域研究"。

---

① 　邹韬奋：《韬奋文集 2》，生活·读书·新知三联书店 1955 年版，"弁言"第 489—490 页。

② 　多年后，费孝通又有《访美掠影》（1980 年），由生活·读书·新知三联书店出版。1985 年，三本小册子由生活·读书·新知三联书店合为一书出版，名《美国与美国人》。

③ 　费孝通：《美国与美国人》，生活·读书·新知三联书店 1985 年版，"旧著重刊前言"。

④ 　费孝通：《初访美国》，生活书店 1945 年版，第 148 页。

⑤ 　同上书，第 151 页。

七、中国与国际法

这个时期，产生了不少学术大师。除了陈翰笙外，周鲠生、王铁崖等在国际法方面也都成为大师级的学者。

从清末到民国，随着中国越来越深地卷入西方国际法体系中，对于西方国际法的接受已经成为中国外交之必需。缺乏实力支撑的儒家普遍主义公理观在西方的强势面前早已无法取得预期中的理想效果，在既有的西方国际法体系中争取平等地位成为最为迫切、也是最为现实的外交选择。这一形势凸显了国际法的"有用性"。国际法的这种"有用性"使之成为民国时期相当突出也颇有成就的一个领域。

国际法即国际公法是在晚清传入中国的。它始自国际公法翻译为汉文。鸦片战争时，林则徐曾组织力量翻译瑞士著名国际法学者滑达尔（Vattel，今译瓦特尔，1714—1767）国际法著作中的部分内容，但在其后归于沉寂。第二次鸦片战争发生后，在中外外交订约活动中，中外双方都感觉到有将国际法的一些基本通例介绍到中国的必要。1863 年，清政府总理各国事务衙门因为"教案"与法国交涉，要求美国驻华公使蒲安臣推荐一部西方国家公认的权威国际法著作，蒲安臣推荐了惠顿（Henry Wheaton）的《国际法原理》（*Elements of International Law*）。当时在中国海关工作的赫德（Robert Hart，后来升任总税务司）为使清政府向外派驻外交使节，已经将惠顿著作中的有关章节递交总理衙门。美国传教士丁韪良（William Martin，1869—1894 年任京师同文馆总教习）参与了第二次鸦片战争后的一系列外交活动，并率先在把国际法翻译为汉文方面走出了实质性的一步，从 1862 年在上海逗留期间就开始翻译惠顿之书。1863 年 9 月 11 日，在蒲安臣的安排下，丁韪良与文祥等四位总理衙门大臣共同商议国际法翻译一事。大臣们看过译稿后，愿意将此书稿作为未来中国处理外交事务的"指导"。丁韪良认为译稿"文义不甚通顺，求为删改，以便刊刻"。于是，总理衙门选派陈钦等四名章京协助"商酌删润"，经过半年有余，译述定稿，是为《万国公法》。正好，1864 年普鲁士在中国领海截获丹麦商船，发生争执，总理衙门乃按照《万国公法》条例解决争端，效果极佳，于是由总理衙门批准，北京崇实印书馆将《万国公法》印行300部，颁发各省督抚备用。[①] 这是国际法首次正式、系统地被引入中国。丁韪良在用英文写的《万国公法》的序言中说："惠顿先生的著作，除了具有将国际法科学写到最近之时的优点外，还普遍被认为是一部完整和公正无私的国际法汇集，它已经为所有欧洲国家内阁所采纳。"[②]

《万国公法》共4卷12章，除序言、凡例而外，卷一为"总论"，解说公法的来源，概述其大意及一邦一国所应具有的权利与义务。卷二为"论诸国自然之权"，包括一个国家的自主自护、自主制定法律、与他国平行交往等。卷三为"论诸国平时往来之权"，论述平时互相派遣使节、商定盟约等方面内容。卷四为"论交战条规"，有开战宣战、战争状态国家的权利义务、中立国应守条规和战争双方如何订立遵守和约章程等内容。

清末国际公法的引入中国，对于中国与国际社会的交往无疑具有开创性的意义。这在民国时期得到了延续。清末时期除引入外，学术创作极少，而在民国时期就有了长足的进步。早在1912年，经过北洋政府外交次长颜惠庆的联络协调，就已成立了一个研究国际法及研讨相关各种问题的学会——国际法和外交学会（The Society of International Law and Diplomacy），外交总长陆征祥为会长。该学会成立后举行过数次会议，后来，因其各位成员忙于公务，学会变得不太活跃。1915年底，中国社会政治学会成立，前一个学会中有不少成员也加入了这个新学会，这样一来，早前成立的学会加入、合并到新学会就成为可行的选择。无论如何，新学会创办的《中国社会及政治学报》将给予国际法相当的关注。[③] 其后，该学报发表了多篇国际法论文，学人以自己的学识发声，揭示中

① 〔美〕惠顿：《万国公法》（近代文献丛刊之一种），上海书店出版社2002年版，"点校说明"。

② 转引自王铁崖：《国际法引论》，北京大学出版社1998年版，第377页注1。

③ "Editorial Notes, The Origin of the Association", *The Chinese Social and Political Science Review*, Vol. 1, No. 1 (April 1916), p. 9.

国在国际社会中的不公正地位，寻求正义的伸张。①

　　早在 1922 年，留学日本早稻田大学的谭焯宏即已著成部头颇大的《国际公法原论》出版，"际此国家多事外交困难之秋，拾平日研究编为斯册，聊以供研究国际法者谈外交者之参考耳"。② 这部《原论》分三编：第一编总论国际法学、国际法历史、学派及学说、我国古代之公法思想。第二编为平时国际公法，概论人类社会之组织以至国与国之关系，叙述国家管辖之范围，详论国家之独立自卫平等，国际行政法及国际联盟，国际司法机关与解决纷争之方法。第三编为战时国际公法，总论战争之意义，应守公法之义务与战时国家人民之关系，又论休战及中立国之权利义务与战时禁制品之意义等。叙述精细，有条不紊。

　　李圣五则著《国际公法论》（商务印书馆 1933 年版），妥切地表达了国际法学者的心声，他写道："翻阅近六十年来之国际档案，中国外交痛史之造成，昧于公法乃其最大症结，不当放弃之权利，自行放弃之；不应负担之义务，慷慨负担之。……在此等情形之下，吾国研究公法者之责任尤为重大。"③

　　总体而言，民国时期在国际法方面的研究，反映在五个方面：（1）研究国际组织；（2）撰写国际法著作；（3）结合列强侵华史实，研究诸如不平等条约、势力范围、租借地、"门户开放"、领事裁判权、租界等问题；（4）编纂条约和进行外交史的研究；（5）研究国际法史和中国古代国际法。④

　　当时的国际法学对国际法基本理论研究不多，更多的是针对中国面临的国际问题加以探讨，以求解决之道。这段时间中国面临着收回租界的斗争、日本步步入侵、两次世界大战、联合国成立等重大事件。因此

---

① 例如 Dr. Y. W. Chan（陈应荣），"China's Anomalous Position in International Law", *The Chinese Social and Political Science Review*, Vol. 7, No. 4, October 1923。

② 谭焯宏：《国际公法原论》，商务印书馆 1922 年 5 月版，第 2 页。同年 7 月再版，12 月三版。

③ 李圣五：《国际公法论》，商务印书馆 1933 年版，第 1—2 页。

④ 杨泽伟：《宏观国际法史》，武汉大学出版社 2001 年版，第 450—454 页。

与国家实践紧密结合，回答时代提出的问题，把重心放在国际主权（领事裁判权）、条约法、战争法等国际法领域，具有颇强的针对性。学者王贵勤认为，民国时期的国际法研究在中国国际法研究中处于承上启下的地位，诞生了一批国际法大师，为中国国际法体系的建立做出了重大贡献。[①] 当时，西方国际法传入中国时间不长，中文的国际法资料甚少，外文的国际法资料在国内也不多见。是故，国际法研究者多为留洋归国学者。比如王宠惠系美国耶鲁大学法学博士，顾维钧为美国哥伦比亚大学哲学博士和荣誉法学博士，燕树棠先后留学哥伦比亚大学、哈佛大学、耶鲁大学并获博士学位，周鲠生先后获英国爱丁堡大学政治学硕士和法国巴黎大学法学博士学位，李浩培求学于英国伦敦经济政治学院，郑天锡为英国剑桥大学法学博士，王铁崖留学英国伦敦经济政治学院，赵理海获美国哈佛大学法学博士学位，等等。他们无不外语娴熟，训练有素，也掌握了大量的第一手国际法资料，成为民国时期国际法研究的领军人物。试以周鲠生为例来说明之。

周鲠生毕生从事国际法研究，其可圈可点的学术生涯贯穿民国和中华人民共和国两个时期，主要著作有《国际法大纲》《现代国际法问题》《国际法新趋势》《国际法概论》《近代欧洲外交史》《近代国际政治小史》《赢得太平洋上的和平》《现代英美国际法的思想动向》《国际法》以及英文论著 *Winning the Peace in the Pacific* 等。

1921 年，周鲠生（1889—1971）从欧洲回国，即入上海商务印书馆编辑所，任法制经济部主任。第二年应蔡元培的邀请，赴北京大学任教授兼政治系主任。1923 年，周鲠生写就《领事裁判权问题》，从国际法角度认证侵害国家主权的领事裁判权"断乎不能任其存在"。鉴于列强以中国"刑法严酷""监狱状况恶劣""司法行政不分""歧视外人，法律上不以平等待遇"等为由反对，周鲠生认为撤废领事裁判权要改良司法的不合理之处，中国不仅"要有完善的法律"，还需在"法庭之改良普及""法官选任制度与律师社会之改良"以及"改良并提高法律教育"等

---

① 王贵勤：《民国时期国际法研究考》，《华东政法大学学报》2007 年第 4 期。

方面，"加一番发奋去做"，与英美等国谈判撤废领事裁判权才有可能，这对于北京政府推行"修约"运动起到了积极作用。

1924 年（民国十三年）末，周鲠生参加不平等条约改正运动，出版《不平等条约十讲》。1927 年 1 月，他参与协助国民政府以革命外交之手段，收回了汉口、九江英租界。同年 8 月，周鲠生根据在武汉参与外事的经历，写就《革命的外交》一书，认为对待老练的帝国主义，就应该采取"主动的、攻势的"外交，并且要"利用民众势力"来"打破一切传习成见和既存的规则"，"对于既存的国际规则、惯例，或条约的束缚，都要一概打破"。这是他对当时的革命外交实践的精辟总结。

从 1921—1945 年这二十几年里，周鲠生写出了十几本专著和上百篇重要学术论文，对培养中国政法界人才和推动该领域的学术发展发挥了重要作用。他的《国际法大纲》（1932）一书是当时国内各法学院、大专院校编写国际法教材的基本依据，还曾经是日本东京帝国大学法学部国际法科的指定参考书。他的《赢得太平洋上的和平》一书 1944 年在美国出版后引起国际法学界的兴趣和重视。

除周鲠生外，其他民国国际法学家的专著，还有徐砥平的《国际私法》（1932），王铁崖的《新约研究》（1943）和《战争与条约》（1944），赵理海的《国际公法》（1947），李浩培的《国际私法总论》（1948）等。徐砥平的《国际私法》"不顾多数学者之主张，而一扫向来之牵强惯例"，集中探讨了导致法律抵触的五种重大原因，堪称当时国际私法的名著。王铁崖的《新约研究》和《战争与条约》凸显了那个时代关于国际法研究的中国立场和世界立场，对不平等条约以及由这种不平等条约构成的不平等国际关系进行了犀利的批判，揭示出他对平等和正义的国际秩序的强烈关注。赵理海的《国际公法》在 1947 年刚一出版即成为当时全国各大学法律系的通用教材。李浩培的《国际私法总论》是当时中国学者开展国际私法研究的标志性作品，也是中国学者较早的国际私法专论类作品，提出了中国学者对于国际私法问题的学术思考。[1] 这些著作的出版，

---

[1]　王贵勤：《民国时期国际法研究考》，《华东政法大学学报》2007 年第 4 期。

表明民国时期的国际法研究达到了一个相当的高度。

民国时期，学界还重视国际法的普及，中华书局出版的"中华百科丛书"，就包括王惠中的《国际法纲要》（1934）。而"中华百科丛书"的目的，是为供中等学生课外阅读，或失学青年自修研究之用，所确定的三项要点是：（1）日常习见现象之学理的说明；（2）取材不与教科书雷同而又能与之相发明；（3）行文生动，易于了解，务期能启发读者自动研究之兴趣。① 著者王惠中则指出："国人前此因昧于国际法，当与他国交涉之际，不当承认之要求，我国自行承认之；不应放弃之权利，我国自行放弃之。此我国过去数十年之外交史所昭示于吾人者也。在此情形之下，尤使吾人痛感有普及国际法知识於国人之必要。"② 这就把普及之定位表达得十分澈了。又如中国文化服务社印行的《青年文库》，也包括了王化成所著的《现代国际公法》。③ 它们均篇幅不大，简明扼要而易于掌握。

在第二次世界大战中，中国和美英等国结为同盟。1942 年 10 月 10 日英美两国宣示放弃在中国的特殊权益。经过三个多月的交涉，条约宣告完成。1943 年 1 月 11 日，中美、中英新约分别在华盛顿和重庆正式签字，取消了英美在华治外法权。之后中国还与比利时、挪威、加拿大、瑞典、荷兰、法国、瑞士、丹麦等国订立了平等新约。这是中国对外关系的重大发展。这一年，王铁崖著《新约研究》，对相关问题进行了专门探讨，涉及 1943 年新约内容的一般分析、1943 年新约与条约的解释、1943 年新约与条约文字、中英新约与九龙租借地、1943 年中美新约与最惠国条款等，十分深入。

在中国，列强对租借地的攘夺始于 1898 年的德国。借口山东曹州教案，德国政府强迫中国把山东胶州租借给德国，作为远东海军根据地。接着不久，沙俄政府租借旅顺大连港，1905 年日俄战争分出胜负后，又

---

① 王惠中：《国际法纲要》，中华书局 1934 年版，"总序"。

② 同上书，"自序"第 2 页。

③ 王化成：《现代国际公法》，中国文化服务社 1942 年版。

把它让给日本。同时，法国租借广州港，英国租借九龙和威海卫。直到意大利也想租借浙江三门湾，而清廷坚决反对，租借地攘夺运动才算停止。第一次世界大战后，凡尔赛条约规定德国将胶州湾租借地转让给日本，中国拒绝签字。到了华盛顿会议，中日两国签订条约，日本交还胶州湾，这个问题获得解决。国民政府成立后，中英订立交收威海卫专约，英国也正式退还威海卫。到第二次世界大战之前，在中国所剩下的租借地只有日本的旅顺大连、法国的广州湾和英国的九龙。

王铁崖认为，从条约、换文附件以及会议记录的内容看，中美、中英新约具有三个主要作用：第一，取消过去英美两国在中国所享受的特权；第二，解决特权取消后所引起的种种有关问题；第三，树立中国和英美两国将来关系的原则。中英新约规定，应该放弃要求任命英国人为海关总税务司的权利，从而解决了海关行政权的一个根本问题。此外，新约放弃三种关于领水的特权：（1）军舰驶入领水，（2）沿海贸易，以及（3）内河航行。依据国际法原则，国家对国家的领水有绝对的法权，外国军舰不得任意驶入国家的领水之内。[①]然而自近代以来，列强一步步攫取了牺牲中国权益的特权。随着新约的订立，美英两国在中国所享受的特权基本取消了，其他各国也在美英影响下放弃了它们所享受的特权，从而使中国与包括美英在内的各国处于平等的地位。

在条约文字问题上，过去的中外条约往往规定以外国文字为具有效力的文字。新约纠正了这样的不平等的规定。在最惠国条款问题上，王铁崖指出，过去的最惠国条款不加以适当的修正，新条约的规定就很容易发生问题，而致中外国家未能完全达到平等互惠的地位。在将来交涉友好通商条约的时候，应该明文规定废止过去的一切最惠国条款，而对于将来的最惠国待遇加以适当的规定。[②]对这些相关问题，王铁崖都进行了细致而严密的探讨。

---

① 王铁崖：《新约研究》，载邓正来编：《王铁崖文选》，中国政法大学出版社2003年版，第562—565页。

② 同上书，第599页。

次年（1944），王铁崖又著成和出版《战争与条约》。1941 年 12 月 9 日，中国政府决定对日本、德国和意大利三国宣战，为此发表了两道宣战布告。此决定在当时国际政治上具有重大的意义，在中国对外关系的历史上，其地位也非常重要。王铁崖研究了与此相联系或由此而产生的国际法有关问题。

战争对条约的影响是国际法中一个十分复杂的问题，看起来显而易见，但实则不然。首先，王铁崖比较了对德意日的宣战布告和上一次大战中中国对于德奥的战争宣告。上一次的战争宣告曾特别声明，中国继续遵守《海牙公约》的规定以及关于战争行为的国际公约，这是对德意日宣战布告中所无的。其次，在战争的宣告中，说明交战国之间的一切条约一律废止，在过去是常例。有的学者认为近来已不是常例。于是这成为一个需要讨论的问题。复次，宣战布告中所称的"一切条约、协定、合同"，绝不是一切各种性质的条约、协定、合同。上一次对德奥的战争宣告中，我国所特别声明继续遵守的《海牙公约》以及关于战争行为的国际公约，绝不能包括在这一次的宣战布告所称的"一切条约、协定、合同"之中。①

由上可见，民国时期，中国学人的国际法研究达到了一定的高度。

---

① 　邓正来编：《王铁崖文选》，中国政法大学出版社 2003 年版，第 508—509 页。

第二章　三十年的起落

从中华人民共和国成立到 20 世纪 70 年代末这一时期，中国社会科学的命运正如国家的命运一样，经历了较大的起伏。国际关系研究同样如此。

一、院系调整与学科重构

1952 年 6 月至 9 月，中华人民共和国政府大规模调整了全国高等学校的院系设置，把中华民国时期效仿英式、美式高等教育构建的高校体系改造成效仿苏联模式的高校体系，在全国范围内进行了高等学校的院系调整工作。这一大调整于 1953 年基本结束。经过调整，中国的大学体系发生了巨大变化。

（一）私立高校退出历史舞台

1952 年院系调整中，私立大学（包括教会大学）全部裁撤。经过调整后，私立大学分别并入其他公立高校。工科院校得到了发展，综合大学得到了整顿，以使高等学校在院系设置上基本符合国家建设的需要。所谓的符合需要就是，多学科的综合性大学在高校中所占的比重，由 1949 年的 23.9% 降至 1952 年的 10.9%。一批历史悠久的优秀综合性大学发生了转变，被改为工科院校。而随着各地新设工科院校的增多，这一比例更跌至 4.3%。

（二）仿照苏联模式确立了新的高等教育体系

"向苏联学习"是 20 世纪 50 年代初院系调整的主方向。在冷战背景和东西方对立的大形势下，苏联是仅有的能向中国出口技术的国家，苏联援建了大批工业项目，也需要大量中国俄语人才参与其中。在中苏结盟和"苏联的今天就是我们的明天"的背景下，俄语成为第一重要的外国语，清华大学首创的专业俄文阅读速成法得到广泛推广，全国范围内包括各大学掀起了学习俄语的热潮。"向苏联学习"得到了彻底的贯彻。

（三）人文社科地位下降

中华人民共和国成立之初，因大规模进行工业化建设，国家急需工科人才。因而，这次院系调整的又一特点反映为，除保留少数文理科综合性大学外，按行业归口建立单科性高校；大力发展独立建制的工科院校，相继新设钢铁、地质、航空、矿业、水利等专门学院和专业。院系调整加速了工业人才和师范类人才的培养，调整后工科学生数大增。与紧迫的工业化建设不直接关联的人文社会科学地位下降，社会学、政治学等学科被终止和取消。1953 年底，作为一个学科的社会学在中国大陆上消失了。政治学也是如此。

（四）高校部分权力收归教育行政部门

1952 年，国家成立了高等教育部，原教育部部长马叙伦改任高等教育部部长。1953 年，政务院发布高校院系调整方案，方案指出，高校教师的思想改造学习在这年暑假前即可告一段落，院系调整工作在这年暑假亦可大部分完成，各类高校的任务和培养人才的目标均较以前明确，统一招生与统一分配毕业生的制度已经确立，这些条件将便于中央高等教育部及其他部门进一步加强直接和具体的管理。高等学校的部分权力上收。

（五）大学中的"思想改造"

院系调整与 20 世纪 50 年代初知识分子的"思想改造"是相联系的。

北大校长马寅初于 1951 年 10 月 23 日发表在《人民日报》上的《北京大学教员的政治学习运动》一文中的话可为表征："必须按照国家的需要，彻底的调整院系，改革课程，改进教学内容与教学方法；而要达到这一目的，一个最主要的关键，就是要自觉自愿地进行思想改造。"这次与院系调整相结合的知识分子"思想改造"，是新中国成立以来知识分子"改造"的第一次。

在大学之外，新生的中华人民共和国仿照苏联于 1949 年即成立了中国科学院。1955 年在其内建立了中国科学院哲学社会科学部。1956 年，党和国家组织制定了包括哲学社会科学在内的 12 年（1956—1967 年）科学发展远景规划。

1956 年 3 月 30 日至 4 月 9 日，在中国工作的苏联社会科学专家，为了学习苏共第二十次代表大会文件和研究中国社会主义建设问题，在北京与中国有关方面的社会科学工作者共同举行了社会科学理论问题报告会，七位苏联社会科学专家及四位中国负责同志在报告会上做了报告或发言。四位"中国负责同志"分别是中国科学院院长郭沫若、中宣部副部长张际春、中宣部副部长周扬和中国科学院经济研究所所长狄超白。周扬的报告题为"反对学术领域资产阶级唯心主义思想的斗争"，其关于"思想改造"情况的叙述是具有权威性的。[①]

周扬做出的估价是，1954 年 10 月开始的对学术领域中的资产阶级唯心主义思想的斗争，已经收到了显著的效果。由于对各学术领域资产阶级唯心主义进行了全面的猛烈的冲击，在这些领域中的资产阶级思想阵地，已经大为削弱，而马克思列宁主义思想的领导地位已经大大加强。[②]

也是在这次的报告会期间，中国科学院院长郭沫若做了"中国科学院高等学校在哲学社会科学方面的科学研究计划"的报告。当时中国科学院下设哲学社会科学部，报告关于社会科学总体情况的叙述可说是权

---

① 周扬:《反对学术领域资产阶级唯心主义思想的斗争》，载《社会科学理论问题报告会论文集》，1956 年，第 178—183 页。原书无出版者，但该书的"说明"署名为"高等教育部"，可以肯定系高等教育部所编。

② 同上书，第 184 页。

威性的，同时指出："目前我国的哲学社会科学的发展，仍然是严重地落后于国家社会主义工业化和社会主义改造事业的需要，远远地落后于世界的先进水平的。"① 怎么办？正在制订的科学发展的远景规划，是以在十二年中接近世界先进科学水平为奋斗目标的。而关于哲学社会科学的主要任务，列出了如下八个方面：

（1）开展各门科学中关键性问题的研究。在列举了马克思主义哲学、经济科学、历史学和考古学、语言科学、法学、教育学和文学之后，报告说："其他如民族学、国际问题、中国科学史、中国艺术史等都需要展开研究。"

（2）补足缺少的学科，加强薄弱的学科。其中说到，"法学、教育学、民族学、国际问题等方面有许多工作更是要从头做起"。

（3）编写教科书。这些教科书应当努力做到综合当前本门科学的研究成果，结合中国的实际或体现中国革命的经验，体现中国学术文化的优良传统。它应当是具有中国作风和中国气派的。

（4）翻译出版马克思主义经典著作和马克思主义学术著作。

（5）搜集、整理、编纂出版供研究用的各种资料。

（6）编辑出版哲学社会科学百科全书、各种辞书和工具书。

（7）出版古典的和近代现代的学术著作。

（8）培养干部。

接下来在具体措施部分，一共列出了 12 条，其中第 1 条是调查现有不在研究、教学和编辑、翻译工作的岗位上，而又适宜于担任这些工作的哲学社会科学人才，尽可能地把他们集中到研究、教学、编辑、翻译工作岗位上来。第 3 条是在中国科学院建立一批新的哲学社会科学方面的研究所，如建立法学研究所、民族研究所、少数民族语文研究所、亚洲研究所、科学史研究所等。在全国各有条件的城市或地区建立研究中心或研究分所。第 4 条是在政法、财经、文化教育等部门建立一批研究

---

① 郭沫若：《中国科学院和高等学校在哲学社会科学方面的科学研究工作计划》，载《社会科学理论问题报告会论文集》，1956 年，第 145 页。

所，如司法研究所、国际问题研究所、各个部门的经济研究所、教育学研究所、艺术科学研究所等。① 这三条，或多或少都与开展国际问题研究有关。

由于政治学作为一门学科被取消，大学中就没有了政治学系，因而国际关系学也就没有了大学政治学系可以依傍，这对于学科发展自然是一种不利的情形，这方面的人才培养也必然受到很大影响。除了外交学院等极少的院校外，20 世纪 50 年代的国际关系研究多是在大学外进行的。

二、组织机构的建立

国际问题的研究和活动开展总是以组织机构为载体的。中华人民共和国诞生后，成立了若干新的机构或组织，成为国际关系讨论和研究的依托。

（一）中国人民大学的创设

从 1937 年算起，中国人民大学历经了陕北公学、华北联合大学、华北大学、中国人民大学四个主要阶段。

1948 年，由于解放战争的节节胜利，中共中央预见到，迎接全国胜利，急需培养大批干部，于是开始筹建华北大学。1948 年 5 月，中共中央决定，将华北联合大学与北方大学合并，成立华北大学，由吴玉章任校长，范文澜和成仿吾任副校长。1948 年 8 月 24 日至 27 日，华北大学举行了隆重的开学典礼。华大四部为研究部，范文澜兼任四部主任。四部以从事专题科学研究及培养、提高大学师资为目的，下设八个研究室，其中包括国际法研究室和政治研究室。从 1948 年 8 月到 1949 年年底的华北大学时期，校址设在河北省的正定县城。

1949 年 12 月，中央人民政府政务院议定成立中国人民大学，决定将

---

① 　郭沫若：《中国科学院和高等学校在哲学社会科学方面的科学研究工作计划》，载《社会科学理论问题报告会论文集》，1956 年，第 152 页。

华北大学（主要是华大一部）、革命大学和政治大学三校合并，作为中国人民大学的基础，创建新中国第一所以社会科学为主的新型综合型大学。中国人民大学于 1950 年 2 月招生开课。

与此相关，华大二部外语系则与外事学校、北京俄文专修学校等单位合并，组建了北京外国语学校。中华人民共和国成立后，学校归外交部领导。1959 年，该校与北京俄语学院合并组建成立了新的北京外国语学院。1980 年前，该校一直归外交部领导，在多年间，外交部有大批干部是北京外国语学院的毕业生，于是这一部一校之间形成了某种"特殊关系"，多年后依然能够看到其轮廓。因此，该校及其毕业生在中国对外关系和外交队伍方面扮演了特殊的角色。1980 年后，北京外国语学院归教育部领导。1994 年正式更名为北京外国语大学至今。

（二）中国人民外交学会

除了中国人民大学及其外交系外，在周恩来指示和指导下，中国人民外交学会于 1949 年 12 月 15 日成立。

外交学会是时任总理兼外长的周恩来倡导建立的新中国第一个研究外交政策和国际问题并从事人民外交的社会团体。周总理生前一直担任学会的名誉会长。陈毅副总理兼外长生前自 1964 年起也一直任名誉会长。周恩来、陈毅、邓小平、叶剑英、王明、李立三、蔡畅、胡愈之、罗隆基、廖承志、乔冠华等都曾是外交学会成员，有的还担任过外交学会领导职务。

外交学会创建时确立的宗旨，是研究外交政策和国际问题，并向中央提供外交政策建议。据此，学会早期的工作侧重于研究与中国有关的较重要而又亟待解决的外交政策和国际问题，就重大国际问题发表意见，编印外交文献和国际问题丛书，举办专题报告会、座谈会等，并通过接待来访外宾，增进中国人民同各国人民之间的相互了解、友谊和团结。

1955 年后，开展人民外交活动成为外交学会工作的一项重要内容。从此以后，研究外交政策和国际问题以及开展人民外交一直是外交学会工作的两个基本方面，而接待外宾越来越成为外交学会开展人民外交活动的中心工作。迄 2019 年，外交学会共接待来自世界各大洲 130 多个国家和 20 多个多边组织机构的 2400 多个访华团组，总计 16000 多人次。外宾多为政界上层人士，包括前国家元首、政府首脑、内阁成员和未建交国的领导人，国会要员、朝野政党领袖、王室贵胄以及国际组织负责人等，还有金融、工商、学术等各界人士和社会名流。

二十世纪五六十年代，随着第三世界国家的民族解放运动蓬勃发展，外交学会通过各种途径从道义上和政治上支持亚非拉国家人民反帝、反殖、争取民族独立和维护国家主权的正义斗争，为六十年代中国同许多第三世界国家建立和发展外交关系奠定了基础。

在同未建交国家的交往中，外交学会开展了卓有成效的工作。以日本为例，从 1952 年中日两国重开人民之间往来至 1968 年的十六年间，外交学会接待了日本朝野政党、国会议员、前军人等政治、经济、文化各界知名人士代表团 107 个，总计 780 多人次。学会不仅是同日本进行民间交往的一个主要渠道，而且一度被授权做了一些双边关系中具有官方职能的工作，如人员往来签证、侨民回国、海上捕鱼、航运通商、贸易结算等问题的解决。外交学会在实践周恩来关于"以民促官，官民并举"的人民外交思想、广交国际朋友、推动建立和发展国家之间友好合作关系等方面，起到了广泛联络和铺路架桥的巨大作用。①

然而，中国人民外交学会毕竟主要不是从事研究工作的，国际关系研究机构的成立需要另当别论。

（三）国际关系研究所的建立

1955 年初，张闻天从驻苏联大使任上奉调回国，出任外交部常务副部长（部长为周恩来），实际上主持外交部的日常工作。张闻天上任后，除紧抓外交业务和整顿内部外，还决定为开展中国的外交工作和国际关系研究做几项基础建设性的事情，这就是：创办一所培养外交干部和国际关系研究人才的学校，一个国际问题研究所，一个全国性的外交和国

---

① 见中国人民外交学会官网：www.cpifa.org。

际问题专业图书馆，一个主要出版外交与国际问题书刊的专业出版社。由于他抓得紧，又实事求是地尽量利用现有条件，所以这几项工作除专业图书馆外在两三年内就都完成了。①

国际关系研究所的建立是 20 世纪 50 年代的一道亮色，这是中华人民共和国诞生后成立的第一个专门从事国际问题研究的机构。张闻天担任外交部常务副部长协助兼任外交部长的周恩来主持外交部部务。"在周总理的大力支持下，闻天同志对于建立国际关系和外交问题的研究机构，促进国际问题的研究工作，起了重大的作用。"② 即便是邓力群，对此也不讳言。据邓力群回忆，他与张闻天接触时张谈得较多的意见是，我国要积极参加世界和平运动，但是应该有自己的看法；对国际法，应该研究，分别对待；我们外交工作的重点应放在亚非拉，支持他们争取民族解放、维护民族独立和发展民族经济的斗争；驻外使馆要组织工作人员系统研究所在国的经济、政治、文化情况；要加强对第二次世界大战后国际经济情况的研究；等等。③ 由此可见，张闻天对研究工作是极为重视的。

建立一个专门研究世界经济和国际关系的研究机构的建议，正是由张闻天首先提出来的。1955 年 12 月 26 日，他主持外交部办公会议进行讨论，做出了报请成立国际关系研究所的决定。1956 年 3 月 19 日，外交部党组以张闻天名义写报告给邓小平并报中央。报告称：

关于发展国际问题学科和加强培养研究国际问题的干部问题，我们会同中央宣传部和有关部门进行了多次讨论，提出了几点意见，请中央审批。

我们建议成立国际问题研究所，恩来同志已表示同意。本来这样的研究所应该作为科学院之下的研究机构，由科学院直接领导，

---

① 何方：《〈世界知识〉影响过我的命运》，《世界知识》2014 年 9 月第 18 期。

② 何方：《张闻天同志和研究工作》，载《回忆张闻天》编辑组：《回忆张闻天》，湖南人民出版社 1985 年版，第 263 页。

③ 邓力群：《邓力群文集》第二卷，当代中国出版社 1998 年版，第 646 页。

但是因为科学院目前无力照管，所以暂时由外交部负责筹备和建设并直接领导。①

4月12日，邓小平批示并报经毛泽东主席和刘少奇、周恩来、朱德、陈云和彭真等中央领导圈阅批准。10月10日，国务院公文通知外交部，同意成立"中国科学院国际关系研究所"，暂由外交部领导。11月24日，研究所召开了成立大会，一个重要研究机构诞生。两年后的1958年11月28日，国务院批复外交部和中国科学院的报告，同意研究所由"中国科学院国际关系研究所"改名为"国际关系研究所"。②对于国际关系研究所工作的开展，主持外交部日常工作、始终重视研究工作的张闻天，起了极为重要的支持和推动作用。"建所后，他经常跟所里负责同志商谈办所方针和研究课题，有时还直接找研究人员谈话和参加研究所的学术讨论。为了进一步推动研究工作的开展，使一些调研成果有发表的园地，他又建议和支持出版了《国际问题研究》杂志。……还提出要大大加强图书的编辑出版工作，特别是翻译出版外国有关国际问题的书籍和资料，并经常推荐一些外文书，请出版社组织力量翻译出版。他还大力支持国际关系研究所创办《国际问题译丛》杂志，及时发表国外有关的研究文章。"③

在20世纪50年代，张闻天对中国国际关系研究的重大贡献可圈可点。除了上述各项之外，单是1958年，他就组织了两个重大课题的理论研究。一是主持关于战争与和平问题的研究，并指定几个人专门研究马列的有关论述，他自己也反复阅读马列的原著，后来还编辑出版了《列宁论战争与和平》小册子，撰写了一批论文。另一个是组织关于国际法

---

① 马振岗主编：《五十载春秋——纪念中国国际问题研究所成立50周年》，世界知识出版社2006年版，第2—3页。

② 同上书，第2页。

③ 何方：《张闻天同志和研究工作》，载《回忆张闻天》编辑组：《回忆张闻天》，湖南人民出版社1985年版，第265—266页。另据何方回忆："有几次他（指张闻天。——引者注）约了当时国际关系研究所所长孟用潜同志去中山公园，我也在场。散步中，他详细询问了研究所的干部和工作情况，了解对某个问题有什么看法，此外还商定了一些研究题目和一段时间的工作安排。这样的散步，为下面解决了不少问题。"见第261页。

基本理论的研讨。他邀请外交部的国际法顾问周鲠生等和北京各高等院校法学系的国际法学者等几十人，在三个月内召开了四次会议，对西方和苏联的国际法理论进行了广泛的探讨，就总结我国的实践、建立新中国自己的国际法体系提出了各种设想，还研究了国际法的教学和编写教科书的问题。[①] 1956 年 3 月，张闻天为提供驻外使节会议讨论，撰写了一篇《关于执行我国和平外交政策中的一些问题》，对和平共处五项原则做了全面深刻的论述，成为中华人民共和国外交史上一份非常重要的文献。张闻天指出，和平共处五项原则不但"是我国和平外交政策的基本原则"，而且"我们还要努力争取使五项原则成为国际关系的普遍准则"。他在国际关系史上第一个提出和平共处五项原则不仅适用于社会制度不同的国家，也适用于包括社会制度相同的一切国家。他说："对任何国家，不论它是否参加军事集团，它的政治制度和社会制度如何，思想信仰怎样，都应该尽可能同它建立和发展友好合作关系。必须争取在五项原则的基础上同一切国家和平共处。""对所有邻国，一律执行睦邻政策，主动地用谈判协商的方法，解决同它们之间的一切争端。""不同的思想体系，不同的思想观点，决不能成为国家间不能和平共处的根据。"[②]

曾任驻民主德国大使（1955 年 4 月至 1957 年 5 月）的曾涌泉也确认，张闻天根据党中央和我国政府的历次指示："将外交部和驻外使馆五年多的外交实践，总结为十二条，写出了《关于执行我国和平外交政策中的一些问题》。这不仅对当时有重要的指导意义，而且到今天仍是一个指导外交工作的重要文件。"[③]

（四）中国科学院哲学社会科学部

根据陈翰笙回忆录《四个时代的我》述及，1955 年 12 月在出访印度途中，陈翰笙与廖承志曾谈起筹建亚洲研究所之事，廖承志建议研究日

---

① 何方：《何方集》，中国社会科学出版社 2001 年版，第 356 页。

② 转引自何方：《何方集》，中国社会科学出版社 2001 年版，第 365 页。

③ 曾涌泉：《外交工作的杰出改进者和领导者》，载《回忆张闻天》编辑组：《回忆张闻天》，湖南人民出版社 1985 年版，第 256 页。

本问题可聘请几个人：（1）政治可请谢南光担任；（2）经济可请正在留日的刘明雷担任，刘是台湾人；（3）宪法可请刘思敬担任；（4）宗教可再物色一人。陈根据他的意见，给潘梓年[①]和刘大年[②]写信，请他们加以考虑。[③]1961年，中国科学院哲学社会科学部亚洲研究所成立。[④]1962年，全国性的学术团体中国亚非学会在北京成立。中国亚非学会与亚洲研究所及后来的西亚非洲研究所合办有《亚非译丛》等学术刊物。

（五）上海国际关系学会

从抗美援朝到中苏关系逆转，整个20世纪50年代是国际风云变幻的世界多事之秋。人们不禁更加关心国际时局，而且迫切地要求对当前重大国际事件的来龙去脉、世界形势发展的前因后果有进一步的了解。因而国际问题的学习成为政治学习的一个重要内容。据国际问题研究前辈刘思慕回忆：

> 1954年日内瓦会议期间，我参加了我国记者团到日内瓦采访新闻，这使我又见了一次世面。在这种情况下，约我写国际文章、请我做国际时事报告的人纷至沓来，使我应接不暇。这就构成一股压力，督促我更加密切地注视国际形势的变化，更加扩大我的注意面，

---

① 潘梓年（1893—1972），江苏省宜兴县人，中国近代著名的哲学家和杰出的新闻斗士，潘汉年堂兄。创办了《新华日报》，并被毛泽东任命为第一任社长，因此被称为"中共第一报人"。1954年调中国科学院筹建社会科学部和哲学研究所，任中国科学院哲学社会科学部副主任，兼哲学研究所所长，筹备出版《哲学研究》。后创办《自然辩证法研究通讯》，推动了全国的哲学研究。"文化大革命"爆发后受迫害入狱，1972年4月10日在秦城监狱含冤病逝，终年79岁。

② 刘大年（1915—1999），1950年5月中国科学院近代史研究所成立后，担任研究员，兼任中国科学院编译局副局长，并为科学院党组成员。1954年以后，任近代史研究所副所长、中国科学院哲学社会科学部学部委员。

③ 陈翰笙：《四个时代的我：陈翰笙回忆录》，中国文史出版社2012年版，第112页。

④ 1964年，中国科学院哲学社会科学部亚洲研究所分设为东南亚和西亚非洲两个研究所。

更加孜孜不倦地从事国际问题的写作，文章和小册子发表了不少。①

　　在中国最大城市上海，这时也在酝酿成立国际关系学术组织。1955年，上海市副市长、政协上海市委员会副主席金仲华邀集余沛文（时任上海市政府外事处长）、刘思慕（时任《新闻日报》社长）、石啸冲（时任《学术月刊》副总编辑）和胡其安（时任复旦大学新闻系副教授），组织了一个国际问题研究小组，经常就国际形势变化交换意见。为了适应对外关系发展的需要，国际问题研究小组在1956年发起并筹备在上海成立研究国际问题的学术团体。从1956年3月19日至1957年2月21日，七次召开筹备会议，广泛听取学者专家的意见。当时的上海，还没有国际问题学术社团和专门的教育机构，因此如何将在上海的学者专家组织起来，及时为他们提供中央发展对外关系的新精神，为他们解决研究资料缺少和成果发表、出版的困难，为他们提供相互交流探讨的平台，为上海对外关系发展做点事，成为众人共同的愿望。经过反复酝酿，最后确定：（1）该学术团体定名为"上海国际关系学会"（后为表明系市级社团，于1979年定名为"上海市国际关系学会"）；（2）其性质是群众性学术社团；（3）其任务是促进国际问题研究和国际知识普及。② 这是中华人民共和国成立后诞生的第一个国际关系学会。在会长金仲华领导下，学会团结了上海研究国际政治、对外关系、世界经济、国际金融、国际法和国际组织等方方面面的学者专家，使学会成为了名副其实的国际问题学术研究团体。十分不幸的是，金仲华在"文化大革命"期间的1968年，因受到迫害而含冤自尽。

---

　　① 　刘思慕：《我是怎样研究起国际问题来的》，载北京图书馆《文献》丛刊编辑部、吉林省图书馆学会会刊编辑部编：《中国当代社会科学家》第六辑，书目文献出版社1983年版，第107页。

　　② 　上海市国际关系学会编：《回顾与展望：庆祝上海国际关系学会成立五十周年》，上海人民出版社2007年版，第3页。

（六）外交学院的创办

另一个重要发展是外交学院的创办。

1952 年，周恩来总理提出了创办外交学院的问题。1953 年 6 月，外交部根据周恩来的指示，起草了《关于今后培养外交干部的几项建议》，周恩来阅后指示改写。1953 年 10 月，外交部党组召开第十八次会议，讨论通过了有关筹建外交学院的事宜。1954 年日内瓦会议后，中央做出了"加强外交工作和国际活动，并大力培养干部，筹建外交学院"的决定。该年 9 月 1 日，外交部党组将"筹备建立外交学院问题讨论后的意见"上报周恩来总理，由周总理上报中央。经党中央和毛泽东主席批准，正式决定在中国人民大学外交系的基础上创建外交学院。

1954 年 12 月 8 日，外交学院建院筹备委员会成立，由外交部副部长伍修权任主任，外交部办公厅主任阎宝航任副主任。委员包括中国人民大学副校长聂真、教育部副部长李新、高等教育部综合教育司司长李云扬、中国人民大学外交系主任何戊双，以及外交部人事司副司长王杰、专员刘骏良、总务司专员张文秀、条约委员会主任秘书董希白、副部长秘书王进等共 11 人。筹备委员会下设筹备办公室，由阎宝航兼主任（1955 年初由李恩求接任），任志、郑平任副主任，下设秘书及教学人事、基建和总务等三个工作小组。①

1955 年 9 月 10 日，外交学院正式成立。随后第一届学生开始学习。中华人民共和国成立后第一所外交学和国际关系学人才培养和科学研究的专门院校由是发端。1958 年 1 月，外交部在向周恩来总理、陈毅副总理的请示中提出扩大学院培养、训练干部的范围，并"建议将外交学院改名为国际关系学院"。这一请示经中央批准后，外交学院于 1958 年 8 月 1 日正式改名为国际关系学院。1960 年 10 月 22 日，国际关系学院被教育部列为全国重点高等学校之一。

1961 年 10 月 5 日，国务院第 113 次会议上又批准外交学院恢复原

---

① 外交学院：《中国外交官的摇篮——热烈庆祝外交学院建院六十周年（1955—2015）》，2015 年，第 29 页。

校名，并正式任命陈毅副总理兼任外交学院院长，直到"文化大革命"期间学院被迫停办。陈毅副总理兼任院长期间，纠正和抵制了当时一些"左"的影响，开始建立一套适合中国情况的国际关系知识课程，初步形成了学科核心教材，为学院后来的发展奠定了坚实的基础。[①]

当时外交学院设立有国际关系理论教研组，曾在 1963 年"为使学习国际知识的同志们在研究《毛泽东选集》时有一个系统的索引"，"按照国际关系基本理论诸问题的体系"，编选了《毛泽东同志关于国际问题的语录》（内部读物）。据梁守德的说法，这本书说明，至少在 20 世纪 60 年代初，外交学院就开设过马克思主义国际关系理论课。而在梁守德之前，洪远就已有忆述，与此基本一致，即张闻天曾要求外交学院在马克思主义指导下建设有中国特色的国际关系理论体系。为此，外交学院在中国对外关系史教研室内设立了"国际关系理论"课题组，经过几年努力，编出了这本《毛泽东同志关于国际问题的语录》，写出了《国际斗争基本理论》教材初稿，并在 60 年代初给外交学院本科生和进修班讲授"国际斗争基本理论"课程。这门课在全国高校中是最早开设的。[②]

（七）世界知识出版社

上一章已述及，1949 年 6 月《世界知识》在上海复刊，此时已接近中国革命胜利。中华人民共和国成立后，世界知识社于 1950 年 5 月奉命迁到北京，归属人民出版社。张闻天善于利用现成条件，又有了一个新例。如同拉出中国人民大学的外交系建成了外交学院一样，他又从人民出版社拉出了《世界知识》编辑室和第四编辑室即国际问题图书编辑室，并以这两个编辑室为基础成立了世界知识出版社。人民出版社是归中宣部领导的，而张闻天的设想与时任中宣部部长陆定一的意向恰好一致。于是顺理成章，世界知识出版社得以建立，成为由外交部领导和管理的一个部属

---

①　外交学院：《中国外交官的摇篮——热烈庆祝外交学院建院六十周年（1955—2015）》，2015 年，第 35 页。

②　洪远：《中国国际关系理论研究历程述要》，《历史教学》1989 年第 11 期。（洪远当时供职于外交学院中国对外关系教研室）

单位。世界知识出版社成立后，除出版《世界知识》半月刊外，在出版业尚不发达的年月间，陆续出版了为数不少的国际关系书籍。

比如，世界知识出版社于 1953 年开始出版新中国时期的"世界知识手册"。《世界知识手册 1953》尚系竖排出版，共 936 页，用粗糙的纸张印刷，不过在那个时候精装出版，已属难得。这是一本提供有关世界政治与世界经济各方面初步基本知识的手册，它的对象是机关、学校、团体的图书室和资料室，读报小组，文教工作干部，以及一般对国际问题和时事有兴趣的读者。手册共分六部分：（1）各国概况；（2）国际组织；（3）国际文献；（4）统计资料；（5）世界大事记；（6）便览。其中以"各国概况"部分篇幅较多，约占全书的二分之一。[①] 据手册交代，参加该书写作的，有各方面国际外交问题研究者数十人，初稿完成后又经过编委会的润色加工，加工后多半再由原作者或另外一些作者修订。这样一来，定稿所发生的错误和遗漏，应当由编委会来负责；因此各篇编著者姓名也不在书中一一列出。

数年后，《世界知识手册 1957》称，这是一部国际年鉴性质的工具书，在 1955 年基础上，写入了近两年，尤其是一年来新的情况。后来，"世界知识手册"改名为"世界知识年鉴"。比如，《世界知识年鉴 1961》厚达 1330 页，自称这是一本国际政治、经济和文化等方面的综合工具书，基本上参照 1959 年"世界知识年鉴"的体例，根据两年来国际局势和各国情况的变化和发展，重新编写而成。

（八）成立于上海的国际问题研究所

1960 年，在上海也成立了一家国际问题研究所，名义上是"上海社科院国际问题研究所"，实行双重领导。之所以成立这一研究机构，其原因，一是国际问题研究工作很薄弱，全国这方面的研究机构寥寥无几，大学里也还没有设置国际问题方面的专业，人才和资料都很缺乏；二是上海是一座对外接触交往较多的大城市，尽管地方没有多少外事权力，

---

① 世界知识手册编辑委员会：《世界知识手册 1953》，世界知识出版社 1953 年版。

但相比于各个省份，上海的情况要特殊些；三也是因为上海有人才的储备，时任上海市副市长的金仲华是知名的国际问题专家，因此，由他来负责筹建和领导这个设于上海的研究所便是顺理成章的了。

1960 年 10 月，中共上海市委决定设立国际问题研究所，这是上海市最早建立的国际问题研究机构。名义上虽是设于上海社科院内的一家研究所，但它受上海市委领导。由于其为中央政府服务的职能，也因为它的所长由副市长兼任，级别很高，除了某些行政事务与社科院相关外，研究工作实际上是独立开展的，办公地点也并不在一起。由于市委不负责对外政策，研究所在工作上具有一定的自由度，业务上比较多地与中央有关部门发生工作联系。

在金仲华领导下，研究所十分重视掌握尽可能多的第一手资料，科学地、实事求是地进行分析，以得出比较正确的判断，供领导部门参考。在此思想指导下，研究所订购了一百多种外文报刊，其中有些是航空版，出版后数天即可收到。当 1964 年全所大多数人员都去参加"四清"运动时，金仲华仍提出所里的资料工作（剪贴、分类整理）不能中断。这样，研究所在短短的几年里积累了一批系统的资料，其中有些在上海是独一无二的。研究所还创办了一个内部刊物，取名为《国际问题资料》，不定期油印出版，送中央有关部门和上海市有关领导同志阅读参考。1965 年初，这份刊物改为铅印，扩大发行，可惜只出了三期就因"文化大革命"开始而停刊了。[①]

（九）其他院校

中华人民共和国于 1949 年 10 月 1 日成立后，很快即创办了一些院校，它们成为"与共和国同龄"的院校。2019 年晚些时候，它们纷纷纪念和庆贺创办 70 周年，其中包括北京的国际关系学院（英文缩写为

[①]　华明之等：《怀念老所长金仲华》，载中国人民政治协商会议上海市委员会文史资料工作委员会、中共上海市委统战部统战工作史料征集组编：《上海文史资料选辑——统战工作史料专辑（六）》，上海人民出版社 1986 年版，第 52—53 页。

UIR）、上海外国语大学等。

国际关系学院的前身是 1949 年创建的中央外事干部学校，新中国第一批"将军大使"正是从这里受训后走向世界的。1961 年，中央外事干部学校同外交学院合并办学，易名为外交学院分院。1964 年，学校被列为全国重点大学。1965 年，学校定名为国际关系学院，直属于中共中央调查部。"文化大革命"期间，由于学院特殊的政治背景，教学和管理遭受较大程度破坏，并于 1970 年停办。1979 年起开始恢复招生，是国务院学位办批准的全国第一批具有学位授予权的单位。

1981 年，国际关系学院成为全国首批获得硕士学位授予权的单位之一。1983 年，国际关系学院率先完成了从单一的外语院校向多学科复合型院校的转型。1994 年，国际关系学院举行校庆 45 周年纪念会，江泽民为学校亲笔题词："努力把国际关系学院办成富有特色的一流大学。"

除外交学院和国际关系学院外，还成立了国际政治学院（今中国人民公安大学的前身），但由于是根据语种和国家特殊需要设置专业，其更多培养的是外交、国家安全和公安方面急需的外语专门人才。以上这三所院校虽然较早地开设了国际政治和国际关系的部分课程，但由于它们主要进行比较特殊的职业性教育培养和外语训练，就不是系统的学科建设和普通高等教育。不过应当承认，这三所学校为中国国际关系学科建设奠立了一定的基础，并且与当时国内其他的国际问题研究机构一起，成为中国国际关系学科发展的开路先锋。

三、国际关系研究的开展

（一）概貌

已故王绳祖先生曾经述及中华人民共和国成立以后三十年间中国国际关系史学的发展状况，此即：

中外关系史仍然是研究的重点，写出的专著有胡绳的《帝国主义与中国政治》（1953 年）、外交学院的《中国外交史（一八四〇年至一九四九年）》（1957 年）、阿英的《近代外祸史》（1951 年）、刘大年的

《美国侵华简史》（1950年）、卿汝楫的《美国侵华史》（1952年）[①]、张雁深的《美国侵略台湾史（一八四七年至一八九五年）》（1950年）、丁名楠等的《帝国主义侵华史》（1958年）、中国社会科学院历史研究所和兰州大学历史系的《中俄关系史论文集》（1959年）、吉林师范大学的《沙俄侵华史简编》（1976年）、史达的《沙俄侵华简史》（1976年）、中国社会科学院的《沙俄侵华史》（1978年）、余素的《清季英国侵略西藏史》（1959年）、季羡林的《中印文化关系史论丛》（1957年）、云南省历史研究所的《中泰关系史简述》（1975年）。

　　国际关系史方面，综合性的书籍很少。张铁生的《近代国际关系史》（1954年第三版）是一本对教学有用的书。关于第一次世界大战历史，有数种出版，如蒋孟引的《第一次世界大战》（1979年修订版）、萨那等的《第一次世界大战史》（1979年）、吴机鹏的《第一次世界大战》（1979年）。关于第二次世界大战，有上海师范大学的《第二次世界大战简史》（1975年）、施鉴思的《第二次世界大战简史》（1975年）。北大历史系的《第二次大战后编年史》（1975年）和上海的《战后世界历史长编》（1978年）则是属于二战后的国际关系史。[②] 关于专题论文，王绳祖主要根据《全国报刊论文目录索引》及其他有关论文目录索引，对从中华人民共和国成立至1966年以及1973—1980年两个时期进行了分类统计，得出如下结论：

　　从论题涉及的范围来看，1966年以前，主要是下列几个方面：（1）中国反抗帝国主义侵略的斗争；（2）美帝国主义对外政策的分析；（3）亚非拉国家友好往来；（4）中东问题。1973—1976年，主要有下列几

---

　　① 　根据沈昌文的忆述，此前已经有一位党内权威专家刘大年先生写了一本《美国侵华史》，用人民出版社名义出版。当时是抗美援朝之后，这书当然是大热门。……恰好有一位卿汝楫先生，燕京大学的老教授，党外人士，又写了一本《美国侵华史》，很多说法和刘著不同。当时人民出版社与生活·读书·新知三联书店合为一体，其掌门人曾彦修先生主张生活·读书·新知三联书店一定要出卿著。激烈争辩多次后，终于出版。见宋应离、刘小敏编：《亲历新中国出版六十年》，河南大学出版社2009年版，第421—422页。

　　② 　王绳祖：《在国际关系史研究会上的发言》，载国际关系史研究会编：《国际关系史论文集》，1981年。

个方面：（1）反对苏联霸权主义；（2）1973—1975年的资本主义世界经济危机；（3）石油危机。1976年后，继续集中在反对苏联霸权主义方面，同时有关两次世界大战间以及第二次世界大战论题的研究文章增多。1976年以前国际关系史论文仅占全部世界史论文的百分之十左右，1976年以后这个比例已陡增至百分之五十。以上的统计肯定是不全面的，但由此基本上可以看出一些发展趋势。[①]

随着1949年中国革命的胜利，中国发生了天翻地覆的巨大变化，这是政治与经济制度、思想、文化、生活方式、价值观念等的彻底改变，社会科学研究自不可能不随之而变。

在这一历史条件下，此前积年间发生的"帝国主义侵华"很自然成为人们关注和批判的对象，批判中带有研究，也成为学术界的一个特点和重点。就马克思主义的著述言，胡绳著《帝国主义与中国政治》具有代表性，最初于1948年由生活·读书·新知三联书店出版，1949年在北京刊行解放后的第一版，1952年又经作者做了一些必要的修改，由人民出版社重新出版。该书所撰述的对象是帝国主义列强与半殖民地中国之间的政治关系。这是近代中国政治史和革命史中的若干基本问题之一。在这一主题下，该书通过具体的历史事实，深刻地分析了从鸦片战争到第一次国内革命战争前夜的八十五年间，国际帝国主义者怎样从政治上来对中国进行侵略。不但论述了中国遭受帝国主义侵略的悲痛历史，以及由此形成的畸形政治关系，而且剖析了这种悲痛的历史和畸形的政治关系怎样被中国人民的革命实践所变革着。该书也存在缺陷，主要是缺乏对中国近代经济状况的分析。譬如，对于满清政府最初在对外关系上之所以采取闭关锁国政策，没有从当时支持这一政策的自给自足的经济基础来说明。对于民国元年后中国内部产生各派军阀斗争的经济原因，即地方的农业经济（不是统一的资本主义经济）以及帝国主义划分势力范围的政策，也缺少阐释。另外，对于中国人民革命斗争的

---

① 王绳祖：《在国际关系史研究会上的发言》，载国际关系史研究会编：《国际关系史论文集》，1981年。

分析，也还用力不够。特别是正面地论述近代中国革命思想的主流不够突出。[①]

在这方面，史学周刊社编出了《美帝国主义经济侵华史论丛（一）》，1953年由生活·读书·新知三联书店出版，为该论丛的第一本，以说明甲午中日战争后五四爱国运动前美帝国主义掠夺我国铁路权益为主，收录六篇文章，"使我们认识美帝国主义很早就已成为我们的凶狠的敌人"。[②]丁名楠等著的《帝国主义侵华史》第一卷，1958年由科学出版社出版。

也有比较粗糙的侵华史，比如《法帝侵华史》就是如此。根据戴文葆的说法，有关法帝国主义侵略中国的历史书籍，书市颇为少见。北京新潮书店出版这本书，原是值得欢迎的。因为正如书的作者在"前言"中所说："一百年来法帝国主义对中国侵略的凶残，不减于其他帝国主义者，我们要认清他们侵略我国的历史，提高我们的认识与警惕。"可是，作者的主观努力在客观表现上却显得极为不够；最不该的是阉割了历史的事实，不仅没有使读者认清法帝侵华史实，反而会使读者迷乱起来。该书述及六个方面，即金融侵略、借款及投资侵略、工矿业侵略、贸易上的侵略、航运邮电上的侵略，以及文化侵略。金融侵略从日俄战争之前说起，借款及投资侵略由中日战争以前讲起，工矿业侵略自20世纪开端叙起，贸易上的侵略则溯自17世纪，文化侵略则又上溯到13世纪，出现了前后参差、颠三倒四的现象。[③]对一个严肃的题目，该著却用了草率的态度来对待，因此成为不甚成功的著述。

（二）特点

这一时期国际问题学术成果发表或出版的特点表现为：

---

① 戴文葆：《介绍〈帝国主义与中国政治〉》，载戴文葆：《新颖的课题》，生活·读书·新知三联书店1986年版。原载《人民日报》1953年1月18日。

② 史学周刊社编：《美帝国主义经济侵华史论丛（一）》，生活·读书·新知三联书店1953年版，"内容提要"。

③ 戴文葆：《评〈法帝侵华史〉》，载戴文葆：《新颖的课题》，生活·读书·新知三联书店1986年版。原载上海《大公报》1951年8月30日。

1. 受国家间关系影响大

这可分为两种情况，国家关系好或不好的时候，相关研究工作都受极大影响。比如与苏联关系的好或坏就是如此。如上面已提及的，当中国对苏联"一边倒"时，事事处处都向苏联学习。由于盲目学习苏联，当时整个社会科学已显露出教条主义的倾向。根据当时的工作任务和分工，人民出版社是国家政治书籍出版社，从1950—1990年，人民出版社出版的翻译书籍总共译自二十几种外语，按出书数量排列，前10种依次是俄（约1/2）、英（1/5）、德、日、法、塞、朝、阿尔巴尼亚、西、越语，其余为罗、匈、波、捷、保、意、挪、希、蒙、泰、柬、老、他加禄语等。① 可见，从俄语翻译成中文的图书高居第一。

在中苏关系的"蜜月"期，中国对东欧国家也十分友好。因此，中国东欧研究主要介绍东欧国家的基本情况和社会主义建设经验，其中，国内出版的多数是翻译自这些国家的作品，少数是中国学者或有关出版单位编著的。内容上有关东欧各国的著作主要是以介绍为主，数量也不多，学术意义上的研究则谈不上。有介绍基本国情的，如以"人民共和国"和"人民民主制度"为主题撰写的东欧七国的小册子。有介绍基本法律制度的，如《匈牙利人民共和国宪法》《捷克斯洛伐克共和国刑法典》《捷克斯洛伐克共和国民法典》《南斯拉夫新根本法》《罗马尼亚人民共和国宪法》《阿尔巴尼亚人民共和国刑法典》等。有介绍东欧国家计划经济和工会等方面的，如《波兰计划经济》《人民波兰的工会》《匈牙利农业生产合作社标准课程》《匈牙利人民共和国农业合作运动》《捷克的五年经济计划》《捷克的新劳动政策》《保加利亚劳动合作农场标准章程》等。这与中国当时向苏联东欧国家学习社会主义建设经验是密切相关的。还有一些作家或新闻记者写的访问东欧国家的见闻，如冯至的《东欧杂记》、高丽生的《南斯拉夫见闻》、陈模的《南斯拉夫访问记》、甘永柏的《访问罗马尼亚》等。

———————

① 宋应离、刘小敏编：《亲历新中国出版六十年》，河南大学出版社2009年版，第627页。

国家关系不好时，那就颠倒过来了。20 世纪 50 年代末至 70 年代上半期，中苏两党产生分歧并进行公开论战，国家间关系一步步恶化。多数东欧国家由于站在苏联一边，成为中国批判的靶子，因此，中国翻译出版的著作也多是些反面教材，其中最多的是批判南斯拉夫。在这一时期，只有阿尔巴尼亚由于坚定地支持中国，无论在翻译出版的著作还是中国学者自己的著作中依旧保持着正面形象。因此，从对象上看，这一时期中国对东欧的研究可分为三部分：一是以中共中央宣传部门编辑出版的有关南斯拉夫的著述，主要供参考和批判之用；二是关于阿尔巴尼亚的著述，以介绍、赞扬阿尔巴尼亚和歌颂中阿友谊为主；三是关于东欧其他国家的著述，以介绍这些国家的社会主义建设情况和党代表大会及其文件为主，个别的是介绍东欧历史事件或政治事件的。① 另据黄鸿森回忆，他在狱中时主持翻译了苏联的《政治辞典》，由高等教育出版社组稿，全书 60 万字译完并交稿，但因中苏关系恶化而未能出版。②

二十世纪五六十年代，中华人民共和国与美国之间处于对立对抗的关系状态中，因而对美国是以批判地了解为主，但也给予了不少关注，如基辛格 1957 年出版的《核武器与外交政策》，世界知识出版社于 1959 年就出版了中译本。

2. 受国内政治气候影响大

连绵不断的政治运动对社会科学研究影响甚大，其反映之一是由于运动而多次发生人员变动，工作中断。据刘思慕回忆："1956 年外交部在京创办国际关系研究所，我调任副所长兼世界知识出版社社长、总编辑。尽管自己搞研究的时间不多，但所里比较丰富的外文图书资料可供我充分利用，专业研究 —— 对于西欧共同市场的研究，总算开了个头。遗憾的是，刚满一年，图书馆的板凳还没坐暖，'反右'的全国性政治风暴于

---

① 孔寒冰、韦冲霄：《中东欧研究的历史演变、特征及发展趋势 —— 孔寒冰教授访谈》，《国际政治研究》2019 年第 3 期。

② 宋应离、刘小敏编：《亲历新中国出版六十年》，河南大学出版社 2009 年版，第671 页。

1957 年又把我刮回上海去，继续在《新闻日报》工作。只是到了 1960 年
《新闻日报》合并于《解放日报》之后，我才'解放'出来，转到新办的
上海国际问题研究所任副所长，搞了一年再调回北京国际关系研究所任
副所长。"①

　　从 20 世纪 50 年代开始，一个接一个的批判运动接踵而来，批电影
《武训传》、批俞平伯的红楼梦研究、批胡适、批胡风"反革命集团"等，
"运动接连不断，批判（实际上采取了政治斗争的方式）接连不断，社会
科学无不首当其冲。在这些运动和批判的过程中，出现了一种宁左勿右，
把马克思、列宁的某些理论观点简单化、绝对化、公式化的恶劣倾向。
观点稍有不同，就是立场问题、政治问题，就有挨棍戴帽的危险。于是
社会科学失去科学的冷静，提不出独立的见解，苟安于为中央文件作注
脚的作用"②。

　　国际关系的研究当然不可能例外。由于当时的国际国内政治斗争的
需要，中国国际关系学科理论主要还是从研究革命导师和政治家涉国际
政治的论述入手进行学术探讨。20 世纪 60 年代主要是研究帝国主义理
论、民族殖民地理论以及战争与和平理论，当然还有世界革命的理论等。
70 年代主要是研究"三个世界"论、时代理论以及"大三角"国际战略
格局理论等。③

　　3. 注重官方话语的演绎和发挥

　　这方面例子甚多。比如，对于毛泽东所做出的当今已是"东风压倒
西风"的论断，就颇多演绎和发挥。1957 年 11 月 17 日，毛泽东在莫斯
科大学发表讲话，正式在国际公开场合提出"东风压倒西风"。他分析
说，在帝国主义阵营中，德国、意大利现在不想打仗，英国、美国、法

---

　　①　刘思慕：《我是怎样研究起国际问题来的》，载《中国当代社会科学家》第六辑，
书目文献出版社 1983 年版，第 108 页。

　　②　王绳祖：《在国际关系史研究会上的发言》，载国际关系史研究会编：《国际关系史
论文集》，1981 年，第 3 页。

　　③　梁守德：《中国国际政治学学科建设的回顾与思考》，《河南社会科学》2005 年第
1 期。

国并不团结。两个阵营都在争夺的中间地带有十三亿人口，他们大多数是倾向社会主义阵营，说明我们的影响比帝国主义的影响还是大一些。而六十八个国家的共产党在莫斯科开会也显示了社会主义阵营的团结和强大。毛泽东气势非凡地指出："社会主义阵营和资本主义阵营之间的斗争，不是西风压倒东风，就是东风压倒西风。""从今以后，西风压不倒东风，东风一定要压倒西风。"11 月 18 日下午，毛泽东在各国共产党和工人党代表会议上发表讲话，着重谈了国际形势和社会主义阵营的团结问题，并特别强调："目前形势的特点是东风压倒西风，也就是说，社会主义的力量对于帝国主义的力量占了压倒的优势。"

陈力编撰的《东风压倒西风》，首先引用了毛泽东在莫斯科讲话中的内容，即："国际共产主义运动的团结，和苏联的两颗人造卫星上了天，这两件事标志了两大阵营力量对比的新的转折点。十月革命产生了新世界，经过四十年，新世界的力量已经超过了旧世界。现在全世界有二十七亿人口，社会主义各国人口将近十亿，独立了的旧殖民地国家的人口有七亿多，正在争取独立或者争取完全独立的国家的人口有六亿，帝国主义阵营的人口不过四亿左右，而且他们的内部是分裂的。现在不是西风压倒东风，而是东风压倒西风。"作者接着说，这个变化，是新世界的力量压倒了旧世界，是一个根本性的变化，因此，当前的世界形势已经进入了一个新阶段。这是当前国际形势的主要特点。

陈力写道，长期以来，社会主义力量和帝国主义力量就进行着反复的、尖锐的斗争。这两种力量相互斗争的过程，经过了三个不同的阶段。第一个阶段是俄国人民取得了社会主义革命的胜利和在苏联一国建成了社会主义社会。第二个阶段是世界反法西斯战争中苏联获得了伟大的胜利，并且接着发生了欧洲一系列国家中人民民主革命的胜利，和中国革命的伟大胜利，社会主义成为世界体系。第三个阶段就是现在进入的这个新的阶段：以苏联为首的社会主义阵营的力量，不但在人心归向、人口众多方面，而且在物质、技术方面，确定地超过了以美国为首的帝国主义阵营的力量。社会主义力量和帝国主义力量对比所经过的三个不同阶段的情况表明，我们时代的主要内容是由俄国伟大十月社会主义革命所开始的由资本主义向社会主义的过渡。[①] 这样一种论述本身的特点，是注重人口数量，依之来进行力量对比，似乎人口多就是力量强。然而，这两者之间却是不能画等号的，人口多力量弱也是有可能的。

龙光编撰了同名的《东风压倒西风》，试图从政治、经济、军事、科学技术等各方面的力量对比，说明以苏联为首的社会主义阵营的力量，超过了以美国为首的帝国主义阵营的力量。龙光意识到，也许有人会说，美国的钢铁产量和其他一些产品总量仍比苏联高，这怎么能说社会主义力量强于帝国主义力量呢？但在龙光看来，这是一种只看表面，不看本质的片面说法。力量的对比不能单由钢铁和其他产品的数量来决定。根本问题是正义在哪一方面，人心向着哪一方面，政治力量属于什么性质，社会制度属于什么性质。历史上经常是弱者战胜强者，手无寸铁的人战胜全副武装的人。因为他们是站在正义方面，代表了历史前进的方向。[②]

演绎和发挥成为惯常现象，对于学者潜心研究必然产生不利影响，导致较高质量的研究成果产出受限。这里试举出著者所见到的数种，它们已经属于难得。如彭迪先的《世界经济史纲》（生活·读书·新知三联书店1950年版，系"新中国大学丛书"之一种）；周一良的《中朝人民的友谊关系与文化交流》（中国青年出版社1954年增订本）；史学双周刊社编的《中国和亚非各国友好关系史论丛》（生活·读书·新知三联书店1957年版）。

也曾出现过颇有意义的探讨课题，如《国际主义与民族主义》（解放社编，上海新华书店发行，1949年7月初版，1950年3月3版），遗憾的是它不是一本经过学术研究而撰写成的著作，而是毛泽东、刘少奇等的讲话和关于南斯拉夫共产党"问题"的有关决议汇编而成的。20世纪50年代末，学者何干之曾计划撰写多卷本的《中日关系史》，约一百万字，并拟出了写作提纲，但因工作任务和注意力转移而未能实

---

① 陈力编著：《东风压倒西风》，浙江人民出版社1958年版，第1—3页。

② 龙光编著：《东风压倒西风》，江苏人民出版社1958年版，第11页。

现。① 另一特点是突出地注重和研究国际共运。中国是国际共运的组成部分，在这种自我认同下，极多地关注和研究之就是自然的了。而在 20世纪 60 年代以后，整个中国社科界曾经在较长时间内，集中进行了对当时所谓"苏修"以及整个国际共运中"修正主义"思潮的批判，产生了不少未能经受起历史考验的出版物。

（三）对民族解放运动的注重

对民族解放运动和"民族主义国家"的关注，是二十世纪五六十年代中国国际关系研究的一个兴奋点。

根据《国际问题研究》1959 年第 3 期所发表何方的《有关当前民族独立运动的几个问题》一文，认为社会主义力量所支持的民族独立运动的蓬勃发展，成为我们时代的一个重要特征。某些地区争取独立的斗争遭受挫折和一些民族主义国家的右摆，只是一时的或者局部的现象，是一股逆流，而民族独立运动的发展却是时代的潮流。……民族独立运动仍然处于高涨的形势，而且今后还会有进一步的高涨。在目前亚洲、非洲、拉丁美洲的独立国家中，除了中国、越南民主共和国、朝鲜民主主义人民共和国、蒙古人民共和国等社会主义国家和属于西方类型的日本以外，其余的一般都被称为民族主义国家。但它们之间的情况又极为不同，按其政权性质，大体上可分为三类：第一类是由民族资产阶级起领导作用的国家；第二类是由买办资产阶级和投靠帝国主义的封建势力统治的国家；第三类是由皇室和贵族当权的国家。第一类国家对外大多执行着和平中立或者倾向于和平中立的政策。第二类国家一般在不同程度上执行亲帝国主义的政策，其中多数还参加了帝国主义的军事集团。第三类国家则因情况不同，有维护民族独立和执行和平中立政策的，如阿富汗、尼泊尔、柬埔寨等；也有依附于帝国主义的，如约旦等。②

---

① 参见何干之遗著，刘炼整理修订：《中国民主革命时期的资产阶级》，上海人民出版社 1980 年版，"序"。

② 何方：《有关当前民族独立运动的几个问题》，载《何方集》，中国社会科学出版社2001 年版。

　　由于这些"民族主义国家"是如此之多，差异是如此之大，诚如作者所言，这三类国家的区分是并不稳定的，它们的政策也是经常变化的。正像后来的"第三世界"一语所指称的国家一样，很难一概而论。然而，民族独立运动，摆脱殖民统治实现民族独立，又确乎是二十世纪五六十年代世界上一个突出的趋势和现象，因而成为这一时期中国国际问题研究的一个关注点，也便是自然的了。

　　与此同时，国际关系史的研究跟世界史的研究常常是交织在一起的，因而，世界史研究中的相关部分，也就有在此一提的必要。比如从1961年开始，商务印书馆开始出版由历史学家吴晗主编的"外国历史小丛书"，并建立了阵容强大的丛书编辑委员会主其事，丛书选题广泛，内容丰富，其中有不少选题有关国际关系史。该丛书迄1964年为止出版的各种中，有《斯巴达》《希波战争》《伯罗奔尼撒战争》《日本幕府政治》《朝鲜壬辰卫国战争》《美国南北战争》《普法战争》《朝鲜三一运动》《巴黎和会和凡尔赛和约》《国际联盟》《慕尼黑阴谋》《第二次世界大战》等。"文化大革命"期间，该丛书的出版中断。"文化大革命"后，商务印书馆恢复出版这套丛书，并请陈翰笙出任主编，编辑委员会同样超级"豪华"，还包括高放这样主要研究国际共运的学者。迄20世纪90年代出齐为止，一共出版了近500种。由于时间跨度大，选题和作者变化多，又出版了合集。比如《朝鲜历史风云录》这一合集，收录了四位朝鲜历史名人小传和四次重大历史事件，其中包括：朝鲜民族英雄李舜臣；近代农民革命领袖全琫准；朝鲜1884年的政变；爱国志士安重根；著名学者丁茶山；日帝霸占朝鲜始末（1876—1910）；反日义兵斗争；三千里江山的怒吼——朝鲜三一运动。其他相关的还有《近代国际法的奠基人格劳秀斯》《美英苏三国的雅尔塔会议》等。

（四）国际法研究

　　在国际法研究方面，具有代表性的是，从1957—1962年，相继出版了三卷本的《中外旧约章汇编》（生活·读书·新知三联书店出版），这是王铁崖先生整理十几年搜集到的中外条约、章程、合同等文献获得的具体成果。正如端木正所言："这部大著超越了以往一切同类出版物，不论是官方的或私家的，也不论是国人还是外国人编选的。这是研究国际法和帝国主义侵华史的必不可少的资料书。"[①] 这部《中外旧约章汇编》是中国自 1689 年《尼布楚条约》以后到 1949 年中华人民共和国成立时最完备的中外条约汇编。

王铁崖不仅关心中国外交史文献的编辑整理工作，也同样重视世界外交史的文献尤其是现代资料的编辑和整理工作。他于 1957 年与王绍坊、王绳祖合作分别编译了"世界史资料丛刊"的两个分册，即《一八七一——一八九八年的欧洲国际关系》（王铁崖、王绍坊选译）和《一八九八——一九一四年的欧洲国际关系》（王铁崖、王绳祖选译），[②]接下去的一个分册《一九一四——一九一九年的第一次世界大战》却拖到了 26 年之后，到 1982 年才得以出版。

《奥本海国际法》汉译是另一项标志性工程。《奥本海国际法》是被西方法学界奉为权威的国际法著作和教科书。第一次出版于 1905 年和 1906 年，在奥本海本人生前曾修订一次，第三版是他去世后由他的学生罗克斯伯修订的，第四版由麦克奈尔修订，从第五版（1935—1937 年）以后都是由赫希·劳特派特（1897—1960 年）修订的。原书第七版（上卷出版于 1948 年，下卷出版于 1952 年）先由中国人民外交学会编译委员会翻译，于 1954—1955 年出版。[③] 此后，王铁崖又与陈体强合译了该书的新版即第八版，1971 年出版，到 80 年代两次重印公开发行。1958年他还译出了汉斯·凯尔森的《国际法原理》，不过直到 1989 年才作为《二十世纪文库》的一种而正式出版。

----

① 邓正来：《中国与世界的王铁崖先生——〈王铁崖文选〉新版序》，载邓正来编：《王铁崖文选》，中国政法大学出版社 2003 年版。

② 《世界史资料丛刊》原由生活·读书·新知三联书店出版，1962 年 12 月起改由商务印书馆出版。丛刊的选题原定三十二种，直到 1966 年只出了十二种（十三个分册）。1979 年商务印书馆决定恢复《世界史资料丛刊》的出版工作。《1871 年—1898 年欧洲国际关系》和《1898 年—1914 年欧洲国际关系》两书于 1983 年重印出版。

③ 〔德〕奥本海著，〔英〕劳特派特修订，王铁崖、陈体强译：《奥本海国际法》，商务印书馆 1981 年版，"译者前言"。

　　另一项重要翻译工作是《萨道义外交实践指南》的汉译。这是在国际外交界一本有影响的著作，它总括了资本主义国家在外交实践方面的许多成规和惯例。中国人民外交学会编译室根据1957年的第四版将其译为汉语，世界知识出版社1962年出版。相隔二十二年后，该书又于1979年产生了第五版。在这期间，国际上的变化甚大，外交形势发展迅速，有关外交实践的国际法规也制订了不少，因而第四版的内容显得陈旧，不合时代需要。英国外交官戈尔-布思勋爵在英国外交和英联邦事务部支持下，并得到法国、瑞士、美国和联合国等一些外交官的协助修订而成第五版。上海译文出版社于1984年出版了该书第五版的中文译本。①

（五）《国际问题研究》杂志

　　这一时期，发表国际关系方面撰述成果的学术性刊物包括《历史研究》《史学译丛》《国际问题研究》《国际问题译丛》《世界知识》等。

　　国际关系研究所在北京建立后，创办一份专业刊物的问题也提上了议事日程，其结果便是《国际问题研究》杂志的诞生。《国际问题研究》的创办筹备工作始于1959年年初，于1959年7月正式出刊第一期。在此之前，先后出版了三期试刊。其总编辑由外交部党委常委、所长孟用潜兼任，副总编辑由常务副所长柯柏年兼任，编委会成员有中宣部副部长姚溱、中调部局长薛樵、中联部副部长熊向晖和秘书长张香山、外交部的乔冠华、世界知识出版社社长冯宾符以及国研所副所长陈翰笙、陈楚、刘思慕等，可谓阵容强大且颇具权威性。

　　《国际问题研究》是中华人民共和国成立后创办的第一个研究国际关系的专业刊物，它反映了当时国内本领域的最高学术研究水平。它具有较强的针对性，对当时重大国际问题做出较深入的分析评论，因此受

---

　　① 〔英〕戈尔-布思主编，杨立义、曾寄萍、曾浩等译：《萨道义外交实践指南》第五版，上海译文出版社1984年版。又三十年后，《萨道义外交实践指南》出了第六版，即 *Satow's Diplomatic Practice*, Sixth Edition, Edited by Sir Ivor Roberts, Oxford: Oxford University Press, 2009。

到了广泛的欢迎，发行量迅速上升至每期数万份。这在当时的期刊发行量中是属于较高的。杂志也办得比较活跃，每期除有重头文章和评论外，还有"时事述评""书刊介绍"等栏目，有时还有"名词解释""读者来信择登"等。①

到1960年底，由于国家面临严重经济困难，为减轻财政负担，中宣部根据中央指示，要求各省（市）、各部委精简报刊出版物。据此，外交部决定暂时停办《国际问题研究》杂志，在1960年7月后即行停刊。暂时的困难过去后，《国际问题研究》得以复刊，刊期改为了双月刊，从1962年7月起出版发行。这一次一直出版到1966年3月（当年第2期），由于"文化大革命"爆发，又再次停刊。

在此同时，国际关系研究所还办有《国际问题译丛》。《国际问题译丛》是1952年由中国人民外交学会编辑出版的月刊。国际关系研究所成立时，月刊的编辑、翻译人员全部并入，由研究所继续编辑出版。在1958年"大跃进"年代，它从当年7月起改为半月刊。1960年，由于国内经济困难，便随着中央报刊整顿于当年6月第12期出版后暂时停刊。两年半后，形势好转，于1963年1月又恢复为月刊出版，但由于其译文的选材主要来自苏联东欧等"修正主义"国家和西方的"修正主义"政党，故改为内部刊物，不再公开发行。1966年出版了当年第4期后，由于"文化大革命"的开始再度停刊。②《国际问题译丛》的内容涉及国际政治、经济、国际关系和国际法等方面，当时，它几乎是国内唯一的翻译国外关于国际问题文章的刊物。设立了一个国际问题译丛编辑部，负责选材、翻译、编辑和出版工作，该编辑部还曾编有《帝国主义与石油》（1958年）、《论西欧"共同市场"与"自由贸易区"》（1959年）、《帝国主义对非洲的掠夺和非洲人民的斗争》（1959年）、《资本主义经济周期和经济危机论文集》（1962年）、《资本主义国家经济情况》（两集，1964

---

① 马祖龄：《创刊时期的〈国际问题研究〉杂志》，载马振岗主编：《五十载春秋——纪念中国国际问题研究所成立50周年》，世界知识出版社2006年版，第144—147页。

② 同上书，第62页。

年）、《资本主义政治经济等问题论文集》（1965 年）等书。

（六）外交文件编集和外国著作翻译

外交文件编集和翻译外国著作的工作，在 1949 年后是比较突出的方面。条约集、国际问题文件集、中外关系和国际关系史资料选编以及国外有关专著和论文，都出版和翻译介绍了若干，无论就数量还是质量而言都取得了一定成绩。

20 世纪 50 年代，中苏已结成同盟关系，苏联被中国视为"老大哥"，一切都向苏联学习。"苏联的今天就是我们的明天"的口号响彻云霄，人文社会科学自然也不会例外。像其他方面一样，苏联也向中国派来了社会科学专家，俄语成为第一重要的外国语，是人们争相学习的一门外国语。"为了加速我国国际关系研究的进程，国家采取了请进来、派出去的办法。如聘请苏联专家来华讲学，另外还委派一部分同志去苏联、东欧国家留学进修。虽然当时存在着照搬苏联的体系和不加分析地接受等局限，但总的来讲对提高我国在这个领域的研究水平是有帮助的。"[①]

在这一背景下，当时中国出版的图书中来自苏联的图书为数甚众也就不足为奇了。

有的苏联学者来华的讲稿也被译为中文出版。1955—1957 年，苏联学者列·库达科夫受邀来到中国北京的国际关系学院讲授"现代国际关系史"，作为其讲学内容的俄文讲稿被翻译为中文，并以"现代国际关系史（1917—1945）"之名由世界知识出版社于 1958 年推出，该书厚达 950 页，精装出版。[②] 由此书可见时人对苏联"老大哥"社科学问的渴求。国内有关院校开设的课程，到 20 世纪 50 年代末开始自编教材，一般只有"国际关系史""外国政治制度""民族解放运动史""国际共产主义运

---

① 洪远：《中国国际关系理论研究历程述要》，《历史教学》1989 年第 11 期。

② 〔苏联〕列·库达科夫著，郑德麟译：《现代国际关系史（1917—1945）》，世界知识出版社 1958 年版。

动史""外交史""马克思主义经典著作选读"等。外交学院在 20 世纪 60 年代初曾开设国际关系理论课程，但也仅限于帝国主义论、民族解放运动等专题，实际上是马恩列等革命导师有关观点的综述。[①]

（七）学术性产品

20 世纪 50 年代也产生了一些较具学术性的出版物，如郭普著的《什么是战争》即是如此。该著称"战争是以暴力手段来施行的政治的继续"，这明显接受了克劳塞维茨"战争是政治的继续"一说，同时设问：是不是根据战争与政治的直接联系，战争与政治的一致性，就可以说战争与政治是完全一样的东西，就可以在战争与政治之间画上一个等号呢？作者回答说，这是不可以的。理由是：虽然战争是与政治密切联系着的，一定性质的政治决定着一定性质的战争，两者之间有着非常明显的一致性；可是，战争又不同于一般的政治，因为战争是比较广泛的可以利用各种各样的手段来达到其目的的东西，某一个统治阶级及其政府，为了实现他们的政治目的，第一，可以采用经济的手段。第二次世界大战之后，美帝国主义广泛地使用其经济上的"威力"，对社会主义和人民民主国家实行经济封锁，对其他资本主义国家，特别是落后国家实行经济"援助""贷款"等，其实质都是运用经济的力量来作为实现变他国为自己附庸、变自己为世界霸主的这种政治目的的斗争手段。第二，可以采取文化的手段，来实现他们的既定的政治目的。日本帝国主义宣扬"中日亲善"，美帝国主义宣扬"中美友谊""美国生活方式""世界主义"等，都是属于这一类的手段。第三，各个统治阶级及其政府，为了实现一定的政治目的，还常常使用着外交的手段。比如美帝国主义操纵着联合国，否定中华人民共和国在联合国内的合法地位和权利，就是如此。

因此，为了实施和达成一定的政治目的，既可以使用经济的手段，也可以使用文化的手段，还可以使用外交的手段。至于战争，虽然也是

[①] 倪世雄、冯绍雷、金应忠：《世纪风云的产儿——当代国际关系理论》，浙江人民出版社 1989 年版，第 171—172 页。

为政治服务的，是实施和达成一定政治目的的手段，但它却是与上述各种手段有所不同，它是实施一定政治、达成一定政治目的的暴力手段，是一种硬邦邦地以武力相待的强制手段。历史上各个统治阶级及其政府为了实施一定的政治，达成一定的政治目的，并不是无时无刻地、经常使用这种手段的。只是当其他各种手段已经宣告无效的时候才发动战争，运用这种强制人的暴力手段，扫除政治前进的障碍，为继续一定政治，达成一定政治目的开辟道路。[①]

《什么是战争》又论述了生产方式与战争形式、作战方法的关系，认为战争形式、作战方法是随着生产方式的发展而发展变化的。历史唯物主义认为，生产方式是最终决定着战争形式、作战方法的改变和发展。但不能由此就说，战争形式、作战方法是生产方式直接决定的。生产方式是通过军事技术和军队人员发生作用的。军事技术和军队人员是对战争形式、作战方法直接起作用的两个基本因素。军队的技术装备是由社会生产发展水平决定的，有什么样的生产，就会有什么样的技术装备。军队技术装备的情况，是决定战争形式、作战方法发展变化的基础，它为战争形式、作战方法的改进提供巨大的可能性。……可是要把技术装备对于改进战争形式、作战方法所提供的可能性变为现实，还必须通过军队人员的主观努力。因为任何技术装备都需要有人来使用。[②]《什么是战争》篇幅虽小，但有它的闪光之处。

在 20 世纪 50 年代的条件下，陈翰笙有《美国垄断资本》出版，可说是难得的学术性作品。这是一本仅有 127 页的小书，1955 年由世界知识社出版，全书凡六章，第一章"从恐慌到恐慌"，第二章"大鱼吃小鱼"，第三章"新旧财团"，第四章"财阀之间"，第五章"多方面榨取利润"，第六章"包办政府和文教事业"，阐述了美国垄断资本的来源，它发展的四个阶段等。这本小书较早地注意和写出了美国的统治精英是些什么人，以及他们之间在政府内外伴随选举结果而来的"轮换"机制，

---

① 郭普：《什么是战争》，上海人民出版社 1955 年版，第 4—8 页。

② 同上书，第 25 页。

如指出当艾森豪威尔、史塔生和康南特到了退出美国政府的时候，他们将被很快地放到什么公司或什么大学里去，而另一批受财团势力所培养的人物，会替代他们去当政府的官吏。另一方面，有许多重要官吏也来自大公司或财团所指挥的一些机关。[①] 这些，在一面倒批判"美帝国主义"侵略的 50 年代，是很难得的洞见。若非对美国的运作机制有比较深入的把握，是写不出来的。

在这个问题上，后人更明确地回答了"谁统治美国"的问题，[②] 当然也有人把这种统治精英在大公司、政府、律师事务所、智库之间流转的机制称为"旋转门"（revolving door）机制，成为一个著名的比方。这批人正是美国的"统治精英"或"权力精英"，颇契合马克思主义阶级分析中居于统治地位的阶级。

日本问题专家李纯青则出版了《日本问题概论》一书（1954 年世界知识社出版）。这本书的前半部，即日本投降以前，大体是作者研究和写作的系统记录。后半部，即战后部分，据作者谦称，乃应编辑的要求，机械地凑集一批材料，没有经过很好的消化。李原本想写《战后日本》一书，已收集了一部分资料，然而在十年浩劫中被毁。[③] 李所著《日本问题概论》一书，后来由日本人小林信把它译为日文。译者还指出了一个错误，称李著引用了共产国际 1932 年提出的《关于日本形势与日本共产党任务的提纲》中说"明治维新不是资产阶级革命，而是一个变革"。译者查后，发现没有这句话。李著这句话是受狄卫惠编《日本革命史话》第十一节内容的影响。这一节的小标题是《日本革命性质问题（下）》，书中说，这个提纲是根据库西宁的报告写的，列宁称帝俄和日本是"军事的封建的帝国主义"，说"日本的权力体制，是由三个要素构成的：第一是天皇制；第二是地主的土地所有；第三是独占资本主义"。

① 陈翰笙：《美国垄断财团》，世界知识社 1955 年版，第 124 页。

② 〔美〕威廉·多姆霍夫，沈泽芬、郑须弥译：《当今谁统治美国？——八十年代的看法》，中国对外翻译出版公司 1985 年版。G. William Domhoff, *The Power Elite and the State: How Policy is Made in America*, New York: Aldine de Gruyter, 1990.

③ 李纯青：《笔耕五十年》，生活·读书·新知三联书店 1994 年版，第 59 页。

又说："天皇制是一个军事的警察的官僚机构，因为明治维新不是资产阶级革命，而是一个变革，才产生出来这么一个东西。"多年后，作者反思，深深感到有一个问题值得探讨，那就是：我们论述国际问题常常以西方社会为模型，马克思主义著作所论述的大部分，也是西方的典型的社会。实际上，东方历史和西方历史大不相同，东方各国的历史也各有其很不典型的特点。套用某些原则去分析不同的社会，或完全用西方的眼光来观察东方社会，实在有点勉强和困难。东方的史学大有可为，应该大胆设想，敢于反对教条主义，有所创新。李纯青认为，标新立异这句话合乎逻辑，既然要标新，就必须立异。①

四、20 世纪 60 年代前期的突起

20 世纪 60 年代初，基于中国外交工作的需要，毛泽东、周恩来曾几次指出，要加强对国际问题的研究，特别是要加强对亚、非、拉国家问题的研究。1961 年，毛泽东指出："我们对于非洲的情况，就我来说，不算清楚。应该搞个非洲研究所，研究非洲的历史、地理、社会、经济情况。"毛泽东同时要求写一本简单明了的书，"内容要有帝国主义怎样压迫人民，怎样遇到人民的抵抗，抵抗如何失败了，现在又怎么起来了"。②1960 年，北京大学重设政治系并招收学生，这是新中国成立后中国率先恢复的政治系，1964 年演变为国际政治系。复旦大学在 1960 年成立了马列主义教育系；1962 年改名为政治系，由吴常铭、余开祥为正副系主任；继而又于 1964 年改设为国际政治系。

1963—1964 年前后，国际关系研究在中国出现了一个难得而短暂的繁盛时期，对日后中国的国际关系学发展格局产生了十分重要、可称深远的影响。

---

① 李纯青：《笔耕五十年》，生活·读书·新知三联书店 1994 年版，第 59—60 页。
② 转引自李琼、刘国平、谭秀英：《新中国国际问题研究 50 年》，《世界经济与政治》1999 年第 12 期。

1963 年 12 月 14 日起，周恩来开始对亚非十四个国家展开巡回访问，其中对非洲有关国家的访问系中华人民共和国国务院总理第一次到访非洲大陆。在出访亚非十四国前夕，周恩来亲自主持召集有关部门负责同志商讨如何加强研究外国工作问题。经过研究，1963 年 12 月 15 日，中央外事小组和中宣部联合向中央呈递了一个"关于加强研究外国工作的报告"。这份报告对未来中国的国际问题研究进行了全面擘画，对整个研究布局产生了极为重要的作用，值得在此详尽引用：

关于加强研究外国工作的报告（摘要）[1]

中央：

根据主席的指示，总理在离京前亲自主持，召集有关部门负责同志讨论了加强研究外国工作的问题。意见如下：

开国以来，随着外交活动和国际斗争的开展，研究外国的工作，做出不少的成绩。但是，目前在这一方面的研究工作，还远不能适应当前形势的需要，不能很好地为国际斗争服务。第一，专门的研究机构和研究人员太少，全国总计只有八个研究所，研究人员不过二百几十人，研究骨干尤其缺乏。第二，高等学校除外交学院外，几乎没有国际政治的学科和专业，没有培养国际问题研究人才的规划。第三，研究外国的资料不够齐全，已有的资料也没有得到很好的充分的利用。第四，各个研究机构的方针任务不够明确，整个研究外国的工作，缺乏统一的指导和部署。第五，外事工作部门，各研究所、各有关院系相互之间，缺乏密切的协作。学术单位的研究和教学人员对现实斗争参加很少，对外国情况相当闭塞。静止的研究和实际的活动没有很好结合；外事工作人员没有得到适当交流。

为了改变这种状况，准备采取下列措施：

加强扩充研究机构，培养研究人才，在统一指导、分工协作、

---

[1]　此为原文件内容的摘抄件，并不完整，仅供参考。

动静结合、内外交流的原则下，积极开展研究外国的工作。

由各有关部门分别负责，新建一批研究机构，加强现有研究机构。

要进行系统的资料积累工作和科学研究工作，非有一批专门研究机构不可，现有的机构要加强领导骨干，充实研究力量，明确研究任务。还要新建一批研究机构，开始时编制力求精干，人员不要多，这样逐步做到对世界各主要国家和地区都有专门的机构、人员去研究。

苏联东欧研究所（以研究苏联为主，同时研究保、匈、罗、波、捷、东德、蒙，对南斯拉夫研究也由这个所担任）。

美国研究所。

西欧研究所（以研究英、西德为主兼及其它资本主义国家）。

建立日本研究所。

加强现有的国际关系研究所，以研究资本主义世界经济和世界政治关系为主要任务。

建立印度研究所。

把现有的亚非研究所分别建立两个研究所，东南亚研究所、西亚非洲研究所。

加强拉美研究所。

以原有的经济研究所、世界经济研究室为基础建立国际经济研究所。

以原有的历史研究所、世界史研究室为基础建立世界史研究所。

以文学研究所、外国文学研究组为基础建立外国文学研究所。

把国际行情研究所改变为国际贸易研究所。

建立亚非拉文化研究所。

建立国际工人运动研究所。

以上加强建立研究所工作，均在 1964 年内完成，充实和新建这些机构所需要的干部由上述各部负责调剂，日常业务领导也由这些部门负责，经费开支由各部同中国科学院哲学社会科学部商洽处理。

购买外国图书和资料所必需的少量外汇由国务院外事办公室批拨。

军事部门也准备建立几个研究所，具体计划由军委总参谋部和军事科学院拟定后另作报告。

在高等学校中建立研究外国的机构

指定下列学校，利用现有教学研究力量，开展相应的研究工作，逐步建立小型的研究所或研究室。

马克思列宁主义发展史研究所　　高级党校

国际共产主义运动研究所　　人民大学

外国哲学研究所　　北京大学

国际法研究所　　外交学院

资本主义国家经济研究所　　复旦大学

南洋研究所（已建立）　厦门大学

东南亚研究所（已建立）　暨南大学

西南亚研究所　　云南大学

蒙古研究所　　内蒙古大学

其它大学有研究力量的，也可以经教育部同意后，建立研究所或研究室。

加强和充实高等学校中有关国际政治的院系。

将人民大学政治系改为国际政治系，主要任务是培养研究国际共产主义运动的人才。

将北京大学政治系改为国际政治系，主要任务是培养研究亚非特别是印度、阿拉伯国家的人才。

在上海复旦大学成立国际政治系，主要任务是培养研究西欧、北美资本主义国家的人才。

外交学院除轮训外事干部外，另设研究班，培养较高级的研究外国问题的人才。

（四）逐步建立地方上对外国研究的工作。

上海已经建立国际问题研究所，属上海社会科学院，可以同复旦大学配合，开展对西欧、北美资本主义国家的研究。

其它地区……华南可以研究东南亚地区的问题等。这个问题拟请各中央局先行考虑，待各方洽商后再定。

（五）加强外事机关，特别是驻外使馆的调查研究工作。

（六）加强国际研究工作中的协作。

各研究机关和高等学校院系要同各有关外事机关"挂钩"，密切配合实际斗争的需要，来安排自己的工作。外事机关要善于运用研究机关和学校的力量，向他们提出任务和要求，并且帮助他们解决资料等工作条件方面的困难。

应该建立一定的工作制度和办法，使得在研究工作中和资料工作中，区别不同的情况，把外事机关的工作同学术机关的工作，机密工作和非机密的工作，斗争第一线的工作同第二线、第三线的工作，当前的工作同长远的工作，适当地结合起来，以求收取事半功倍之效。

各研究机构和学校院系之间，在研究计划和资料交流等方面也要加强协作。

（七）采取"动静结合、内外交流"的办法，培养研究干部。

应该在外事机关、驻外单位和研究机关、学校院系之间，适当地进行干部交流。有丰富实际工作经验的干部，凡有条件的，应该分期分批把他们长期或短期地调到研究机关进行研究工作。做研究工作的干部，凡有条件的也应该分期分批让他们担任一个时期的实际工作，获得实际斗争的锻炼。在国外做研究的和在国内做研究的要适当轮换。要从研究机构中派人到驻外使馆做研究工作。出国访问、考察、开会等机会，也要多让有关专业的研究人员参加。这样才能使研究干部有对外国的直接知识，有直接收集资料的便利，有参加实际斗争的政治敏感。

外事机关和研究机构的业务干部的专业方面，应该有相对的稳定性，不要随便变动，以利于长期积累，深入钻研。

（八）成立国际研究指导小组。

为了统一指导和规划研究外国的工作，沟通各外事部门和研究机构之间的关系，加强研究工作和资料工作的配合和协作，克服现"分散经营"的缺点，需要成立一个包括各外事部门主管研究工作的负责同志或有关研究机构的负责同志参加的国际研究指导小组。这个小组设于外事办公室。

中央外事小组

中央宣传部

一九六三年十二月十五日

十二月三十日，毛泽东主席就这份文件作出批示。批示称：

这个文件很好。但未提及宗教研究。对世界三大宗教（耶稣教、回教、佛教），至今影响着广大人口，我们却没有知识，国内没有一个由马克思主义者领导的研究机构，没有一本可看的这方面的刊物。《现代佛学》不是马克思主义者领导的，文章的水平也很低。其它刊物上，用历史唯物主义的观点写的文章也很少，例如任继愈发表的几篇谈佛学的文章，已是凤毛麟角，谈耶稣教回教的没有见过。不批判神学就不能写好哲学史，也不能写好文学史或世界史。这点请宣传部同志考虑一下。

毛泽东

一九六三年十二月三十日

随后，这份报告连同毛泽东的批语作为中共中央文件（中发〔63〕866号）转发全国。同时成立了中央"国际研究指导小组"，由廖承志任组长，周扬、张彦为副组长，姚溱为秘书长，成员由廖承志、周扬、陆定一、孔原、赵毅敏、蒋南翔、刘少文、李一氓、张彦、冯铉、熊复、姚溱、于光远、孟用潜、乔冠华、宦乡、卢绪章、吴冷西、朱穆之、徐光霄、陈忠经共 21 人组成。①

有了来自最高领导人的这把"尚方宝剑",加强研究外国的各项工作就雷厉风行地开展起来,1964 年,上述文件中明确列举的外国问题教学研究的系和所,大部分都建立了起来,其影响十分深远。由此而形成的中国国际关系研究的架构布局,至今依然能看到其轮廓。

以北京大学为例,1964 年春,该校政治系改为国际政治系,当年秋季招收国际政治专业学生,开设国际政治专业相关课程。与此同时,中国人民大学和复旦大学两所高校也招收了新生,并且根据当时的分工,开设了一系列各具特色的国际政治专业课程。

此时期,中国国际问题研究的内容和范围,比前一时期有较大拓展。特别是开展了比较深入和广泛的国别研究和专题研究,还开展了对世界经济发展史、资产阶级经济学、西方国家发展科学技术的状况和实践经验以及其他西方经济理论方面的研究。

由于中苏关系由恶化而破裂,在对苏联和社会主义国家的研究中,不再介绍其社会主义建设的经验,而主要是批判其霸权主义和所谓"修正主义"的言行。不过,对应当如何评价苏联革命和建设的历史经验、应当如何评价斯大林的功与过、应当如何处理社会主义国家之间的关系以及帝国主义国家和社会主义国家能否和平共处等,还是进行了不少研究。在对资本主义和帝国主义理论的研究中,也开始注意实事求是,理论联系实际,如开始强调垄断资本主义的发展,并不排除资本主义生产力的发展;帝国主义是垂死的资本主义,并不意味着帝国主义在世界上马上就要灭亡;还提出了国家垄断资本主义的理论观点,在学术上进行了争论。值得特别一提的是,在学科建设方面,此时期有学者还提出了建立世界经济学的问题,并在此问题上展开了争论。这一时期的研究成果,除大量内部报告外也有不少质量较高的论文和著述发表。②

---

① 赵宝煦:《关于加强外国问题研究的一点史料》,《国际政治研究》2004 年第 3 期。

② 李琮、刘国平、谭秀英:《新中国国际问题研究 50 年》,《世界经济与政治》1999 年第 12 期。

五、"文化大革命"时期

（一）特殊年代

可惜好景不长。1966 年，"文化大革命"开始了。"文化大革命"以疾风骤雨的大规模群众运动的方式，睥睨一切，"横扫一切"，其影响是全局性的。社会科学研究，包括国际关系学在内，自难幸免。

外交学院停办了，人员都去干校从事农业劳动。

中国人民大学也停办了，其国际政治系大部分教工并入北京大学国际政治系，新建的苏联东欧研究所和马列所也并入北京大学。但北大和复旦两所高校的国际政治系，在十分困难的条件下，仍继续坚持国际政治专业的教学和研究工作。

在外交部下设的国际关系研究所，50 年代创刊的《国际问题研究》和《国际问题译丛》，当"文化大革命"来临时随即停刊。[1] 所内研究工作完全停止，只搞运动，不搞业务。1968 年，资深的学者陈翰笙、吴壬林、刘思慕、李纯青，被一起关进机关后院的小楼里，限制一切人身自由，不许人员进出，只有外调人员来时，才是例外。隔离审查将近一年，于 1969 年 4 月结束。旋即从北京下放湖南茶陵虎踞山的外交部"五七"干校。当时宦乡在江西上高，独自研究战后帝国主义的特征，曾向陈翰笙求教和借阅资料。[2] 到 1969 年时，国际关系研究所全部研究人员、干部、职工都已或被下放到"五七干校"或被遣散。直至 1973 年初，为适应美国总统尼克松访华、中美关系取得突破后中国外交工作的需要，周恩来总理做出了关于重建外交部研究所的指示。1973 年 3 月，筹建组在当时已被某部队单位占用的西城区展览路 24 号原外交学院大院开始办公。为区别于"文化大革命"前建立的原国际关系研究所，重新筹建的研究所改名为"国际问题研究所"。

---

① 倪世雄、冯绍雷、金应忠：《世纪风云的产儿——当代国际关系理论》，浙江人民出版社 1989 年版，第 171 页。

② 张椿年、陆国俊主编：《陈翰笙百岁华诞集》，中国社会科学出版社 1998 年版，第 178—181 页。

"文化大革命"达到"鼎盛"时的 1967 年 11 月,"两报一刊"重头文章公开宣布:"20 世纪初期,革命中心转到了俄国,产生了列宁主义。随着世界革命中心又逐步转到中国,产生了毛泽东思想。经过伟大的无产阶级文化大革命,中国这个世界的革命中心,变得更巩固、更加强大了。"① 在战略性的对外关系上,中国与美苏两个超级大国同时交恶,又与多个国家或这些国家的共产党、工人党疏远,外部环境十分不利。阿尔巴尼亚却似乎"可靠",因而被捧为"欧洲社会主义的一盏明灯",于是狮子大开口,成为中国对外援助的"无底洞"。

在这一极端不利的形势下,1969 年,陈毅、叶剑英、徐向前、聂荣臻四位老帅受命研究国际大势和对外战略,成为打开中美关系的前奏。② 再经过"乒乓外交"、基辛格秘密访华,实现了美国总统尼克松跨越浩瀚太平洋的中国之行,中美关系经过漫长的冰封岁月实现了突破。此前,日本首相田中角荣在中美"越顶外交"刺激下,冲破阻力访问中国,中日关系实现了正常化。

1973 年和 1974 年,毛泽东根据国际形势的变化和出于维护中国安全利益的考虑,先后提出了两个重要的战略思想。

1973 年 2 月 17 日,毛泽东在会见美国国务卿基辛格时提出,只要目标相同,我们也不损害你们,你们也不损害我们,共同对付苏联霸权主义。他希望美国跟欧洲和日本加强合作,要搞一条横线(指纬度。——引者注),就是美国、日本、中国、巴基斯坦、伊朗、土耳其、欧洲。1974 年 1 月,毛泽东在同日本外相大平正芳谈话时,又提出要团结这条线周围的国家,共同对付苏联的扩张。这就是联合反对苏联霸权主义的"一条线"和"一大片"战略。这也是继打开中美关系正常化大门、开始联美抗苏后采取的促进国际反霸格局形成的第二个重大决策。③

---

① 1967 年 11 月 6 日《人民日报》、《解放军报》和《红旗》杂志编辑部文章:《沿着十月革命开辟的社会主义道路前进》。

② 熊向晖:《打开中美关系的前奏——1969 年四位老帅对国际形势的研判和建议》,载《中共党史资料》第四十二辑,中共党史出版社 1992 年版。

③ 王泰平主编:《中华人民共和国外交史(第三卷):1970—1978》,世界知识出版社1999 年版,第 7—8 页。

1974 年 2 月 22 日，毛泽东在同赞比亚总统卡翁达谈话时提出了划分三个世界的战略思想。他说："我看美国、苏联是第一世界。中间派，日本、欧洲、加拿大，是第二世界。咱们是第三世界。"1974 年 4 月，邓小平在联合国第六届特别联大上详细阐述了上述战略思想，指出："从国际关系的变化看，现在的世界实际上存在着互相联系又互相矛盾的三个方面，三个世界。美国、苏联是第一世界。亚非拉发展中国家和其他地区发展中国家是第三世界。处于这二者之间的是第二世界。"① 这就是所谓"三个世界的划分"，后来又被提升至"三个世界划分的理论"。

1977 年，胡乔木受命起草的《毛主席关于三个世界划分的理论是对马克思列宁主义的重大贡献》，以《人民日报》编辑部名义于当年 11 月 1 日发表。这是一篇占了整整六版的特长文章。文章认为，三个世界的划分是依据列宁关于我们的时代是帝国主义和无产阶级革命时代的理论，是涉及当前世界范围内阶级斗争的关键问题，因为民族斗争和国家间的关系，说到底，都是阶级斗争问题。文章断定，由于苏美争霸和积极备战，"在目前的历史条件下，持久和平的可能性是不存在的，新的世界大战是不可避免的"。我们的任务就是要"加强反霸斗争，……推迟战争爆发的时间"。苏美两霸固然都要反，但不可"等量齐观"，而是要认清"苏联是更危险的世界战争策源地"，是"反霸斗争中的首要目标"。这说明，提出三个世界的划分，正是为一年前毛泽东会见基辛格时所提出的"一条线"战略服务的。上升为理论以后，在一个相当时期就不但影响着中国对国际形势的分析和判断，也在很大程度上决定着中国的内外政策。②

（二）不可为之为

在那种极为特殊和"史无前例"的艰难困苦条件下，"文化大革命"

---

① 王泰平主编：《中华人民共和国外交史（第三卷）：1970—1978》，世界知识出版社 1999 年版，第 7—8 页。

② 何方：《论和平与发展时代》，世界知识出版社 2000 年版，第 46 页。

中生存下来的国际关系教学科研单位仍努力开展了一些工作。其主要方面，一是研究如何打开与西方国家的关系，摆脱两面受敌和孤立的被动局面。二是根据毛泽东关于三个世界划分之说，对三个世界的力量，对如何发展同第三世界国家的关系，争取第三世界国家的支持，并联合第三世界的力量共同反对霸权主义等进行了一定的研究。而对"三个世界"的理论，则与其说是研究，不如说是发挥。当"文化大革命"结束，十一届三中全会召开后，伴随着整个国家的转轨，对"三个世界划分理论"也不能不进行反思。

具体而言，例如，当时在北大苏联东欧研究所的韩明立等人，联合全国研究苏联东欧的研究人员、政府人员和工厂工人（称为"工人理论班"），召开了全国性的苏联政治经济问题研讨会。而北大亚非研究所则召开过一次全国性的"第三世界石油斗争学术研讨会"（当然也包括了政府人士和油田工人），时为1975年，会后写出了书稿，1978年在云南玉溪县城召开审稿会议，最终由生活·读书·新知三联书店出版了一本《第三世界石油斗争》专著。此外，还根据中联部领导耿飚传达的指示，联系全国研究印度的学者，进行了印度问题专题研究，历时两年，召开过两次研讨会。成果写成报告上呈中央。①

在复旦大学，20世纪70年代编纂了关于主要资本主义国家政府机构的系列书，均由上海人民出版社出版，它们分别是：《美国政府机构》（署名为复旦大学资本主义国家经济研究所，1972年版）、《英国政府机构》（1973年12月版）、《德意志联邦共和国政府机构》（复旦大学资本主义国家经济研究所编，1974年1月版）、《日本政府机构》（1977年版）、《法国政府机构》（1978年1月版）。那时是不兴以个人署名的，所有这些作品都不仅是集体署名，而且一律不出现个人姓名，如《英国政府机构》编者说明称："参加本书编写工作的有：复旦大学国际政治系三年级的部分工农兵学员、资本主义国家经济研究所和国际政治系的部分教师。"《法国政府机构》编者说明称："参加本书编写工作的有：复旦大

---

① 赵宝煦：《关于加强外国问题研究的一点史料》，《国际政治研究》2004年第3期。

学国际政治系和复旦大学资本主义国家经济研究所的部分教师、复旦大学国际政治系 1975 届部分工农兵学员。"又如 1977 年 6 月由上海人民出版社出版的《日本政府机构》，在 1977 年 1 月所写的"编者说明"中称："参加本书编写工作的有：复旦大学国际政治系 1975 届部分工农兵学员、历史系日本史组和国际政治系部分教师"，署名则为"《日本政府机构》编写组"。

另如，1972 年，复旦大学国际政治系的陈其人和王邦佐、谭君久写成了《美国两党制剖析》一书初稿，1975 年，又由陈其人对初稿加以修改而成为第二稿。到该书最终出版，已经是 1984 年了。[①]

这本书的作者根据他们多年从事美国经济和政治问题的研究，运用较丰富的史料，比较全面而又系统地剖析了美国的政治制度。这本书从美国的民主党和共和党是垄断资产阶级的两只手说起，论述了美国资产阶级民主制的基本特征，揭示了立法（国会）、行政（总统）、司法（最高法院）三权分立、相互制衡的实质；着重介绍和剖析了民主党和共和党是怎样通过竞选总统、国会议员以及控制最高法院等方式垄断国家机器的，又是怎样通过两党内的跨党派别、各种利益集团以及采取接纳和重用平民出身的政治家等办法，来巩固和加强资产阶级的统治，阻止独立的工人政党产生的。[②]声誉卓著的商务印书馆决予出版，也是其著述质量的一个旁证。

当然，"文化大革命"期间所发表作品的局限性也是相当明显的。在当时的政治条件下，所发表的带有一定研究性的作品，经常带有"批判"甚或"大批判"的色彩。比如有一本名为《从"慕尼黑"到"赫尔辛基"》的小册子[③]，凡 83 页，注明系"一九七六年一月初稿　一九七六年四月修改"，书的扉页印有"毛主席语录"，称"'搬起石头砸自己的脚，这就是张伯伦政策的必然结果。'张伯伦以损人的目的开始，以害己的结果告终。这将是一切反动政策的发展规律"。该书分"'慕尼黑'的历史

---

① 陈其人、王邦佐、谭君久：《美国两党制剖析》，商务印书馆 1984 年版。

② 同上书，"出版说明"。

③ 刘胜俊：《从"慕尼黑"到"赫尔辛基"》，北京人民出版社 1977 年版。

教训""'慕尼黑'丑剧在赫尔辛基重演""苏修新沙皇正在走希特勒的老路"及"警惕现代'慕尼黑'阴谋"四个部分，从1938年9月的"慕尼黑协定"讲到1975年七八月间有苏联、美国及欧洲多国参加、在芬兰首都赫尔辛基举行的"欧洲安全与合作会议"，会议签订了著名的"最后文件"。该著还交代苏美在1972年5月达成筹备召开"欧安会"的协议，同年11月，在赫尔辛基举行了"欧安会"筹备性会议。又经过半年多，拟定出了分三个阶段召开正式会议的议程，诸如此类。撰述的目的则是政治性地批判"苏联社会帝国主义"或"苏修"，认为只要帝国主义存在，战争就不可避免；世界霸权的继续便是战争；"缓和"是帝国主义备战扩张的工具。类似这样借"古"喻"今"的作品，在当时为数不少。

又如，北京市第三建筑工程公司和北京大学国际政治系合著了《中东人民反帝反霸斗争简史》（商务印书馆1977年版）。由这样的两个单位"结合"，只能是特殊年代开出的一朵奇葩。这也是一本小册子，凡96页，头上先有"列宁语录"，继之以"毛主席语录"，然后分为七节，即"富饶的地区 灿烂的文化""反殖反帝斗争的光荣传统""巴勒斯坦问题与反对犹太复国主义的斗争""美苏两霸争夺中东""巴勒斯坦人民为重返家园英勇斗争""伟大的十月中东战争"和"反帝反霸斗争的历史创举"。从这些标题中，大致已可"窥全豹"了。

（三）重要学术撰述

在"文化大革命"后期产生、呈现为少有的一个亮点的，是《战后世界历史长编》的问世，并在此后绵延不断地撰写出版，直至20世纪90年代末。

从如今能够了解和掌握到的情况看，编撰《战后世界历史长编》（以下简称《长编》）应不是某一个人的主意，而是一个过程的产物。据已故的南京大学学者任东来考论，《长编》的产生"肯定与当时毛泽东下令编译外国史地著作所引起的对国际事务的关注有关。为了他的三个世界理论和反对美苏两霸的需要，毛泽东无意中做了一件惠泽学林的善事。当时，大批有一技之长、特别是有外语能力的专家学者从全国各地的干校中解放出来，翻译出版了近二百种外国史地著作，它们选本之精，译文之好，与今日的很多译书不可同日而语。但这批译著版本偏旧，其所述内容大体上都是以第二次世界大战结束前为主，靠它们了解战后世界肯定是不够的，因此帮助'有关部门'了解战后世界的基本发展，成为当时意识形态领导的一项任务。因此，可以肯定，《长编》的诞生是一项上面布置下来的政治任务，意在研究战后世界发展的历史经验教训。当时的出版说明就强调'供有关部门参考'"[①]。

编撰者决定采取资料长编这种中国史学的古老形式，按重大专题，依据西方特别是美国出版的一些文献和史料汇编，爬梳整理，来勾画出战后国际关系重大问题的轮廓。显然，编撰者的良知和直觉告诉他们，以史料为主体的资料书在任何时代都不会过时。根据1975年5月所写的《长编》出版说明："本书主要是汇集战后世界历史的基本资料，内容以国际关系为主。我国国内事件一般不列入本书范围。"该著的设计颇为宏大，计划按年代分编，四十年代（1945—1949年）为第一编，五十年代为第二编，六十年代为第三编，七十年代为第四编。每编有一概述，扼要叙述该年代世界形势发展的概貌、特点、趋势，暂放在编末。每编分为若干分册，一年或几年编为一分册。重大历史事件单独立专题，做较详细的叙述，一般情况在日志中记述。另附部分人物小传。有些重大事件和主要人物，限于目前的条件，未能立为专题或小传编写，拟待日后增补。[②]

在资料的利用和占有方面，《长编》可谓独占鳌头，不仅在当时无出其右，就是在多年后的今天，依然可说是鹤立鸡群。在国内，《长编》是最早全面系统地利用《美国对外关系》（FRUS）文件集的著作，因而开一时风气之先。这个外交文件集是美国国务院外交史部门根据美国档案法二十五年解密期的规定，从无数政府机密档案中择其重要的外交决策汇编而成，在西方国际关系学术界影响很大。以《长编》第一分册的第

---

① 东来：《纪念一项延续了四分之一世纪的学术事业》，《读书》2002年第4期。经查第一编第一分册原文，是"供有关部门内部参考"，第一分册也标明该书系"内部发行"。

② 《战后世界历史长编》编委会编：《战后世界历史长编：第一编：第一分册（1945.5—1945.12）》，上海人民出版社1975年版，"出版说明"。

一个专题"德黑兰、雅尔塔、波茨坦会议"为例，就是在研读了数卷该文件集，并与苏联公布的档案相对照，才写就的"资料长编"。长编这种形式也体现了编撰者的谦虚，实际上该著并不是简单地汇集第一手的史料，而是也参阅了大量的研究著作，比如著名外交史学者菲斯（Herbert Feis）的几部二战外交史名著，可以说被"一网打尽"。①

按照那个年代的常例，该书署名为"《战后世界历史长编》编委会"，至于编委会是哪些人士，就没有交代了。根据"后记"中的说明："参加本分册编写的有下列各单位的部分同志和工农兵学员：复旦大学资本主义国家经济研究所；上海市五·七干校六连翻译组；复旦大学历史系日本史组；上海师范大学②政治教育系国际共运史组；复旦大学国际政治系；上海《国际问题资料》编辑组；复旦大学经济系；上海师范大学历史系；复旦大学历史系拉丁美洲研究室。"列在第一的是复旦大学资本主义国家经济研究所，主其事者是余开祥、刘同舜、姚椿龄等学者。可见在当时政治运动不断的困难条件下，仍然有一批认真严肃的学者在顽强坚持着国际关系学术研究。

《长编》第二分册于1976年7月出版，记述了1946年的国际关系。

《美国垄断财团》是另一部称得上具有真才实学的学术著作。该书研究了美国垄断财团的历史发展，表明垄断财团如何在银行垄断资本和工业垄断资本的混合生长中，逐步形成和膨胀。19世纪70年代，美国的资本主义自由竞争已经发展到了高点。随着生产和资本的日益集中，垄断组织开始出现。19世纪末20世纪初，垄断资本有了很大的增长，形成以摩根和洛克菲勒两大财团为首的第一批垄断财团。第一次世界大战后，美国垄断财团迅速发展。到了20世纪30年代，美国国会的国家资源委员会也不得不承认，美国经济基本上受八大财团所控制。第二次世界大战结束以来，美国垄断组织的势力不断扩大，金融资本进一步加强，形成十大财团统治的局面。该书用了较大的篇幅，分析了美国主要垄断财团的经济实力

---

① 东来：《纪念一项延续了四分之一世纪的学术事业》，《读书》2002年第4期。

② 当时由华东师范大学和上海师范学院合并组成。

和利益所在，认为有关各垄断财团实力消长的资料，反映了美国资本主义发展不平衡规律的作用日益加剧，反映了垄断财团在争夺国内外原料资源、商品市场、投资场所和军事订货等方面，展开了你死我活的斗争。

垄断财团经济实力的增长，必然导致对政治生活统治的加强。垄断财团一方面通过各种手段对国家机器施加影响，制定有利于它们的各项政策；另一方面，大垄断资本家本人或其代理人亲自掌管国家机器，或把大银行大公司的董事长、总经理的职位让给退职的政府和军方的高级官员，实现了金融寡头与国家机器的直接结合。[①]

该著材料十分丰富，搜集和运用了大量英文资料，在这一时期是很亮眼的。其中写了财团与政治的关系，认为垄断财团控制美国政治，主要是通过操纵总统选举，争夺政府、国会的要职和席位，建立各种资本家联合组织和基金会，进行各种院外活动，以及与军事机构相结合等途径进行的。[②] 该书写到财团掌门人和政府要职之间千丝万缕的联系和相互变换，实际上涉及了后来人们所称的权势集团掌权者流转的"旋转门"机制，也涉及了财团与后来被人们称为"智库"的组织（如对外关系委员会，即 CFR）之间的关系，还涉及了财团与基金会的关系，指出美国金融寡头设立各种基金会，是从 19 世纪末开始的。20 世纪初美国开征所得税和遗产税以后，基金会就成为他们避税的手段。第二次世界大战后，在美国政府不断放宽"慈善捐赠"限额的政策下，基金会的发展更加迅速。战后，垄断财团控制基金会的目的有了重大的改变，基金会成为财团对美国内政、外交、教育、文化等方面进行渗透和施加影响的重要工具。它们活动的范围极广，影响甚大。[③] 基金会的主要负责人一般都是原先大公司的董事或政府的高级官员。麦乔治·邦迪卸任总统外交事务特

---

① 复旦大学资本主义国家经济研究所编：《美国垄断财团》，上海人民出版社 1977 年版，"前言"。"前言"写于 1975 年 12 月。到 1987 年，该书第二版出版，写作者"现身"，为龚维敬、甘当善。

② 复旦大学资本主义国家经济研究所编：《美国垄断财团》，上海人民出版社 1977 年版，第 45 页。

③ 同上书，第 59—61 页。

别顾问后，任福特基金会主席，迪安·腊斯克在担任国务卿之前是洛克菲勒基金会主席等，均是例证。

作为"国际问题"的组成部分，不可避免地要包括对有关外国经济状况的研究，其政治性相对不是那么强，禁区也相对少一些。

由樊亢、宋则行、池元吉、郭吴新、朱克烺等编著的《主要资本主义国家经济简史》，旨在"通过对英、美、法、德、日五个主要资本主义国家经济史的简要叙述，阐明资本主义发生、发展和走向灭亡的规律性"。① 其基本观点，免不了要依据列宁的著名论著《帝国主义是资本主义的最高阶段》（常简称为《帝国主义论》），因而认为从资本主义生产关系在西欧最初发生到第二次世界大战结束，资本主义制度经历了自由竞争资本主义和垄断资本主义两大阶段。现在，我们仍然处在帝国主义和无产阶级革命的时代。这在当时是标准的提法。

类似较有学术价值的工作成果还有《战后日本经济》，撰写者署名为"《战后日本经济》编写组"，由复旦大学历史系、经济系、资本主义国家经济研究所，上海市五七干校六连的人士组成，上海人民出版社 1973年出版。同样，还有《战后美国经济》编写组编写的《战后美国经济》（上海人民出版社 1974 年版），以及署名为复旦大学资本主义国家经济研究所的《战后西德经济》（上海人民出版社 1975 年版）等。

在当时的中国大学中，国际关系的教学和人才培养存在很大局限性。国际政治专业仅仅开设了部分专业课程，学科和理论研究主要是集中在帝国主义、民族殖民地、战争与和平、世界革命、国际战略格局、时代等专题理论方面，而综合的、系统的国际关系学科建设还只是刚刚开始。此外，在这一阶段，中国在涉及国际关系的理论研究方面，仅仅局限于马克思主义国际政治理论论述领域，而对中国以外其他国家的国际关系学理论基本没有涉及或极少涉及，仅仅是为了供批判使用才引进和介绍了一小部分西方国家和苏联的理论性著作。②

---

① 樊亢、宋则行等：《主要资本主义国家经济简史》，人民出版社 1973 年版，第 1 页。

② 梁守德：《中国国际政治学学科建设的回顾与思考》，《河南社会科学》2005 年第 1 期。

六、彼时的"拿来主义"

这一时期，有为数不少的美苏出版物被翻译为中文，无论这一工作是出于何种意图或动机，这都可算一个比较突出的特点。

比如，世界知识出版社出版了美国冷战谋士乔治·凯南的《俄国、原子与西方》（1959年版）、英国名将蒙哥马利的《一种清醒的作法：东西方关系研究》（北京编译社译）、《西方国际关系文选》、苏联科学院的《当代世界政治问题》等。像当时并不出名的基辛格1957年在美国出版的《核武器与对外政策》，1959年中国就出了汉译本。商务印书馆出版了凯南的《美国对外政策的现实》（1958年版）等著述。

20世纪50年代末，美国国会参议院外交委员会委托该国一系列学术机构或咨询公司研究美国对外政策各方面的问题，这些机构经过较为深入的研究，为国会提供了多达15份、每份都很长的研究报告。世界知识出版社对此给予了很大重视，出版了这些出版物的中译本，它们均注明以"内部读物"出版。

该系列出版物的"出版者说明"称：

> 近年以来，由于社会主义力量、民族革命力量和和平民主力量同帝国主义战争势力反复进行斗争的结果，国际力量的对比进一步地发生了有利于和平和社会主义的巨大变化，美国的侵略政策和战争政策遭到了越来越大的挫败。1957年冬苏联人造地球卫星上天后，美国统治集团更加惊慌起来。1958年美国参议院外交委员会根据美国第八十五届国会参议院第三三六号决议和第八十六届国会参议院第三一号决议，决定"对美国的外交政策进行一次充分而全面的研究"。1958年10月该委员会拟定了十五个研究题目，由美国参议院拨款三十万美元，分别委托美国的一些重要研究机构进行研究并提出报告。这些报告准备在1960年6月全部完成，目前已大部分

发表。①

从这些长篇研究报告集中出版的情况看，它们也应是集中力量翻译的，从署名看，显然是出自北京编译社。把外国政治学术作品翻译为中文，无论出于何种动机，客观上有助于避免更严重的闭目塞听，在这方面，北京编译社发挥了重要作用。世界知识出版社大量供"内部"或领导层参阅的外国党政人物著作的翻译，可能只有北京编译社这样的专门机构才能承担。这是那个年代一个颇为独特的机构。

北京编译社成立于 1956 年夏天。这年年初，周恩来总理做了关于知识分子问题的报告。北京市当局鉴于北京社会上还有一些受过高等教育、通晓外语而出于各种原因未能就业的知识分子，决定成立北京编译社，吸收他们参加工作，为社会主义文化建设服务。这一动议使一些高级知识分子在不幸中而"有幸"得到了一个以某种方式发挥才学的机会，他们中有原河南大学校长杨丙辰（曾留学德国柏林大学，20 世纪 20 年代起任北京大学德文系主任、清华大学教授），原贵州大学教授聂安陶（清华留美）等很多人。

北京编译社社长由北京市人民委员会副秘书长李续纲（曾留学日本京都帝国大学）兼任，稍后，总编辑由商务印书馆总编辑、翻译家陈翰伯兼任。全社近百人，80%—90% 为翻译人员。文种有英、俄、日、德、法、波兰、捷克等。主要任务是为人民出版社、商务印书馆、人民文学出版社、世界知识出版社等全国一流出版社译书。社内译才荟萃，文种众多，实力雄厚，译稿质量上乘。②

20 世纪 60 年代，中国共产党和苏联共产党之间进行了持续若干年的

---

① 见〔美〕宾夕法尼亚大学外交政策研究所编：《美国对西欧的外交政策——美国宾夕法尼亚大学外交政策研究所研究报告》，世界知识出版社 1960 年版；〔美〕西北大学非洲研究计划处编：《美国对非洲的外交政策——美国西北大学非洲研究计划处研究报告》，世界知识出版社 1960 年版等。

② 黄鸿森：《译书·编书·写书——回望我的六十年》，载宋应离、刘小敏编：《亲历新中国出版六十年》，河南大学出版社 2009 年版，第 672 页。

论战。北京编译社接受领导部门下达的任务，承担了多部俄文书的翻译任务。据黄鸿森忆述，他本人参加的有：

（1）《苏联报刊反华言论》。世界知识出版社 1964 年出版，共五集，每集约 40 万—50 万字。黄参加了译稿校订工作。

（2）《赫鲁晓夫言论》。世界知识出版社编，预定出版 30 集，"文化大革命"前已出版 15 集，以后未见续出。

（3）《苏联和美国——它们的政治关系和经济关系》。世界知识出版社 1966 年出版，署名为北京编译社译。《红旗》杂志于 1966 年 1 月为此书发表评论员文章《苏联新领导奉行美苏合作路线的供状》。[①]

这样一个高水平的翻译机构，同样因"文化大革命"而夭折。1968 年 10 月，北京编译社撤销，人员全部"连窝端"，进入北京市毛泽东思想第二学习班。北京市属单位人员全部集中于此，地点在中共北京市委党校。[②] 从 1956—1968 年，北京编译社一共存在了十二年。

在此期间，北京编译社翻译了大量"内部读物"。这类书又叫"内部出版物"，其中不少因为使用灰色封面，又叫"灰皮书"，内部发行。[③] 当时中国在意识形态上反帝、反修，需要"知彼"，所以翻译了相当数量西方资产阶级学者、外国军政要员所写的政治、经济等方面的著作和第二国际"老"修正主义以及"现代修正主义"的著作，以供高层领导干部和理论研究人员参考。其中包括：《艾登回忆录》（世界知识出版社，以下简称"世知社"，1960 年）、《中央情报局内幕故事》（世知社，1963 年）、《大策略家——赫鲁晓夫发迹史》（世知社，1963 年）、《资产阶级政治家关于人权、自由、平等、博爱言论集》（世知社，1963 年）、《苏维埃人剖视》（世知社，1964 年）、《谁是尼赫鲁的继承人》（世知社，

---

① 黄鸿森：《译书·编书·写书——回望我的六十年》，载宋应离、刘小敏编：《亲历新中国出版六十年》，河南大学出版社 2009 年版，第 675 页。

② 同上书，第 677 页。

③ 参见郑异凡主编：《灰皮书：回忆与研究》，漓江出版社 2015 年版，以及张光明：《我对"灰皮书"的回忆与研究——读〈灰皮书：回忆与研究〉》，《国际政治研究》2016 年第 6 期。

1964 年）、《美国在世界舞台上》（世知社，1964 年）、《印度的共产主义运动》（商务印书馆，1964 年）等。在短短两三年时间内能译出这么多书籍，可见当时工作紧张程度。[①]

类似于北京编译社的翻译机构还有"清河翻译组"。所谓"清河翻译组"指的是 20 世纪 50—60 年代，北京市监狱利用在押服刑的犯人，为相关机构（以出版社为主）提供外语翻译服务以及完成上级交办的其他翻译任务而设立的生产小组。"清河翻译组"最有名的化名之一是"何清新"，"何清"是清河倒过来，"新"指"自新"。[②] 比如，1960 年世界知识出版社出版了苏联格列切夫的《第二次世界大战后的美国殖民政策》，署名"何清新译"，该书中译出自清河翻译组之手可称无疑。

可见，不管出于何种目的或政治需要，翻译方面还是做了不少工作，取得了一定成绩。多数译著的翻译质量较高，其中不少译著至今仍有参考研究价值。

当时上海人民出版社本身有一个编译组，多卷本的原西德总理康拉德·阿登纳撰写的《阿登纳回忆录》，就是由上海外国语学院德语系和这个编译组共同翻译并由该社于 1973 年出版的。这方面可以举出很多例子，比如联合国新闻处所编的《联合国手册 1966—1970》（上、下册），是由北京大学法律系编译组翻译的，商务印书馆 1972 年出版，1974 年即第二次印刷，可见相关方面对这《联合国手册》是有不小需求的。

美国政治人物的回忆录等著述翻译出版得相当多。美国第 34 任总统艾森豪威尔的回忆录根据总统任期分成两部，第一部名为《受命变革》，第二部名为《缔造和平》，总名《白宫岁月》，时间从 1953 年到 1961 年，中译本把每部分装成两册，共四册，由复旦大学资本主义国家经济研究所译，生活·读书·新知三联书店出版。美国第 36 任总统林登·贝恩斯·约翰逊（1963 年 11 月 22 日—1969 年 1 月 20 日在任）下台后写了

[①]　黄鸿森、宋宁、郭健、徐式谷：《北京编译社对我国翻译出版事业的贡献》，《出版发行研究》2017 年第 6 期。

[②]　训练：《"清河翻译组"蠡测》，《思想》第 36 期，联经出版事业公司 2018 年版，第 224—225 页。

一部长达六百页的回忆录，书名为"有利的地位：对 1963—1969 年总统任期的剖视"，1971 年 11 月 7 日出版。复旦大学资本主义国家经济研究所编译组大体参照《纽约时报》1971 年 10 月 17 日到 27 日的节录将其译出，并根据原书增加了"加强大西洋共同体"一章，书名改用"约翰逊回忆录"，1973 年 4 月由上海人民出版社出版。① 第 37 任美国总统尼克松在中美关系的破冰方面占有特殊重要的地位，因此自然少不了《尼克松回忆录》的翻译出版（伍任译，商务印书馆 1978—1979 年版）。

还有其他美国政策制定者的著作也得到翻译出版。如在中国名气极大的人物约翰·福斯特·杜勒斯的《战争或和平》（1950 年纽约版，北京编译社译，世界知识出版社 1959 年版）；沃尔特·惠特曼·罗斯托的《从第七层楼上展望世界》，由国际关系学院"五七"翻译组译，商务印书馆 1973 年出版，标明是"内部读物"。这本书是罗斯托在担任国务院政策规划室主任期间，从他的这个职务角度出发对世界形势所作的分析。此前，他的《经济成长的阶段——非共产党宣言》和《美国在世界舞台上》（北京编译社译，世界知识出版社出版）已先后于 1962 年、1964 年译成中文本，"供批判参考"。杜鲁门政府时期的国务卿迪安·艾奇逊的《实力与外交》（世界知识出版社 1959 年版）和《创世亲历记》（上、下册，上海译文出版社 1978 年版），也都被译成中文出版。

1969 年尼克松上台后，基辛格出任总统国家安全事务助理，是尼克松在制订外交政策方面的主要助手，深受重用。他在打开冰封的中美关系方面发挥了特殊作用。在从政前，他是哈佛大学教授。因而，基辛格的著作极受中国国际问题研究界关注。他早在 1957 年就出版了《核武器与外交政策》一书，国际关系研究所编译室将该书翻译为中文，由世界知识出版社作为内部读物出版。1972 年由商务印书馆重印出版。作为其姊妹篇的亨利·基辛格著《选择的必要——美国外交政策的前景》英文版出版于 1961 年，中文版也由国际关系研究所编译室翻译，商务印书馆

---

① 〔美〕林登·贝·约翰逊著，复旦大学资本主义国家经济研究所编译组节译：《约翰逊回忆录》，上海人民出版社 1973 年版。

于 1972 年出版。其后，基辛格凡有著作，基本上都有中译本。

哈里·马格多夫所著的《帝国主义时代——美国对外政策的经济学》较具学术性，由伍彻译，商务印书馆 1975 年出版。显然，这本书是由五位译者合译完成的。扉页上按惯例印有一小段话："本书是供内部参考用的，写文章引用时务请核对原文，并在注明出处时用原著版本。"

"文化大革命"中消失了的国际关系研究所，1973 年以"国际问题研究所"（简称"国研所"）的名称开始重建，人们陆续从各地的"五七干校"和其他地方回来，聚集到了国研所。然而，他们脱离业务都已有三四年甚至七八年之久。乍暖还寒，人们一下子难以适应马上做研究工作的要求，需要以某种方式热热身，而搞点与国际问题有关的翻译也许是最合适的热身过程。由于"文化大革命"的浩劫，当时国际问题书籍的翻译工作在国内几乎已成空白。于是，国研所就把刚从干校和其他地方调回来的懂英语的各类业务干部、研究人员集合起来，组成一个翻译组，以"齐沛合"（"齐配合"之意）为笔名，翻译出版了十几本外国图书，在社会上颇受欢迎，在学术界也产生了相当大的影响。

这个翻译组的规模曾相当庞大，人员流动性也较大，其主要负责人有程镇球、毕朔望、黄季方等，人员最多时共有三四十人。由于翻译组成员的素质普遍较高，不少是国际问题专家，翻译工作十分认真，再加上专家们反复推敲、集体修改审定，"齐沛合"的翻译质量颇高，得到了当时国内翻译界和国际问题研究界的一致肯定。一时间"齐沛合"名声大噪，有的翻译专业著作也把"齐沛合"的译著当作范例向读者推荐。[①]以"齐沛合"为笔名翻译出版的图书共有十余本，其中影响较大的有《出类拔萃之辈》(*The Best and Brightest*)、《基辛格》(*Kissinger*)、《苦寒的拂晓》(*Cold Dawn*)、《美国力量的收缩》(*The Retreat of American Power*)和《大构想》(*The Grand Design*) 等。[②]

---

① 周兴宝：《重建初期（1973—1980）》，载马振岗主编：《五十载春秋》，世界知识出版社 2006 年版，第 71—72 页。

② 还有如〔美〕亨利·欧文主编，齐沛合译：《七十年代的美国对外政策》，生活·读书·新知三联书店 1975 年版（内部发行）。

在上海则有"伍协力",翻译有美国威廉·富布赖特的《跛足巨人：美国对外政策及其国内影响》(上海人民出版社 1976 年版)、法国贝利耶的《塞内加尔》(上海人民出版社 1976 年版)、英国桑普森的《七姊妹：大石油公司及其创造的历史》(上海译文出版社 1979 年版)等。而"伍协力"究竟是哪些人，如今已难以查考了。

也有些译著属于编译性质，比如《阿登纳、戴高乐论中苏问题》(上海人民出版社 1973 年版)，就是如此。又如关于时任英国首相哈罗德·威尔逊的《威尔逊及其对外主张》(上海人民出版社 1975 年版)一书也是，它的第一部分是关于其人的，第二部分是关于其对外主张的，由"上海市五七干校六连翻译组、上海师范大学外语系、复旦大学国际政治系、复旦大学资本主义国家经济研究所等单位的部分同志"翻译。这些书一般都注明"内部发行"，限定了某种发行范围。

这样的翻译著作为数甚众，又如英国基思·米德尔马斯的《绥靖战略》[①]，写于 1976 年 2 月的"译者的话"带有很明显的时代痕迹。"本书对 1937 年至 1939 年间英国张伯伦政府对德国推行的'绥靖政策'以及在慕尼黑会议前后的外交活动作了较详尽的论述。书中有英国政府新公布的 1939 年的档案及一些原始材料，这对我们研究第二次世界大战前夕的历史，剖析张伯伦绥靖政策的反动实质，有一定的参考价值。因此，我们把它翻译出版。"还有美国罗宾·艾莉森·雷明顿著、上海师范大学历史系世界史翻译组译的《华沙条约》，上海人民出版社于 1976 年出版(英文版为 1971 年)；美国柯克帕特里克·塞尔著的《权势转移——南部边缘地带的兴起及其对东部统治集团的挑战》，该书由河北大学外语系英语专业 73 级工农兵学员及部分教师、商务印书馆翻译组等合译，商务印书馆 1976 年出版。可见，不光是上海人民出版社，商务印书馆当年也有专门的翻译组。

还有，根据任溶溶的回忆文章，称"后来周总理提出让全国各省

---

① 〔英〕基思·米德尔马斯著，复旦大学国际政治系译：《绥靖战略》(上、下册)，上海译文出版社 1978 年版。

市译世界各国历史，上海负责译非洲史，干校于是把所有原来从事编译工作的同志集中起来成立翻译连，我才从饲养场调到翻译连。翻译连后来又调回上海成为人民出版社编译室，它也是今天上海译文出版社的前身"①。这里所说的翻译世界各国历史，是一套洋洋大观的翻译世界各国历史的丛书，举凡《加纳史》《越南史》《老挝史》《多米尼加共和国简史》等，无不齐备，20世纪70年代由国内多家出版社联手出版，其中包括商务印书馆、生活·读书·新知三联书店、上海人民出版社、天津人民出版社、广东人民出版社等。该丛书一律采用相同的装帧设计，封面使用相同的颜色，蔚为大观。如此的翻译出版规模，需要强大的翻译力量，若非从极高层次上有组织地开展，是绝无可能进行的。这也留下了一个时代的痕迹。

---

① 任溶溶：《我在干校饲养场》，《世纪》2015年第1期。

第三章　20世纪80年代的重建

经历了"文化大革命"的十年后，中国在 20 世纪 70 年代末 80 年代初好比"待从头，收拾旧山河"。总体上说，社会科学荒废了多年，需要再恢复元气，重新出发。有的资深学者"消失"了多年，又像"文物"出土一般地再次回到凋零已久的学术界，比如在政治学界，钱端升、吴恩裕的名字又重新出现在人们面前。

1979 年 3 月 30 日，作为当时中国主要领导人之一的邓小平在理论工作务虚会上讲话说，我们已经承认自然科学比外国落后了，现在也应该承认社会科学的研究工作（就可比的方面说）比外国落后了。我们的水平很低，好多年连统计数字都没有，这样的情况当然使认真的社会科学的研究遇到极大的困难。邓小平进而讲道，"政治学、法学、社会学以及世界政治的研究，我们过去多年忽视了，现在也需要赶快补课"①。"补课"，成为 20 世纪 80 年代中国社会科学的一个主题词之一。

作为"补课"说的回声，1980 年 8 月，时任中国社会科学院副院长的宦乡在《哲学社会科学要为国家现代化服务》一文中说道："至于政治学、经济学、法学、社会学、人口学、国际关系学等方面，一些西方国家有长期研究的基础，近 20 年又有很多新发展，我们则还刚刚开始，这是毋庸讳言的。"②宦乡此言，应该说是实事求是的。

此时，高等院校逐步重建和复苏有关学科。社会学、政治学得到了

---

① 《邓小平文选（一九七五—一九八二年）》，人民出版社 1983 年版，第 167 页。
② 中国社会科学院科研局编：《宦乡集》，中国社会科学出版社 2002 年版，第 320 页。

重建。在国际关系教学和培养方面，1979 年在北京外国语学院工作的一些原外交学院教师，给国际关系专业的研究生开设了"国际斗争基本理论"课程。北京大学和复旦大学国际政治系的教师开始在系内开设了"国际关系理论"或"西方国际关系理论介绍"等讲座或课程。1980 年，外交学院复校后，又开设了"国际斗争基本理论"和"西方国际关系评介"课程。吉林大学开设了"国际战略学"课程。①

1983 年，全国哲学社会科学规划领导小组成立。1986 年国家社会科学基金正式设立。它们成为国家层面上的社会科学领导和组织机制。

一、学术组织的恢复或建立

（一）中国社会科学院"国际片"

1977 年 5 月，中央批准在中国科学院哲学社会科学部的基础上，成立中国社会科学院（CASS）。此后，它被人们视为中国社会科学研究的"国家队"。

还在 1964 年 5 月，根据《关于加强研究外国工作的报告》，中国科学院就在原经济研究所世界经济研究室的基础上成立了世界经济研究所。中国社会科学院成立后，于 1978 年成立了世界政治研究所。1980 年 12 月，上述这两个研究所合并为世界经济与政治研究所，并延续至今。

1978 年，经胡乔木提议，正在驻外大使任上的宦乡奉调回国，出任中国社会科学院副院长。宦乡是改革开放以后社科院乃至全国对外学术交流和民间外交的主要开拓者之一。从改革开放起到 1989 年 2 月去世，他是国内外公认的中国首席国际问题专家，也是一位行政干才。作为中国社科院副院长的宦乡，颇有一番雄心，干劲十足，计划在中国社会科学院内建立若干个研究所，一起组成一个"国际片"。

正巧，时任中联部部长的姬鹏飞有意要把该部"文化大革命"前建立的三个研究所——苏联东欧所、拉丁美洲所和西亚非洲所，"连人带马"

---

① 洪远：《中国国际关系理论研究历程述要》，《历史教学》1989 年第 11 期。

成建制地移交出去，包括现有科研和行政人员 350 人，经中央批准的编制名额 500 人，以及科研设施、图书资料等。此意正中社科院的下怀。双方从 1980 年 9 月谈起，到 12 月就签订了移交协议。① 三个所的办公地点落实在北京东城区张自忠路 3 号东院。然后，中国社会科学院（简称"中国社科院"）又在那里成立了日本、美国、亚太三个研究所。其中日本研究所和美国研究所是同时开始筹办、同时正式宣布成立的，好像一对孪生兄弟。1981 年 4 月 27 日，两所联合召开成立大会。为了好记，决定以 5 月 1 日为成立纪念日。这样一来，宦乡建国际片的计划很快就实现了。

在美国研究所，由于创始所长李慎之的知人善任，该所一时间群贤毕至，高手云集，如来自财政部的陈宝森治美国经济，来自总工会的李道揆治美国政治，来自国防研究部门的张静怡和吴展治军备控制和防务政策，来自人民文学出版社的施咸荣治美国文学和文化，来自北京第二外国语学院的董乐山治美国社会。此外，还从中国人民大学延请了当年燕京大学的经济系主任郑林庄，从南开大学延请了美国历史专家杨生茂担任兼职教授。

据日本研究所创始所长何方所述，在日本研究领域，此前正式挂牌的日本研究所已有六个，分别设在长春、沈阳、天津、保定，北京则一个也没有。② 但中国社科院日本研究所成立后，坐拥地处北京和属于中央机关的优势，地位颇高。不久后，就经常有国务院一些部门以至全国人大常委会和全国政协交来任务或索取资料。为总书记、总理和其他领导人访日做准备也会找到日本所。何方忆及，过去从事技术工作的工程师冯昭奎③，加盟日本研究所改行研究经济，曾撰一篇《资源小国的压力与活力》，被中央作为"县团级文件"批发全国，一些内部刊物还竞相转载。④ 可见该所当时风头之劲。

---

① 何方：《从延安一路走来——何方自述》，人民日报出版社 2015 年版，第 336 页。
② 同上书，第 343 页。
③ 系第一章述及的国际问题专家冯宾符之子。
④ 何方：《从延安一路走来——何方自述》，人民日报出版社 2015 年版，第 348—349 页。

1982 年 10 月，中宣部、国家教委、中国社科院联合召开了一个全国社会科学规划会议。会议确定，每门学科都设一个规划小组，进行全国的分工、合作、交流和协调。在国际问题这个大规划组（宦乡负责）下，还设一些分支的规划组，其中日本研究的规划组，也顺理成章地由日本研究所及其所长担任召集方（人）了。这一机制，对于推进全国日本研究的开展产生了一定的作用。

中国社会科学院成立后，全国各省、市、自治区也相继建立了地方社会科学院，逐渐形成了高等院校、社会科学院（科研院所）、党政部门所属研究机构、党校行政学院、部队院校或研究机构五大哲学社会科学研究和教学系统。[①] 这便是所谓的"五路大军"之说。

（二）国际关系史研究会成立

这一时期中国国际关系研究学术组织的一个标志性发展，是国际关系史研究会的发起和成立。

1979 年 2 月 20 日至 23 日，南京大学的王绳祖、吴世民，中山大学的蒋相泽、吴机鹏，安徽师范大学的光仁洪等在南京举行了筹备建立国际关系史研究会的预备会。同年 8 月 7 日，25 所研究机构和高等院校的代表在兰州召开筹备会议，决定由甘肃师范大学、南京大学、北京师范学院、北京大学、兰州大学、厦门大学、安徽师范大学、复旦大学、武汉大学、东北师范大学、中山大学和外交学院等单位代表组成国际关系史研究会筹备委员会工作组，并由中山大学具体负责成立大会和第一次学术讨论会事宜。在诸先生们的精心策划、组织和推动下，国际关系史研究会成立大会及第一次学术讨论会于 1980 年 12 月 16 日至 22 日在广州举行。[②] 王绳祖当选为理事长，蒋相泽、光仁洪、卫林、石磊当选为副理事长，石磊并兼秘书长，决定会址设于北京的外交学院。此外还聘请

---

① 陈奎元：《继承优秀传统 创造新的辉煌——新中国哲学社会科学 60 年的成就与启示》，《求是》2009 年第 14 期。

② 韩家炳：《光仁洪与中国世界史研究》，《光明日报》2019 年 11 月 25 日。

宦乡为名誉理事长，陈翰笙、刘思慕、何戊双、王铁崖、张之毅为顾问。

1981年3月，国际关系史研究会推出了其第一项有形学术产品，即《国际关系史论文集》。理事会在其"出版说明"中称："国际关系史研究会成立大会和第一次学术讨论会于一九八〇年十二月在广州举行。在这次学术讨论会上，共提出了论文、译文和资料四十四篇，并着重讨论了'均势政策在近代国际关系史上的作用'和'绥靖政策的实质'两个问题。为了进一步推动研究和讨论，现将其中四十一篇汇为一集，内部出版。我们已决定出版《国际关系史研究会通讯》并准备结合今后年会，陆续出版论文集续集。"① 这部文集内的各篇论文，质量颇高，不少出自名家之手，如王绳祖、光仁洪、张之毅等。其中王绳祖的《在国际关系史研究会上的发言》，尤其是一篇精到之论，大家手笔。该文开宗明义地指出："自从国家产生以来，国与国之间就存在着政治关系、经济关系和文化关系。所有这些关系集中地表现于政治关系，而国际关系史也就是研究国与国之间政治关系的发展过程和规律的一门科学。"② 该文集中，上海学者金应忠的《试论国际关系学的研究对象和任务》，应是探讨国际关系学研究对象和任务等最早的一篇论文，它的贡献在于率先对什么是国际关系学作了精要的阐述。文章说：

> 如果给国际关系学下一个定义，国际关系学就是研究国际关系发展内在规律性的科学。马克思主义国际关系学的基本任务，就是要揭示国际关系运动发展的规律，以便顺应历史的潮流，制定正确的战略和策略，推动国际关系沿着它自己的必然方向前进。研究国际关系必须涉及国际关系中的诸种关系和影响国际关系的诸种因素，但是孤立地研究这些关系和因素，并不能揭示国际关系发展变化中内在的必然性，这种具体的研究，不能代替国际关系学理论的研究，

① 国际关系史研究会编：《国际关系史论文集》，1981年，"出版说明"。

② 王绳祖：《在国际关系史研究会上的发言》，载国际关系史研究会编：《国际关系史论文集》，1981年。

只有研究它们的共同的、经常起作用的、最能揭示问题实质的因素，才能探索到国际关系发展中的客观规律。①

该文又说，当我们对国际关系中的诸种关系进行综合的研究，分析比较了这种关系的时候，我们不难发现，它们之间都有其共性：第一，各种关系都是国际关系的具体表现形式；第二，各种关系都受各有关国家的政治、经济、军事、文化等发展的具体实际的制约，某种特定关系发展的程度，首先是为有关国家的具体国情所决定的；第三，某种特定的关系，服从特定的利益，国家的关系服从国家的利益，民族的关系服从民族的利益，宗教的关系服从宗教的利益，集团的关系服从集团的利益。这些共同点表明了国际关系说到底实际上是相互之间的利害关系。②金应忠早在 1980 年就进行了这样一些思考，可说是先行者之一。

"文化大革命"结束后，社会各界人士从不同方面对"文化大革命"这场浩劫进行反思，这一反思精神也体现在了国际关系史的研究中。

比如，创刊不久的《世界史研究动态》，在 1979 年第 6 期发表了茅海建的《第一次世界大战是被革命制止的吗？》一文，对若干年来出版的世界史著述在论及第一次世界大战的结束时，把大战结束的根本原因归结于革命，以及相关的"战争引起革命，革命制止战争"说，提出了不同看法。他认为："在探讨第一次世界大战结束的原因时，必须严格地以历史事实出发，从政治、军事、经济诸方面加以全面的周密的考察，才能作出合乎历史事实的结论。不能光看到某一方面，而片面地强调它的作用。"北京大学国际政治系资深学者李石生在进行这一引述后表示，在过去的一个时期里，在一些著作和文章中，片面地、公式化地引用"战争引起革命，革命制止战争"这一语录，把它作为普遍的历史规律，用来分析第一次世界大战的结束，或用来分析当前的国际形势，而不是根据具体的历史

---

① 金应忠：《试论国际关系学的研究对象和任务》，《国际关系史论文集》，1981 年，第 9、13 页。

② 同上书，第 13 页。

条件来进行具体的分析，这就会导致片面的错误的结论和有害的看法。^①

因此，对"战争引起革命，革命制止战争"这句话不能把它作为公式和普遍规律来生搬硬套，不切实际地过分夸大革命的作用是不对的。但也不能不看到它们在发展中的联系，只有正确地全面地了解它们的关系，并根据具体的历史条件来具体分析，才能正确地总结历史经验。列宁在当时，强调了革命与战争的联系，提出了把反对帝国主义战争和争取和平的斗争与无产阶级的革命斗争结合起来的策略方针。今天的国际形势已经发生了根本的变化。主要资本主义国家不存在革命形势。当前无产阶级和世界人民的中心任务是团结一切反帝反霸的力量结成统一战线来加强反对霸权主义的斗争。在现阶段这一斗争与无产阶级革命不是直接联系的。^②

以上的观点和分析，如剔除其"文化大革命"结束后不久、20 世纪 80 年代初带有时代痕迹的语言表述，其反思展现了一定的深度，对于正确地认识战争与和平以及"时代"等问题都具有一定意义。

（三）中国国际法学会成立

在国际法方面，人们也深感荒废了多年需要迎头赶上，因而也有较大的举措。1978 年 12 月 13 日，在为即将召开的十一届三中全会作准备的中央工作会议上，邓小平作了"解放思想，实事求是，团结一致向前看"的讲话，其中讲到"我们还要大力加强对国际法的研究"。^③这篇重要讲话是国际法恢复其应有地位的一个明证。

1980 年，也即国际关系史研究会成立的同一年，宦乡在王铁崖和陈体强等教授协助下，发起创建了中国国际法学会（英文名 Chinese Society of International Law），宦乡出任会长，1991 年起则由王铁崖担任会长。办公机构也设在外交学院。中国国际法学会成立后，于 1982 年创

---

① 李石生：《全面、正确地分析第一次世界大战中的战争与革命的问题》，载国际关系史研究会编：《国际关系史论文集》，1981 年，第 139 页。

② 同上书，第 143 页。

③ 《邓小平文选（一九七五—一九八二年）》，人民出版社 1983 年版，第 137 页。

办了《中国国际法年刊》，王铁崖、陈体强任主编。宦乡在题为"为创建新中国的国际法学而努力"的发刊词中写道："按理说，我国的国际法学研究应该是蓬勃发展，富有成果和创造性的。可是，遗憾的是，在相当长的时间内，由于虚无主义与取消主义的影响，尤其是在十年动乱期间，……国际法的科学研究工作不断受到干扰与冲击，长期处于停顿状态，理论队伍日渐缩小，专业理论被弃置一边，使我国的国际法学水平落后了。"宦乡又提出了三个"不仅……而且……"，即：不仅要以马克思列宁主义、毛泽东思想的武器对国际法的历史发展做出科学的分析与正确的总结，而且要研究一切资产阶级的、修正主义的各派国际法理论和见解，给予科学的分析和批判，还要在论述我国的正确主张中，创立正确的理论体系；不仅要对国际法的理论进行研究，而且要深入具体地研究国际法各领域、各部门，为中国的国际活动和国内立法做出贡献；不仅要对国际法进行科学研究，还要负担起培养教育新一代的国际法专业人才，扩大和提高国际法理论队伍。[①]

　　也是在第一本《中国国际法年刊》中，陈体强撰文评介了周鲠生1981年版的《国际法》（商务印书馆出版），称周鲠生教授所著《国际法》一书是新中国成立后出版的第一部有分量的国际法著作，也是迄当时（1981年12月）为止唯一的一部国际法教科书。该书早在1969年即已脱稿，1971年4月作者去世，迁延至1976年才得以出版，而且发行量很小，远远不能满足需要。在这种情况下，商务印书馆遂于1981年重印了该著。《国际法》一书是周鲠生1949年后最重要的著作，另外他还有一本篇幅较小的专著《现代英美国际法学的思想》（1963年）。陈体强认为，《国际法》一书是周鲠生一生著作中篇幅最大、功力最深的作品。书中关于中国倡导的和平共处五项原则、关于新中国的承认和继承、国家责任、领海、外交方式、在联合国的代表权、华侨的国籍和保护等问题，以及关于旧中国的外国人特权制度和不平等条约等问题，都有详细精湛

---

①　宦乡：《为创建新中国的国际法学而努力》，载中国国际法学会主编：《中国国际法年刊（1982）》，中国对外翻译出版公司1982年版，第3—6页。

的论述。这些章节是该书最精彩的部分，也是该书的最大特色。[①]

中国国际法学会成立后，成为中国国际法学术交流的中心和连接中外国际法学界的纽带。它通过组织多种形式的活动，对促进国际法在中国的研究、实践、传播和发展，发挥了重要作用和影响。

除上述以外，1980年，现代国际关系研究所得名并公开对外。它在内部原先是中调部第八局，当时就有五百多名研究人员，内部称自己是亚洲最大的国际问题研究机构。20世纪90年代，该所改称为"中国现代国际关系研究所"（CICIR）。2003年则改称为中国现代国际关系研究院至今。

二、人才培养和学刊生长

（一）人才培养

1977年10月26日，原外交学院职工高云等35人联名上书刚刚恢复工作的邓小平，建议和请示恢复外交学院。邓小平对此信十分重视，做出批示。1978年国务院第166号文件决定"恢复外交学院"。1979年，为恢复外交学院，外交部批准成立外交学院党委会和筹备组，李恩求任党委书记（直到1982年11月）和筹备组组长。1980年，外交学院得以复校。

1978年7月，经中共中央和国务院批准，中国人民大学恢复重建，原国际政治系得以恢复并改名为科学社会主义系。已经分散到其他高校的原国际政治系教师基本得以回归，并开始招收国际共运和科学社会主义两个专业的本科生和研究生。1984年8月，国际政治系恢复原名，1985年恢复招收国际政治专业本科生，各专业研究生人才培养全面展开，国际关系及政治学学科的教学科研工作得到迅速扩大和发展。1983年，该校国际共产主义运动史专业还获得了全国首批博士学位授予权。1986年，科学社会主义专业获得了博士学位授予权。

[①]　陈体强：《周鲠生：〈国际法〉》（1981年），载《中国国际法年刊（1982）》，中国对外翻译出版公司1982年版。

北京大学和复旦大学的国际政治系在招收国际政治专业本科生的同时，于1978年开始招收国际政治专业的硕士研究生，他们属于"文化大革命"结束后招收的第一届研究生。晚些时候，这两个学术重镇又开始招收博士研究生，复旦大学始于1988年。此外，山东大学科学社会主义系、华中师范大学科学社会主义研究所等校相关的系、所也开始招收相关专业的本科生、硕士生和博士生。1990年，华东师范大学经批准设立博士点，下设两个专业，即国际共产主义运动史、世界政治经济与国际关系。稍晚的1993年，中国现代国际关系研究所获批准设立博士点，有博士生导师五名。该所博士生招生面向社会，根据公开公平原则，自己培养，自己使用。相关基础课程委托北京大学、外交学院和中国人民大学开设，专业课程则由自己设置。

1978年，中国社会科学院成立了研究生院，各研究所相应地建立各自的"系"，培养硕士研究生和博士研究生，成为一支"方面军"。中国社会科学院曾与北京大学共建南亚研究所。据北大教授赵宝煦回忆，他本人从"干校"回来后，先是回到北大的东语系工作，从1973—1987年，主持了亚非研究所的工作。1978年秋，中国社会科学院与北大商量共同筹建南亚研究所，请季羡林先生当所长，赵成为以季羡林为首的联合小组成员。陈翰笙也起了重要作用，一直到1985年，为南亚所指导了不少研究生。①

在中国人民大学，"改革开放以来，我们借鉴国外的经验，陆续设置了国际政治、国际关系和外交学三个专业，并在这三个专业的基础上，建立了硕士和博士学位教育体系，2004年还正式设立了国际政治学科的博士后流动站"。②从学科体系来说，中国国际政治学科在政治学一级学科下涵盖了国际政治、国际关系、外交学三个二级学科，同时还涉及中外政治制度、国际政治经济学等学科领域。

---

① 张椿、陆国俊主编：《陈翰笙百岁华诞集》，中国社会科学出版社1998年版，第265页。

② 李景治：《中国国际政治学科的发展与展望》，载中国人民大学国际关系学院编：《国际前沿问题研究——纪念中国国际问题研究四十年》，当代世界出版社2004年版，第330页。

1978 年入学的"文化大革命"后第一届研究生，经过三年学习，于 1981 年毕业。此后每年都有更多的研究生毕业，很多人成为各学科的新生力量。随着博士点的设立，20 世纪 90 年代开始有新科博士出炉并成为业务骨干。在国际关系史方面，1988 年 4 月，由中国国际关系史研究会理事长王绳祖教授指导的博士研究生时殷弘和朱瀛泉在南京大学通过各自的博士学位论文答辩，成为国内最初两名国际关系史学科的博士。他们后来都在所工作的学术机构中发挥了学术中坚的作用。

1982 年 7 月，时任国际问题研究所所长的李汇川对前来实习的北京大学国际政治系毕业班学生讲道，为了增强对西方国际关系理论的鉴别能力，学校应该开设马列主义国际关系理论课，要向马克思、列宁、毛泽东等"革命导师"学习国际关系理论。北京大学国际政治系接受了这一重要建议，于 1983 年首次开设了马克思主义国际关系理论课，这是国内高校在改革开放时期最早开设的马克思主义国际关系理论课。与此同时，北京大学、中国人民大学等高校相继开设了具有中国特色的"国际政治概论"课，从中国人的视角讲授国际政治。1984 年，《中共中央关于改革学校思想品德和政治理论课教学的通知》要求在全国高校开设新的公共政治理论课——"世界政治经济与国际关系"。1985 年，北京大学、中国人民大学、复旦大学等高校借助国际政治系的力量率先在国内高校中面向全校文科学生开设了"世界政治经济与国际关系"课程。此后，华中师范大学等具有国际问题研究力量的高校也开始陆续在本校政治系或政治教育系开设国际政治学理论课程。由此，带有一定理论性的世界政治经济从国际政治专业扩展到政治学和公共政治课课堂。1985 年，国家教委社科司组织北京大学、中国人民大学、复旦大学、北京外国语学院、东北师范大学等院校集体编写《当代世界政治经济与国际关系》教学大纲，并由高等教育出版社出版。随后，社科司又组织编写了示范性教材《当代世界政治经济与国际关系概论》。[1] 1986 年，中国人民大学国

---

① 梁守德、叶宗奎、冯特君主编：《当代世界政治经济与国际关系概论》，高等教育出版社 1987 年版。

际政治系编辑了"世界政治经济与国际关系"课程的《资料选编》，举办了面向全国的讲习班。这一时期，中国学术界在国际关系学研究的对象、任务、方法、体系、内容等方面发表了一批学术论文，按照国际关系学的基本要求出版了数种具有中国特色的国际政治著作或教材，包括陶军主编的《当代国际政治与国际关系》（华中师范大学出版社1986年版），俞源主编的《世界政治》（四川人民出版社1986年版），梁守德、刘金质、李石生主编的《世界政治与国际关系》（湖北人民出版社1987年版）等。[1]

在这方面，由余开祥担任主编、刘同舜和史家定担任副主编撰写的《世界政治经济和国际关系》（上海人民出版社1988年版）是一部质量较高的教科书。该书明确说明是根据中共中央1985年关于改革高校政治理论课的指示精神，在国家教委的关心下，由上海市高等教育局组织编写的，用作高等院校世界政治经济与国际关系课程的教材，也可作党政机关培训干部以及关注国际问题的广大读者自学之用。作为上海市哲学社会科学"七五"科研规划重点项目之一，该书撰稿人依次为余开祥、郑寅、史家定、朱刚体、阴巧云、竺培芬、欧阳靖。全书共七章，分别为"世界鸟瞰——时代·格局·潮流""战后发达资本主义国家的新变化""社会主义在试验中""第三世界的'创世记'""东西方关系""南北关系""中国与世界"。在同类教材中，这是水平较高的一种。

20世纪80年代，中国有关大学开始聘请老外交官担任兼职教授。袁明主持的北京大学国际关系研究所开风气之先，兼以有地利之便，自1985年建所后，先后聘请了多位知名的外交家和学者担任兼职教授。他们分别是前外交部副部长、驻美大使、对外友协会长章文晋，外交部国际问题研究所所长李汇川，外交学院教授张之毅，中国社会科学院西欧研究所所长陈乐民，美国研究所所长资中筠。这些兼职教授应邀参加该所组织的学术活动，与该所师生座谈，指导青年教师和研究生的研究工

---

[1]　梁守德：《中国国际政治学学科建设的回顾与思考》，《河南社会科学》2005年第1期。

作，对该所科研水平的提高做出了很大贡献。到 90 年代，该所又聘请了一些知名的外交家和学者担任兼职教授。他们分别是前中国社会科学院日本研究所所长、时任中国国际问题研究中心副总干事何方；中国社会科学院研究生院院长、中国世界经济学会会长浦山；前中国驻联合国大使、时任中国国际问题研究中心总干事、中国太平洋经济合作全国委员会会长李鹿野；前中国驻丹麦兼冰岛大使、时任中国太平洋经济合作全国委员会常务副会长陈鲁直；前中国驻比利时、卢森堡大使兼驻欧共体使团团长、时任外交学院院长刘山；前中国驻加拿大大使、时任中国人民外交学会副会长张文朴；前中国驻奥地利大使、时任中国国际问题研究所所长杨成绪。①

有的资深外交官进入大学课堂，为本科生和研究生授课，杨公素就是其中的代表。杨公素曾从事地方外事和外交工作约四十年，在中华人民共和国外交领域，举凡地方外事工作、外交部内的司局工作以及驻外使节工作，他都从事过，曾先后出任驻尼泊尔、越南和希腊三国大使，具有丰富的外交实践经验。1983 年离休后，杨公素受聘担任了北京大学国际政治系的兼职教授，为本科生和研究生授课，后又经批准担任硕士研究生导师。他结合自己的外交实践，专心研究外交学，在北京大学和外交学院都开设了“外交学”课程。② 身为前外交官而在中国大学的课堂上讲授外交学，据其本人所知在新中国还是首例。③ 至于前任和现任外交官应邀到大学作报告，随着时间的推移就越来越多了。

20 世纪 80 年代还出现了新型的高等教育和人才培养机构，其代表者为南京大学–约翰斯·霍普金斯大学中美文化研究中心（The Johns Hopkins University-Nanjing University Center for Chinese and American Studies）。

南京大学–约翰斯·霍普金斯大学中美文化研究中心（简称“中美

---

① 北京大学国际关系研究所：《通讯》1994 年 7 月第 4 期。
② 杨公素：《沧桑九十年——一个外交特使的回忆》，海南出版社 1999 年版，第 2 页。
③ 杨公素：《外交理论与实践》，四川大学出版社 1992 年版，第 2 页。

中心"）是由中国和美国的两所著名大学——南京大学和约翰斯·霍普金斯大学共同创办的教学与研究机构，坐落在南京大学鼓楼校区。它于1986年开始招生，是中国改革开放以后最早的高等教育国际合作长期项目。开办二十年后的2006年，中美中心又在证书项目的基础上增加了硕士学位项目。如今，中美中心已经成为国际知名的跨国教学与研究机构。无论在美国还是中国，中美中心都被看作是高等教育国际合作的典范。中美中心以中美两国的政治、社会、经济、法律、历史文化及当代国际问题等作为教学与研究的主要内容，旨在培养从事中美双边事务和国际事务的专门人才，同时它也培养有关领域的教学科研人员。南京大学和约翰斯·霍普金斯大学聘请来自中国和美国的教授为学生讲课。中国学生由美国教授授课，国际学生则由中国教授授课。中美中心具有良好的中英双语环境，中美教授各自用母语为学生讲课，也即学生要用外语听课、阅读和写作。学生与教师、学生与学生之间在课堂与课后有大量密切的交流，这些活动为他们形成出色的双语能力提供了坚实的保证。证书项目学生结业时，他们将会得到由南京大学校长和约翰斯·霍普金斯大学校长共同签署的中美中心结业证书。硕士学位项目学生在完成所修课程和完成论文答辩后，可以获得南京大学法学硕士学位证书和毕业证书，以及中美两校校长联合签发的联合硕士学位证书。该证书与南京大学和约翰斯·霍普金斯大学所发出的其他硕士学位证书具有同等效力。[①]

（二）学刊的恢复或创办

学术刊物的数量和质量是衡量国际关系研究发展水平的重要指标之一。"文化大革命"结束并迎来新的历史时期后，《中国社会科学》、《世界历史》（1978年创刊）、《世界历史动态》等刊物相继创刊。从20世纪80年代初开始，国际关系学领域的专业刊物也呈现出不断增长

---

① 见南京大学-约翰斯·霍普金斯大学中美文化研究中心官网：https://hnchome.nju.edu.cn/10603/list.htm。该中心的早期研究性成果有沈宗美主编的《理解与沟通》（南京大学出版社1992年版），收入了研究中美关系、美国外交政策和美国思想文化的论文十四篇，部分作者是在中美文化研究中心就读过的中青年学者。

之势。

1981 年 7 月，中华人民共和国时期创办最早的杂志《国际问题研究》终于复刊，以季刊形式面世。复刊号为 1981 年第 1 期，作为复刊词的"编者的话"说：

> 在中断了十五年后，《国际问题研究》终于复刊了。
>
> 十五年之前，数不清的刊物不得不停止出版，《国际问题研究》又何能例外。但是，"对历史事件不应当埋怨，相反地，应当努力去理解它们的原因，以及它们的远远没有完全显示出来的后果"①。不但对过去要这样看，这也将是我们今后研究国际重大事件时所要力图采取的态度。……我们正处在一个动荡多变的时代，国际上出现了许多新现象、新问题，值得我们研究探索，而且迫使我们研究探索。我们希望能在这一方面做一点工作。②

复刊号发表了马列、王凝的《周恩来同志所倡导和体现的新中国外交风格》，李汇川的《中苏边界谈判的症结何在？》，庄去病、张鸿增、潘同文的《评美国的〈与台湾关系法〉》，宦乡的《一份值得重视的政策性文件——评西方四个国际关系研究机构负责人关于欧美关系的报告》，王炳南的《1956 年波兰"十月事件"的回忆》，谢曜的《对于西方世界石油市场的近况和前景的一些看法》，陈兆兴的《美国、西欧和日本经济实力对比的变化》，董雅的《日苏关系的变化及其趋向》以及张敦厚的《一年来的波兰》。这些论文无不选题得当，具有一定的分量。

2000 年 1 月起，《国际问题研究》改为双月刊，每逢单月出版。

现代国际关系研究所于 1980 年对外公开后，其《现代国际关系》杂志于 1981 年 10 月创刊，1986 年定为季刊，1992 年改为双月刊，1993 年起始为月刊。《现代国际关系》杂志的定位是，本着为党、政、军、学、

---

① 《马克思恩格斯全集》第 21 卷，第 236 页。
② 《国际问题研究》1981 年第 1 期（复刊号），"编者的话"。

企各界读者深入了解和认识世界提供高质量服务的宗旨，力求充分展现专家和学者对重大国际战略问题，世界形势，国际关系理论，各地区和国家政治、外交、经济、科技、社会、军事的重要发展变化，世界经济，重大热点等问题的最新优秀研究成果；在发挥政策性、时效性、学术性"三位一体"办刊优势的基础上，突出理论研究与动向研究有机结合，基础性与时效性兼顾的特色。

1980 年 12 月，中国政治学会成立，标志着政治学作为一门学科在中国的恢复。同年，在张友渔、杜任之等的指导下，成立了中国社会科学院政治学研究所的筹备小组。经过五年的筹备工作，政治学研究所于1985 年正式成立，并创办了《政治学研究》和《国外政治学》两个刊物。《政治学研究》第一年（1985）为季刊，第二年就改为双月刊，不时地发表国际政治方面的论文，如1985 年第 4 期就发表了《威慑理论初探》和《战争生态学的一个重要理论 —— "核冬天"》两篇文章。同年第 2 期发表了章亚航的文章《国际政治学与〈国际关系理论问题〉一书》，推介波兰著名外交家、知名国际政治学者、华沙大学教授约瑟夫·库库尔卡的《国际关系理论问题》一书，文章谓该书的特点有如下七端：

（1）作者试图以马克思主义的理论和方法论为出发点，建立马克思主义的国际政治学。这是区别于西方国际政治理论的最大特色。（2）作者以体系观点和体系方法为基础，建立他的国际政治理论体系。体系观点或原则是马克思主义方法论和唯物论的重要组成部分，是马克思认识人类历史和社会的关键。而用体系观点考察国际领域的社会关系，用体系原则和方法建立国际政治理论体系，是一大开创。（3）该书有选择地利用了西方（主要是美国）国际政治理论和方法的有用材料。这是不同于苏联同类著作的一个特点。（4）该书有创见地吸收了当代社会科学发展和科技革命成就所带来的新观点、新方法，如系统论、控制论、信息论。（5）作者在其体系观点和方法的基础上，尝试建立一种多元战略理论和分析方法，这是该书又一特点，因为，多元战略问题是国际政治学日益重要的有机组成部分。（6）尝试建立马克思主义国际预测学，以取代西方资产阶级的未来学及其在国际关系和对外政策领域的运用和影响，也是该书有远见的创举。（7）由于国际政治学首先是一门具有实践性和实用价值的应用科学，因此作者倡议并尝试建立一门具有综合分析性质和类似气象观测的综合观测学。作者希望通过这种分析方法，求得理论原则，进而建立理论联系实际的国际关系一般理论。这无疑是一条正确的可行之路。①

文章作者章亚航最后呼吁重视这一学科，尽快填补我国在该领域中的空白。② 当国家实行全方位开放，美欧理论广受关注之时，在苏联东欧方向上也打开了一扇窗，这无疑是有积极意义的。次年的《政治学研究》，又发表了《和平研究的理论准备》《对战争根源问题的探讨》《跨国政治初探》《支持战后世界和平的基本因素及其动态分析》等论文。1986年第3期则发表了倪世雄和王国明合撰的《均势理论纵横谈》。③

政治学研究所的另一个刊物为《国外政治学》双月刊，这是一个专门译介国外政治学发展动态的杂志，先内部后公开，也发表不少国际政治方面的文章。中国社科院情报研究所（现信息研究院）主办的《国外社会科学》的面更广泛一些，包括国际关系学，例如1986年第5期发表了倪世雄的《国际关系未来学》，1988年第4期发表了同一作者的《新现实主义思潮述评》等。

上海国际问题研究所1978年8月重新建立后，则在过去内部编印《国际问题资料》的基础上，于1983年对其进行了改版，经试刊后正式出版。1987年改名为《国际展望》，仍为半月刊，相关文章主要围绕国际形势和事件展开。后又创办了更具学术性的《国际问题论坛》，属于使用内部报刊准印证的刊物。

区域国别刊物则为数更众，直如雨后春笋一般地出现。中国社会科学院"国际片"各研究所都创办了学术刊物，有的研究所还办有不止一

---

① 〔波〕约瑟夫·库库尔卡著，章亚航译：《国际关系理论问题》，商务印书馆1988年版。

② 章亚航：《国际政治学与〈国际关系理论问题〉一书》，《政治学研究》1985年第2期。

③ 若干年后，已经是资深教授的倪世雄对笔者谈及，这篇论文的发表，对于他是一个极大的鼓舞。

个刊物，可以列表如下：

表 3.1 中国社会科学院国际问题研究期刊列表

期刊名称	创刊时间	创刊机构	历史演变
世界经济与政治	1979 年 3 月	中国社科院世界经济与政治研究所①	该刊前身先是《世界经济》（增刊），从 1979 年到 1981 年为内部季刊，1982 年改为《世界经济与政治内参》内部月刊，1987 年 7 月又改为《世界经济与政治》内部月刊，90 年代成为公开发行的月刊。
欧洲研究	1983 年	中国社科院欧洲研究所	1983 年，《西欧研究参考资料》创刊。1984 年起，刊名由《西欧研究参考资料》改名为《西欧研究》，为季刊。1993 年，刊名由《西欧研究》改名为《欧洲》。2003 年，刊名由《欧洲》改名为《欧洲研究》，刊期变更为双月刊。
美国研究	1987 年	中国社科院主管，中国社科院美国研究所、中华美国学会联合主办	1987 年，《美国研究》创刊时为季刊，2014 年改为双月刊。
当代美国评论	2017 年	中国社科院主管，中国社科院美国研究所、社会科学文献出版社主办	
俄罗斯东欧中亚研究	1981 年	中国社科院俄罗斯东欧中亚研究所	1981 年创刊时，刊名为《苏联东欧问题》，双月刊，内部发行，1983 年开始全国发行。1993 年苏联解体后更名为《东欧中亚研究》，2003 年更名为《俄罗斯中亚东欧研究》，2013 年再改名为《俄罗斯东欧中亚研究》，沿用至今。

———————

① 中国社科院世界经济与政治研究所还创办了《世界经济》《国际经济评论》等杂志。

期刊名称	创刊时间	创刊机构	历史演变
亚欧经济	1996 年	中国社科院俄罗斯东欧中亚研究所	1985 年，《苏联东欧问题译丛》，双月刊，作为内部期刊出版，1987 年转为公开发行，1992 年更名为《东欧中亚问题译丛》，1995 年更名为《东欧中亚市场研究》，月刊，2003 年再更名为《俄罗斯中亚东欧市场》，2013 年 6 月更名为《亚欧经济》。
当代亚太		中国社科院主管，中国社科院亚洲太平洋研究所（现亚太与全球战略研究院）、中国亚洲太平洋学会主办	
南亚研究	1979 年	中国社科院主管，中国社科院亚洲太平洋研究所（现亚太与全球战略研究院）、中国南亚学会主办	1979 年创刊以来，经历数次停刊、复刊以及发行周期变动，2009 年后变为季刊稳定发行。
拉丁美洲研究	1979 年	中国社科院拉丁美洲研究所	1979 年创刊时名为《拉丁美洲丛刊》，双月刊，1986 年更名为《拉丁美洲研究》，是中国第一份，也是迄今为止唯一一份向国内外发行的、专门发表有关拉美研究的学术刊物。
西亚非洲	1980 年	中国社科院西亚非洲研究所	
日本学刊	1985 年	中国社科院日本研究所	1985 年创刊时名为《日本问题》，双月刊，1990 年 2 月中华日本学会成立时，以其为会刊，更名为《日本学刊》，中国社科院日本研究所与中华日本学会共办，1991 年 1 月开始发行。
当代韩国	1994 年	中国社科院主管，中国社科院韩国研究中心、社会科学文献出版社主办	

　　除了以上中国社会科学院主办的各家学术刊物外，北京大学的《国际政治研究》创刊于 1980 年 3 月。该刊原名《世界政治资料》，1984

年起改名为《政治研究》，1989 年 3 月起改称现名。自 1985 年起定期出版，为季刊，2014 年改为双月刊。还办有内部交流性质的《国际政治简讯》。

北京外国语大学于 1987 年创办了《东欧》季刊，1999 年改名为《国际论坛》，为双月刊。上海外国语大学主办的《国际观察》则于 1993 年开始以现名出刊。

表 3.2　其他国际问题研究期刊

期刊名称	创刊时间	创刊机构	历史演变
国际政治研究	1980 年 3 月	北京大学	原名《世界政治资料》，1984 年起改名为《政治研究》，1989 年 3 月起改称现名。自 1985 年起定期出版，为季刊，2014 年改为双月刊。
俄罗斯研究	1982 年	华东师范大学	1981 年 5 月，上海社会科学院和华东师范大学联合创建上海苏联东欧研究所，经由教育部和中共上海市委批准，正式成立，该所成立后创办《今日苏联东欧》双月刊，属于内部刊物。1987 年，上海社科院决定单独新建苏联东欧问题研究所，而上海苏联东欧研究所归属华东师大，后于 1999 年更名为俄罗斯研究中心。《今日苏联东欧》杂志在苏联解体后，于 1992 年改名为《今日前苏联东欧》，1995 年改称《今日东欧中亚》，2001 年再改刊为《俄罗斯研究》。
国际论坛	1987 年	北京外国语大学	创刊时名为《东欧》，季刊，1999 年更名为《国际论坛》，现为双月刊。
国际观察	1980 年	上海外国语大学	1980 年《苏联问题参考资料》创刊，季刊，1990 年更名为《苏联研究》，1993 年更名为《国际观察》，双月刊。

还有一种是使用书号出版的丛刊，比如《亚非研究》就是如此。根据其"编辑说明"，《亚非研究》为北京大学亚非研究所主编的不定期综合性学术论文集，其前身为《亚非问题研究》（共出版 12 集）和《南亚东南亚评论》（共出版 4 辑），后者为原北京大学南亚东南亚研究所主编的综合性学术论文集。1991 年 5 月，两所合并，上述两种论文集亦随之停刊，并决定出版发行《亚非研究》。《亚非研究》主要刊登亚非地区和国家的政治、经济、文化、教育、民族、宗教等现状和历史方面的研究成果、系统的资料，以及有关的外论选译，适当选登国内外有关的学术

动态和重要的书刊评介等。《亚非研究》是学术性研究文集，目的在于推动对亚非地区历史与现状的调查研究和开展学术交流，通过学术上的讨论，推动亚非问题研究工作的深入发展。从1982年开始公开出版第1集（日本问题专集），第2集为西亚、非洲问题专集，第3、4集为东北亚、西亚、非洲问题综合专集，第5集为西亚、非洲问题专集，第6集为东北亚问题专集，第7集为西亚、非洲问题专集，第8集再为日本问题专集。

这一时期还诞生了众多的大学学报，如《外交学院学报》创刊于1984年。这些学报也是国际关系学者发表论文的重要场所。

三、学术研究

（一）国际关系史研究的兴盛

国际关系史是国际关系研究中不可或缺的方面。"国际关系学必须以国际关系史学作为基础和主要内容，而国际关系史学也必须以国际关系学包含的种种理论性范式、观念和命题作为一类基本工具。无论是国际关系学还是国际关系史学，就其大者而言之，都需要有总体理解能力和历史方向意识，即'空间和时间'两方面的智识恢宏性，或在这个意义上的广阔的视野。"[①]

因此，国际关系史是大学相关院系中的必修课程，也很自然成为学者开展研究的先锋领域。

在20世纪80年代，对国际关系史的研究是一个极为突出的方面。在较早时，洪育沂有《1931—1939年国际关系简史》问世（生活・读书・新知三联书店1980年版）。复旦大学国际政治系国际关系教研室学者颜声毅、李幼芬、俞正梁和朱明权撰写了《现代国际关系史》（知识出版社1984年版），从第一次世界大战的起源写到1945年第二次世界大战结束。根据其"出版说明"，该书初稿曾作为讲义在学校中试

---

① 时殷弘：《关于国际关系的历史理解》，《世界经济与政治》2005年第10期。

用，后由上海市国际关系学会付印，分发部分大专院校、科研单位和有关单位及专家、学者征求意见，并据此进行了修订和补充。考虑到这本书的目的，主要在于向读者介绍两次世界大战间的国际形势和各主要国家之间的关系，知识出版社商请作者精简了部分应由其他专门论著详加讨论的内容，并舍弃了不少十分引人入胜的折冲樽俎的细节和名言隽语，以保持全书严谨的风格。[①]1989 年，俞正梁、颜声毅和汪鸿祥又出版了《战后国际关系史纲（1945—1987）》（世界知识出版社）。该书初稿曾由上海市哲学社会科学学会联合会付印，在部分高等院校和其他有关单位作为教材或参考书试用，并广泛征求意见，经补充和修订后正式出版。此书概述了第二次世界大战结束后四十多年间国际局势、国际关系的发展变化，世界各种基本力量、主要国家之间的相互关系及其演变趋势。[②]此二书撰述的对象议题在时段上前后相继，均为通史性的论著。[③]

在这一时期，通史性的国际关系史出版了多种，有的属于专著，有的则是教科书。譬如，作为"高等学校法学试用教材"中的一种，由王绳祖等主编了一部《国际关系史》，全书分上、下两册，由两个编写组撰写，分别出版。上册从 17 世纪中叶至第二次世界大战结束，由王绳祖主编，何春超、吴世民副主编；下册专写战后，由何春超主编，张季良副主编，均于 1983 年由武汉大学出版社出版。上册的"说明"称："古代和中世纪当然也有国际关系。但从全球角度来看，古代和中世纪的国际关系主要是地区性的，各大洲之间的联系是松弛的、不经常的，并往往是一些经济文化的交流，称不上真正的国际关系。全球性的国际关系的形成，是与资本主义生产方式的发生和发展相适应的。因此，这

---

① 颜声毅、李幼芬、俞正梁、朱明权编著：《现代国际关系史》，知识出版社 1984 年版，"出版说明"。

② 俞正梁、颜声毅、汪鸿祥编著：《战后国际关系史纲（1945—1987）》，世界知识出版社 1989 年版，"出版说明"。

③ 附带提及一部专题性的论著，即陈兼的《走向全球战争之路——二次大战起源研究》，是上海学林出版社出版的"青年学者丛书"的一种，于 1989 年出版。

本教材是从 17 世纪中叶写起，当时正是英国资产阶级革命胜利，生产力跃居各洲之首的欧洲开始出现比较稳定的国际体系，散处各洲的各个相对独立的国际体系彼此的经济政治联系逐渐紧密起来，而国际法也正是在这个时候肇始其端的。"这一"说明"的落款为"一九八二年十月"。后来出现的还有方连庆、刘金质、王炳元主编的《战后国际关系史（1945—1995）》（上、下）（北京大学出版社 1999 年版）、袁明的《国际关系史》（北京大学出版社 2005 年版，为普通高等教育"九五"国家级重点教材《国际关系史》三卷本中的一卷，即现代卷）和时殷弘的《现当代国际关系史 —— 从 16 世纪到 20 世纪末》（中国人民大学出版社 2006 年版）等。

（二）四个"第一"

20 世纪 80 年代出现了中国国际关系学史上的数个"第一"。

1. 第一篇西方国际关系理论述评

中国学者第一篇关于西方国际关系理论的研究性文章是陈乐民的《西方现代国际关系学简介》，发表于《国际问题研究》1981 年第 2 期。该文开宗明义地说，国际关系学，或称国际关系理论，在西方国家是一门很盛行的综合性社会科学；它不同于国际关系史，也不限于对某个国际问题和国际事件本身的研究，而是力图对纷繁多端的国际关系进行综合性的和比较性的研究，探索国际关系中各种问题和现象的规律；因此，它是一门理论性和抽象化的学问，它在西方已经成为带有"多学科"或"边缘学科"性质的独立学科。该文旨在就西方现代国际关系学的发展、它研究些什么问题，以及在方法论上有什么特点，作一些简要的介绍。[①]

陈乐民的文章分为"西方现代国际关系学发展的几个时期""西方现代国际关系学的研究对象"和"关于现代国际关系学的研究方法"三部

---

① 陈乐民：《西方现代国际关系学简介》，《国际问题研究》1981 年第 2 期。这篇文章常被人引用，但文章题目也常以讹传讹。笔者查到原文，据实引述，以正视听。

分，引用了爱德华·卡尔的《二十年危机》、多伊彻（一译多伊奇）的《国际关系分析》、雷蒙·阿隆的《和平与战争——国际关系理论》等学者及其代表性著述，包括 31 个注释，为当时的国际关系学研究性文章所不多见。

文章总结说：

> 西方现代国际关系学的著作很多，十分庞杂，雷同的也很多，以上只作了一些十分概括而粗浅的介绍。……现代国际关系学在西方毕竟是一门重要的学问，它的思维方法和表述方法在有关著作中是普遍应用的；对这门学科，我们应该有所介绍和了解。此外，它所使用的某些具体研究方法，我们也可有选择地借鉴。它提出的不少概念在国际关系中是客观存在的，同样需要我们用马克思主义的原理和观点加以综合研究，给以科学的、本质的解释；例如，"相互作用"这个概念，马克思、恩格斯在"考察自然界或人类历史或我们的精神活动"时，就曾多次进行过深入、精辟的分析。
>
> 我国从事国际关系的系统理论研究时间还不算长，为了活跃和丰富我国国际关系的理论研究，有计划地介绍一些现代国际关系学的理论和方法，在马克思主义的原则指导下，批判地吸取其有用的因素，这对于形成我国自己的国际关系理论体系，将是一件有意义的工作。[①]

陈乐民这篇开风气之先的论文，可说"先知先觉"地注意到了西方国际关系学，并提出了吸收借鉴的问题，在中国国际关系学术史上颇具意义。

2. 第一篇呼吁建设中国自己的国际关系理论体系的论文

第一篇呼吁建设中国特色国际关系学或理论的论文是王建伟、林至

---

① 陈乐民：《西方现代国际关系学简介》，《国际问题研究》1981 年第 2 期。

敏和赵玉梁的《努力创建我国自己的国际关系理论体系》。① 该文开宗明义地指出，理论是系统化了的理性认识，它产生的基础是社会实践。从社会实践到理论之间还有个媒介物，这就是客观的需求。只有当中国在比较完全意义上进入国际社会，并在其间发挥日益重要的作用时，才会产生对国际关系理论的强烈需求。在中国的国际问题研究中，存在着用马列主义的一般原理和个别结论去图解国际政治多姿多彩的现实，并以此代替对国际关系理论的独立研究的倾向。一个理论体系的建立需要一代人甚至几代人长期的努力。作为第一步，三位学者提出了十个课题，供有志同道合者共同思考。实际上，他们是提出了十个需要研究的理论问题：

（1）对国际社会基本性质的认识问题。包括三个方面：一是对国际社会中存在的各种主体（或曰角色）的认识；二是对国际社会基本矛盾的认识；三是对国际关系基本格局的估计。

（2）国际关系发展的动力问题。西方国际关系理论把国家对"权力"和"利益"的不断追求，把国家之间的权力斗争看作是国际关系发展的基本动力。我们传统上则是以国际阶级力量对比的变化，阶级斗争的高潮和低潮的交替出现来解释国际社会的曲折前进的。把国际社会描绘成充满你死我活的权力斗争的"自然状态"，把人性的消极方面说成是国际关系发展的原动力，这即便在许多西方学者看来也是失之偏颇的。但是仅仅从阶级斗争的角度去说明国际关系的变化，也未免失之简单化。南北关系、东西关系是哪些阶级之间的对抗？恐怕难以自圆其说。作者们认为，至少还有如下四种视角：其一，人类的物质生产活动是推动历史发展的动力。从国际关系来看，研究生产的国际化和科学技术的进步对国际政治的影响具有越来越重要的意义。其二，研究国家以外的各种国际实体在国际关系中的地位和作用，包括跨国公司、国际组织等。其三，不仅要研究国际政治活动的对抗形式，如战争、竞争、冲

---

① 王建伟、林至敏、赵玉梁：《努力创建我国自己的国际关系理论体系》,《世界经济与政治内参》1986 年第 9 期。

突等；也要注重国际政治活动中的非对抗形式，如合作、妥协、默契等。其四，各种国际性的民间活动对国际关系发展的一定推动作用也应当予以重视，如各国之间的非官方的民间团体往来、各种群众性的思潮、运动等。

（3）国际冲突的根源和性质等问题。战后国际关系发展的事实表明，资本主义的生产关系并非是国际冲突的唯一来源。国际冲突的起因远为复杂。要深入对国际冲突的研究，必须首先大大丰富对战争根源的探讨。简单地引用马克思主义的现成结论，常常会掩盖国际冲突的真正本质。此外，对国际冲突的各种不同层次、触发机制、相互联系以及控制途径，也应当在实证的基础上加以客观的研究。

（4）国际关系中的力量对比问题。我们在对国际局势进行分析时，常常喜欢用"力量对比"这个词，但是对于力量（或实力）这个概念的内涵和外延，缺乏深入的研究，往往不甚了了。在国际关系中，力量是一个综合性很强的概念。它包括物质和精神的诸多因素，有些是可以衡量的，有些则难以衡量。纵观我们过去对国际间力量对比的分析，似有几个问题需要澄清。一是对实力在外交中的重要性的认识问题。"弱国无外交"虽然已是不言自明的公理，但是对力量与外交之间的关系缺乏科学的明晰的理论阐述和严格的实证分析。二是关于正义、道义与力量的关系问题。三是关于大国和小国在国际关系中的作用问题。国际关系的稳定，在很大程度上有赖于大国之间能够建立起一种工作关系，这和大国主义并无共同之处。同样，对小国在国际关系中的作用的评价也应当恰如其分。

（5）内政与外交的相互关系问题。一个国家的对外政策和对内政策一样，是受其经济和政治制约的。研究内政与外交之间的关系，大致可以从两方面着手。第一，研究国家对内和对外的不同职能。第二，研究影响内政和外交的不同条件和因素。构成一国外交物质和精神基础的某些因素，如地理环境、民族素质等，会超越国内政治制度的变更而在一个长时期对该国外交产生作用，即形成所谓一国外交的历史传统。

（6）国家对外政策的目标问题。一是意识形态与对外政策目标的关系问题。二是对外政策目标的稳定性问题。三是对外政策目标的有限性和无限性问题。如何制定适度的外交政策目标，是需要从理论上和实践上加以论证的。

（7）外交政策的决策问题。一是对欧美发达国家外交决策机制进行研究。二是对我国外交政策的决策机制进行研究。在面临突发性的重大国际问题需要迅即做出反应的时候，往往是主要决策者的直觉、经验、禀性而不是正常的外交决策程序在制订政策的过程中起了决定性的作用。但是这并不能否定研究外交决策问题的重要性，相反恰恰证明，外交政策的决定需要有一套效率更高、信息输入和反馈更为灵敏的决策体制。

（8）外交艺术的理论化问题。对外交艺术的研究，即将之理论化、系统化的问题，应当是我国国际关系理论的内容之一。从严格的意义上说，在我国的国际政治和国际关系学科中，外交学这一研究领域尚待建立。这一研究大致包括四个方面：一是对古今中外外交史的研究。二是对历史上杰出的外交家的个人经验进行提炼和概括，分析他们在历史上的作用和得以产生的各种因素。三是对当今世界上各主要国家的外交政策进行比较研究。四是对各种外交形式进行系统的研究，着重研究战后出现的许多外交新途径、新方式、新技能，如经济外交、专家外交、民间外交等。

（9）民族主义和国际主义的问题。二者之间的关系，一直是一个令人困惑的问题。要从历史的角度进行考察，得出符合实际的结论。重要的是，不要讳言追求本民族的利益也应当是社会主义国家对外政策的基本目标之一。

（10）对战后发达国家对外政策的评价问题。从总体上讲，我们对战后发达资本主义国家的对外政策的历史作用缺乏深入的研究和评价。我们所做的多半是在理论定性的前提下，对其外交政策进行描述。很少有人从资本主义生产关系的角度，从战后整个国际关系发展的角度来加以探讨。战后，资本主义列强没有重演自相残杀的历史，这是资本主义进入帝国主义时期以来的一种新现象。不能将之完全解释为是外力的结果，它有内在的动因。资本主义国家之间关系的改善，对整个国际关系的作用如何？它是暂时的历史现象还是意味着某种部分的质变，都是可以深入研究的。①

本章之所以详细引述该文提出的十个问题，是因为人们一般提及这篇最早的论文时，大都语焉不详，因此有必要具体些。然而更重要的，还在于这篇论文早在 20 世纪 80 年代就提出了非常重要的问题，至今仍不失其意义，其深刻性在中国国际关系学的历史上已经得到体现。同时，这十个问题也构成了一个较为完整的国际关系理论的研究架构。

3. 第一本西方国际关系理论研究著作

第一本以著作形式研究和撰述西方国际关系理论（或国际关系学）的，是陈汉文的《在国际舞台上 —— 西方现代国际关系学浅说》（四川人民出版社 1985 年版），它是作为风靡一时的"走向未来丛书"的一种出版的。

该书引言开篇就恰如其分地写道："我们现在所面对的，是一个对我国许多读者说来还比较陌生的理论研究领域。"而该书打算介绍的，是西方资产阶级现代国际关系学理论。它产生的历史只能追溯到本世纪初，直到第二次世界大战以后，它才在欧美国家普及和兴盛起来。……对西方国际关系学有所了解，不仅可以扩大知识面，而且对于人们独立地观察、分析、判断国际现象，探索国际关系的理论问题，也会有所裨益。②该书共八章，第一章概述了国际关系与国际关系学。第二章"国家行为的基本动因"述评了现实主义理论、"国家利益"问题、国家权力和地缘政治理论等。第三章"对外政策的决定过程"讨论了外交决策过程和模式。第四章"国家间的合作与冲突"主要阐述国际冲突以及和平与战争问题。第五章"核时代的赌博"叙述了核威慑理论和博弈论等。第六章"国际关系的系统与结构"陈述了系统论方法的引进、M. 卡普兰的

---

① 王建伟、林至敏、赵玉梁：《努力创建我国自己的国际关系理论体系》，《世界经济与政治内参》1986 年第 9 期。

② 陈汉文：《在国际舞台上 —— 西方现代国际关系学浅说》，四川人民出版社 1985 年版，第 1—3 页。

国际系统模型以及 K. 霍尔斯蒂的国际体系说，注意到霍尔斯蒂特别注重于对国际关系历史实践的考察，试图从历史中抽象并建立国际体系的分析模式。第七章"国际社会的相互依赖"主要叙述相互依赖理论。第八章"通向国际一体化的道路"讨论了早期机能主义理论、新机能主义以及通讯理论等。① 由此可见，该书在述评西方国际关系理论方面，引人注目地走在了前面，产生了一定的启蒙作用。陈汉文还著有《竞争中的合作 —— 西方国际经济学导论》（四川人民出版社 1987 年版）一书，也被列入"走向未来丛书"出版。

4. 第一次全国国际关系理论讨论会

1987 年 8 月 9 日至 13 日，第一次全国性的国际关系理论讨论会在上海召开。这是中国国际关系学发展史上的一个标志性事件。

关于召开这次会议的主要理由，在讨论会领导小组委托国际关系学院赵玉梁、赵晓春、楚树龙三人所写的《关于建立有中国特色的国际关系学体系 —— 上海国际关系理论讨论会纪要》中是这样说的："自党的十一届三中全会以来，我国国际交往的实践和国际关系教育的实践告诉我们国际关系理论的研究已经提到议事日程了。第一，在新的历史条件下，面临着许多新问题、新现象，理应作出科学的阐明，创造性地发展马克思主义国际关系理论，建立我们自己的理论体系。第二，当代世界政治经济正面临着大转折，需要用科学的国际关系理论，预测国际关系的发展演变，制定正确的战略和策略。"② 作为组织者之一的金应忠认为，这个表述从大处、全局着眼来讲为什么要召开"上海国际关系理论讨论会"是完全正确的。何况中国共产党第十三次全国代表大会在当年 10 月底就要召开，社会主义改革开放事业、中国对外关系发展即将进入新的历史发展进程。

然而具体地说，还涉及这样几方面：第一，对已经启动的国际关

① 参见陈汉文：《在国际舞台上 —— 西方现代国际关系学浅说》，四川人民出版社 1985 年版。

② 赵玉梁、赵晓春、楚树龙：《关于建立有中国特色的国际关系学体系 —— 上海国际关系理论讨论会纪要》，《现代国际关系》1987 年第 4 期。

系理论研究需要共同加以推动。当时国际关系理论研究的启动已经是一个事实。如 1980 年金应忠撰写了《试论国际关系学的研究任务、对象和范围》，1981 年陈乐民发表了《西方现代国际关系学简介》，1985 年陈汉文的《在国际舞台上》出版，1987 年邵文光翻译的《争论中的国际关系理论》出版。1987 年倪世雄、金应忠主编的《当代美国国际关系理论流派文选》出版。其后的 1989 年，张季良主编的《国际关系学概论》出版，这是我国历史上第一本用中文话语撰写的国际关系理论教材。第二，关于中国特色国际关系学体系在中国如何发展需要讨论出一个方向。通过当年学术成果的回顾，可以有根据地说，国际关系学发展在中国的起步，一开始就是两条腿走路的：一条腿是探索具有中国特色的国际关系学理论体系、学术体系、话语体系，当年的一个开路先锋是国际关系学院张季良教授。客观地说，中国学者的国际关系理论研究起步较晚，尚未形成一个独具特色的学术体系。但在国家对外关系的发展中，在观察国际形势变化过程中，中国学者提出的许多观点和具有一定创造性的理论，在指导国家对外政策、支持世界人民的正义事业方面所具有的价值，是有目共睹的，中国外交取得的成就也是有目共睹的，从学术上进行提炼、抽象是中国国际关系学学者义不容辞的责任。另一条腿是对美欧等地区国际关系理论成果开展实事求是的评析。客观地说，国外国际关系理论成果包含着合理成分与不合理成分，不足为怪，全面肯定和完全否定都不适当，为了分清是非就要深入评析，就有了科学比较的必要性，旨在"去伪存真，去粗取精，由此及彼，由表及里"，在此过程中发现其中合理的、有用的东西。第三，为将要建设的中国国际关系理论定性。在 1987 年讨论会上，无论是宦乡、汪道涵的讲话还是与会者的发言都表达了要建立中国特色国际关系学体系这一追求，说明当时的定性是清楚的，即：一是中国自己的，二是建立国际关系学体系。

　　会后出版的《国际关系理论初探》文集，对研讨会作了这样的表述：这次理论讨论会是根据国务院国际问题研究中心总干事宦乡和上海市人民政府顾问汪道涵的提议，由上海市国际关系学会、上海外国语学院国际问题研究会、上海国际问题研究中心、上海旅游服务开发公司、上海旅游培训中心、中国国际关系史研究会、中国现代国际关系研究所、复旦大学美国研究中心等单位共同发起召开的。上海市国际关系学会副会长刘星汉和刘同舜、中国国际关系史研究会北京分会会长周纪荣、上海国际问题研究中心副总干事钟鸣、上海外国语学院国际问题研究会会长张坚担任了这次讨论会的主要领导工作。全国 100 多位国际问题学者参加了这次讨论会，提交了 50 多篇论文，大体上反映了中国国际关系研究的基本状况。可以说，自中华人民共和国成立以来，这次讨论会第一次检阅了中国国际关系理论研究队伍。①

在这次讨论会上，汪道涵谈道，国际关系基本理论要把现实存在的政治关系、经济关系、民族关系、政党关系、文化关系、军事关系等加以系统的综合和科学的概括。要促进国际关系基本理论的深入研究，以便形成系统的科学。宦乡则设问：我们建立理论的目的是为了什么？他的回答是，一个是为了总结过去的行为，一个是指导将来的行为。把过去的行为总结起来，从中提出若干规律化的东西，把它条理化，规律化，这就是理论。我们就用这个理论指导未来的行为。国际关系理论也是如此。② 这是很具有代表性的中国人对理论和国际关系理论的理解。作为这个首次国际关系理论讨论会的成果而结集出版的《国际关系理论初探》，代表了当时中国国际关系学界对相关问题的认识，以及到那时为止的研究水平。

除此之外，1986 年 3 月，中国国际关系史研究会北京分会的部分成员就如何建设马克思主义国际关系理论问题举行了座谈。与会学者提出了许多重大理论问题，初步交换了意见和设想，一致认为需要共同努力加快国际关系理论的建设。③ 还有学者忆及，1986 年 11 月和 1987年 12 月，在国际关系史研究会北京分会的年会上，理论组的讨论最为

---

① 上海市国际关系学会编：《国际关系理论初探》，上海外语教育出版社 1991 年版，"编后记"。

② 同上书，第 2—5 页。

③ 张季良主编：《国际关系学概论》，世界知识出版社 1989 年版，第 29 页。

热烈。①

四、思想的力量

（一）"学术报国"

早在担任中国社会科学院副院长期间，宦乡就开始组织重量级的代表团出访，积极开展对外交流。1979 年 11 月，宦乡率团访美一个月，以苏联问题为主题进行交流，代表团成员包括李慎之（待任美国研究所所长）、何方（待任日本研究所所长）、刘克明（待任苏联东欧研究所所长）、徐葵（继刘克明任苏东所所长）、陈明群（时任中国人民解放军总参二部副部长）。代表团会见了美国总统国家安全事务助理布热津斯基等人。此行开创了实际意义上的中美学术交流活动。1980 年 4 月，宦乡又率领一个代表团访问了日本。

通过学术交流和自己研究，促动宦乡对中国现行的外交政策产生疑问，认为已经到了必须进行较大调整的时候了。经过多次酝酿，宦乡提出以他个人的名义写一个关于调整外交政策的建议，上书中央。这是1980 年春夏间的事。经过深思熟虑，最后写成了一篇《关于建议同美国拉开距离和调整对苏关系的报告》，建议改变当时对苏联的僵硬态度，妥善处理关系，争取使美苏双方都有求于我。中国力量虽小，但却可以起到"四两拨千斤"的作用，使国际上的战略大三角关系向更加有利于我们的方向发展。②

大致与此同时，也就是 1980 年前后，身为常务副部长的李一氓在中联部组织专门班子研究了当时国际形势和对外关系中的六个重大问题，写成《讨论稿》报送中央。其中一篇是关于三个世界划分问题的分析和建议，认为它在理论上不妥，在实践中有弊端，建议今后不要再提三个

①　洪远：《中国国际关系理论研究历程述要》，《历史教学》1989 年第 11 期。

②　何方：《从延安一路走来——何方自述》，人民日报出版社 2015 年版，第 332 页。

世界的理论了。[1] 十一届三中全会后，全国工作的重点已经转到经济建设上来，但对国际形势的估量却还是使用老一套看法，比如常说战争只能推迟不能避免。而李一氓主持撰写的报告则提出，国际形势已经发生了根本变化，战争不但有可能避免，而且在今后相当长的时间内都打不起来。经过一段时间酝酿，这个问题最终引起了中国领导层的重视和思考以及相应的调整。到1982年，中共中央总书记胡耀邦在十二大报告中就已提出，"世界和平是有可能维护的"。1985年3月邓小平更进一步提出了"和平和发展是当代世界的两大问题"之说，并且公开承认，我们对国际形势的判断和对外政策"有两个重要的转变"。其中第一个就是"改变了原来认为战争的危险很迫切的看法"。[2]

宦乡和李一氓的上述建议，对于中国进入改革开放时期后，在观察国际形势和调整对外政策上进行拨乱反正发挥了重大作用。[3]

还在1981年，宦乡就开始酝酿成立一个新的组织，主要目标有两个：一是在国际问题和对外关系方面为党中央和国务院发挥参谋作用；二是希望带动全国的国际问题研究和开展对外学术交流。原来的设想只是个论坛性组织。根据宦乡1982年7月在中国世界经济学会成立大会上的讲话："现在上级要求在国务院下面设一个国际问题研究中心，把该合作的学科和跨学科的研究题目由研究中心抓一抓，这个研究中心不是具

<hr>

① 何方：《论和平与发展时代》，世界知识出版社2000年版，第47页。在研究界，迟至1987年，仍有人认为："'三个世界'的划分是马克思主义的科学论断；'三个世界'是一个长期的客观存在，是当代国际上一个长期的大态势；毛主席的战略思想，正是对这样一个客观态势和总的格局的科学概括，因此除非客观形势发生根本性的重大变化，它的基本精神和指导意义在一个长时期内是有效的、完全正确的、不会变易的。"还视之为中国"三大项"国际战略原则之一，即：第一，划分三个世界的战略思想；第二，和平共处五项原则；第三，为"建设有中国特色的社会主义"服务。见陈忠经：《国际战略问题》，时事出版社1987年版，第124—125页。无论如何，不久后冷战终结、德国统一、苏联解体总算得上是客观形势"根本性的重大变化"了。

② 《和平和发展是当代世界的两大问题》，《邓小平文选》第三卷，人民出版社1993年版，第104—106页。

③ 何方：《从延安一路走来——何方自述》，人民日报出版社2015年版，第332—333页。

体机构，而是一种协商、协调和调整的机构。现在大体上的方案已经送上去了，待批准后实施。……学术就是百家争鸣。这个研究中心就是提倡百家争鸣，协调百家争鸣的机构。"① 由于对外开放的大背景和宦乡个人的影响力，经领导层批准，于1982年3月成立了国务院国际问题研究中心这一实体机构，由宦乡任总干事。在1988年的国务院机构改革中，该中心更名为中国国际问题研究中心。

受国务院国际问题研究中心成立的激发，上海方面经过一段时间筹备，也于1985年5月成立了上海国际问题研究中心。它是由上海市人民政府领导的综合性国际问题研究和咨询机构，受上海市前市长汪道涵指导，由上海社会科学院管理。中心的主要任务是：（1）组织、协调、推动上海各国际问题研究机构、有关业务部门和信息机构发挥各自优势，分析研究与上海发展有密切联系的国家和重要地区的政治、经济、安全和发展趋势。特别注重研究美国、俄罗斯、日本、欧洲、东亚、中东等国家和地区及其与中国的关系。（2）协助和促进上海各国际问题研究单位扩大国内外学术交流。（3）接受上海市人民政府委托的有关国际问题研究课题。（4）与中国国际问题研究中心保持密切联系，接受中央机构委托的国际问题研究课题。（5）为本市各地区、国内经贸企业和涉外单位提供国际问题方面的咨询服务。

在整个20世纪80年代，先后担任中国社会科学院副院长（1978—1985年）和国务院国际问题研究中心总干事（1982—1989年）的宦乡一直发挥着中国首席国际问题专家的作用。他在国内参加有关研讨会时，一再提出对于中国发展战略的主张。作为国际问题专家，他总是从世界经济政治总的形势出发，说明中国所处的国际环境，面临的有利条件和不利因素，提出应当采取的对策。他认为，20世纪90年代是最关键的十年，世界形势可能会出现很多新的变化，中国必须抓紧时机，奋发图强，以适应和跟上形势的发展。应当有强烈的紧迫感、危机感，痛下决

---

① 中国社会科学院科研局编：《宦乡集》，中国社会科学出版社2002年版，第323—324页。

心，艰苦奋斗，把现代化建设推向前进。1985年，宦乡出版了《纵横世界》文集（世界知识出版社）。宦乡的《纵横世界续编》一书，则收集了他从1984—1988年间的部分论著、谈话和演讲稿。1988年秋，他抱病对大部分文稿做了校阅。根据该书编者所写的"前言"，当今时代的主题是争取和平和发展。宦乡把时代的特点概括为十六个字，即"一个世界，两种制度，政经多极，竞争共处"。由于经济发展不平衡，美苏的实力下降，它们对各自盟国的控制都在削弱，现在正处于两极体制向多极体制过渡的时期。在世界经济走向一体化的同时，区域化、集团化已呈不可逆转之势。经济大国之间的关系将按"竞争—摩擦—协调—再竞争—再摩擦—再协调"的方式向前发展。他预计到20世纪末21世纪初，新技术革命可能会有重大突破，随之将出现又一次世界经济大发展的时期，一场经济、技术方面的世界性争夺将不可避免，其结果将导致世界大国地位的重新排列。①

（二）"国际和平年"的助推

这一时期，联合国确定的"国际和平年"及相关活动对中国的国际研究产生了一定的促进作用。

1981年，在第三十六届联合国大会上，哥斯达黎加代表在发言中指出，鉴于和平一直是人类的最高希望和联合国的主要目标之一，又鉴于当前紧张的国际形势，各国应该就维护和平促进国际合作采取行动，并提议讨论一项《和平共同宣言》，开始了对"国际和平年"设想的酝酿。1982年11月16日，根据哥斯达黎加的倡议，第三十七届联合国大会通过了第37/16号决议，确定1986年为"国际和平年"，目的在于重申联合国宪章维护和平的宗旨，促使各国政府和人民进一步关注和平问题，以努力促进世界的和平与稳定。1985年10月24日（即联合国日），联合国正式宣布1986年为国际和平年。根据时任联合国秘书长德奎利亚尔1986年1月1日的新年文告："和平与裁军，和平与发展，为和平生活作

---

① 宦乡：《纵横世界续编》，世界知识出版社1989年版，"前言"第3—4页。

准备，是国际和平年方案的三个主要议题，它们反映了寻求和平必须涉及的许多方面。国际和平年可以提供一个有价值的工作范围，鼓励人们去进行研究和寻找解决办法，以减少发生战争的可能性。"①

鉴于联合国大会确定 1986 年为国际和平年，中国积极响应，成立了国际和平年中国组织委员会，由四十位政府和群众团体负责人以及各界知名人士组成，王炳南任主任。作为响应国际和平年的活动内容之一，由中国社会科学院、上海社会科学院以及上海国际问题研究所在 1986 年5 月主办召开了"维护世界和平学术讨论会"，来自中国各地各界的四十多位学者参加了这次研讨会，从各方面深入讨论了当代人类面临的最重要问题——防止战争、维护和平的问题。

作为其工作内容之一，组委会编辑出版了专书《为了和平与人类的未来——纪念国际和平年》。②该书收入了宦乡的《和平、合作与发展——走向二十一世纪的人类文明》宏文。该文深刻地分析了当下的世界，指出我们生活在一个充满东西南北各种矛盾和冲突的世界；严重对峙的东西方关系和极不正常的南北关系是国际间各种矛盾转化和激化的根本原因。从根本上说，南北问题目前虽然更多地是以经济形式为特征的，但不能不看到，它仍然是旧有的国际关系体系的延续和形变。事实上，在当今的世界经济体系中，绝大多数发展中国家依然是发达国家的原料产地、销售市场和投资场所，用以形容这种关系的"相互依存"概念，虽有互利的一面，但却包含着极不平等的性质。在该文中，宦乡还对人们耳熟能详的"和平共处"一语进行了阐发，认为，和平共处是国家之间在不改变和不触及各自社会制度和利益的前提下，在平等和自愿的基础上，以非军事的形式解决争端和处理相互关系的准则，是各国进行多方面合作、实现共同发展与繁荣的基础。它不要求任何国家放弃自

①　〔秘鲁〕德奎利亚尔：《新年文告——祝国际和平年开始》，载国际和平年中国组织委员会编：《为了和平与人类的未来——纪念国际和平年》，世界知识出版社 1986 年版，第 2—3 页。

②　国际和平年中国组织委员会编：《为了和平与人类的未来——纪念国际和平年》，世界知识出版社 1986 年版。

己的政治信念、价值观念、宗教信仰，相反，它承认并尊重现存的各种差异乃至分歧，承认并尊重各国对政治、经济制度和社会生活方式的选择，并在此基础上实现共存、共处，争取共同繁荣。宦乡还进一步从世界文明的角度阐述道："迅猛深刻的经济技术发展潮流已经在世界上形成了一幅广阔而多变的社会图景；人的能力已经接触到前人所未涉足的领域；信息技术的变革、新的理论、思想、价值观念、伦理道德，正以空前的速度发展变化。在这一背景下，一切昔日的文明和传统都要放到新的历史天平上来衡量，一切文化形态都要以时代的坐标系统来加以判断。只有把它们放在人类文明发展的全过程中来考察、比较和鉴别，才能找出异中之同和同中之异，舍此便不能显现出个体文明的特性和优势，也无从促进整体文明的共性和发展。"① 这篇雄文原本是作者1984年10月在日本大阪《每日新闻》和大阪青年会议组织的第五届国际讨论会上的发言，从中可见，早在20世纪80年代中期，宦乡的思想就已经达到了相当的高度，他应是中国国际关系学界从文明角度看问题的第一人。

在上海，上海市国际关系学会积极响应联合国的号召，以战争与和平问题作为年会的主题，组织会员进行了广泛研究和深入探讨，并出版了论文集《和平的探索》。这本论文集的前11篇文章是围绕这一中心议题而展开的，另12篇虽主题各有不同，然而也都在不同程度上涉及这方面的内容，实际上是有关战争与和平研究的专辑。它从各种不同的角度和侧面，阐述了世界和平力量的增强和战争力量的削弱。特别是有几篇论文，从战后国际结构和世界格局的演变，以及核武器对世界战争的抑制作用等方面，论证了保持世界和平的可能性日益增大，从而把讨论引向了深入，透出新意，使问题的探讨更具有了理论的色彩。在一些问题上，譬如经济上的相互依赖以及核武器对战争与和平的影响，战争是政治的继续，民族主义是现代战争根源之一等命题上，与会学者都有不同看法，在年会上各抒己见，热烈争论。他们同时也体认到，当代的战

---

① 宦乡：《和平、合作与发展——走向二十一世纪的人类文明》，载国际和平年中国组织委员会编：《为了和平与人类的未来——纪念国际和平年》，世界知识出版社1986年版，第35—42页。

争与和平问题，在理论上又是一个相当复杂的问题。多年以来，许多国家和国际组织，设立专门机构，集中各方面专家，把它作为独立的研究领域看待。他们在冲突与合作、和平研究、核战略与核谈判等方面，已经取得了大量成果。相比之下，中国有关这些问题的研究，只不过是刚刚起步，严格地说才着手资料的积累。这一形势，对理论工作者既是严峻挑战，又是有力的鞭策，必将推动中国国际关系理论研究的健康发展。[①]

在 20 世纪 80 年代，上海市国际关系学会还曾组织编辑了五辑《战后国际关系史料》，出版了数本论文集，这在全国范围内都属走在前列的。[②] 当时各方面条件还较艰苦，该学会编印的 1984 年年会的论文集《战后国际关系论丛》，印制校对粗糙，把"国际关系学会"印成了"国标关系学会"。不过其中由上海社会科学院情报研究所学者黄静洁撰写的《雷蒙·阿隆与国际关系》，可能是改革开放后就这个题目所发表的最早的文章之一。而阿隆的国际关系巨著《和平与战争》中译本（朱孔彦译）最终由中央编译出版社出版，则要到 2013 年了。

（三）"时代"：一个大问题

"时代"问题，是这一时期为人们关注的中心论题之一。如何认识当前所处的时代，是一个左右国家内外政策的重大问题。在中国人看来，"正确地认识时代，是观察世界政治经济格局和国际形势发展变化的出发点，也是制订切合实际的外交政策的主要依据"[③]。

就这一问题，宦乡说："首先要正确认识我们现在所处的时代。以前说是'帝国主义和无产阶级革命的时代'。到'文化大革命'中就发展成'帝国主义走向灭亡、无产阶级走向胜利的时代'、'把红旗插遍

① 上海市国际关系学会编：《和平的探索》，上海社会科学院出版社 1988 年版，"序"。该序作于 1986 年 12 月。

② 见上海市国际关系学会编：《回顾与展望：庆祝上海市国际关系学会成立五十周年》，上海人民出版社 2007 年版。

③ 余开祥主编：《世界政治经济和国际关系》，上海人民出版社 1988 年版，第 1 页。

全球的时代'，今天看来是太左了，完全不符合世界局势的实际。凡是不符合实际的东西就没有生命力。"①"历史证明，社会主义国家推行的'世界革命'路线，在理论上带有很大的主观成分和局限性，实践上也是失败的。"②20世纪70年代末80年代初，中国的有识之士对当下处于什么时代以及与此相关的问题进行了深入的反思，产生了强大的思想力量。

1977年5月，刚恢复工作两个月的胡耀邦在中央党校公开讲道："现在看，'九评'③的基本方向是错的，这个恐怕就是'文化大革命'的国际根源。"1979年7月17日，胡耀邦在第五次驻外使节会议上讲话说："过去我们说苏联变成了资本主义，社会制度变了。现在回过头来看，可能我们那个时候研究得不成熟，提出的理由不充分。这个看法必须重新考虑。我们必须把苏联统治集团奉行的政策同它的社会制度区别开来。不然我们在外交政策方面和理论方面就站不住脚。"④经过对国际形势的长期观察和审慎分析，并汲取了李一氓等人周密的研究和结论，胡耀邦于20世纪80年代初大胆提出：时代的主流是和平而不是战争，是发展而不是革命；纵观历史，中国应该也完全可以奉行独立自主的和平外交政策。⑤对世界和平问题的公开表述，则是在1984年5月欢迎西德社会民主党主席、前总理勃兰特的宴会上作出的。胡耀邦说："什么是当前最重大的国际问题呢？在我们看来，当今世界上最根本的问题有两个：一个是维护世界和平问题；一个是第三世界国家的发展问题，也就是通常所讲的南北对话和南南合作问题。"⑥多年后，中共中央总书记习近平在纪念胡耀邦同志诞辰100周年座谈会上的讲话中说："'文化

---

① 宦乡：《科学决策与国际环境》，载中国社会科学院科研局编：《宦乡集》，中国社会科学出版社2002年版，第373页。

② 何方：《何方集》，中国社会科学出版社2001年版，第246页。

③ 即从1963年9月至1964年7月，中共中央以《人民日报》编辑部和《红旗》杂志编辑部的名义，相继发表的九篇评论苏共中央公开信的文章，批判"赫鲁晓夫修正主义"。

④ 满妹：《回忆父亲胡耀邦》（下册），天地图书有限公司2016年版。

⑤ 同上书，第698页。

⑥ 同上书，第699页。

大革命'结束后，胡耀邦同志开拓进取、勤奋工作、顶风破浪、披荆斩棘，在党和国家历史上留下了浓墨重彩的一页。"[①] 这是一个实事求是的评价。

与时代问题有关的是对重大战争危险性的估计，这个转变同样经历了一个过程。多年间，中国坚持新的世界大战不可避免的观点；随着中国改革开放的启动，这方面的认识逐渐转变为世界大战可以推迟，和平的力量在增长，争取一个较长时间的和平国际环境是可能的。但这一转变颇为艰难。从战争不可避免到战争可以推迟，再到可以争取长期和平，转变为和平与发展是时代的两大主题这样一个总体论断，是一个颇为不易的过程。从邓小平的历次讲话看，迟至 1980 年 1 月题为"目前形势和任务"的长篇讲话中，邓小平仍说："如果反霸权主义斗争搞得好，可以延缓战争的爆发，争取更长一点时间的和平。这是可能的，我们也正是这样努力的。"[②] 注意这里的措辞是"延缓战争的爆发"，战争还是一个时间早晚的问题。再到 1983 年 3 月，就不同了，用邓小平的话来说："大战打不起来，不要怕，不存在什么冒险的问题。以前总是担心打仗，每年总要说一次。现在看，担心得过分了。我看至少十年打不起来。"[③] 只不过这个时候他也才估计了十年，显然同当时世界上美苏两强相互争霸的大背景有关。从邓小平自己修改审定的《文选》看，他的进一步变化反映在 1984 年 10 月 10 日同来访的联邦德国总理科尔的谈话。他说："一九七四年你来访问，我们曾经谈到战争危险，现在我们对这个问题的看法有一点变化。"[④] 10 月 31 日，在会见缅甸总统吴山友时，邓小平又说："国际上有两大问题非常突出，一个是和平问题，一个是南北问题。还有其他许多问题，但都不像这两个问题关系全局，带有全球性、战略性的

---

① 习近平：《在纪念胡耀邦同志诞辰 100 周年座谈会上的讲话》，《人民日报》2015 年 11 月 21 日。

② 《邓小平文选（一九七五—一九八二年）》，人民出版社 1983 年版，第 205 页。

③ 《视察江苏等地回北京后的谈话》，载《邓小平文选》第三卷，人民出版社 1993 年版，第 25 页。

④ 《邓小平文选》第三卷，人民出版社 1993 年版，第 82 页。

意义。"①

这一问题上根本性的改变，当反映在 1984 年 11 月 1 日邓小平同志在中央军委座谈会上的讲话。邓小平说："讲战争危险，从毛主席那个时候讲起，讲了好多年了。粉碎'四人帮'后我们又讲了好久。现在我们应该真正冷静地做出新的判断。这个判断，对我们是非常重要的。首先就是我们能够安安心心地搞建设，把我们的重点转到建设上来。没有这个判断，一天诚惶诚恐的，怎么还能够安心地搞建设？更不可能搞全面改革，也不能确定我们建军的正确原则和方向。我们既然看准了这一点，就犯不着花更多的钱用于国防开支。要腾出更多的钱来搞建设，可以下这个决心。"② 到 1985 年 3 月 4 日，邓小平在会见日本商工会议所访华团时，又说："现在世界上真正大的问题，带全球性的战略问题，一个是和平问题，一个是经济问题或者说发展问题。和平问题是东西问题，发展问题是南北问题。概括起来，就是东西南北四个字。"③ 这样，就一锤定音式地做了"和平和发展是当代世界的两大问题"的著名论断。

对这一论断的正式宣示，则是 1985 年 6 月 4 日邓小平在军委扩大会议上的讲话，主要谈的就是对国际形势判断和对外政策有两个重要转变。第一个是对战争与和平问题的认识，"我们改变了原来认为战争的危险很迫近的看法"。第二个是改变了联美反苏的"一条线"战略。④ 此后，经过 1987 年召开的中共十三大，和平与发展作为世界主题或时代特征的提法就完全确定下来了。

仔细分析，所谓"两大问题"，是指两大需要解决的难题或事务，是目标的指向。随着时间推移，逐渐演变成和平与发展是当今时代的"两大主题"，其中含义发生了微妙而重要的变化。因为，既然是主题，它便是一种给定的事物状态，一种现实。人们必须面对和适应这一现实，从

---

① 《邓小平文选》第三卷，人民出版社 1993 年版，第 96 页。

② 中共中央文献研究室编：《邓小平思想年谱（1975—1997）》，中央文献出版社 1998 年版，第 302 页。

③ 《邓小平文选》第三卷，第 105 页。

④ 《邓小平文选》第三卷，人民出版社 1993 年版，第 126—128 页。

这一现实出发来制定战略和政策。因此，看似细微的一个变化，实际上含义和意味有很大的不同。

五、学术理论探索

（一）从"战争与革命"到"和平与发展"

这一时期，"和平与发展"以及与之相关的"时代"问题，引发了中国国际关系学界持续的讨论。

1986年12月10日，中国社会科学院世界经济与政治研究所发出一封邀请信，内称："我所接受了中央交办的'当代世界经济与政治'专题研究任务，决定在12月25日召开'关于时代问题'的学术讨论会。"在这次会上，何方做了"我们所处的时代是和平与发展时代"为题的发言，主要谈了三个问题。一是时代已发生根本变化，不宜再提帝国主义和无产阶级革命时代了。因为列宁的《帝国主义论》，有些论断已经过时，如帝国主义国家间的矛盾必然导致战争，帝国主义不可能进行改良等；有些论断当时就不够准确，如对资本主义的生命力估计不足，对世界革命过分乐观等。而且战后四十年的国际形势和时代发展已经证明，世界大战没有打，今后相当时期也打不起来；世界经济和科技获得空前发展，并会持续下去；社会主义革命形势的到来还相当遥远。二是在时代问题上我们有过沉痛教训并在重估形势和吸取教训的基础上进行了政策调整。由于新中国成立后长期没有认识到时代的交替，仍然坚持战争不可避免的观点，热衷于世界革命，实行"闭关自守"，没有以经济建设为中心，使我们耽误了二十多年的时间，丧失了一次良好的发展机遇。三是时代的基本特征早已从战争与革命转变为和平与发展。和平与发展既然已经成为国际斗争和世界发展的主要内容和方向，同时也是全世界人民的要求和愿望，因此我们所处的时代就应当界定为和平与发展时代。[①]

这一提法当时遭到多数发言者的反对。他们的基本论点还是坚持帝

---

① 何方：《论和平与发展时代》，世界知识出版社2000年版，第30—31页。

国主义和无产阶级革命时代的提法。不过也有两点新见解：一是说在这个时代里还要分几个不同的发展阶段；二是当前所处这一阶段的主要特点是"三个世界的并存"。

这次讨论会只开了一天，不可能讨论得很深，但它开了 20 世纪 80年代中国学界研究时代问题的先河。此后，无论是报刊文章还是学术会议，有关时代问题的讨论就逐渐展开了，甚至可以说掀起了一个小小的高潮。童大林 1987 年 8 月 16 日在哈尔滨召开的"国际经济新变化研讨会"的总结发言中，就提到"世界范围的战争与革命时代结束了，人类历史上开始了一个和平与发展的新时代"。王纪宽在 1987 年 10 月 5 日《世界经济导报》一篇题为"新时代、新观念、新挑战"的文章中提到，"我们所处的时代是和平与发展的新时代"。李震在 1988 年 9 月 12 日的《光明日报》上著文说："当今的时代是和平与发展的时代。"鲁从明在1988 年 12 月 21 日的《光明日报》上说："50 年代以后，……世界进入了和平与发展的时代"，等等。当然，同样认为是和平与发展时代，也还有不少分歧，如前面是否应加上"争取"二字，从何时算起，跨度有多长，以及所谓大时代的小阶段论等。

不过这一时期，在时代问题上较普遍的提法，仍然是坚持帝国主义和无产阶级革命时代。只是一些学者接过了苏联人的提法，改为"从资本主义向社会主义过渡的时代"。应该说，这两种提法并无原则性的区别，有些研究者本来就是一起使用这两种提法的。

1987 年 8 月，在上海召开的全国性国际关系理论讨论会上，时代问题也是一个重要讨论议题。如中国政法大学杨铮在发言中称："时代问题居国际关系理论的'统帅'地位，是马克思主义国际关系理论同西方理论的重大区别所在。列宁所表述的时代特征，如今已发生许多变化，如何概括当代世界的各种矛盾，对时代予以新的表述。"[1] 暨南大学周青认为，笼统地把世界历史大时代作为国际关系学的基本概念、理论内容和

---

① 上海市国际关系学会编：《国际关系理论初探》，上海外语教育出版社 1991 年版，第 16 页。

组成部分，是不适宜的。有各种各样的时代，他主张分为两大类。第一大类是从时代的本义上讲，如"帝国主义向社会主义过渡时代"就是这种意义上的时代。第二大类是从时代的引申意义上讲，如战后国际关系可划分为冷战时代、对抗时代、僵持时代、缓和时代、对话时代、和平与发展时代等。当今所处的世界历史时代是帝国主义向社会主义过渡时代中的资本主义进一步发展和社会主义兴起与初步发展时代。而要论当前国际关系，则是正处于和平与发展时代，这才是当代国际关系学本身所应包含的基本概念、理论内容和组成部分，并应作为重点之一详加论述和阐发。[①] 显然，这一看法是把"时代"分成大与小，相对比较接近于和平与发展一派。

《世界知识》杂志社则于 1987 年 12 月 25 日专门组织了一次"我们所处的时代"座谈会，并将会上的 22 个发言刊登在翌年 2 月出版的第 1000 期专辑上。这次会议上发表的意见相当广泛也颇具代表性，大体上可分为三类，没有人再坚持帝国主义与无产阶级革命时代一说。第一类，明确提出世界处在和平与发展时代的有宦乡、童大林、周纪荣、何方等。第二类，浦山则认为："我们所处的时代当然还是资本主义向社会主义过渡或转变的时代。"可以归为这一类的是柳瑟青的提法："大的时代还是从资本主义向社会主义、共产主义过渡的时代，现时代则是争取和平与发展的时代。"第三类，虽然相互接近但比较庞杂，如宫达非提的"争取和平发展、共处竞赛、自主进步的时代"；王殊的"维护世界和平，反对霸权主义"时代；倪立羽的"多种体制竞争共处的时代"等。[②]

此后，研究和讨论时代问题的回应和文章仍然不少，还出版了相关的专著。在这个讨论时代问题的小高潮中，虽然歧见杂陈，但是最具原则性区别的还是时代是否发生了变化。认为没变的学者，仍然坚持帝国主义和无产阶级革命时代的观点，只是多已改称从资本主义向社会主义

---

① 上海市国际关系学会编：《国际关系理论初探》，上海外语教育出版社 1991 年版，第 20—21 页。

② 以上均见《世界知识》1988 年第 3 期。

过渡的时代。认为发生了变化的，就是主张世界已进入和平与发展时代。可以代表这次讨论结果和两种主要意见的，是1989年出版的两本书。一本是在浦山指导下由王怀宁主编的《世界经济与政治概论》，认为"我们现在仍处在资本主义向社会主义过渡的历史时代"，"这一历史时期是从20世纪初开始的"。① 另一本是宦乡和何方主编的《当代世界政治经济基本问题》，提出"我们所处的时代可以明确定义为'和平与发展的时代'"，"这个时代起始于50年代中期"。②

还有把两种时代观捏合在一起的，即一些人提出的"大小时代论"，即大时代没变，小时代变了。例如中央党校的仇启华、吴健、王玉名在一篇《关于时代问题的几点意见》的论文中说："从资本主义向社会主义的过渡是一个大时代，它的发展必须经过具有不同特征的小时代。""我们当今所处的时代是维护和平与争取发展的时代。"③ 对此何方则质疑，该文认为20世纪上半叶为战争与革命时代，但未用反对（战争）与争取（和平）字样，不知为什么对和平与发展时代却要加上"维护"与"争取"。④

也还有基本上肯定和平与发展时代这一提法的。如写于1988年12月、以宫达非名义发表的"当代国际透视丛书"的"总序"，称国际问题专家几乎一致公认：缓和局势会继续向前发展。至于这种缓和的本质是什么，它能持续多长时间，则各有其见。有的学者认为当前的缓和，是20世纪50年代、70年代缓和的再现，只是其基础较前深广一些，其时间也会长远一些，因为两种社会体系的基本矛盾并没有变化，当前的缓和只是间歇和调整，是为其激烈的军事争夺做准备。有的学者则认为由于国际现实生活的变化发展，特别是科技的发展，人类社会诸种矛盾的量变正冲击着二战后主导当代国际关系的两种体系的矛盾，多元趋势正在取代两极，今后国际关系虽然仍是矛盾重重，相互交错，但是人类共

---

① 王怀宁主编：《世界经济与政治概论》，世界知识出版社1989年版，"绪论"。
② 宦乡主编：《当代世界政治经济基本问题》，世界知识出版社1989年版，第一章。
③ 仇启华、吴健、王玉名：《关于时代问题的几点意见》，《世界经济》1989年第1期。
④ 何方：《论和平与发展时代》，世界知识出版社2000年版，第33—35页。

同生存或共同毁灭的矛盾，已逐渐上升为主导地位。今后的时代是和平与发展的时代，是和平共处、和平竞争的时代。国际矛盾和争端，只能用政治、外交、法律的手段去谋求公平合理的解决。战争与政治关系问题，需要重新去认识。新的世界大战可以避免，持久和平是可以争取到的。今后，两种制度的社会，将是通过政治的民主、经济的繁荣、文化教育科技的发达、国民道德素质的提高，进行和平竞赛，决定胜负，这将是比战争更长期更复杂的较量。① 从中可见，执笔者是颇具思想深度的。

　　然而，这一重大问题的争论并没有完全解决，而是延续进入了 20 世纪 90 年代，详见下章。

（二）国际关系的理论探究

　　20 世纪 80 年代以集体专著的形式探索国际关系理论的代表作，当属国际关系学院（UIR）教授张季良主编的《国际关系学概论》一书，1989年由世界知识出版社出版。根据显然是由出版社方面所写的该书"出版说明"，"本书是由我国国际关系学专家、学者撰写的同类著作中的第一种，它力图以马列主义基本原理为根本原则，采用经济分析、阶级分析与系统分析相结合的分析方法，兼收国外合理研究成果，就国际关系学理论的框架结构等问题进行了初步的探讨，对某些传统的理论观点作了修正，尤其是在一些理论问题上有所突破。我们希望这部著作的出版有助于推动我国自己的国际关系学理论的建立"②。主编张季良则在"前言"中提及，"从 1985 年起，有些年轻同志多次向我提议，编写一本有一定特色的国际关系理论著作。在国际关系学院和国际政治系领导的鼓励下，我决定暂时放下手头上其他一些写作计划，把这项更加紧迫的工作提到日程上来"③。遗憾的是，张季良教授未看到这本书出版就因病离世了。

　　这部书的撰写颇具反思的精神，称"我们从事国际关系研究的人，

---

① "当代国际透视丛书"各种，浙江人民出版社出版，宦达非"总序"。

② 张季良主编：《国际关系学概论》，世界知识出版社 1989 年版，第 6 页。

③ 同上书，第 7 页。"前言"并提及，《在国际舞台上》的作者陈汉文"本来是编写此书的积极推动者和参加者，他在赴美深造前，对这本书的框架体系提出了很好的想法"。

在坚持马列主义、毛泽东思想基本原理的前提下，必须大胆解放思想，认真对传统理论进行反思，博采各家之长，运用现代科学成就，总结历史，研究现状，展望未来，形成新的理论观念，回答社会实践提出的重大理论问题"。为此，该书提出了五个"应当更新"：

第一，应当更新国际关系中"用阶级对抗代替民族对抗"的观念，承认国际关系主要是主权国家之间的关系，尽管它具有社会的阶级的内容，但不等于阶级关系。

第二，应当更新不同社会制度国家之间、资本主义国家之间，以及帝国主义与不发达国家之间根本对立、矛盾不可调和的观念。资本主义国家之间经常通过双边和多边磋商，缓和矛盾，协调立场，增强合作，这已成为它们之间相互关系的主要倾向。社会主义国家与资本主义国家之间也不仅仅是对立、对抗和斗争。在国家利益问题上，既不能同意国家利益至上的观点，搞狭隘的民族主义和大国沙文主义，也不赞成盲目地大唱人类利益一致的高调，放弃国家利益。

第三，应当更新对原来国际关系体系全盘否定的观念，承认其产生和存在的必然性和一定的合理性。

第四，应当更新只要"帝国主义存在，战争就不可避免"的观念。

第五，应当更新"当前主要倾向是革命"的观念，树立不同制度国家长期和平共处、和平竞赛的思想。①

在今天看来可能很普通的这些理论观念，在 20 世纪 80 年代是需要经过拨乱反正、反复讨论才能得到确立的。该书能梳理出这样五个理论性的"应当更新"，诚属难能可贵。

大约在此前后，宦乡在何方协助下，也组织人马，撰写了《当代世界政治经济基本问题》一书②。写于 1988 年 11 月的"前言"，就当时的情形说道："总的看来，探索和讨论还不够活跃，对当代世界一些基本问题还缺乏深入研究，没有及时作出系统的理论概括，甚至仍然拘泥于某些

---

① 张季良主编：《国际关系学概论》，世界知识出版社 1989 年版，第 248—250 页。
② 宦乡主编：《当代世界政治经济基本问题》，世界知识出版社 1989 年版。

陈旧的观念。"毫无疑问，我们的国际问题学科，必须对国际形势出现的变化和转折，进行深入研究，提出新的观点，做出新的概括，形成新的理论，以适应我国改革开放和现代化建设的需要。"总之，现在是应该认真地考虑和作出对当代世界一些基本问题的正确的系统的理论认识的时候了。无论对于发展国际学科本身，还是对于建设有中国特色的社会主义的伟大实践，这都是非常重要和极为迫切的。……我们的目的是有限的，并没有奢望对当代世界基本问题作出理论性的概括和回答，唯一的愿望就是以此引起国际问题研究界的讨论，并在大家的共同努力下，促进国际问题系统理论的形成和发展"①。

20 世纪 80 年代，"战略"和"国际战略"问题开始引起重视，逐渐出现了一些学术产品。老资格的现代国际关系研究所前所长陈忠经撰写和出版了《国际战略问题》。在他看来，"战略"原是一个军事术语。顾名思义，"战略"这两个字，就是战争或战斗的方略、大略或指导原则。现在往往把"战略"这个词的含义使用得更广泛一些，更大更深远一些，也就是着重使用其"政治"上的含义。战争是政治的特殊手段的继续，是流血的政治。古往今来，任何战争都带有政治性，都有它根本的政治目的。同时，经济是基础，是最终起决定作用的，然而政治又是经济的集中表现。因而战略的政治含义具有更高更大的概括性，它往往概括了军事战略、经济战略等，或者扼其大要。中外战略家和战略学家早已用过"大战略"（grand strategy）这个词，还有其他一些名词，诸如"总体战略""整体战略"或"国家战略"等等，以别于纯军事战略。他本人所说的"国际战略问题"和"战略"，就是着重它的政治方面和更概括的含义。②

王家福的《国际战略学》则认为：战略是根本性的对策。国际战略学是研究世界全局战略规律的科学。它立足现实，回顾以往，面向未来，从宏观与微观的结合上，对国际战略进行整体的综合研究。以此揭示人

---

① 宦乡主编：《当代世界政治经济基本问题》，世界知识出版社 1989 年版，"前言"。

② 陈忠经：《国际战略问题》，时事出版社 1987 年版，第 1—2 页。

类历史上的国际战略总流向以及军事战、经济战、知识战的战略流程序列，阐述现实和未来世界的三大战略的交融态势。[①] 又说，现实和未来不是万事不求人的世界，因此人们必须在互相依存中发展；现实和未来世界更不是强权政治的世界，因此各国明智的选择只能是和平共处。世界的和平与发展问题就是国际战略学研究的对象。[②] 由此可见，王家福所说的"国际战略"含义有所不同，不是指某一个国家对外的战略，而是研究世界的和平与发展。王著指出，全球性的国际关系的形成，是与资本主义生产方式的发展相适应的。从 17 世纪中叶起，散处在各洲的相对独立的国际体系，彼此间的经济和政治联系逐渐紧密起来，国际法也发端于这个时期。从古代开始，到 17 世纪中叶，作为一个国家的外交活动，开始以质朴、初步的形式，通过双边、多边的关系，逐渐向地区性演变，并且渐次向全世界的整体外交演进，并初步造成一个国际关系的体系，外交活动走上了整体世界的舞台。[③]

该著是较早具有国际关系全球观念的一部书。它指出："从特定意义上来分析，世界政治理论是对外政策的理论基础。国际上经济、政治、意识形态斗争的总和规定了国际战略的总体结构。当代国际政治学者对国际政治的研究趋势，已经摒弃那种把国际政治当作不同国家、不同地域，以及其它某种斗争的总和，而是认定它是一个全球性的整体结构，并把经济、政治和意识形态作为研究的主要对象。"[④]

陈其人关于帝国主义经济与政治的研究著作，则是另立门派，独具一格的。1981 年，陈其人开始在复旦大学国际政治系讲授"帝国主义经济与政治概论"课程，在五次讲授的基础上，撰成了《帝国主义经济与政治概论》一书。其基本考虑是：（1）不分析帝国主义经济，就不可能深刻地分析帝国主义政治。（2）目前，政治经济学这门课，对帝国主义经济的讲授，从理论体系上看是有缺点的，看来还不能达到用以分析帝

---

① 王家福：《国际战略学》，黑龙江人民出版社 1986 年版，第 2 页。

② 同上书，第 2 页。

③ 同上书，第 224 页。

④ 同上书，第 236 页。

国主义政治的要求。这样，就有必要在一个被认为较为科学的理论体系上，将帝国主义经济与政治的研究结合起来。[①] 经济与政治的结合，成为作者这一研究以及其后学术工作的一个特点。

陈其人认为，必须既在资本主义生产方式之内，又在它之外找寻帝国主义的基本矛盾，因为帝国主义即垄断资本主义的存在，要以非垄断资本主义的存在为前提。这是一个十分重要的观点。就性质看，帝国主义有两种基本矛盾。一种是垄断资本和被它攫取垄断利润的非垄断经济和社会成分之间的矛盾，另一种是垄断资本之间为了攫取垄断利润而发生的矛盾，其核心问题是一个，即攫取垄断利润。掌握国家政权的垄断集团，处理这些矛盾的方针、政策，就成为垄断资本主义国家的内外基本政策。内外政策服从一个总目标，即攫取垄断利润。但由于垄断资本总要有一个基地，才能存在和扩张，仅仅从这点说，对外政策便是对内政策的继续，或对内政策决定对外政策。[②]

该书还明确地表达了自身研究的不足。例如，分析帝国主义政治上层建筑时，没有论述教会的作用。有些教会实质上是政治上层建筑，是应该加以论述的。为此，作者曾多次着手研究这个问题，但总觉得理解不深，遂作罢。这样的交代，反映了一位学者的真诚，也反映出陈其人在相当早的时候便认识到了了解教会对于认识帝国主义政治的重要性，这对其后的研究者是一个重要提示。

（三）大三角关系

20 世纪 70 年代和 80 年代是战后国际关系的一个重要变动时期。"世界上的人在议论国际局势的大三角。"[③] 这个时期的一个显著特点是，在存在美苏对抗、东西方冷战和两极体制的同时，在美国、苏联和中国这三个国家之间还存在着一种战略三角关系。当时，国际上虽然还有别的三

---

① 陈其人：《帝国主义经济与政治概论》，复旦大学出版社 1986 年版，第 1—2 页。
② 同上书，第 235 页。
③ 《邓小平文选》第三卷，人民出版社 1993 年版，第 105 页。

角和四角关系，但是它们对世界，尤其是亚太地区形势的影响显然都不如美苏中三角关系的影响大。当然，由于美、苏、中三国的力量并不平衡，这三个国家在三角关系中所起的作用不可能相同。另外，尽管三角关系在很大程度上影响了美、苏、中三国的对外政策，但是它并不是影响这三个国家对外政策的唯一因素。每一个国家的对外政策还受到其他一些因素，包括其国内局势的影响。还需要强调的是，在长达二十年的时间里，美苏中三角关系的具体状况并不是一成不变的，因此在不同的时间里，三角关系所起的作用自然也不会完全一样。①

正因为中美苏三角关系是具有那样一种分量的战略性关系，此一大三角关系就成为 20 世纪 80 年代中国国际关系学界所深入研究的一个极重要课题。

到 20 世纪 80 年代末，由于国际关系中的深刻变化，中美苏大三角关系及其学术研究也相应地发生了变化。在写于 1988 年 7 月的有关报告中，何方指出，由于美苏关系缓和，大三角战略关系有所淡化和减弱。今后不宜过分强调大三角，宣传上更应适当降低调子。但由于美苏互为对手的基本格局未变，它们都还要争取我国，所以大三角还会继续存在下去，发挥一定的作用。我们仍可继续利用美苏矛盾，以保持和提高中国的地位；同时推动多极化的发展，来制约美苏。② 于是，70 年代以来对国际形势起过重大作用的中美苏战略大三角，80 年代后半期由于美苏关系的全面缓和而日趋淡化，并随两极格局的解体而宣告消失。③

（四）"太平洋经济合作"研究的勃兴

20 世纪 80 年代，太平洋经济合作是国际经济政治的一大兴奋点。同时，亚洲新兴工业化国家或地区（通称"四小龙"）的发展经验问题受到中国国际研究学界的极大重视。

---

① 倪孝铨、〔美〕罗伯特·罗斯主编：《美中苏三角关系（70—80 年代）》，人民出版社 1993 年版，"序言"第 1 页。

② 何方：《何方集》，中国社会科学出版社 2001 年版，第 66 页。

③ 同上书，第 90—91 页。

实行对外开放政策后的 20 世纪 80 年代，是中国人重新"睁眼看世界"的年月，在结束了绵延不断的"阶级斗争"和各种政治运动之后，已是"当惊世界殊"了。80 年代，新的一轮科学技术革命引起了中国党和政府的极大重视，美国未来学家阿尔温·托夫勒的《第三次浪潮》[1] 和约翰·奈斯比特的《大趋势 —— 改变我们生活的十个新方向》[2] 等分析和预测世界发展趋势的著作风靡全国。外部世界日新月异的变化，尤其是发达国家实现的发展引起了国人的极大关注，而亚太地区国家也很自然地进入了人们的视野。此时，日本早已完成了战后经济复兴，并经由高速增长而上升成为世界第二大经济体，继之而起的有韩国、新加坡、中国香港和中国台湾地区，形成了"雁行"国际分工模式。在这一雁行模式中，日本好比领头的大雁，紧随其后的有亚洲"四小龙"，以及某些东南亚国家。

太平洋经济合作设想，是由日本、澳大利亚等国提出和发起的。1980 年 1 月，日本首相的私人咨询机构"环太平洋合作研究小组"向大平正芳首相提出了"环太平洋合作构想"的中间报告，后又于同年 5 月提出了最后报告。该报告建议：（1）设立"环太平洋文化基金"；（2）设立"技术合作综合中心"；（3）设立"环太平洋产业政策协商论坛"；（4）进行"海洋科学联合调查"；（5）由各国民间人士组成一个筹备委员会。在此前后，日本把"环太平洋合作构想"作为一项重要战略提了出来，并得到了澳大利亚的积极响应。在澳大利亚政府支持下，1980 年 9 月在堪培拉举行了关于太平洋合作问题的讨论会。讨论会建议成立一个非官方但有政府支持的国际性常设委员会 —— 太平洋合作委员会，并于次年举行了首次会议。[3] 环太平洋经济合作的研究和行动由此发展起来。

当时，中国刚开始改革开放不久，迫切需要了解也渴望掌握国际上

---

① 〔美〕阿尔温·托夫勒著，朱志焱、潘琪、张焱译：《第三次浪潮》，生活·读书·新知三联书店 1983 年版。第一次印刷的印数即达 10 万册。

② 〔美〕约翰·奈斯比特著，梅艳译：《大趋势 —— 改变我们生活的十个新方向》，中国社会科学出版社 1984 年版。

③ 罗元铮主编：《太平洋经济共同体》，中国财政经济出版社 1981 年版，第 113 页。

的发展趋势，近在咫尺的环太平洋经济合作问题及其与中国的关系理所当然地受到了密切关注和极大重视。

1984年12月，在上海召开了一次重要的全国性研讨会，此即"太平洋地区发展前景和中国的现代化"学术讨论会。会议由上海国际问题研究所、上海社会科学院世界经济研究所、复旦大学世界经济研究所、世界经济导报社、上海市国际关系学会和上海世界经济学会共同发起召开，主要来自京沪两地的代表共93人出席了会议。国务院国际问题研究中心总干事宦乡作为高级顾问出席了会议。会议主要讨论了亚太地区当前形势和发展趋势、环太平洋合作的可能性及我方对此的政策、太平洋地区的崛起对中国现代化以及上海振兴和改革的影响等问题。根据会议组织委员会的意见，在环太平洋地区经济合作这样重要的问题上，我们应积极加强研究，改变"我知人甚少，人知我甚少"的局面，并旗帜鲜明地提出我们自己的主张。[①]

宦乡在此次会议上讲话时说："亚洲、太平洋的问题现在越来越被人们所注目，如何认识这个问题，迫切需要各方面的同志对此进行深入的研究。""亚太地区政治、经济日益活跃，很有希望成为人类历史上的中心之一。"面对这样的形势，中国怎么办？宦乡认为，在实行对外开放政策的今天，中国应积极提出自己的主张，参加这场正在进行中的大辩论，不参加辩论就会失去今后的发言权。他的结论是，我们应该而且能够在亚太经济合作问题上起作用，并且"要争取在国际问题上就亚太问题有发言权"。[②]

1985年，宦乡组织专家队伍就中国参与亚太经济合作问题进行了深

---

①　"太平洋地区发展前景和中国现代化"学术讨论会组织委员会编：《太平洋地区发展前景和中国现代化》，中国财政经济出版社1985年版，"前言"。

②　宦乡：《亚太地区发展前景与环太平洋合作》，载《太平洋地区发展前景和中国现代化》。此时这一问题在国际上成为热门话题至少已有数年，比如20世纪70年代末美国的"布鲁金斯学会"和日本的"日本经济研究中心"（JERC）就共同组织了一项专门研究，出版了专著 Lawrence B. Krause and Sueo Sekiguchi eds., *Economic Interaction in the Pacific Basin*, Washington, D. C.: The Brookings Institution, 1980。

入研究，建议积极参与环太平洋经济合作。经中央批准，中国于 1986 年正式参加太平洋经济合作委员会，宦乡任中国委员会第一任会长。

20 世纪 80 年代的另一个重要研究课题是对亚洲"四小龙"发展经验的关注和研究。"四小龙"的"学名"为新兴工业化国家和地区，但"四小龙"一语以其直观和形象而为人们所广泛使用。当时的中国，实行改革开放还不久，迫切需要学习国际经验，邻近的这四个新兴工业化国家或地区很自然地引起了人们强烈的兴趣，受到极大关注，在数年间写作和出版了多种著述。早在 20 世纪 80 年代初，就翻译了美国学者休·帕特里克和亨利·罗索夫斯基主编、美国布鲁金斯学会 1976 年出版的《亚洲新巨人——日本的经济是怎样运行的》，该书 1982 年 2 月由上海译文出版社出版，署名"《亚洲新巨人》编译组译"。这一署名似乎还带有一点"文化大革命"时期或曰刚刚过去时代的痕迹。

当时，上海的《世界经济导报》在全国范围内具有广泛的影响，经常刊登有关"亚洲四小"经济发展方面的文章，也即把"亚洲四小"并提，并常将其作为中国内地经济改革和发展的参照系。"四小能，中国是否也能"、"四小龙"能为中国提供什么样的借鉴，这在当时是一种普遍的思维方式。在此情况下，经常可以看到有四小龙"经济起飞的奥秘"或类似题目的文章见诸报端，或请相关国家或地区的人士谈其发展经验等。注意和研究亚洲"四小龙"的起因，是其取得的经济成就，但对它们的研究并不限于经济领域，而是还涉及政治、外交、文化、社会等诸多方面。20 世纪 80 年代后期轰动一时的"新权威主义"问题论争，与如何看待日本和亚洲"四小龙"走过的道路关系十分密切，这属于其中的一个典型例子。

在这一大背景下，关于太平洋经济合作和亚洲"四小龙"发展经验的著、编、译一时极为兴旺蓬勃，除已经提及的两种外还有多种，如裴默农的《亚洲太平洋地区的形势和问题》（中国对外翻译出版公司 1986 年版），高梁、陈琦伟和曹远征的《崛起的奥秘——东亚经济起飞的经验及其给我们的启示》（中国青年出版社 1987 年版，系"改革与发展丛书"之一种），上海学者林汉隽撰写的《太平洋挑战——亚太经济及其文化背景》(学林出版社 1987 年版），马朝旭、段剑凡的《太平洋时代 —— 中国面临的挑战与抉择》（黑龙江人民出版社 1988 年版）。薛厉廉主编了《亚太经济的崛起 —— 太平洋地区经济合作译文集》（上海译文出版社 1989 年版），裴默农撰写了《21 世纪：太平洋世纪? —— 亚太地区经济透视》（世界知识出版社 1989 年版），等等。

比较全面的是上海国际问题研究所郭炤烈的《太平洋的今天和明天》（中国大百科全书出版社上海分社 1989 年版）。书虽初版于 1989 年，而构成该书的各篇分别发表于 1982—1989 年间，可以说反映了著者在几乎整个 20 世纪 80 年代研究这方面问题的历程。汪道涵署名的该书"序"称，当前国内许多人士正在探索亚太地区的合作形式及其前景，提出种种见解和构想，认为世界经济区域化集团化的出现，有其各自的政治经济渊源和历史背景。这是世界经济一体化发展过程中出现的一个重要的时代特征，人们应当认识它，运用它。

再如，华东师范大学学者陈琦伟等翻译了韩国朴正熙的《我们国家的道路》（华夏出版社 1988 年版）一书。译者不着一字，却意味深长，这本书发行了两万多册。上海的和平与发展研究所东亚室主任朱建荣撰写出版了专著《升龙的奥秘 —— 南朝鲜面面观》（上海社会科学院出版社 1990 年版），该所还创办了内刊《和平与发展》，发表了不少颇有质量的文章或报告。

值得一提的是，正像北京当时有中信国际问题研究所等一样，80 年代的上海曾经成立过民间的亚洲研究所（Asia Institute）。该研究所成立于 1986 年底，性质上属民间研究机构（自称"新中国第一家民间社会科学研究机构"），旨在动员社会力量开展研究工作，参与人员来自华东师范大学、上海国际问题研究所、上海社会科学院等机构。曾任上海市市长的汪道涵为该研究所题写了所名并任顾问。该所的工作重点之一是探讨亚洲"四小龙"的发展经验。为此，该所组织拍摄了以东亚腾飞为主题的有关亚洲"四小龙"的电视纪录片，并得到了上海市委宣传部的支持。该所还曾编辑并由上海三联书店出版《新亚洲》丛刊，可惜仅出了两期（原拟每年出版四期），在 1989 年就终止了。

但学术研讨仍在继续。1990 年 10 月，上海社会科学院和上海国际问题研究所联合主办了"九十年代亚太经济合作讨论会"，来自日本、菲律宾、新加坡、泰国、美国和南朝鲜（此时还不称韩国或大韩民国。——引者注）、中国香港地区以及大陆北京、江苏、上海、浙江等省、市的学者 39 人参加了会议。会议收到中外学者提交的论文 22 篇。会议就下列议题展开了研讨，前瞻九十年代，具有展望性的特点：（1）九十年代亚太地区的政治格局；（2）九十年代世界经济与亚太经济；（3）九十年代日美经济与亚太合作；（4）九十年代亚洲新兴工业化国家和地区的经济与亚太合作；（5）九十年代东南亚经济与亚太合作；（6）九十年代中国经济与亚太合作。上海社会科学院院长张仲礼所致开幕词指出，在八十年代，亚太地区的经济不但蓬勃发展，而且相互间的分工、合作得到了相当大的增强，本地区的国家和一些地区都从中获益。在九十年代，亚太地区的分工、合作会进一步发展，由于国际贸易保护主义的压力，东亚各国和地区的经济联系也会更加紧密。至于未来的世纪能否称为亚太世纪，要看九十年代亚太地区能否有更大的发展，其中包括中国的发展。①

迟至 1993 年，还有人翻译出版了哈佛大学东亚问题专家傅高义（Ezra Vogel）②的《亚洲四小龙腾飞之谜》（中国政法大学出版社 1993 年版），其"译者后记"写道："我们今天面临的究竟是怎样的时代，我们面临的又是一个怎样的发展机遇。人们对这些问题的认识和探讨正在不断地深入和扩展。在充分理解开放改革政策是中国经济飞跃的发动机之后，人们又试图从文化、历史、冷战后的国际关系和地区政治等诸方面来分析中国经济腾飞的环境与机遇。在这一探索过程中，人们不约而同地转而思考东亚时代，思考四小龙腾飞之谜。"③这就再次表明了人们的研究动力，是出于为中国发展提供镜鉴。中国社会科学院世界经济与政治

---

① 上海社会科学院亚洲太平洋研究所编，姚锡棠、陈启懋主编：《九十年代亚太经济合作讨论会论文集》，1991 年，第 237—238 页。原书无出版者。

② 2020 年 12 月 20 日辞世，享年 90 岁。

③ 〔美〕傅高义著，陈振声译：《亚洲四小龙腾飞之谜》，中国政法大学出版社 1993 年版，第 129 页。

研究所谷源洋等编著了《亚洲四小龙起飞始末》（经济科学出版社 1992
年版）；新华社参考新闻编辑部汇编了《四小龙经济起飞之路》（1992
年），写于 1992 年 6 月的"编者的话"称："亚洲'四小龙'（中国台湾
地区、中国香港地区、韩国、新加坡）近年来经济高速发展，引起世界
各国的极大关注。'四小龙'的基本情况怎样，它们是如何把经济搞上去
的，有哪些经验和教训值得我们借鉴和吸取，这些都是广大读者感兴趣
的问题。为满足广大读者的需要，我们最近赶编了《四小龙经济起飞之
路》汇编材料，介绍亚洲'四小龙'经济腾飞过程中方方面面的情况、
经验和问题。"这也再次证明了上面所揭示的研究旨趣。除此之外，还翻
译出版了曾任韩国财政部长、商工部长、总统秘书室长的金正濂的《韩
国经济腾飞的奥秘 ——"汉江奇迹"与朴正熙》（新华出版社 1993 年
版），乔尔·科特金和岸本和子的《第三世纪 —— 美国在亚洲纪元的复
兴》（人民出版社 1990 年版）等。

六、"横看成岭"

（一）睁眼看世界

20 世纪 80 年代，大体属于中国改革开放的头十年，需要大力吸引外
资，引进技术，在此背景下，对美欧日等发达国家的开放自是首要的题中
应有之义。中日签订和平友好条约、中美决定正式建交和十一届三中全会
召开，差不多是前后脚发生的。这一时期的中国国际关系学，对美国、欧
洲和日本的研究很自然地占十分突出的地位。1988 年 12 月，在中美建交
十周年到来之际，中华美国学会正式成立。作为全国性的非营利民间学术
团体，该学会的宗旨是联络和团结全国各地从事美国研究的学者，协调国
内各专业性研究美国的团体和机构的工作，发展中国的美国学研究，增进
中国人民对美国的了解，促进有关美国的研究和教学方面的国内外学术交
流，为中国的现代化事业、为世界的和平和发展事业服务。学会得到福特
基金会的资助，设立了美国学著作出版补贴基金，组织出版中华美国学丛
书，由中国社会科学出版社推出。除此之外，各家出版社均出版了一些相

关著作，如复旦大学国际政治系编成了《美国研究》一书（复旦大学出版社 1986 年版），偏重于美国政治和外交。北京学者资中筠出版了《美国对华政策的缘起与发展（1945—1950）》（重庆出版社 1987 年版），上海的章嘉琳主编了《变化中的美国经济》（学林出版社 1987 年版），撰稿人包括章嘉琳、姚廷纲、张睿壮、龚慧峰、董祖杰。

　　1978 年恢复建所后，上海国际问题研究所积极开展工作，其早期的出版物包括以笔名"申钟"编著的《战后四次中东战争》（上海人民出版社 1978 年版），该所编的《现代美国经济问题简论》（上海人民出版社 1981 年版），该所欧洲研究室编的《两大军事集团的对峙 —— 北约与华约》（上海人民出版社 1983 年版）；陈佩尧的专著《北约战略与态势》（中国社会科学出版社 1989 年版）等。早在 1983 年 3 月底 4 月初，上海国际问题研究所和西德艾伯特基金会就联合在上海举办了"南北关系讨论会"，有中方学者 20 人、欧方学者 10 人出席会议。上海市市长汪道涵出席了讨论会的开幕式并致欢迎词。会议就三个方面的问题进行了讨论：（1）对南北关系形势的估计和探讨；（2）北方国家对南北关系的政策及其影响；（3）南北关系的改善和展望。会后出版了《南北关系 —— 全球瞩目的重要课题》一书。[①] 这是 80 年代初期国内为数尚不多的国际研讨会之一。

　　在西欧研究方面，有陈乐民的《战后西欧国际关系》（中国社会科学出版社 1987 年版）以及《"欧洲观念"的历史哲学》（东方出版社 1988 年版）；周琪和王国明主编了《战后西欧四大国外交（英、法、德、意）：1945 年—1988 年》（中国人民公安大学出版社 1992 年版）。其他学术成果还包括张历历、杨闯、周启朋著的《现代国际关系学》（重庆出版社 1989 年版）；顾关福的《战后美苏关系的演变》（时事出版社 1990 年版）等。

　　戈尔巴乔夫上台后，苏联的改革在当时引起了全世界的关注，当然

---

　　① 　上海国际问题研究所、西德艾伯特基金会编：《南北关系 —— 全球瞩目的重要课题》，中国财政经济出版社 1983 年版。

也受到中国学界的重视，柳光青、董拜南主编了《转变中的苏联》（上海人民出版社 1989 年版）。始料不及的是，1991 年苏联形势急转直下，终至该年的 12 月结束了其存在。此后，关于苏联为何解体的问题成为中国学界的一个研究兴奋点。相关的还有现代国际关系研究所编的《苏美与第三世界》（时事出版社 1989 年版），是在 1988 年召开的讨论会基础上编成的一本论文集。

这是一个学术著作出版较困难的年代，中国国际关系研究的队伍还不太壮大，学术著作的出版颇为不易，成为一个时代的记忆。

（二）当代中国外交研究

在中国外交研究方面，《当代中国外交》成为一部代表性著述。1984 年，中华人民共和国即将迎来成立 35 周年，中国党政有关方面在相当高层级上做出决定，编纂出版"当代中国丛书"，意在把三十多年来的历史经验，分门别类，加以总结，编纂成书，陆续付梓。全书设计宏大，共约 200 卷，是分门别类论述中华人民共和国建设发展的历史过程和经验的书籍。其中的若干卷是由政府各部门负责撰写各自行业或业务领域的发展历程，而《当代中国外交》这一卷书的撰写，理所当然地落实到了中华人民共和国外交部。为此，外交部成立了以部领导韩念龙为主编，钱其琛、郑为之、周南为副主编，共由 46 人组成的庞大编辑委员会，同时成立《当代中国外交》编辑部，以薛谋洪、裴坚章为主任，史锐、孙杭为副主任，撰写、编辑则为王卫国、尤颂熙、李樵、李达南、邱静、宋大巧、张光佑、周溢璜、周万里、荣植、黄过 11 人。既然是由外交部组织班子撰写，就有近水楼台、可利用外交部档案馆之便，而这是任何学术单位所不具备的有利条件。1988 年，这一团队撰写完成的《当代中国外交》由中国社会科学出版社出版发行，该书包括附录在内，共 543 页，并配有甚多的照片。此著因具有上述便利条件，因而事实准确，材料较翔实，为同一时期的其他出版物所不具备，可算一部权威性的官修中华人民共和国外交史著。

在这一方面，由学术单位撰写的包括外交学院谢益显主编的《中国外交史——中华人民共和国时期（1949—1979）》，1988 年由河南人民出版社出版。《中国外交史——中华人民共和国时期（1949—1979）》分为四章撰写，暂时止于 1979 年。其中一、二两章（1949—1965）的部分内容，较多地吸收了 1964 年外交学院内部以集体名义铅印出版的同名教材有关部分。该教材上下限为 1945—1960 年，系由张书元生前主编，王德仁、胡之滢共同编著。当然，按照二十多年后的情况和结构要求，河南人民出版社版在体系和内容上势必有所调整、补充和改动，部分变动较大。

此外，中央文献出版社还于 1990 年出版了外交部和中央文献研究室编的《周恩来外交文选》，1994 年出版了他们编的《毛泽东外交文选》。

80 年代，也开始出现一些由当事人撰写的外交回忆录。比较早的是伍修权的《在外交部八年的经历》（1950 年 1 月至 1958 年 10 月）（世界知识出版社 1983 年版）。这是一本薄薄的小书，凡 5.6 万字，分为四部分，即随访莫斯科及中苏关系初记（1950.1—1955.5）、联合国之行（1950.11.14—12.30）、开城一月（1951 年冬）和出使南斯拉夫（1955.5—1958.10）。该书篇幅虽小，却有开风气之先的作用。较早的外交回忆录还有王炳南的《中美会谈九年回顾》（世界知识出版社 1985 年版）。王炳南作为中华人民共和国在会谈中的第一任代表，参加了从开始到 1964 年的九年会谈。中美大使级会谈正式开始于 1955 年 8 月 1 日，到 1970 年中断，长达 15 年，会谈了 136 次。谈判时间之长，次数之多，交锋之激烈，在现代国际关系史上极为罕见。当然，王炳南的这一回顾也比较简要，如果不算附件，仅薄薄的 94 页，尽管如此，同样有开风气之先的作用。后来，继张闻天之后从 1955 年 2 月起出任驻苏联大使的刘晓，撰写出版了《出使苏联八年》（中共党史资料出版社 1986 年版），篇幅也不太大，凡 143 页，叙述了从 1955—1964 年间出使苏联的经历。

（三）早期的丛书

从 80 年代后半期开始，中国国际关系学界陆续有成果以丛书形式出版。其中，浙江人民出版社出版了"当代国际透视丛书"。作于 1988 年

12 月的丛书"总序"，自称是"国内第一套国际关系丛书"，并谓：丛书中的《世纪风云的产儿——当代国际关系理论》对最具代表性的美国、苏联和中国的国际关系理论做了系统客观的介绍。该书在我国社会科学领域是一项填补空白的工程。《均势演变与核时代》以"均势演变"为视角，对维也纳体系以来的国际关系做了系统结构上的剖析，着重探讨了核时代国际关系、"多极化"问题、中国的国际地位及其外交走向。该书在理论、政策与实际结合方面做了新的尝试。《戈尔巴乔夫时代》评介了戈尔巴乔夫的性格、思想、经历、政策和政治地位，评介了近年来苏联的改革进程和戈尔巴乔夫在对外政策上一系列举世瞩目的重大行动。《八十年代中东内幕》分 12 个热点专题，全面系统地介绍了 20 世纪 80 年代中东风云。《世界何处去》从新的角度，展示了全球面临的危机与挑战，剖析了困扰人类的贫困、饥饿、军事竞赛、人口危机、资源匮乏等的发展趋势，描绘了经济、技术、生活方式、教育发展的明天。《领导者的外脑——当代西方思想库》是一部全面介绍当代西方著名思想库与咨询科学的书籍。《冲突与合作——西方七国首脑会议透视》介绍了新的国际协调机制——西方七国首脑会议，揭示了战后二十多年历史发展出现的新现象：资本主义各国已被牢牢地拴在同一条船上，一荣俱荣，一衰俱衰。①

中国社会科学出版社则于 1988 年开始出版"当代国际问题研究丛书"，其宗旨是研究战后国际问题。根据丛书主编张明谦所写的"致读者"，丛书共分 10 篇，即全球篇、地区篇、战略篇、国际经济—政治篇、国际科技—政治篇、国际社会篇、国际危机篇、国际组织与集团篇、国际活动篇及国际关系理论篇等。大约是每"篇"一本书，其中包括潘光主编的《当代国际危机研究》（1989 年版），可能是国内最早的专门研究国际危机的著作，以及金应忠和倪世雄合著的《国际关系理论比较研究》（1991 年初版，2004 年修订版），渠梁、韩德主编的《国际组织与集团研究》（1989 年版）等。

---

① "当代国际透视丛书"各种，浙江人民出版社出版，宦达非"总序"。

　　上述这两套丛书应是国内最早的国际关系研究性丛书。

　　在更为专门的方面，复旦大学出版社出版了"中美关系研究丛书"。该丛书作为复旦大学美国研究中心的一个项目，由汪熙主编，复旦大学出版社出版。丛书环绕中美关系这一课题，从政治、经济、文化、外交、多国关系、军事、政策制定、人物、宗教等不同角度来探索中美关系各方面的问题。既包括历史，也包括现实，二者互相呼应。在丛书主编看来，中美关系，作为一个客观存在，美国有美国人的看法，中国有中国人的看法。既是立体研究，自然包括一种"看法"对另一种"看法"的研究。有批驳，有借鉴，自属题中应有之义。

　　"中美关系研究丛书"1986 年开始出版，到 80 年代末 90 年代初出版有：汪熙编《中美关系史论丛》、王邦宪编著《贸易保护主义对中美经济关系的影响 —— 中美纺织品贸易争端》、屠传德著《美国特使在中国》、孔华润著《美国对中国的反应》、汪熙和霍尔登合编《中美经济关系：现状与前景》、汪熙编《美国国会与美国外交决策》、入江昭和孔华润编《巨大的转变：美国与东亚（1931—1949）》、迈克·罗素著《院外集团与美国东亚政策》等。此后又陆续出版了多种。

　　（四）年鉴类著作

　　这一时期还开始编撰年鉴类的著作，具代表性的是外交部的《中国外交概览》和上海国际问题研究所的《国际形势年鉴》。以《中国外交概览 1990》为例，该书由中华人民共和国外交部外交史编辑室编，根据其"编辑说明"：（1）本书旨在系统地向国内外人士提供中国外交政策与实践的最新情况和动向。每年出版一册。（2）《中国外交概览 1990》主要概述 1989 年的中国外交；个别章、节对有关的历史情况做了简要的介绍。（3）《中国外交概览 1990》共分五大部分：

　　1）第一章和第二章为综合部分，主要介绍 1989 年的国际形势和中国的外交政策。

　　2）第三章至第九章为中华人民共和国同世界各国关系部分，按外交部各地区司分管工作范围，划分为：亚洲国家、西亚北非国家、撒哈拉以南非洲国家、苏联东欧国家、西欧国家、北美洲大洋洲国家、拉丁美洲国家。

该部分主要介绍 1989 年中国同世界各国关系的发展、变化。各章按国家分节，每个建交国为一节。未建交国家中，有需要说明中国政府对该国的政治态度者，亦单列为一节；有的则根据往来情况，数国合为一节。

各地区国家的排列，一般按照由北至南、从东到西的地理位置为序。

3）第十、十一章为中国多边外交部分，主要介绍 1989 年中国同联合国、中国同其他国际组织之间的关系，以及中国对有关问题的立场及观点。

4）第十二章介绍了 1989 年中国外交工作中的条约法律工作。

5）第五部分为附录。本卷附录中收有 1989 年发表的重要外交文件和讲话，1989 年中国外交部新的组织机构表以及外交部部领导成员名单，新中国成立以来中国同外国签订的互免签证协议的情况等。[①]

可见，《中国外交概览》是根据外交部上一年的工作情况进行编撰的，中国与各国的双边关系构成其主要篇幅，再加上上一年国际形势总论和中国外交总论，以及附录。

除外交部开始编撰《中国外交概览》（后改名为《中国外交》）外，上海国际问题研究所在更早便开始编撰出版《国际形势年鉴》。

《国际形势年鉴》是自 1982 年开始编撰的。顾名思义，是每年编撰和出版一本，每一卷都是写上一年国际形势中的重要发展，它具有工具书的性质，交由中国大百科全书出版社上海分社出版，也颇为合适。以《国际形势年鉴 1986》为例，共发表专论 14 篇，由上海国际问题研究所、设在北京的国际问题研究所以及北京其他国际问题研究机构的相关人员分别撰写，文中所反映的是作者本人的观点。14 篇专论分别是《1985 年国际形势的回顾》（陆京）、《美国里根政府的战略防御计划》（贾浩）、

---

① 中华人民共和国外交部外交史编辑室编：《中国外交概览 1990》，世界知识出版社 1990 年版，第 1—2 页。

《戈尔巴乔夫上任后苏联的内外政策》（董拜南）、《促进西欧科技合作的尤里卡计划》（杨洁勉）、《朝鲜半岛局势继续趋向缓和》（郅英）、《民主柬埔寨人民争取国家独立和解放斗争的新发展》（姜跃春）、《澳新美联盟的风波》（林汉隽）、《拉·甘地政府一年来的内外政策》（王鸿余）、《以色列从黎巴嫩撤军和动荡的中东局势》（陈和丰、田中青）、《南部非洲形势仍然紧张动荡》（原牧）、《中美洲局势和美国的干涉》（晓渔）、《剧烈波动的美元汇率》（龚慧峰）、《美日欧贸易摩擦和西方贸易保护主义的抬头》（吴寄南、龚慧峰）以及《撒哈拉以南非洲的大旱灾、大饥荒——1985年非洲经济形势》（王和兴）。此外还包括1985年1—12月的大事记、中国领导人有关国际形势和中国对外政策的言论选编、文件资料选编、汉英人名对照表和目录英译。①

我们从中可以看到这本年鉴的一个概貌。当它一年一年地积累起来后，就颇为可观，成为拳头产品了。三十年后，《国际形势年鉴》停止编撰和出版。

七、翻译和评介

进入改革开放时期后，中国国际关系学界最早翻译出版的国际关系理论著作是美国詹姆斯·多尔蒂和小罗伯特·普法尔茨格拉夫的《争论中的国际关系理论》（世界知识出版社1987年版），以及威廉·奥尔森、戴维·麦克莱伦和弗雷德·桑德曼编的《国际关系的理论与实践》（中国社会科学出版社1987年版）。

在这一评介阶段的初期，国际关系学人求知欲旺盛，如饥似渴地学习新知和引进未知。第一套译丛是由现代国际关系研究所资深学者周纪荣主编、中国人民大学国际政治系宋新宁等实际主持的"国际政治学汉译名著"，由中国人民公安大学出版社自1989年起陆续出版，包括莫顿·卡普兰的《国际政治的系统和过程》（1989年；英文1957年版）、

---

① 上海国际问题研究所编：《国际形势年鉴1986》，中国大百科全书出版社1986年版。

摩根索的《国家间政治——寻求权力与和平的斗争》(1990 年；英文 1985 年第六版)、尤·库库尔卡的《国际关系学》(1991 年；俄文 1980 年版)、约翰·伯顿的《全球冲突——国际危机的国内根源》(1991 年；英文 1984 年版)、罗伯特·基欧汉和约瑟夫·奈的《权力与相互依赖》(1992 年；英文 1977 年版)、肯尼思·沃尔兹的《国际政治理论》(1992 年；英文 1979 年版)。该译丛"终结"于罗伯特·吉尔平的《世界政治中的战争与变革》(中国人民大学出版社 1994 年；英文 1981 年版)。

这套翻译丛书贵在求精，尤其是收入了西方国际关系学的两部里程碑式的著作，一部是沃尔兹(一译华尔兹)的《国际政治理论》，另一部是基欧汉和奈的《权力与相互依赖》。迄今为止，这两部著作仍然是国际关系领域引用率最高的精品。这套译著的出版不仅引进了西方国际关系的理念和方法，而且也为国际关系学的发展提供了借鉴，对于刚刚起步的中国国际关系学科来说功不可没。十年之后，王逸舟主编了"国际关系学当代名著译丛"，由浙江人民出版社出版，将西方国际关系学的新视角、新理念介绍过来，其中既有反映新现实主义和新自由主义论战的重要著作以及新现实主义学者的新作，也有建构主义的专著。这套译丛贵在出新，使中国国际关系学学子又一次接触到新的观点和新的理论，成为他们重要的学术参考书。同时，中国学者进一步翻译介绍了西方的一些国际关系学著作，如上海人民出版社出版的新自由主义代表作《霸权之后》和建构主义的理论代表作《国际政治的社会理论》，都反映了西方国际关系学的最高学术水平。①

"国际政治学汉译名著"译丛出版之时，中国尚未加入国际版权公约，这些代表性著作的翻译出版都是在未获正式版权的情况下进行的，因此有的著作出现了一个以上甚至几个中译本，其中就包括摩根索的《国家间政治》，除了中国人民公安大学出版社的译本(徐昕、郝望、李保平译，王缉思校，1990 年出版)外，另有上海译文出版社版本《国际

---

① 赵宝煦主编：《国际关系理论前沿译丛》，北京大学出版社 2002 年版，秦亚青"总序"第 5—6 页。

纵横策论——争强权，求和平》（卢明华、时殷弘、林勇军译，1995 年出版），以及商务印书馆出版的中译本《国家间的政治》（杨岐鸣等译，1993 年版）。再经过若干年后的 2012 年，北京大学出版社出版了徐昕等译的摩根索的《国家间政治：权力斗争与和平》，应属该书最完善的一个中译本。

稍后推出、时间上互有交叉的还有两个译丛。一是中国社会科学出版社的"国际关系理论译丛"。其"关于《国际关系理论译丛》的说明"称："二次大战后，国际关系错综复杂，一些国家的学者、专家对国际关系理论提出了各种各样的见解。为了对这方面的情况有一个较全面的了解，我们决定将陆续编辑出版一套《国际关系理论译丛》，重点选择介绍世界各国国际关系理论方面有代表性的著作，包括苏联、东欧国家以及西方国家的研究成果，供我国有关部门、研究人员和广大读者参考。为了把这套丛书编好，希望大家给予支持和帮助。"这一"说明"所表达的想法和计划不错，但人们能够见到的只有威廉·奥尔森、戴维·麦克莱伦和弗雷德·桑德曼编的《国际关系的理论与实践》（王沿等译，1987 年版）、斯坦利·霍夫曼的《当代国际关系理论》（林伟成等译，倪世雄、刘同舜校，1990 年版；英文 1977 年版）以及劳伦斯·弗里德曼的《核战略的演变》（黄钟青译，1990 年版）等有限的数种。

另一个译丛是上海译文出版社的"现代政治学译丛"，除了摩根索的那本《国际纵横策论》（即《国家间政治》）外，还翻译出版了肯尼思·华尔兹（一译沃尔兹）的《人、国家与战争——一种理论分析》（倪世雄、林至敏、王建伟译，1991 年版；英文 1959 年版）等。

有些已有译稿的书后来遭遇出版受阻的情况，原因是中国于 1992 年加入了世界版权公约。1992 年 7 月 30 日，中国常驻联合国教科文组织使团代表秦关林代表中国政府向联合国教科文组织递交了加入"世界版权公约"的官方文件，标志着中国正式加入了"世界版权公约"。中国加入世界版权公约是中国政府深化改革、扩大对外开放政策在知识产权领域的新进展，反映了中国在完善版权保护制度，促进国际间的文学、艺术和科学交流，加强国际合作方面的良好意愿。此后，翻译外国学术作品就都必须获得版权授予了，同时这也避免了重复翻译，除非是有新版或公版书。

在这一过程中，复旦大学倪世雄做了大量译介工作，除了已经提到的作为《人、国家与战争》的第一译者和《当代国际关系理论》的合校者之外，倪世雄和金应忠合作共同选编了《当代美国国际关系理论流派文选》（学林出版社 1987 年版）；倪世雄主编了《冲突与合作 —— 现代西方国际关系理论评介》（四川人民出版社 1988 年版）；倪世雄、冯绍雷和金应忠共同撰写了《世纪风云的产儿 —— 当代国际关系理论》（浙江人民出版社 1989 年版），三位作者分别负责美国、苏联和中国。稍后，倪世雄和金应忠合著了《国际关系理论比较研究》（中国社会科学出版社 1991 年版）；倪世雄还在《国际展望》1987 年第一至八期连续发表了《本世纪国际风云的产儿 —— 西方国际关系理论简介之一》等八篇系列文章，都属于较早的介评。此外倪世雄还著有《战争与道义 —— 核伦理学的兴起》（湖南出版社 1992 年版）等。

还有一些译作未列入某个丛书，但也较重要而值得一提，如苏珊·斯特兰奇的《国际政治经济学导论 —— 国家与市场》（杨宇光等译，经济科学出版社 1990 年版）[①]、卡尔·多伊奇的《国际关系分析》（周启朋、郑启荣等译，世界知识出版社 1992 年版）[②]，都应是 80 年代末开始翻译而出版于 90 年代初的。

早在 1980 年国际关系史研究会的成立大会上，理事长王绳祖就提到说，最近上海译文出版社组织翻译了汤因比主编的《国际事务概览》全套，这是对国际关系史学的一大贡献。

王绳祖先生所说的"全套"，其详情值得在这里做一交代。

《国际事务概览》是一套规模较大的现代国际关系史丛书，由英国皇家国际事务研究所主持编纂，阿诺德·汤因比等英美历史学家执笔，牛

[①]　本版据 1988 年英文第一版译出。2006 年上海人民出版社出版的苏珊·斯特兰奇《国家与市场》（杨宇光等译）系根据该书 1994 年英文第二版译出。

[②]　系根据该书 1988 年英文第三版译出。

津大学出版社出版。从 1924—1977 年，共出书四十六卷，以第二次世界大战为界线，分战前（1920—1938 年）、战时（1939—1946 年）和战后（1947—1963 年）三编，论述了巴黎和会以后近半个世纪的国际关系。这套丛书的特点是引用大量政府文件、会议记录和档案材料以及许多有代表性的专著，内容颇丰。

这套丛书的战时编十一卷，自 1978 年起由上海译文出版社陆续组织翻译出版，并为适应历史研究工作的需要，单独作为"第二次世界大战史丛书"发行。为了加强对战后国际关系的研究，又决定继续翻译出版《国际事务概览》战后编。战后编共十二卷，自 1947—1963 年，每年一卷或两年一卷。战后编各卷，大体上以时间为经，以地区为纬，论述当时国际上政治、经济和军事等方面的重大事件，主要编撰者有彼得·卡尔沃科雷西、杰弗里·巴勒克拉夫和唐纳德·瓦特等。

《国际事务概览》战时编各册如下：

（1）《1939 年 3 月的世界》（上、下册）

（2）《大战前夕　1939 年》（上、下册）

（3）《轴心国的初期胜利》（上、下册）

（4）《希特勒的欧洲》（上、下册）

（5）《美国、英国和俄国：它们的合作和冲突》（上、下册）

（6）《战时中东》（上、下册）

（7）《大战和中立国》

（8）《1942—1946 年的远东》（上、下册）

（9）《欧洲的重组》（上、下册）

（10）《四国对德国和奥地利的管制（1945—1946 年）》

（11）《1945—1950 年的中东》

《国际事务概览》战后编的各册基本按年份编撰，如下：

（1）《国际事务概览（1947—1948 年）》

（2）《国际事务概览（1949—1950 年）》

（3）《国际事务概览（1951 年）》

（4）《国际事务概览（1952 年）》

（5）《国际事务概览（1953 年）》

（6）《国际事务概览（1954 年）》

（7）《国际事务概览（1955—1956 年）》

（8）《国际事务概览（1956—1958 年）》

（9）《国际事务概览（1959—1960 年）》

（10）《国际事务概览（1961 年）》

（11）《国际事务概览（1962 年）》

（12）《国际事务概览（1963 年）》①

由此可见，这套《国际事务概览》，可说是卷帙浩繁，洋洋大观。1963 年以后，因国际关系发生深刻变化，英国皇家国际事务研究所决定停止编撰这套丛书。上海译文出版社从 20 世纪 80 年代至 90 年代初将其引进出版，功不可没。

除了具有代表性的《国际事务概览》外，有些国家还编写了大部头的综合性著作，如英国的《剑桥英国对外政策史》、法国勒努万主编的《国际关系史》、苏联的《外交史》（原为三卷，修订版扩充为五卷）。②有的国家还出版了对外关系文件集，影响最大的是美国国务院解密后汇编出版的《美国对外关系》（FRUS）文件集。这套文件集在多年间持续出版，已经蔚为大观，成为包括中国在内的国际关系学人研究美国对外政策的权威性文件集。

还值得一提的是"现代外国政治学术著作选译"丛书。

经过"文化大革命"的十年动乱和十一届三中全会以后的拨乱反正，中国进入了一个以经济建设为中心的改革开放时期，各方面开始步入正轨。当时国际国内形势已发生了很大变化，对外交、国际联系、经济建设、理论宣传、学术研究、科学创新、文化交流、教学需要等各方面来

---

① 见〔英〕彼得·卡尔沃科雷西编著，吕佩英等译：《国际事务概览（1951 年）》，上海译文出版社 1992 年版。

② 王绳祖：《在国际关系史研究会上的发言》，载国际关系史研究会编：《国际关系史论文集》，1981 年。

说，人们都十分关心并迫切要求了解外部世界的情况，特别是近二三十年来的新情况和新知识。当时出版部门不断收到一些读者和学者的建议，希望有关出版社参照过去出版"灰皮书"的办法，继续翻译出版一些现代外国政治学术著作，供大家研究参考。这一建议得到了有关部门的支持，确定出版"现代外国政治学术著作选译"丛书，由北京中央级的出版机构人民出版社领衔，全国有 26 家出版社参加了这项工作。

人民出版社出版的"现代外国政治学术著作选译"丛书各种，统一采用黄颜色封面，其中的每一种书扉页均印有一个出版说明，称："为了研究和探讨现代国际共产主义运动中各种社会主义模式的理论和实践、各种共产主义流派学说以及其他政治学说，了解外国政治社会和学术情况，我国部分出版社分别组织翻译一批有代表性的现代外国政治学术著作，供有关方面研究参考，本书是其中一种。"一般还加上了"内部发行"字样。

该译丛所选的书包括如苏联麦德维杰夫的《让历史来审判——斯大林主义的起源及其后果》《赫鲁晓夫执政年代》，巴斯马诺夫的《三十至七十年代的托洛茨基主义》，希什金的《现代斯堪的纳维亚社会民主党的理论和实践》；南斯拉夫爱德华·卡德尔的《民主与社会主义》，弗兰尼茨基的《马克思主义和社会主义》；日本不破哲三的《科学社会主义研究》；美国列维茨基编的《三十年代斯大林主义的恐怖——苏联出版物材料汇编》，马·拉科夫斯基的《东欧的马克思主义》，科恩的《布哈林与布尔什维克革命》；英国佩里·安德森的《西方马克思主义探讨》，弗朗克的《第四国际》；德国巴罗的《抉择——对现实存在的社会主义的批判》，莱昂哈德的《欧洲共产主义——对东西方的挑战》，霍尔茨的《欧洲马克思主义的若干倾向》；波兰沙夫的《论共产主义运动的若干问题》；捷克奥塔·希克的《第三条道路》；意大利葛兰西的《狱中札记》，拉焦尼埃里编的《陶里亚蒂论葛兰西》，那波利塔诺的《意大利走向社会主义的道路》；比利时曼德尔的《关于过渡社会的理论》；西班牙费尔南多·克劳丁的《欧洲共产主义和社会主义》；等等。这项工作进行到

1984 年，共出版了列入选目中的著作约一百种。[1]

这些译著中有多种出版后都产生了不小的反响。如法国知名记者、作家让-雅克·塞尔旺-施赖贝尔所著、朱邦造等译的《世界面临挑战》（人民出版社 1982 年）就是如此。该书法文版出版于 1980 年，应该说中译本的反应还是相当快的。还有一本书也是列入这套"选译"的，即《印尼九三〇事件》，由四川人民出版社出版于 1982 年，该书副标题为"美国中央情报局调查报告"。不过，直到五十年后的今天，围绕"九三〇事件"的种种事情依然云遮雾绕，究竟是怎么回事，并没有完全研究清楚，尚有待来日。这套"选译"自然都是翻译著作，内中颇涵盖了一些好书，翻译也较精准可靠，可说经得起时间检验。然而，这样一项颇有意义的工作，后来因为"清除精神污染"运动，不得不悄无声息地宣告结束了。

---

[1]　张惠卿：《我和人民出版社》，载宋应离、刘小敏编：《亲历新中国出版六十年》，河南大学出版社 2009 年，第 400—403 页。

第四章 20世纪90年代的中兴

1989年春夏之交，中国经历了一场风波。此后的中国学界，进入了一个人称"学问家凸现，思想家淡出"（李泽厚语）的时期。很多人士重新进入书斋或埋首书斋，是这一时期的一个特点。然而，对国际关系学来说，却未必存在着前后那么大的区别。因为国际关系学"经世济民"的实用性，其发展势头未见顿挫，反而在20世纪90年代变得日益兴旺和活跃，受过较好学术训练的年轻一代崭露头角，研究产出不断增多，学科发展呈现出新的面貌。

一、会议·期刊·丛书

（一）标志性学术会议

伴随着中国全方位的对外开放，到90年代，中国学术机构已能较熟练地主办国际性的学术研讨会了。

1. "面向21世纪的挑战：中国国际关系学科的发展"国际学术讨论会

北京大学国际关系研究所在经过长达两年半的筹备后，于1991年6月主办召开了"面向21世纪的挑战：中国国际关系学科的发展"国际学术讨论会。参加这次会议的中方学者均为一时之选，包括：陈忠经（中国现代国际关系研究所）、何方（中国国际问题研究中心）、李汇川（中国国际问题研究所）、倪立羽（中国国际问题研究所）、陈乐民（中国社会科学院西欧研究所）、资中筠（中国社会科学院美国研究所）、徐善楠

（中国国际问题研究所）、刘同舜（复旦大学）、倪世雄（复旦大学）、邵文光（外交部美大司）、朱明权（复旦大学）、宋新宁（中国人民大学）、章百家（中国社会科学院近代史研究所）、陈小工（北京国际战略问题学会）、廖少廉（厦门大学）、徐昕（北京大学）、袁明（北京大学）。来自国外的学者亦皆各路名家，包括：亚当·罗伯茨（牛津大学）、罗斯玛丽·富特（牛津大学）、克劳德·高达乐（巴黎国际问题研究所）、程应湘（巴黎国际问题研究所）、罗伯特·斯卡拉皮诺（加州大学伯克利分校）、罗伯特·吉尔平（普林斯顿大学）、肯尼思·沃尔兹（加州大学伯克利分校）、艾伦·惠廷（亚利桑那大学）、哈里·哈丁（布鲁金斯学会）、乔治·奎斯特（马里兰大学）、迈尔斯·凯勒（加州大学圣地亚哥分校）、保罗·埃文斯（加拿大约克大学）、渡边昭夫（东京大学）、高木诚一郎（埼玉大学）、樱井真（日本大正海上研究所）。另有来自香港的学者黎凤慧（岭南学院）参加。

　　在为期三天的会议中，中外学者就六个议题展开了相当热烈的讨论。总体来说，讨论集中在以下三个方面：（1）当前时代的特点；（2）国际关系学科中的基本概念与新问题；（3）中国国际关系学科发展的问题。争论最多、讨论最热烈的是关于中国国际关系学科建设和发展的问题。两种相当对立的意见在会议上展开了交锋。一种意见认为，中国应当建立中国自己的国际关系学科；另一种意见则认为，要使国际关系学科科学化，提"有中国特色的国际关系学科"是不科学的。居于这两种对立意见中间的观点是，应当使国际关系研究国际化，不要让这一领域被少数几个国家所垄断。[①]

　　这是较早由中国研究国际关系的学术单位主办召开的一次高端国际研讨会，讨论水平和层次颇高，也提出了颇为重要的问题。会后，于1992年由重庆出版社出版了《跨世纪的挑战：中国国际关系学科的发展》一书，其高质量受到学术界的重视。

---

　　① 袁明主编：《跨世纪的挑战：中国国际关系学科的发展（修订版）》，北京大学出版社 2007 年版，第 120 页。

90 年代前期的另一个重要会议是 1993 年 8 月由上海"民间"的和平与发展研究所主办的在山东烟台召开的全国性"国际问题务虚会"。这是又一次高端的研讨国际关系理论等问题的学术会议，在相当长时间内为学界所津津乐道，可惜的是没有留下一本文集，这就局限了它的影响力和在学术史上的地位。

2. 第二次全国国际关系理论讨论会

在 90 年代后期的 1998 年 10 月，中国国际关系史研究会和复旦大学合作在上海召开了第二次全国性的国际关系理论讨论会。中国国际关系史研究会会长、外交学院教授鲁毅做了"加深理论研究，推进学科建设"的开幕致辞，其中讲到这个研讨会有来自全国各高等院校、科研机构、部队院校和有关政府部门的 90 多位专家学者与会，并称外交部、中联部、中国社会科学院以及中共中央党校、复旦大学、外交学院、国防大学、现代国际关系研究所、解放军国际关系学院、武警上海指挥学校等单位"支持或资助"了大会。鲁毅随即提到 1987 年在上海举办的第一届全国国际关系理论讨论会，认为"那次盛会的召开，对我国国际关系理论学科建设起了积极的推动作用"[1]。为了开好这次讨论会，中国国际关系史研究会在会前印发了三组参考题目，即：（1）关于中国国际关系理论学科建设；（2）关于邓小平的国际关系理论研究；（3）关于冷战后国际关系的重大理论问题。大会共收到 53 篇学术论文，其内容涉及与大会主题有关的各个方面。会后出版了《新时期中国国际关系理论研究》一书（时事出版社 1999 年版）。这次研讨会的召开也具有一定的标志性意义。先后两次全国性的国际关系理论讨论会相隔十一年都在上海举办，反映了上海在推进学科发展和开展理论研究方面所发挥的重要作用。

---

① 鲁毅：《加深理论研究，推进学科建设 —— 第二届全国国际关系理论讨论会在上海举行》，载鲁毅、顾关福、俞正梁、傅耀祖主编：《新时期中国国际关系理论研究》，时事出版社 1999 年版。

（二）兴起的学刊

这一时期，新的学术刊物在继续产生。1993 年 11 月，由中国战略与管理研究会主办的《战略与管理》创刊，该研究会以萧克为名誉会长，谷牧为会长。《战略与管理》的发刊词谓："我们生活在一个急剧变动的时代，未来的一切都不确定，待人探索。我们还不清楚，在我们很不满意却已习惯了多年的两极格局倒塌后，世界将面临什么。我们还不清楚，日益耗竭的资源、日益恶化的环境、日益增长的人口究竟会导致怎样一种结局。我们还不清楚，科学技术与人类的良知是否能在未来保障人类在资源可维持下的经济发展和政治、精神平衡。我们还不清楚，第三个千年纪元的开始究竟意味着人类进步的新起点，还是由盛到衰的转折。"[①]发刊词接着又以连续几个"我们还不清楚"言说中国。由此可见，该刊所涉及的议题范围甚广，政治经济社会，国内国际全球，各种问题都在其视野之内。其所发表的文字包括了不少外交和国际关系方面的论述性文章，它们在《战略与管理》作为公开发行的期刊存在的十一年间产生了颇为广泛的影响。[②]

也是在 1993 年，由中国太平洋学会主办的《太平洋学报》创刊。该刊以周谷城为名誉主编，于光远为主编，法人代表为张海峰。创刊号"刊首语"交代了办刊的宗旨，即："人类正处于两个世纪之交。在二十世纪中，太平洋的地位已发展到人所共见的显赫地位。二十一世纪这个地区的光辉前景，更是观察、研究全球问题的学者、政治家、社会活动家的热门话题。中国是一个太平洋国家，从中国共产党十一届三中全会到现在十五年以来一直坚定地实行开放政策，现在开放仍在扩大中，亟须与环太平洋国家和地区，开展经济文化交流与合作。在这种历史背景下，中国学者特别重视太平洋研究是理所当然的。中国学者愿意在这些领域投入更大的劳动，取得更好的成果，并与国外学者进行交流、探讨太平洋问题。我们将试着办这个太平洋学报，为这种研究和交流提供园

---

①　"发刊词"，《战略与管理》创刊号 1993 年 11 月。

②　其后《战略与管理》以内刊形式继续存在。

地。"①《太平洋学报》诞生后，初为半年刊，周期颇长，后来改为季刊。根据其成熟后的自我定位，它是以讨论国际问题为主的综合性学术刊物，内容涉及国际关系理论、国际政治、国际经济、外交、军事、文化和经济合作的理论与实际。它致力于理论创新，实践学术自由和平等。既有老一辈资深学者的宏论，也有后起之秀振聋发聩的精心之作。在 20 世纪 90 年代为数甚众的学术刊物中，《太平洋学报》颇受关注。

《战略与管理》和《太平洋学报》这两个刊物，都带有一定的"民间"色彩，相对来说稳定性要差一些。2004 年，《战略与管理》因刊发了一篇与朝鲜民主主义人民共和国有关的文章而被迫停刊。后该刊演变成了"《战略与管理》（内部版）"，以内部报刊准印证号出版。自 2014 年 10 月号起改版为专题研究，每期聚焦一个关系国计民生的重点难点课题，深入探析其来龙去脉和因果利弊，以期得出可操作的解决方案。如 2015 年 10 月号的专题为"危机事件应急管理"。但"内部版"阅读面毕竟大幅缩小，其影响力也就大为下降了。《太平洋学报》则于后来"易手"，其结果也是影响力大为下降，变得不太为人所重视了。

相对更为稳定的，自然是由稳如泰山的"体制内"学术机构主办的刊物。如中国社会科学院系统所办的各家刊物。其中如《欧洲》（1993—2003 年），其前身为《西欧研究》，《欧洲》是《西欧研究》和《欧洲研究》之间的刊名，而正是在这十年间它发挥了特别重要的作用，其原因恰恰在于不拘泥于"欧洲"地区，而是发表了为数甚众的理论研究文章，因而与《世界经济与政治》一起，成为 20 世纪 90 年代两家十分亮眼的国际关系学术刊物。

（三）十卷本《国际关系史》问世

1990 年 12 月王绳祖先生去世后，中国国际关系史研究会于 1991 年 12 月在北京召开第四届年会，选举产生了第四届理事会，由外交学院鲁毅继任为理事长，王德仁为秘书长。1996 年起由傅耀祖继任秘书长。

---

① "刊首语"，《太平洋学报》创刊号 1993 年第 1 卷第 1 期。

中国国际关系史研究会在这一时期的标志性成果，是组织撰写了十卷本《国际关系史》（世界知识出版社 1996 年版），以后又增写了两卷从而增至十二卷。从 1979 年国际关系史研究会筹备会召开并初设写作愿景开始，到 1987 年国际关系史研究会常务理事会扩大会议落实撰写任务以及 1996 年十卷本、近 350 万字鸿篇巨制出版，前后将近十八年，凝聚了近百名学者的心血和智慧。这一巨制对近代、现代和当代国际关系中的重大事件进行了详尽的、实事求是的叙述和分析，探讨了国际关系的发展规律，理出了国际关系通史的总线索。①

十卷本《国际关系史》问世，是一项里程碑式的成果。这部书由中国国际关系史研究会组织了全国范围内各大学和研究机构的国际关系学者，经过多年努力始得完成。该书撰写的立意是，第一，以马克思主义基本理论为指导，坚持唯物史观，在对国际关系理论、历史与现状的综合研究的基础上，建立国际关系史学科的新体系。第二，着意于探索世界范围内的国际关系历史发展进程，以历史发展的本来面貌来评价某一地区或某一国家在不同时代国际关系中的地位和作用，略古详今。第三，以世界经济关系为基础，探明国际政治关系的发展过程与前因后果，并注意其相互作用与影响。运用历史"合力"的原理来剖析国际斗争的诸多因素与表现，避免把问题简单化。第四，重视亚洲、非洲、拉丁美洲国家随着历史进程在国际关系中所显示的重要影响和作用，反映客观的历史演变过程，尊重历史的真实性。第五，根据所掌握的大量资料，实事求是地阐明历史事实真相，不溢美，不隐恶，履行国际关系史学者应尽的职责。②

基于国际关系的历史发展进程，这部多卷本著作着重从 17 世纪世界进入近代时期写起。其上限为结束"三十年战争"的《威斯特伐利亚和约》（1648 年），其下限为 20 世纪 70 年代末。全书共十卷，按国际

---

① 韩家炳：《光仁洪与中国世界史研究》，《光明日报》2019 年 11 月 25 日。

② 王绳祖主编：《国际关系史（第一卷：1648—1814）》，世界知识出版社 1995 年版，"总序"第 4—5 页。

关系发展的历史进程及其主要转折性变化，分为三个时期：第一个时期（1648—1918 年），即从《威斯特伐利亚和约》的签订至第一次世界大战结束，为第 1—3 卷。第二个时期（1917—1945 年），即从十月社会主义革命至第二次世界大战结束，为第 4—6 卷。第三个时期（1945—1979年），即从第二次世界大战结束至 20 世纪 70 年代末，为第 7—10 卷。

后来，在由研究会改名而来的中国国际关系学会主持下，又撰写和出版了第 11、12 卷。第 11 卷（1980—1989 年）由中国现代国际关系研究所牵头，叙述的是 20 世纪 80 年代的国际关系，2004 年出版。第 12卷是受中国国际关系学会委托，由北京大学国际关系学院的学会理事和会员撰写，2006 年出版。出版者均为世界知识出版社。至此，全书共达十二卷，实为标志性的巨制。

（四）"当代国际政治丛书"

1995 年，上海人民出版社开始出版由冯绍雷和陈昕主持的"当代国际政治丛书"，由此开启了一项重要的学术事业。该丛书的"总序"表达了丛书的相关旨趣，其中有两点见解颇为重要。一是，在列举了保罗·肯尼迪、布热津斯基、基辛格和塞缪尔·亨廷顿等已写出了"多部长篇巨著，直面国际巨变，预言天下走势"后说，中国的国际政治学界将如何回答既是来自客观研究对象的、也是来自同行同代人的挑战？所幸者，国际问题学术研究领域已经不大可能再是欧美国家的一言堂了。生存与发展、一体化的挑战以及出于对全人类命运的共同关切，使包括中国在内的发展中国家学者，一步一个脚印地营建着自身独特的国际政治知识结构。二是，构筑国际政治领域独特的概念与范畴体系，也是需学者们皓首穷经、冥思苦寻方能实现的境界。对于一个思辨逻辑传统相对薄弱的民族，这无疑是一场脱胎换骨的观念革命。事情恰恰在于，一个没有独特范畴与概念体系的专业门类，就没有权利去担当反映和影响国际政治现实的"理论"角色。

这两点写于 1995 年 5 月，而至今仍显重要。如此看，这篇总序，可说发出了中国国际关系学界构设"独特概念与范畴体系"的先声，值得人们给予注意和重视。

"当代国际政治丛书"从 1995—2001 年所出诸种著作，大体按时间先后包括王逸舟著《当代国际政治析论》（1995）、王缉思主编《文明与国际政治——中国学者评亨廷顿的文明冲突论》（1995）、冯绍雷著《制度变迁与对外关系——1992 年以来的俄罗斯》（1997）、张小明著《冷战及其遗产》（1998）、资中筠编《国际政治理论探索在中国》（1998）、王逸舟著《西方国际政治学：历史与理论》（1998）、秦亚青著《霸权体系与国际冲突——美国在国际武装冲突中的支持行为（1945—1988）》（1999）、王逸舟主编的《全球化时代的国际安全》（1999）、苏长和著《全球公共问题与国际合作——一种制度的分析》（2000）、朱锋著《弹道导弹防御计划与国际安全》（2001）、陈玉刚著《国家与超国家——欧洲一体化理论比较研究》（2001）、周琪著《美国人权外交政策》（2001）等，所探究的问题各有不同，但各有胜擅；水平虽不免有参差，但总体上达到或保持了较高的学术水平。

二、学术研究及成果

20 世纪 90 年代，中国国际关系学界所研究的各种问题已经相当广泛，大致归类，至少包括如下一些方面，并收获了相应的成果。

（一）国际关系（学）概论

20 世纪 90 年代出版了多部国际关系概论性质的书，包括白希的《现代国际关系学导论》（中国政法大学出版社 1991 年版），冯特君和宋新宁主编的《国际政治概论》（中国人民大学出版社 1992 年版）、梁守德和洪银娴的《国际政治学概论》（中央编译出版社 1994 年版）、俞正梁的《当代国际关系学导论》（复旦大学出版社 1996 年版）、俞正梁等的《全球化时代的国际关系》（复旦大学出版社 2000 年版），这些作品大抵是作为教科书而撰写的。再延续下来，还有李少军的《国际政治学概论》（上海人民出版社 2002 年版）、楚树龙的《国际关系基本理论》（清华大学出版社

2003 年版，系"清华公共管理教材系列"之一种）等。它们的特点是所论都比较全面地涉及国际关系学的各个方面，议题较广泛，并非专论性质的著作，不容易显现其创新性。大体可归入这一类的还有梁守德主编、主要反映北京大学国际关系学者成果的论文集《国际政治论集》（北京出版社 1992 年版）和《国际政治新论》（中国社会科学出版社 1996 年版）。此外还有卢明华的《当代国际关系理论与实践》（南京大学出版社 1998 年版），以及宫少朋、朱立群、周启朋的《冷战后国际关系》（世界知识出版社 1999 年版）。

值得一提的是，中国人民大学国际关系学院组织撰写了"21 世纪国际政治系列教材"，由中国人民大学出版社出版，主要对象是国际政治、国际关系和外交学及相关专业的大学生和研究生，但也自认为对所有希望系统学习和研究国际问题的读者来说，都是熟悉和了解国际知识的理想读物。这套教材共十余种。其中《国际政治经济学概论》（宋新宁、陈岳著）是国内第一部系统论述国际政治经济学的著作，主要介绍国际政治经济学这一新兴边缘学科的研究对象和方法，分析国际社会行为主体的对外政治经济行为，以及国际政治与国际经济之间的相互关系和相互作用。《国际政治经济学概论》（宋新宁、陈岳著）系统介绍了国际政治学的研究对象、理论渊源、发展阶段和学派理论，系统分析了国际政治的基本格局、行为主体、基本动因、相互作用、国际规范和国际准则、跨国政治以及国际政治的环境与制约因素等。《当代中国外交概论》（李宝俊著）以历史发展阶段为线索，重点阐述了中华人民共和国对外关系和对外政策的形成、发展和调整，系统介绍了以毛泽东、周恩来、邓小平外交思想为指导的不同时期中国外交的全貌。《现代外交学概论》（金正昆著）将外交学作为一门独立的学科进行研究和探索，注意理论与实践并重，主要阐述外交学的研究对象和基本范畴、外交理论和思想、外交决策、外交政策、外交制度、外交礼仪等现代外交学的理论与实务问题。《国际组织概论》（叶宗奎、王杏芳著）系统研究了当今国际社会中十分活跃的各类国际组织，深入剖析了国际组织与国际社会、国际组织与国际格局、国际组织与国际法、国际组织与国际政治经济新秩序等重

大理论和现实问题。《国际安全概论》（李景治等著）重点探讨国家维护
自身安全的战略选择以及国际社会寻求维护世界安全的构想和实践，特
别对多年来讨论十分热烈和在国际关系实践中比较突出的合作安全问题、
集体安全体系、地区安全机制以及综合安全概念与综合安全保障问题，
进行了较为细致和系统的梳理。此外，这套教材还包括林甦主编的《欧
洲政治经济概论》，杨炳章等著《美国政治经济概论》，宋绍英、黄大慧
等著《日本政治经济概论》，畅征、刘青建著《发展中国家政治经济概
论》等。这是比较早的、成系列的一套国际关系教科书。

（二）外交史和外交思想史

世界知识出版社出版了一个战后外交史系列。其出版宗旨是，在
二战后以冷战为特征的国际关系中，大国外交起了极其重要的作用。这
套战后大国外交史，意在记录这一时期各大国外交政策思想和外交实践
的发展变化，探讨它们的得失成败和对国际关系的影响，提出中国学者
对这些问题的分析和判断，作为研究冷战后国际关系发展的借鉴。该系
列书共四种，即资中筠主编的《战后美国外交史 —— 从杜鲁门到里根》
（上、下册，1994 年版），陈乐民、王振华、胡国成的《战后英国外交
史》（1994 年版），张锡昌和周剑卿的《战后法国外交史（1944—1992）》
（1993 年版），宋成有、李寒梅等著的《战后日本外交史》（1995 年版）。
这方面专著还有崔丕的《近代东北亚国际关系史研究》（东北师范大学出
版社 1992 年版），由王玮、赵学功、刘国柱、戴超武合撰的《美国对亚
太政策的演变（1776—1995）》（山东人民出版社 1995 年版），王晓德的
《梦想与现实 —— 威尔逊"理想主义"外交研究》（中国社会科学出版社
1995 年版），于群的《美国对日政策研究（1945—1972）》（东北师范大
学出版社 1996 年版），苏格的《美国对华政策与台湾问题》（世界知识出
版社 1998 年版）等。

由陈乐民和周荣耀主编的《西方外交思想史》（中国社会科学出版社
1995 年版），囊括了从 18 世纪末法国革命以来二百年左右的时间里，西
方大国在外交方面的主要政策实践和指导思想，所述内容大体上截止于

20 世纪 80 年代末，即第二次世界大战后形成的"雅尔塔格局"彻底瓦解之际。该书认为，从外交思想的层面上看，这二百来年可以分为三大阶段：（1）19 世纪，其特征是欧洲列强的"力量均势"，到下半叶开始发生变化，"均势"的内容已有不同；（2）自 20 世纪起，"力量均势"的理论和实践逐渐成为过去，其中两次世界大战之间是西方外交的彷徨时期；（3）自 1945 年以来至 20 世纪 80 年代末是东西两极体制时期，这一时期支配西方外交思想的杠杆是东西方关系。①

如果说上面各书研究的都是西方，那么北京大学叶自成对中国古代外交思想进行的研究，可以说独树一帜。不过其研究的重点还是描述中国思想并将其与西方思想进行比较，尚不是发掘中国思想的理论潜力，进行理论创新。②

20 世纪 90 年代末也意味着 20 世纪末，这一事实，不能不促使人们反思或前瞻。1997 年，北京学者资中筠和陈乐民在访问上海时，有机会与德高望重的汪道涵先生见面。其间，汪老提到，20 世纪行将结束，发生了这么多重大事件和变化，真应该好好总结一下。由于受到汪老的启发，经陈乐民提议，专长美国问题的资中筠、专长欧洲问题的陈乐民和专长俄罗斯问题的上海学者冯绍雷都感到，这"三大块"的确对 20 世纪的走向产生了重大的影响，他们在长期的研究中也各自都有一些宏观的、全局性的心得，于是决意真的进行一番总结，由果求因，希望能从社会发展的既成事实中找出一些规律来。这项研究既不能摆脱历史和国际关系，又希望尽量避免写成单纯的历史或国际关系，不求面面俱到。③ 这一联手研究的产物便是数十万言的《冷眼向洋 —— 百年风云启示录》，该书于 1999 年完稿，2000 年由生活·读书·新知三联书店出版。它由资中筠主编，分上、下两卷，上卷由资中筠、陈乐民著，下卷由冯绍雷、刘靖华、陈乐民著。该书试图回答的问题是，美国何以兴？苏联何以衰？

---

① 陈乐民主编：《西方外交思想史》，中国社会科学出版社 1995 年版，第 397 页。

② 叶自成：《春秋战国时期的中国外交思想》，香港社会科学出版公司 2003 年版。

③ 资中筠、陈乐民：《冷眼向洋 —— 百年风云启示录》（上卷），生活·读书·新知三联书店 2000 年版，"前言"。

作为近代西方文明的发源地，欧洲向何处去？为什么 20 世纪资本主义不但没有如列宁在《帝国主义论》中所预言的那样走向腐朽和衰落，反而有所发展？为什么世界上"第一个社会主义国家"在生存了七十余年后幡然易帜，而且其后的俄罗斯迟迟未走出危机？"全球化"以来，传统意义的各国无产者没有见到团结起来的迹象，而资产者却以各种形式联合起来了，这是为什么？谜底当然极为复杂，因为这些问题有着深层次的内在联系，而且存在着多个探讨的角度。作者们尽其所能透过科技、经济、政策和制度等外层的硬壳，深入探讨问题的核心。[①]并且试图由此透视出，今后中国的走向不可避免地要对世界局势发生重大的影响。《冷眼向洋》一书的撰写，意在鉴往知来，希望能得出一些启示。作者们尽管着眼于世界，却始终不忘中国在世界大潮中何以自处，因此有题为"全球化与中国"一篇作为"后记"。全书最后的结论是：必须不受任何干扰，坚定不移地走二十年前邓小平所开创的改革开放道路，中国才有出路，才能自立于世界民族之林。这是作者们审世界之时，度中国之势，得出的深切感受。

在中外关系史方面，中国学者在这一时期继续不断地有学术作品产生。较有代表性的是陶文钊出版了《中美关系史（1911—1950）》（重庆出版社 1993 年版），接着陶文钊又于 1999 年出版了其主编的《中美关系史（1949—1972）》（上海人民出版社），2004 年再出版《中美关系史（1972—2004）》（上海人民出版社）。随后，先后出版的三卷书由上海人民出版社整合在一起，构成了一部三卷本的中美关系史，代表了中国学界在这一领域的学术水平。该书的整体风格表现为：结构完整，材料丰富，论点鲜明，叙述详密。第一、二卷稍有不同的是，第一卷书是作者独立完成的，第二卷书则是主编陶文钊和一批优秀的青年作者合作的结晶。陶文钊的《中美关系史（1911—1950）》是第一本以通史的视野和通史的框架对民国时期的中美关系史进行总结和书写的专著，所以

---

① 资中筠、陈乐民：《冷眼向洋——百年风云启示录》（上卷），生活·读书·新知三联书店 2000 年版，"绪论"。

在当时具有特别的意义，成为中国中美关系史研究的学术史上一根重要的标杆。《中美关系史（1949—1972）》则比较全面、客观、深入地阐述了 1949 年中华人民共和国成立到 1972 年美国总统尼克松访华这一段不平静的历史。这一时期的历史内容相当丰富，既有朝鲜战场上的兵戎相见，又有日内瓦和华沙谈判桌前的唇枪舌剑；既有台湾海峡上的剑拔弩张，也有中南海里的谈笑风生。所有的这些或严峻、或精彩的历史场景，都在书中得到了全面的再现、冷静的剖析和恰到好处的评论。[①]

在总体的中外关系史方面，由朱杰勤、黄邦和主编，全国 50 多名学者共同编撰了中国第一部《中外关系史辞典》，1992 年 12 月由湖北人民出版社出版。该辞典共收录三千余个条目，并附有中外建交、中国驻外使领馆、中外主要双边条约等十一份涉外要务实用附录。该辞典紧扣中外关系的特点，突出中外关系的进程，内容翔实、确切地收编中外关系发展中的有关史实，所展示的不仅是中国的对外关系史，或是外国的对华关系史，而是中外双向的关系史。周谷城就《中外关系史辞典》的出版指出，中外关系史本身说明，中国历史不是孤立发展的，而是始终处于和外部世界的相互交融当中。人类的历史是各民族不同的文明相互影响相互促进的历程。研究中外关系史不仅是为了了解过去，也是为了了解人类的未来。人类未来的文明是多元化的文明。不是东西方文明"谁"压倒"谁"，而是相互影响、相互促进。中国文明正越来越显示出自己的特点和优越性。[②]

与此相关，由中国中外关系史学会（1981 年成立）主持编成了多辑《中外关系史论丛》和《中外关系史译丛》。这一时期的研究开阔了视野，拓展了研究领域，特别是重新构建了中国中外关系史学术体系。《中外关系史论丛》出版了 30 多辑。季羡林为第五辑撰写了《中国制造瓷器术传入印度》一文，他在该文的"后记"中写道："国与国、民族与民族之间

[①] 任东来：《探求中美关系的历史谜底——评陶文钊主编的〈中美关系史 1949—1972〉》，《世界历史》2002 年第 3 期。

[②] 康宁：《中国第一部〈中外关系史辞典〉问世》，《国际展望》1993 年第 11 期。

的文化交流，能提高彼此的精神文化水平和物质文化水平，是互补互利的。这一点已为人类历史所证明，没有再争辩的必要。如果世界人民都能了解这一点，必能促进彼此的了解，提高彼此的友谊，大有助于世界和平之保卫。"① 姚楠主编的《中外关系史译丛》，1984 年开始由上海译文出版社分辑出版。季羡林所撰的"前言"称："对研究中外关系史的同行们来说，《中外关系史译丛》的出版，具有极其重大的意义。""我们出版《中外关系史译丛》，目的就是使对外国语言不太熟悉的中国学者能及时了解外国同行的研究成果，这会大大地促进中外学者的交流与协作，大大地提高中外关系史研究的水平。"② 可见，季羡林的这篇前言陈意甚高。"译丛"共出版了五辑，这五辑的译文都以较早前的中外关系史为主。因与本节所述有关，在此一提。

（三）对中国外交史的研究

这是国际关系学家和史学家相交汇的一个领域，取得了显著成绩。具代表性的著述有石源华著的《中华民国外交史》（上海人民出版社 1994 年版），主编的《中华民国外交史辞典》（上海古籍出版社 1996 年版），主编的《中国十外交家》（上海人民出版社 1999 年版）。河北人民出版社出版了"民国外交官传记丛书"，其中包括金光耀的《顾维钧传》（1999 年版）；陈雁的《颜惠庆传》（1999 年版）等。金光耀主编的《顾维钧与中国外交》（上海古籍出版社 2001 年版）；金光耀和王建朗主编的《北洋时期的中国外交》（复旦大学出版社 2006 年版）；顾云深、石源华和金光耀主编的《鉴往知来：百年来中美经济关系的回顾与前瞻》（复旦大学出版社 1999 年版）；资中筠和陶文钊主编的《架起理解的桥梁——中美关系史研究的回顾与展望》（安徽大学出版社 1996 年版）等。

这方面的研究进入到新的十年后，又有石源华等著的《近代中国周

---

① 中国中外关系史学会编：《中外关系史论丛》（第五辑），书目文献出版社 1996 年版，第 7 页。

② 中外关系史学会编：《中外关系史译丛》（第一辑），上海译文出版社 1984 年版，"前言"。

边外交史论》（上海辞书出版社 2006 年版），然后又继之以《中华民国外交史新著》（社会科学文献出版社 2013 年版）、《新中国周边外交史研究（1949—2019）》（世界知识出版社 2019 年版）等数种。

（四）对发展中国家的综论性研究

这方面的著述具代表性的有李琮的《第三世界论》（世界知识出版社 1993 年版）；王正毅的《边缘地带发展论 —— 世界体系与东南亚的发展》（上海人民出版社 1997 年版）和《现代政治地理学》（南开大学出版社 1993 年版）；俞新天的《世界南方潮 —— 发展中国家对国际关系的影响》（上海社会科学院出版社 1993 年版）和《机会与限制 —— 发展中国家现代化的条件比较》（上海社会科学院出版社 1998 年版）；肖枫的《西方发展学和拉美的发展理论》（世界知识出版社 1990 年版）。四川人民出版社则出版了由国家社会科学基金资助的"世界现代化比较丛书"。李琮的《第三世界论》一书由十三章组成，堪称力作。第一章是关于第三世界的基本经济特征的论述，这是第三世界发展的基础和出发点。第二章分析了第三世界发展的历史条件，着重分析第二次世界大战后当代特定的历史条件及其对第三世界发展的影响。第三、四章专门论述了第三世界的发展道路问题。根据第三世界几十年来的实践，对资本主义道路和所谓"非资本主义道路"进行了剖析。第五章对发展中国家所实行的各种发展战略进行了比较分析。第六、七、八、九四章回顾了第三世界几十年来的发展过程，肯定了所取得的成绩，指出遇到的困难和危机，以及第三世界发展的不平衡和两极分化。同时按发展水平的高低，对第三世界国家进行了分类，对每类国家的特点做了比较。此外，在叙述发展中的困难和危机时，特别对 20 世纪 80 年代以来多数发展中国家遭遇的挫折做了较具体的分析，对遍及亚非拉发展中国家的调整改革浪潮进行了阐述。第十章是关于"增长与发展"问题，说明第三世界不仅要有经济增长，而且要有社会经济、人口、环境和科学文化的平衡发展。第十一章专门就第三世界的发展与国际经济关系问题进行了论述，包括第三世界在世界经济中地位的变化，以及国际经济新秩序等问题。第十二、十三章是关于第三世界国家国内政治和国际政治关系问题，着重说明国内政治和国际政治的特点及其对发展的影响。[①]

至于对发展中国家开展的分国性的研究，那就不胜枚举了。

（五）对中国周边地区的研究

这方面的著述为数颇多，包括现代国际关系研究所的《面向二十一世纪的中国周边形势》（时事出版社 1995 年版），阎学通等著的《中国与亚太安全——冷战后亚太国家的安全战略走向》（时事出版社 1999 年版），陈峰君的《当代亚太政治与经济析论》（北京大学出版社 1999 年版），王士录、王国平的《从东盟到大东盟——东盟 30 年发展研究》（世界知识出版社 1998 年版）；张小明的《中国周边安全环境分析》（中国国际广播出版社 2003 年版），该书是其所承担的国家社会科学基金项目“世纪之交的中国周边安全环境”的最终成果，被列为“北京大学国际问题研究丛书”的一种，该丛书的其他各种还包括《东亚：变换中的政治风云》《二十世纪西欧资本主义研究》《苏联专家在中国》《香港模式与台湾前途》《全球政治与全球治理》《亚太安全析论》等。不久，中国现代国际关系研究所又出版了《亚太战略场》（时事出版社 2002 年版）。该书利用本研究所长期倾力于当代国际重大问题跟踪研究的独特优势，汇集该所二十多位各个领域的国际问题专家，从不同角度分析了影响亚太战略格局的主要力量及其未来发展战略，它们相互之间的关系及由此形成的亚太国际关系格局，以及亚太区域性组织、亚洲意识、经济一体化等重大理论与现实问题。既有对各主要力量发展趋势的深度分析，也有对中美、中日、中俄等重大双边关系的细致解剖，还全面探索了中美俄、中俄印、中美日、美日印等多个重大三角关系，涉及政治、经济、军事、安全、外交诸多领域。

[①]　李琮：《第三世界论》，世界知识出版社 1993 年版，第 9—10 页。

（六）专论性质的著述

专论性质的著述，须是题目比较专门、面不那么宽的，除了前已述及的"当代国际政治丛书"中的若干种外，这方面较具代表性的是王在邦的《霸权稳定论批判——布雷顿森林体系的历史考察》（时事出版社1994年版），原为作者在南京大学攻读近现代国际关系史时所撰写的博士学位论文。根据出版社方面的说法，该书通过对布雷顿森林体系兴衰的历史考察，揭示战后西方国际货币体系运营的规律和特点，反映了霸权稳定论这一西方国际政治经济学主流派观点的荒谬性，提出了多边自由经济体系的运营既须以相对均势为物质前提，还须有某种外部压力作为其"外稳定源"的观点。在此基础上，还提出了"亲合度为零"（即在一定的空间和时间范围内，诸国家间的关系总是互相抵消，总和大致为零）的新概念，为建立马克思主义的国际政治经济学进行了大胆的探索和有益的尝试。[1]南京大学-约翰斯·霍普金斯大学中美文化研究中心学者任东来也颇为深入地研究了霸权稳定理论，写出了出色的论文，其结论是：霸权稳定论作为一种实力即资源的理论模式，更适用于研究一般趋势而非特殊变化，整个模式并不是很完善。他发现国际贸易结构与国家间实力的兴衰和转移并不完全前后衔接。英国在其霸权地位衰落后，其维持自由贸易的责任又持续了很长时间。而美国承担起此项责任则是在美国成为世界上经济领先大国很久以后才开始的，并在美国相对衰落时期内继续下去。应该说，霸权稳定论在确立一种基本思想，说明国际体制的本质特征——实力基本决定结果方面是有效的。它的价值在于可以构成学者们研究的起点，即在利用一种更为复杂的理论框架之前，看看这种虽然系统但相当简单化的解释能够解决多少问题[2]，没有解决的问题又是什么。

由冯绍雷、潘世伟、范军和卢林合著的《国际关系新论》（上海社会

---

① 王在邦：《霸权稳定论批判——布雷顿森林体系的历史考察》，时事出版社1994年版，封底简介。

② 任东来：《国际政治经济学中的霸权稳定理论》，《战略与管理》1995年第6期。

科学院出版社 1994 年版）具有自己的特点，这是一部介于国际关系概论和国际关系理论之间的论著，具有一定理论意识。其"前言"称："在国际关系这一既古老又年轻的知识领域中，随着知识与经验的积累，随着视野的不断扩大，人们已经越来越不满足于仅仅停留在'知其然'的水平上，而要进一步'知其所以然'了。正是这种对知识的渴望和对人类命运的普遍关切，推动着国际关系的学术研究，尤其是国际关系理论研究的一步步发展。"① 老一辈学者、华东师大教授姜琦为该书所撰的"序"说：没有理论知识，就不能对以往的丰富实践进行真正科学的、客观的总结；没有理论知识，就不能对未来的国际社会形态进行比较准确的前瞻性分析；没有理论知识，也不能使国际关系学科这门知识本身不断地得到充实与发展。②

该书第一章考察了"古代文明时期的国际关系"，第二章考察了"中世纪国际关系"，均为此前的各种论著所无，因而具有自己的特色。全书由五"篇"组成。第一篇为国际关系的历史发展部分，在国际关系的指导性观念、国际关系的行为方式以及国际关系的结构变迁这三个层面对古代、中世纪、近代以及 20 世纪以来的现代国际关系四个时期加以比较研究，力图把握国际关系在历史流变中的总体发展趋势及其特征。第二篇为国际关系中的基本要素，从地缘政治、文化、权力与道义、政治与经济这四个方面对活跃于国际关系过程中的最基本成分进行了分析。作者在总结前人认识的基础上力图结合中国实际加以阐述，认识这些基本要素在中国对外关系中所起的作用。第三篇为国际关系中的战略研究，作者选定了一个独特的视野，也即从国家外交政治战略，而不是从一般"大战略"的角度，选择均势战略、中立战略、发展外交战略这三个基点展开作者对战略问题的思考。其中发展外交战略这一章，是作者力图从现代化进程中，内部政治经济结构演进与对外关系发展相互联系的角度

---

① 冯绍雷、潘世伟、范军、卢林：《国际关系新论》，上海社会科学院出版社 1994 年版，"前言"。

② 同上书，"序"。

来观察问题，所使用的范畴是作者自己所创的。第四篇是国际关系中的决策研究，除了对战后对外政策决策的一般发展趋势做出分析外，着重研究了对外政治决策的国内政治过程和国际协调两个方面。第五篇国际关系的系统结构，是力图使用系统方法对国际关系的宏观结构做出分析，并着重探讨了当前正在进行的国际格局大转型问题。

由俞正梁、任晓、臧志军、陈志敏、陈玉刚、唐贤兴合著的《大国战略研究 —— 未来世界的美、俄、日、欧（盟）和中国》（中央编译出版社 1998 年版）是教育部人文社会科学研究"九五"博士点基金项目的研究成果，实际上是一份关于 2000 年以前美、俄、中、日、欧（盟）世界五大力量对外战略的长篇研究报告。该书认为，1991—2000 年大体上是国际关系两极格局解体到多极格局基本形成的过渡时期。这一过渡时期的结束除了有赖于整个国际形势的发展外，主要取决于五大力量的战略走向及其相互关系的基本定位。[①] 全书对这五大力量的对外战略进行了较为深入的分析阐述。该书获得上海市哲学社会科学优秀成果奖。

（七）中外合作研究

中外合作研究作为中外学者间一种新的研究方式，在这一时期开始兴起。

1995 年，中共中央党校国际战略研究中心和美国哈佛大学费正清东亚研究中心在中央党校科研部和美国福特基金会资助下设立合作研究项目，考察 1955—1971 年的中美关系断代史。之所以确定研究 1955—1971 年的关系史，一是因为在此之前，中美双方的学者已经进行过一次合作，对 1945—1955 年的中美关系进行了共同研究，并且在中美两国分别以中英文发表了一部论著[②]，在学术界产生了良好的影响。二是因为当

---

① 俞正梁等：《大国战略研究 —— 未来世界的美、俄、日、欧（盟）和中国》，中央编译出版社 1998 年版，第 1 页。

② 袁明、〔美〕哈里·哈丁主编：《中美关系史上沉重的一页》，北京大学出版社 1989 年版。英文版也在同一年出版：Harry Harding and Yuan Ming eds., *Sino-American Relations, 1945-1955: A Joint Reassessment of a Critical Decade*, Wilmington, Del.: Scholarly Resources, 1989.

双方在 1995 年春商讨合作项目时，美国政府把 1971 年以前相当多的官方档案予以解密，可资研究者共同利用。在此期间，中国也发表了许多新的资料文献。项目参与方的初始愿望是，为了加深相互了解，为了推进今后中美关系的发展，中美学者有必要根据双方最新的资料文献及对历史的反思，对冷战时期的中美冲突与克制进行较深层次的再探讨。双方商定，档案资料的使用重点，应该明确放在探讨每一个时期或每一重大事件中，中美两国真正利益的所在、当时两国领导人是如何认识国家利益、如何决策（决策过程）、决策实施及其预期效果的实现与否、当时的评价及最新评价。作为这一合作研究的成果，出版了《1955—1971 年的中美关系 —— 缓和之前：冷战冲突与克制的再探讨》一书[①]。在这一成功合作基础上，双方很快又决定下一个合作项目的主题是"毛泽东的外交思想和实践（1949—1976）"，并启动。

1997 年至 1999 年，由日本独协大学发起，中国北京师范大学、复旦大学和南开大学学者共同参与进行了一项研究，主题为"现代国际政治变动的分析与国际政治理论的再研究、再创新 —— 日中国际政治理论的比较与统合的尝试"。作为这项研究的最终成果，是由星野昭吉和刘小林共同主编并出版的《冷战后国际关系理论的变化与发展》一书（北京师范大学出版社 1999 年版）。

三、学术论争

不同看法的争论、争鸣和讨论，反映了这一时期中国国际关系学界比较集中探讨的若干问题。

（一）我们处于什么时代

由于 1989 年发生的风波，中国的外部环境出现了很大变化，一时间

---

① 姜长斌、〔美〕罗伯特・罗斯主编：《1955—1971 年的中美关系 —— 缓和之前：冷战冲突与克制的再探讨》，世界知识出版社 1998 年版。

趋于严峻。在这一背景下，关于时代及"和平与发展"问题的论争又一次浮出水面，"和平与发展"为当今时代主题的判断受到了质疑。

据何方忆述，1990 年 3 月 5 日，中央书记处研究室在中南海西楼会议室召开关于帝国主义和时代问题的座谈会，有思想界的几位领导同志和理论界、学术界的一些人士参加。会议一开始先传达了陈云关于《帝国主义论》的谈话，批评"那种认为帝国主义论已经过时的观点，是完全错误的，非常有害的"，认为列宁论帝国主义五大特征都没有过时。当时传达的内容比《陈云文选》中《帝国主义的本性没有改变》一文要丰富些。传达完后，何方被要求先发言。

在发出开会通知时，曾附有一份中国社会科学院世界经济与政治研究所两位学者写出的提纲《当代帝国主义与我们的时代》。提纲的开宗明义第一段就是："从十月革命开始，人类社会进入了从帝国主义向社会主义过渡的时代。这是一个漫长而曲折的过程。它可划分为帝国主义仍占优势和社会主义已占优势两个大的阶段。现在依然处于第一阶段。"接着分析帝国主义的发展变化和向社会主义过渡的问题（这是提纲的主要部分）。然后批评了"和平与发展的时代"的提法，说："把当前的时代称之为'和平与发展的时代'是不妥当的。不能作这样的逻辑推理：由于经济国际化，各国的相互依赖加深，有着越来越多的共同利益，这必然会在各国之间加强经济协调与合作，使世界经济走向一体化，这就导致了所有国家的共同发展与繁荣。这与现实的世界经济秩序与发展状况并不相符。对时代作这样的概括和解释有害而无利，反而会损害争取和平与发展的斗争。"

就此，何方于 3 月 1 日写了一篇《初读"提纲"后的几点疑问》的信交出。主要内容有三点：一是"提纲关于时代的定性和论述似乎并未根据列宁的时代学说"。例如，对这一提法缺乏理论分析，也没有说明同列宁所提并为国际共运长期坚持的帝国主义和无产阶级革命时代是什么关系，是一回事还是不同；列宁划分时代是为了正确制定策略，而确定这样一个绵延数百年的过渡时代又同制定策略有什么关系？二是对和平与发展时代提法的批评缺乏严肃的说理态度，假设的"逻辑推理"并不完全存在，事实上，也并没有看到主张和平与发展时代的人谈"所有国家的共同发展与繁荣"，他们总是强调激烈的竞争和优胜劣汰。三是对二战后发达国家（提纲中的帝国主义国家）的经济发展估计不足，在谈论获得"较大发展"的原因时讲了三条，即：美国"建立了相对统一的国际贸易和金融制度与秩序"；"帝国主义国家的生产关系得到了一定的调整"；"把石油和原料价格压到最低的水平"，但忽视了第三次科技革命的重要作用，等等。①

这可算 20 世纪 90 年代围绕"和平与发展"是否是时代主题这一问题的第一回合的论争。

这一时期，发生了两大重要的讨论和争论：一是关于世界格局的转换；二是"炸馆事件"发生后关于当今世界是否仍处于和平与发展时代的争论。我们暂时先把第一个问题放一放，稍后再详述。

到 1998 年发生了科索沃战争后，又出现了对"和平与发展时代"的新一轮质疑。科索沃战争，尤其是以美国为首的北约无端轰炸中国驻南联盟大使馆，并造成中方人员死伤，引起世人震惊，在中国则触发了一场对世界形势的大讨论。讨论涉及许多方面，特别是对国际形势的根本判断。正如一位学者所说："科索沃战争发生以来，人们不时听到和提出的一个基本问题是：究竟是否需要对整个国际局势的判断作一个根本的改变。"②对此问题有不同的回答，实属正常。不过，其中肯定的答复颇为不少，也就是认为国际形势发生了根本变化，不仅是原先的判断和看法，而且据此做出的某些重大决策都需要进行调整和修正。这方面的言论一时颇为盛行，造成很大声势。在何方看来，它们大致可分为三类。

一是认为国际形势发生了根本变化，紧张代替了缓和，甚至战争威胁也在接近。张召忠出版了一本名为《下一个目标是谁》的书③。二是对

①　何方：《论和平与发展时代》，世界知识出版社 2000 年版，第 36—38 页。

②　冯绍雷、卿文辉、范军：《热话题与冷思考（十一）——关于全球性与民族性的对话》，《当代世界与社会主义》1999 年第 3 期。

③　张召忠：《下一个目标是谁》，中国青年出版社 1999 年版。

国际形势的基本判断有所动摇，对作为两大世界主题和时代特征的和平与发展发生疑问。还有人不承认多极化的趋势，更批评前一段时间人们经常提及的多极化在加速发展，认为实际上是单极世界，因为"多极化制约不了单极，相反单极阻断了多极化趋势"。三是根据以上看法，提出调整或修正既定政策的意见。例如在国际战略和对外关系方面，就有人提出，多极化既然受阻，促进无望，因此"对付单极世界的方法已不是多极化，而是恢复两极体制"，"恢复两极体制的关键在于恢复大三角关系"。外交上，不少人认为过去对美国（还有日本）太软了，让步过多，应该强硬些，等等。①

比如《世界经济与政治》1999年第7期发表《世界进入了"和平与发展的时代"了吗？》一文，称："从实践来看，苏联东欧国家社会剧变，苏联解体之后，美国的霸权主义不仅没有收敛，反而在恶性发展。……更值得注意的是，现在以美国为代表的某些西方国家还表现出了一种将冷战与热战结合起来的趋向，北约对南联盟这个主权国家的侵略就是突出的证明。"由于1987年中共十三大、1992年十四大和1997年十五大已分别提出了和平与发展是"当代世界主题""当代世界两大主题""当今时代主题"的论断，很难提出反对，文章因而断言："时代发展现阶段和平与发展的主题，是从资本主义向社会主义过渡这一大时代总体主题的具体表现形式，而并非对这一总体主题的否定和扬弃。总之，我们生活的时代仍是由资本主义向社会主义过渡的时代，时代性质并未改变。"②

正像1999年第12期《世界经济与政治》一篇与上述观点商榷的文章中说的，"由于发生了以美国为首的北约对南联盟的狂轰滥炸并悍然袭击中国驻南联盟大使馆的野蛮暴行，随之也出现了一些对和平与发展时

---

① 何方：《论和平与发展时代》，世界知识出版社2000年版，第3—5页。

② 王金存：《世界进入了"和平与发展的时代"了吗？——学习邓小平"和平与发展思想"的几点思考》，《世界经济与政治》1999年第7期。作者系中国社会科学院世界经济与政治研究所研究员。

代主题表示疑惑的议论"①。有的认为，事态的演变进一步说明，"冷战结束"绝不意味着稳定持久的和平应运而生，和平与安全的主要威胁来自美国的全球霸权主义；它还说明，将冷战后"西西矛盾"称作世界主要矛盾是不恰当的。②

同样也有更为冷静的看法。如认为当今世界正处于向多极格局过渡的时期，世界的和平与发展事业正面临着严峻的挑战和考验。科索沃战争使人们进一步认识到，多极化进程并不是一帆风顺的，而是要经历一个长期、复杂和曲折的过程。但是，多极化终究是世界发展的潮流，尽管美国凭借其实力优势使多极化受阻于一时，但它不可能阻挡住多极化的发展趋势。③

不久后，中央在经济工作会议公报中再次郑重重申了三个不变，即"世界多极化趋势在继续发展，国际形势总体上仍然趋向缓和，和平与发展依然是时代的主题"，并说明，"这是党中央在科学分析当代世界矛盾，全面审视和平力量和战争因素消长的基础上作出的重要判断"。④虽然由于发生了新的重大国际事件，如科索沃战争，这一阶段的政策思想在调子上曾有些许调整，但大的判断或总的估价并无改变。

在研究界，迟至 2002 年末，依然有学者撰文，试图确认，冷战后的世界虽然仍不安定，国际形势也在不断发生新的变化，但所有变化都受到时代主题的制约，从未出现改变两大主题的事件。连东欧剧变、苏联解体导致的冷战结束，都没有影响到两大主题。天下没有大乱，世界大战没有打起来，世界经济和科学技术仍在迅速发展。海湾战争和科索沃事件，也没有动摇国际形势总体上仍然趋向缓和这一点。"9·11"事

---

① 李爱华：《"和平与发展"仅仅是奋斗目标吗？——与王金存先生商榷》，《世界经济与政治》1999 年第 12 期。

② 俞邃：《"科索沃危机"引发的若干思考》，《国际问题研究》1999 年 9 月特刊"科索沃战争后的国际形势"。

③ 《国际问题研究》1999 年 9 月特刊"科索沃战争后的国际形势"，杨成绪"前言"第 1 页。杨成绪时任中国国际问题研究所所长。

④ 何方：《论和平与发展时代》，世界知识出版社 2000 年版，第 10 页。

件美国遭受的恐怖袭击和美国发动的反恐战争，更不会动摇两大主题在今后世界形势发展中的主导地位。这就是说，和平与发展时代还会长期持续下去。[①]这一论断，仿佛是为时代问题上的反复论争最终画上了一个句号。

（二）如何看待世界格局

20世纪80年代末90年代初，东欧剧变，两德统一，华约解散，苏联解体，重大事件接踵而至，令人眼花缭乱。面对如此重大变动的世界局势，中国国际关系学界自然不能不开展研究，努力对各种问题做出回答，因而也不能不成为90年代前半期的一个突出研究议题。90年代初，针对苏联东欧剧变后的国际形势和世界格局变化，中央要求在京的八个国际问题研究单位分头写出研究报告。中国国际问题研究所一度与外交部等其他七个单位平列，被要求单独写出报告。[②]

面对苏联、东欧剧变，以及表面上并不那么剧烈但意蕴极为深刻而复杂的全球化在各领域的深入迅猛发展，中国国际关系学界应接不暇，更面临如何及时而准确地认识世界变化实质的严峻挑战。是按照过去的老观念看待一切呢，还是承认大有进行反思、重新认识世界的必要？作为中国国际问题研究所的主流认识，发生了前一种倾向渐次减弱、后一种倾向日益增强的转变。中国学者投入到更深的研究中，并各抒己见。

在中国国际问题研究所，这一阶段调研的重点包括：时代主题的认定（世界大战能否避免、发展经济是否已经成为各国普遍追求的主要目标），美苏关系和大国关系的演变，美国兴衰势头的分析和判断，苏联解体的根源，冷战结束后世界新格局的形成进程和特点，世界力量对比的新变化和多极化的新发展，亚太地区的形势变化，世界经济发展的走向，全球化发展的现状和趋势，发展中国家的世界地位分析和不同发展模式

---

① 宋以敏：《和平与发展的时代主题和新世纪的中国外交战略》，《太平洋学报》2003年第1期。

② 宋以敏：《改革开放后的国研所（1979—1996）》，载马振岗主编：《五十载春秋——纪念中国国际问题研究所成立50周年》，世界知识出版社2006年版，第104页。

的比较，现代资本主义的发展及其特征等。研究每个问题的出发点和落脚点都是，对中国的利弊如何，中国如何应对为宜。①

1991 年 5 月，中国国际问题研究所组织召开"国际新秩序研讨会"，来自政府部门的有关负责人员、北京和上海研究机构的专家学者多人参加了会议。钱其琛作为国务委员兼外长在开幕式上讲话。他鼓励大家畅所欲言，要唯实，不要唯上、唯书，并提出需要研究的六个理论问题，即：关于和平共处原则与其他国际法原则的关系问题；关于国际新秩序的保障机制问题；关于大小国家一律平等与大国在建立和维护国际新秩序中的重要作用和特殊义务、责任问题；关于不干涉内政问题；关于国际经济新秩序问题；关于联合国在建立和维护国际新秩序中的作用问题。这些重大问题不仅在这次研讨会中得到了一次集中的讨论，还成为会后中国国际问题研究所及研究界的长期研究的课题。②

在如何认识世界格局问题上，中国国际问题研究所所长杜攻主持撰写的《转换中的世界格局》（世界知识出版社 1992 年版）一书，出版后产生了较大影响。该书分析了美苏关系的演变和国际格局的变换，苏联巨变及其对国际格局的影响，海湾战争对世界的影响，以及战后世界旧格局彻底瓦解的原因及新旧格局交替时期国际各种力量的矛盾斗争、动向。

有的中国学者从世界经济多中心格局来看这个问题。如在陈德照（中国国际问题研究中心）看来，世界经济多中心格局和世界多极格局是两个既有联系，又有区别的概念，世界经济多中心格局在两极格局时代就已开始形成。随着苏联解体和冷战的结束，世界经济多中心格局得到进一步发展并进入一个新的发展时期。美、欧、日三个经济中心出现"三足鼎立"之势，同时中国等东亚国家崛起，其结果是出现了美欧日中（东亚）四个经济中心。也不排除有的地区性大国和区域经济集团发展成为新的中心的可能性。世界经济多中心的形成和发展将为世界多极格局

---

① 宋以敏：《改革开放后的国研所（1979—1996）》，载马振岗主编：《五十载春秋——纪念中国国际问题研究所成立 50 周年》，世界知识出版社 2006 年版，第 96 页。

② 同上书，第 83 页。

的形成提供经济基础。①

　　有的则问道，何为考察国际战略格局形成的主要依据？人们似乎过多地强调了力量要素，而对其他有关要素或谈之甚少，或根本就不去谈论。在中国社会科学院世界经济政治研究所研究员郗润昌看来，战略格局是否形成，要看三大要素：一是大国的战略意图，二是大国综合力量的硬实力，三是大国及国家集团间形成的相互关系框架。三者间，力量是基础，意图是主观愿望，而相互关系框架是结果。据此，完全可以认为，一个新的国际战略格局的雏形已经形成，换言之，两极格局终结之后加速的多极化进程已基本结束。新格局由美、欧盟、日、俄、中五大力量，即五极构成。②

　　在此过程中，被认为是由中国社会科学院美国研究所杨达洲率先提出的"一超多强"论③，逐渐成为学界主流的看法。

　　根据《世界经济与政治》发表的《1997年中期国际政治形势研讨会纪要》，美国的超级大国地位被认为在短期内尚不会改变，但这并不等于它能建立一个美国独霸的单极世界。世界多极化的趋势不是冷战后才出现的，它在冷战时期就已开始，目前还在继续发展，主要表现在大国之间牵制与反牵制的斗争明显加剧，俄国、日本、法国、德国等都具有一定的独立性。不赞成单极世界的看法，美国与西方盟国之间的矛盾加深。发展中国家和区域性组织的作用正日益加强，它们并不完全依照美国的意志行事。④

　　在杨达洲看来，冷战结束六年后，世界上已经形成了以"一超四强"为特征的多元新格局。"一超"是指美国，"四强"是指欧洲、日本、俄罗斯和中国。在"一超四强"多元新格局下，各国间，特别是"一超四强"间解决矛盾、纠纷、冲突的方式，不是采用冷战时期的军事上对抗、

――――――――

　　① 陈德照：《论世界经济多中心格局的形成和发展》，《世界经济与政治》1996年第4期。

　　② 郗润昌：《关于国际战略格局演变的几点看法》，《世界经济与政治》1997年第1期。

　　③ 另一说认为"一超多强"论由中国现代国际关系研究所周纪荣提出。

　　④ 《1997年中期国际政治形势研讨会纪要》，《世界经济与政治》1997年第8期。

政治上对立、经济上封锁等方式，而是更多地采用谈判、对话、妥协、折中的方式。[①] 这一看法与"五大力量"说是完全一致的。

这一时期，"多极化"问题是国际关系学界的一个兴奋点，不断得到讨论。20世纪90年代后期，有一种看法认为多极格局已经形成；另一种则认为，当今的世界格局，处于从单极向多极发展的过渡时期。在冯昭奎看来，在冷战后的世界，多极化是一个必然的发展趋势，然而，从当前乃至今后一个时期来看，世界呈现为"一超多强"的格局。[②]

既然使用了"极"的概念，必然牵涉到对"极"的理解。一种看法是，就综合国力、在国际舞台上的作用以及在解决世界热点问题上的作用而言，美国是当今世界唯一有资格保留其原有的"一极"地位的国家，没有任何其他国家具有这种可称"一极"的地位。既然如此，就意味着世界"单极"，但这是很多学者所反对的。对"过渡时期"也有不同看法。如认为世界格局的过渡期不应未有穷期。从历史上看，世界格局的嬗变是有规律可循的。一战后和二战后的情况表明，新旧格局间的"过渡期"也就是四到五年时间。假设"过渡期"长达二三十年，那么这本身已经构成了不同于冷战时期的新格局。

在北京之外，上海地区的十余位国际问题专家在国家社会科学基金、上海市国际关系学会、上海国际问题研究所的支持或组织下，用了两年多时间，撰写了《跨世纪的世界格局大转换》（陈启懋主编，上海教育出版社1996年版）一书，其主旨、重点是分析苏联解体后世纪之交发生的新旧世界格局转换的过渡时期的特征、基本矛盾及其各个侧面，包括几个主要大国和区域的动向和冷战后世界的发展趋势。时间跨度为从当时至未来十至十五年左右，该著提出的主要观点是：

（1）从1989年东欧剧变开始至21世纪初是跨世纪的世界格局大转换时期，是历史大变动的时期。

---

① 杨达洲：《1997年国际政治形势的特点》，载《1997年国际政治形势研讨会发言选登》，《世界经济与政治》1998年第1期。

② 冯昭奎：《中美日三角关系的新发展》，载《1997年国际政治形势研讨会发言选登》，《世界经济与政治》1998年第1期。

（2）当前国际形势趋向缓和，但冷战后的动荡期尚未结束。

（3）由于大震荡的高潮已经过去，各大国和国家集团正在围绕重新定位，抓紧研究，重新制定战略、政策，调整相互关系。

（4）世界各种力量的分化改组、调整定位并不是风平浪静的，而是伴随着大国重新划分势力范围的斗争。

（5）冷战后国际斗争的中心仍在欧洲。

（6）过渡时期的国际斗争具有明显的新旧交叉的特色。

（7）冷战结束后发展中国家面临新的机遇和严峻挑战，第三世界将进一步分化。

（8）近年来世界多极化趋势加速发展，多极格局尚未形成，但其轮廓已经呈现。

（9）在和平共处五项原则基础上建立公正、合理的国际新秩序是长期、艰巨的历史任务。

（10）亚太地区有可能率先建立比较公正合理和稳定的政治新秩序。①

（三）世界主要矛盾问题

世界主要矛盾是什么？这在 20 世纪 90 年代是一个得到热烈讨论的问题。

喜欢运用"矛盾"概念，重视和注意寻找国际关系中的主要矛盾，是中国国际关系理论话语的一个突出特点。其概念和思想来源，当是毛泽东于 20 世纪 30 年代发表的哲学著作《矛盾论》，其中认为："在复杂的事物的发展过程中，有许多的矛盾存在，其中必有一种是主要矛盾，由于它的存在和发展规定或影响着其他矛盾的存在和发展。"② "任何过程如果有多种矛盾存在的话，其中必有一种是主要的，起着领导的、决定的作用，其他则处于次要和服从的地位。因此研究任何过程，如果是存

---

① 陈启懋主编，金应忠副主编：《跨世纪的世界格局大转换》，上海教育出版社 1996 年版，第 1—12 页。

② 《毛泽东选集》第一卷，人民出版社 1969 年版，第 295 页。

在着两个以上矛盾的复杂过程的话，就要用全力找出它的主要矛盾。捉住了这个主要矛盾，一切问题就迎刃而解了。"① 可见，主要矛盾是"起着领导作用和决定的作用"的"规定或影响着其他矛盾的存在和发展"的矛盾。

中华人民共和国成立初期，周恩来总理就曾在一次外事工作报告中说道："究竟世界主要矛盾是什么？两大阵营的对立当然是基本的，但是究竟具体表现在什么问题上？美苏之间的对立已经是剑拔弩张了吗？不是的。当前的矛盾主要表现在战争与和平、民主与反民主、帝国主义与殖民地以及帝国主义国家之间四个方面。"稍后又说："今天国际上的主要矛盾是和平与战争问题。"②

"文化大革命"结束后的1978年2月，中国领导人所作的《政府工作报告》认为："当前，世界各种基本矛盾日益激化，苏美两霸的争夺和他们同世界各国人民的矛盾尤为尖锐，已成为国际关系的中心问题。"这里的提法是"各种基本矛盾"和"国际关系的中心问题"。

邓小平1985年概括为世界有"东西"和"南北"两大问题，根据一些中国学者使用"矛盾"概念的理解，实际上东西问题即指以美国为首的西方集团与以苏联为首的东方集团之间的矛盾，南北问题则是不发达的南方与发达的资本主义北方之间的南北矛盾。另有学者认为：第一，发达资本主义国家内部工人阶级和资产阶级的矛盾有所缓和，出现了普遍的、较长时期的"社会和平"。第二，发达资本主义国家之间的矛盾出现了新情况。由于它们之间经济的相互依赖加深以及国际协调机制的建立，它们之间的矛盾冲突从总体来说是被限制在一定范围内。第三，南北矛盾是现时代主要矛盾之一。然而，与战前帝国主义与殖民地附属国间的矛盾相比，南北矛盾的性质和解决矛盾的方式已发生了根本的变化。解决矛盾的方式主要通过南北对话寻求相互合作，而不是诉诸武力或武力威胁。第四，社会主义国家与帝国主义国家之间的矛盾，战后演变为东西方矛盾，这是当代世界的主要矛盾之一。一个新的、有限度的、较长时期的缓和有可能出现。在这个缓和期内，双方要破坏这种缓和的可能性不像过去那样大。又称，当代世界，除了上述四对基本矛盾外，还存在着社会主义国家之间的矛盾、发展中国家之间的矛盾等。[①] 如此言说的学者似乎混用了"基本矛盾"和"主要矛盾"这两个概念，未在二者间做区分。

20 世纪 90 年代初，在世界局势发生重大变化的背景下，何方指出，西方大国之间的矛盾已经取代东西方矛盾，成为国际关系中的主要矛盾。在他看来，西方国家内部的矛盾，集中表现为美、欧、日之间的矛盾。[②] 这也就是所谓的"西西矛盾"说，也即西方发达国家之间的矛盾。这一观点引起了很大争议，引发不少批评。反对意见大多不同意以西西矛盾为国际关系中的主要矛盾，因为西方国家间的关系仍以协调为主。何方则进一步申明，确定主要矛盾的依据，不是光看斗争的激烈程度，更重要的还是看它在诸多矛盾中的地位，即是否在全局中起决定性作用，影响和制约其他矛盾。作为国际关系中主要矛盾的西方大国间的矛盾，表现形式也是斗争和协调相交织，在相当时期还会以协调为主，更不会兵戎相见，只是它们间的斗争和协调支配着整个国际关系。[③]

1994 年，一家重要国际关系刊物鉴于"冷战结束后，国际关系中两极格局被打破，世界呈现多极化趋势，存在众多错综复杂的矛盾。在这种情况下如何识别主要矛盾，这在国际关系理论和外交实践上都具有重大意义"，因此组织召开了"世界主要矛盾问题研讨会"。何方为此去函提出，讨论会应回答两个问题，即：国际关系中能否没有主要矛盾（哲

---

① 余开祥主编：《世界政治经济和国际关系》，上海人民出版社 1988 年版，第 5—8 页。

② 何方：《过渡时期国际形势的若干问题》，载上海国际问题研究所编：《国际形势年鉴 1992》，中国大百科全书出版社 1992 年版，第 86—90 页。

③ 何方：《关于国际关系中主要矛盾的通信》，载何方：《论和平与发展时代》，世界知识出版社 2000 年版。该文最初发表于《世界经济与政治》1993 年第 5 期。

学上的规定是必须有，而且不能间断）；如果有，那么主要矛盾是什么。^①
出席这个重要会议的有来自国内各主要研究单位的二十余位学者。

讨论是围绕以下五个方面的问题展开的：（1）国际关系发展过程的每个时期中是否必定存在主要矛盾？西西矛盾是否是冷战后世界的主要矛盾？（2）当今世界有哪些基本矛盾？是否其中任何一个都没有明显地成为主要矛盾？（3）世界主要矛盾是否可以涵盖诸多基本矛盾即由几个基本矛盾交织而成？国际关系变动时期是否会出现几个主要矛盾或较为主要的矛盾？（4）冷战后世界主要矛盾是否是以美国为代表或以美国为一方的霸权主义与各国反霸的矛盾？（5）冷战后的世界主要矛盾是否是经济发展问题、经济竞争问题或共同发展与阻碍共同发展之类的矛盾？

冷战后世界的主要矛盾是什么？这一问题引发了形形色色的看法：

（1）苏联解体、冷战结束后，美欧日争夺全球经济主导权的斗争，立即上升为影响世界历史进程的国际主要矛盾。与此近似的看法是，美国与其他主要资本主义国家之间的矛盾是主要矛盾。另一种与此接近的提法是，若一定要说"主要矛盾"是什么，"发达国家间的经济战"比较像是当前世界的主要矛盾。

（2）南北矛盾是世界主要矛盾。

（3）当前世界主要矛盾仍是国家利益关系的矛盾。

（4）以美国为代表的霸权主义和反霸权主义的矛盾是世界主要矛盾。与此近似的一种看法是，美国推行新霸权主义和强权政治同各国利益相左是当前世界的主要矛盾。

（5）世界上贫富悬殊的状况，同广大人民特别是第三世界国家人民改善经济条件的要求之间的矛盾，已成为主要矛盾。与此接近的一种看法是，共同发展与反对共同发展的矛盾是全球主要矛盾。

（6）冷战后世界主要矛盾似应是经济竞争。

（7）世界生产力发展水平不能满足世界人民和各国需要这方面的问题，即发展问题，应该是当今世界的主要矛盾。发展问题成为主要矛盾，是

---

① 吕新国：《世界主要矛盾问题研讨会纪要》，《现代国际关系》1995 年第 4 期。

因为它确切地反映了当今时代的基本特征和冷战后国际关系的客观实际。

（8）冷战结束后，全球矛盾的主要特点是它的多样性和复杂性。现在已无法找出一个像冷战美苏对抗那样一种影响和决定其他各种矛盾的居于支配地位的主要矛盾来。时代变了，观察事物的方法也需做相应的改变，不赞成那种非找出"世界主要矛盾"不可的做法。①

后来又有学者撰文，称自 20 世纪 90 年代初苏联解体、美苏对抗两极格局终结以来，中国国内关于西方主要大国之间的关系主要有两种看法：一种看法是西西矛盾上升为主要矛盾；另一种看法是西方大国之间矛盾和摩擦增多，但协调与合作仍处主导地位。新华社国际部李长久撰文明确持第二种看法，在他看来，西方加强协调存在现实必要性。在经济领域，西方国家之间的摩擦和争端此伏彼起，但总是以相互妥协、让步得到暂时解决；争夺新兴市场的斗争日趋加剧，但并非重新划分势力范围。从总体上看，迄今在西西关系中，矛盾和斗争还处于次要地位，相互协调与合作处于主导地位。②

可见，什么是冷战后世界的主要矛盾这个问题，引起了很大争议。其中的症结问题之一，是如何理解"主要矛盾"这个概念。夏旭东认为，所谓主要矛盾，就是说这个矛盾能够影响世界大局，能够牵动各个方面，像冷战时期的美苏矛盾，就是能够牵动整个局势的。与之相关的还有一个"基本矛盾"概念。那么，又如何理解"基本矛盾"呢？主要矛盾与基本矛盾的关系是什么？有的学者提出，两极格局瓦解后的世界存在着三种基本矛盾：一是俄罗斯和美国、俄罗斯和其他西方国家之间的矛盾，它源于东西矛盾，但不同于原来的东西矛盾；二是南北矛盾；三是西方国家之间的矛盾，这从来就是世界基本矛盾之一。③可见在中国学界看来，世界基本矛盾可以有若干个。但主要矛盾只有一个，寻找主要矛盾是关系事业成败的大事，主要矛盾把握错误会导致战略全局的失误，造成重

———————————

① 吕新国：《世界主要矛盾问题研讨会纪要》，《现代国际关系》1995 年第 4 期。这篇"纪要"长达 42 页，可见讨论之彻底和详尽，极具代表性。

② 李长久：《西西关系的主流是协调与合作》，《世界经济与政治》1996 年第 8 期。

③ 陈启懋主编：《跨世纪的世界格局大转换》，上海教育出版社 1996 年版。

大损失。① 另一种观点是，资本主义与社会主义的矛盾是世界的一对"基本矛盾"，但并不是世界的"主要矛盾"，因为整个世界形势的发展变化不是由它来支配和左右的。

于是，在国际关系研究中运用"矛盾"概念，似乎陷入了某种困境。按道理说："捉住了这个主要矛盾，一切问题就迎刃而解了"，那么，能否说捉住了"西西矛盾"，当今世界其他矛盾就迎刃而解了呢？如果说南北矛盾是主要矛盾，那么计（政策）将安出？对于对外政策的制定有无帮助？如果说以美国为代表的霸权主义与反霸权主义的矛盾是主要矛盾，那么是否还要重建"国际反霸统一战线"？一系列的问题都会随之而来。可见寻找主要矛盾存在诸多困难，究竟意义何在，似乎并不那么清楚，弄得不好，还有可能对政策取向造成误导。

又比如后来提出的一种观点是，多极化趋势与单极倾向的矛盾是当前世界的主要矛盾。这一看法，同样引起了不同意见的争论。1999 年北约"整肃"南联盟的科索沃战争发生后，有研究者认为世界主要矛盾变得明朗，这就是：美国企图主宰世界的霸权主义，与世界各国和全世界人民要求独立、自主、和平、发展的矛盾，逐渐显露为世界的主要矛盾。之所以这样说，一是因为这对矛盾广泛存在于国际政治、经济、军事、文化等各个领域，是涉及世界方方面面的普遍性矛盾；二是这对矛盾的斗争与发展，将影响和支配着整个世界形势的发展，决定着世界未来的走向和前途会怎么样。② 这位学者紧接着又做出四点说明，即：（1）如此认识世界主要矛盾，并不意味着把美国定位为"对立面"，要与美国搞"对抗"了。这一主要矛盾的提法不是泛指"美国"，而是限指"美国的霸权主义"与世界各国和全世界人民的矛盾。这与保持、改善和发展中美关系，不是矛盾的，而是相辅相成的。（2）这并不意味着我们要"扛旗""当头"。明确世界主要矛盾，是意味着要高举建立公正合理的国际

---

① 陈启懋主编：《跨世纪的世界格局大转换》，上海教育出版社 1996 年版，第 35 页。

② 肖枫：《从科索沃危机后的形势看世界的主要矛盾》，《国际问题研究》1999 年 9 月特刊"科索沃战争后的国际形势"。

政治经济新秩序的旗帜，反对霸权主义。（3）明确世界主要矛盾，反对美国的霸权主义，与为国内建设争取长期稳定的国际和平环境，是矛盾的统一。（4）美国的霸权主义是违背世界各国和全世界人民的根本利益的，反对其霸权主义从根本上讲是得人心的，有号召力，有广泛的国际基础。①

这以后，随着时间的推移，关于世界主要矛盾的争论和主张渐趋平息，使用"矛盾"和"主要矛盾"概念分析国际形势或国际关系者也趋于减少而不多见了。这也许是一个不同"代"学者的问题，极少有年轻一代的中国学者使用"矛盾"的概念分析国际关系，看起来这样的分析有"失传"的可能。

（四）国际政治新秩序问题

20 世纪 80 年代末 90 年代初，冷战的国际格局终于瓦解，在战后居主导地位的美苏冷战秩序也相应打破。由此，世界进入了新旧格局转换和新旧世纪更迭的过渡时期。格局的转换和世纪的更迭不仅向政治家们，而且向国际关系研究者们，提出了探讨如何建立新的国际秩序这一重大的历史性课题。一时间，在国内外，这都成为人们集中研究探讨的一个大问题。

为了促进对有关问题的研究，中国现代国际关系研究所特邀请国内 50 多位学者专家，于 1991 年 7 月在北戴河举行了"国际政治新秩序研讨会"。该研讨会本着总结过去、把握现在、着眼未来的精神，分析了世界形势的变化，各方谋求建立国际新秩序的动向及其给国际社会与中国带来的机会和挑战，探讨了国际政治新秩序的目标、国际法基础和保障机制，并研究了中国应当怎样适应形势的发展变化，在建立国际新秩序方面有所作为等问题。研讨会与会者普遍认为，建立一种能够充分反映世界多样性且又有利于各国和睦相处与共同发展的、不强加于人而又为国

---

① 肖枫：《从科索沃危机后的形势看世界的主要矛盾》，《国际问题研究》1999 年 9 月特刊"科索沃战争后的国际形势"。

际社会普遍认同的国际新秩序，既是一项具有紧迫性的历史任务，又是一个长期而复杂的历史过程。中国需要处理好机会与挑战、当前与长远、大国与小国、斗争与合作、国家利益与国际社会共同利益等关系，才能为建立国际政治、经济新秩序做出应有的贡献。

这是一次在这个问题上最具有代表性的研讨会，会议主办方将会前约请 20 多位学者所撰写的论文编成了《国际政治新秩序问题》一书，该书集中反映了中国研究界的主要观点。这些论文涉及建立国际新秩序问题提出的历史背景、旧秩序的经验教训、世界各大力量关于新秩序的构想、建立新秩序应当考虑的 20 世纪 90 年代世界形势的发展趋势、建立新秩序必须解决的重大现实问题以及新秩序建立过程的特点等。[1]

具有代表性的观点是，根据战后历史的经验教训和当今的国际现实，将普遍和平与共同发展作为今天国际社会所要建立的新秩序的基本目标是适宜的。如果实现了普遍和平，任何国家都无须为和平付出像过去那样过分高昂的代价；而且只有普遍的和平也才能为各方的发展创造有利的国际政治环境。同时，只有东西南北各方的共同发展才能将世界从严重失衡的危难中解脱出来，发达国家的进一步发展也才能获得新的推动和保障；只有共同发展才能使普遍和平具有可靠的基础。又，国际秩序的框架是由国际力量的配置所形成的国际格局，它也决定着国际秩序的性质。国际秩序的更迭是由国际力量的消长及相互关系的变化直接引起国际格局的变动而造成的。概括起来，国际社会的基本利益在于通过合作和斗争建立这样一种新秩序，即：以普遍和平和共同发展为基本目标，以和平共处五项原则为国际法基础，以自主抉择、共同参与、平等合作、和平解决争端等方式为运行方式，以多种力量竞争共处的国际格局为力量框架，以联合国为主要的保障机制。[2] 这大致便是冷战终结后中国学界所希望看到的国际政治新秩序的基本要点。

---

[1]　中国现代国际关系研究所编：《国际政治新秩序问题》，时事出版社 1992 年版，"前言"。

[2]　同上书，第 1—19 页。

还有学者概括了国际新秩序的"基本内容",即:(1)各国有权根据本国国情,独立自主地选择本国的社会、政治、经济制度和发展道路,任何国家尤其是大国不得干涉别国内政,不应把自己的价值观念、意识形态和发展模式强加于别国。(2)互相尊重主权和领土完整,任何国家不得以任何借口侵犯或吞并他国领土,国际争端应当通过和平谈判合理解决,反对诉诸武力或以武力相威胁,反对以战争手段解决国际争端。(3)国际关系中不得以大压小,以强凌弱,以富欺贫,国际事务应由世界各国平等参与协商解决,不能由一个或几个大国垄断,任何国家都不应谋求霸权或推行强权政治。(4)改革旧的国际经济关系,代之以公正合理、平等互利、等价交换的国际经济新秩序。①

这些原则、规范,可说是中国长期以来所主张的。就研究而言,还必须更为细腻和深入。一位学者指出,国际秩序的规则,决定着国际秩序的性质。只有因规则的根本变化而引起的排列和相互作用的变化所导致的国际秩序的变化,才是国际秩序的质变;如果规则没有发生根本性质的变化,由于诸如力量对比变化等因素引起排列和相互作用的某些变化所导致的国际秩序的变化,则只是一种量变。而上述两种国际秩序,相对于原来的秩序而言,都可以称为"新秩序"。由此可见,所谓"国际新秩序",可以有两种,其一是质变而来的"国际新秩序";其二是量变而来的"国际新秩序"。②进行这一区分,一定程度上把"国际新秩序"的探讨细致化了。

1992年第3期的《国际政治研究》杂志,刊发了一组有关国际秩序研究的论文,其中包括朱文莉的《深化关于国际政治新秩序的讨论》、梁云祥的《未来国际新秩序的基本框架》、范士明的《主权原则和国际新秩序》、冷兆松的《从格局与秩序的辩证关系论国际新秩序的建立》等。作为这一讨论的进一步延续,叶自成认为,首先,中国与现有国际秩序的

① 李石生:《关于国际新秩序几个问题的探讨》,《世界经济与政治》1992年第10期。
② 冷兆松:《从格局与秩序的辩证关系论国际新秩序的建立》,《国际政治研究》1992年第3期。

关系，不是融入世界还是改变世界的关系，也不是遵守现行秩序还是推翻现行秩序、建立新秩序的关系，而是要在融入世界的过程中逐步改变世界、改造和改良国际秩序，亦即在现有国际秩序的基础上，发展出新的国际秩序。对现有秩序应有合理的分析，不能不加以区别对待。现有秩序包括合理的和不合理的两个部分，包括公开规则和潜规则两个方面。一方面，国际法和公认的国际准则构成了现有秩序的基础，它们是现有秩序中的合理成分，不能够抛弃。它们虽然是西方国家创立的，但也反映了人类文明进步和发展的成果，中国的"和平共处五项原则"也是这种文明的一种反映，所以它们应该得到继续维护和遵守。另一方面，大国特权、霸权主义、单边主义、先发制人、强权政治，以西方文明为中心、将西方价值观作为普世性标准强加给发展中国家的做法，以及发达国家在国际体系和国际组织中的优势地位，则是现有秩序中不合理的、潜规则的部分。

其次，即使对现有秩序中的不合理部分，也要区分为不合理但符合现阶段实际、合理但不符合现状和既不合理也不符合现实情况三种情形。前者如大国特权，它不合理，应当完全予以取消，但在相当长时期内还有存在的必要性。这种说法不仅仅是维护中国的既得利益，而且也是联合国改革、维护世界和平、解决世界主要问题等所必需的。现阶段是更公正、合理的国际秩序形成的过渡期，大国在这种情况下继续享有某种特权，对维护国际社会的权威和实际运转是必要的。第二种情形如大国拥有核武器和核不扩散原则，已经成为国际现行秩序的组成部分，它基本合理，但却不符合现状。第三种是美国在现行秩序中的特权地位的问题。复次，由于形成新秩序是一个漫长的过程，因此，在现阶段，中国在国际秩序方面应该以遵守和维护国际法和公认的国际准则为主。①

---

① 叶自成：《对中国和平发展与国际环境之关系的几点思考》，《国际政治研究》2006 年第 1 期。《国际政治研究》杂志还在 2012 年第 4 期刊发了有关国际秩序研究的一组论文，包括唐士其的《新的国际安全与世界秩序调整下中国角色的塑造》；张胜军、郭杰妮的《中国能成为世界秩序的"执鞭国家"吗？》；方长平的《中国与世界主要国家或地区的国际秩序观比较》；张志洲的《变迁中的世界秩序与中国的角色定位》等。

二十世纪七八十年代，世界上曾热烈倡导和讨论过"新国际经济秩序"（NIEO）问题[①]，第六届特别联大通过了《建立新的国际经济秩序宣言》和《建立新的国际经济秩序的行动纲领》，但最后无疾而终。这一事实极好地说明了，任何秩序的变化从根本上说要取决于国际力量对比的变化，其中的主要因素之一是发展中国家的自强。从这一意义上说，国际新秩序不是"说"出来的，而是"干"出来的。但关于"国际政治新秩序"的研究探讨，仍不失其意义，在学术史上留下了重要印记。

（五）国际关系理论建设问题

1987 年首次全国性的国际关系理论讨论会召开后的十余年间，理论研究的进展不太明显，其中主要原因之一，是理论研究不那么容易"出成果"，而需要更长时间的思考和积累，更需要精研深思，于是理论研究成果的出现也会缓慢一些。1998 年，上海人民出版社出版了资中筠所编的《国际政治理论探索在中国》一书，大体反映了这一段时间内理论研究所取得的一些成果。

该书"序言"指出，译介和引进：

> 决不能代替我们从"中国人"的独特视角和感受出发提出自己的理论性的看法。与其说创建"有中国特色"的国际政治理论，不如说中国人以独到之见参与世界性的理论争鸣，并在世界这一领域的理论界占有一席之地，做出自己的贡献。当然现在离这一目标还有相当的距离，可能需要一代或几代人的努力。

> 近年来我国一些学者，特别是中青年学者，在致力于"我注六经"之余，陆续发表作品，对一些理论性的问题阐述了自己的看法，或者至少运用前人已有的论点解释现实中的新问题而有独到之见，也就是开始"六经注我"，这是可喜的现象。当然离自己创造一

---

①　这方面最系统的研究见杨泽伟：《新国际经济秩序研究——政治与法律分析》，武汉大学出版社 1998 年版。

"经"，也就是成一家之言，还有很长的路要走。①

　　于是，编者就视野所及，选得14篇论文，编成一书。在编选工作结束时获得两个同样深刻的印象：第一，我国确实已经开始有了自己的、学术性（这三字加着重号。——引者注）的国际关系理论研究，特别是20世纪90年代以来进步比较显著；第二，这只是真正意义上的开始，不得不承认客观上落后的状态。中国学者应摆脱"我注六经"的习惯和诱惑，坚持独立思考，脚踏实地地有所创新。编者又补充说，在此书即将付梓之际，又陆续见到或收到几篇与此书主题有关的颇有见地的文章。只是截稿有期，只能留遗珠之憾。但是另一方面，好的文章不断出现，说明了中国国际政治领域的研究方兴未艾。②资中筠还列举了"当前摆在我们面前需要作理论性思考"的七个问题，即：（1）高科技的发展对国际关系划时代的影响。（2）相互依赖问题。（3）国家主权的作用及其限制。（4）国际关系中的伦理道德问题。（5）国际关系中的文化因素。（6）国家"安全"的观念。（7）各国的内部制度与对外行为有没有关系？如果有，主要大国或国家集团的制度改变是否或如何影响国际局势？当然这七方面远没有穷尽需要和值得研究的问题。有一个极为重要的问题——国家利益的界定和变化——没有单列出来，因为已经列出的各项无不涉及国家利益。

　　在"国家利益"这一问题上，1987年国际关系理论讨论会上就曾有多篇论文涉及，不能说是全新的问题，但可能是一个始终存在的问题。天津人民出版社于1996年出版了阎学通著的《中国国家利益分析》，这是以专著形式讨论国家利益和中国国家利益的第一部书。

　　该书直截了当地表明其写作宗旨："目的并不主要在于澄清一些关于国家利益的概念，而是希望将国家利益的理论研究与我国的外交实践联

---

① 资中筠主编：《国际政治理论探索在中国》，上海人民出版社1998年版，"序言"第13页。

② 资中筠主编：《国际政治理论探索在中国》，上海人民出版社1998年版，"后记"。

系起来，使这种理论研究有助于我国的外交实践。对中国国家利益的了解是研究有效维护国家利益政策的基础，对中国国家利益的共识又是讨论对外政策的基础。"[①] 该书第一篇的三章主要是从理论上探讨国家利益。第一章讨论国家利益的定义、形成、分类和变化。第二章讨论关于判断国家利益的方法，归纳出判断国家利益的依据，建立分辨国家利益层次的方法和检验国家利益实现的标准。第三章根据第二章提出的判断国家利益的原理，对中国的总体利益的层次及地区分布进行分析。第二篇的四章分别对中国具体的经济利益、安全利益、政治利益和文化利益进行分析。分析重点是利益的内容、分布、相互关系及维护这些利益的困难。第三篇则讨论如何维护中国的国家利益。

《中国社会科学季刊》（香港）及其主编邓正来十分重视这本书的出版，选定了此书并推荐给中国人民大学宋新宁、南开大学王正毅和美国本尼迪克特大学邓勇三位学者，由他们分别撰写评论文章。然后再将这些文章转给作者阎学通本人，要求他在阅读之后写出回应文章。随后，季刊又将全部四篇文字印发给书评讨论会的所有拟参加者。这样，在季刊主编邓正来主持下正式召开书评讨论会之际，与会者不仅对所评之书已然再三熟读且对有关争论多少了然于胸。经过会议紧张而严肃的讨论，与会者大多又在会后整理了自己在自由发言中所表述的见解，向季刊提交了书面发言稿。整个过程历时一年左右。《中国社会科学季刊》在 1997年秋季卷（总第 20 期）全部发表了这些文章，使之成为推进学术进步一种严肃认真的努力。

宋新宁撰写的《国家利益的理论认识》长文，辨析了宋阎之间对国家利益的定义之别：（1）阎主张的国家利益是"一切"满足需要的东西，宋则认为是与生存和发展相关的"诸因素"。（2）阎强调的是满足"全体人民"的需要，宋则认为是"绝大多数居民"的需要。（3）阎强调了物质与精神两个方面，宋只涉及了生存与进一步发展，当然其内容也可以延伸到精神方面。（4）宋认为国家利益具有一定的抽象性，是一种利益

---

① 　阎学通：《中国国家利益分析》，天津人民出版社 1996 年版，"前言"。

"综合"，而阎则明确提出"国家利益不是抽象的概念，而是每个公民具体利益的集合"。在此基础上，宋文讨论了四个方面：（1）国家利益的抽象性特点。阎列举了个人利益、集体利益、全民利益与国家利益的关系，指出了它们既是国家利益的构成要素，又不能简单地等同于国家利益。问题之一是何为全民利益，这是一个同国家利益一样难以准确界定的概念。问题之二是如何以及由谁来确定哪一部分的个人利益、集体利益和全民利益属于国家利益的范围。（2）国家利益的客观性与主观性。宋在认可客观性的同时，重点讨论了国家利益的主观性表现在四个方面，即国家利益概念本身的主观性；国家利益判断上的主观性；国家利益解释上的主观性；国家利益实现的主观性。（3）国家利益的全民性和阶级性。在国家利益的民族性或全民性问题上，宋阎之间并无分歧，问题在于国家利益的全民性是否绝对地排斥其阶级性，或者说全民性和阶级性是否能够同时存在于国家利益的特性之中。在宋看来，与其说"国家代表统治阶级的利益"和"政府代表国家利益"，毋宁说"由统治阶级所控制的国家或政府代表着以统治阶级利益为主要构成要素的国家利益"。宋认为国家利益兼有全民性和阶级性的双重特性。（4）国家利益中的权力与道德。在国家利益的范畴中是否存在道德因素，摩根索的回答是肯定的。阎的回答实际上也是肯定的。这种道德就是忠诚于国家，而不是某个个人（君主或其他个人）。阎所论述的国家利益之精神要素，即国际社会的尊重和承认，以及中国领导人反复强调的国家之"国格"，实际上都属于国家利益概念中的道德因素。[①]

王正毅的文章《国家利益是合法性相互制约的利益》认为，如果离开国际体系来谈论国家利益，很容易陷入两个极端：一是过分注重本国的利益而陷入民族主义的误区之中；二是将本民族的追求看作是一种普遍追求而强加于其他民族，陷入泛民族主义的误区。阎著对冷战后国际体系的特征及其与中国利益的关系分析不够，然而正是这些时代特征决

---

① 宋新宁：《国家利益的理论认识》，《中国社会科学季刊》1997 年秋季卷。

定了中国的国家利益。① 该文也认为中国学者研究国际关系表现出三个明显的倾向，即对策性的研究多于理论探讨（这与美国国际关系学界状况相似）；介绍西方多于自己创造，即使是对西方理论的介绍也不是很系统和全面（这与日本国际关系学界状况相似）；学习多于参与，参与国际前沿课题的研究只是最近几年才开始（这是发展中国家学术界的共同特征）。很多学者做研究的目的就如同阎著所说一样，是力图为政府决策提供根据，研究一开始就已经知道结论以及结论的用途（而且大多是短期用途）。应该说，这一看法一针见血，触到了当时中国国际关系研究的痒处。阎学通的回应文章《国家利益的分析方法 —— 对部分〈中国国家利益分析〉批评的讨论》也肯认了上述看法，学术研究过分强调政策性是不可取的，因为过分强调政策性有可能影响学术研究的科学性。虽然《中国国家利益分析》将理论研究与政策研究联系了起来，但著者实际上很同意王正毅文的意见，也认为中国学者在国际关系理论方面的研究太少，与政策研究的人数和成果都不成比例。阎同意学术性的研究并不一定要与政策研究挂钩的看法，特别是从事教学和纯学术研究的学者应该对中国国际关系的理论研究多做出一些贡献。②

　　邓勇的文章《中国现实主义国家利益观述评》指出，关于国家利益的考察在理论上要有所突破，必须打开国家这只神秘的"黑箱"，讨论国内因素及其与国际力量互动如何影响对国家利益的界定。阎著对国家利益的阶级性批判有矫枉过正之嫌。对国家利益如何变化，如何被重新界定的问题没做梳理。国家利益从来不是静止的，一成不变的。尽管它提及了国际相互依存、多边合作机制和国际组织，但主要是从如何利用这些新现象、新事物，以扩张国家利益而言的，只是从理论上对这些国际合作机制、相互依存的复杂网络如何影响国家利益的重新界定，而对国际社会运作结构与过程的重组则毫无涉猎。邓文也提出了一个发人深思

　　① 　王正毅：《国家利益是合法性相互制约的利益》，《中国社会科学季刊》1997 年秋季卷。

　　② 　阎学通：《国家利益的分析方法 —— 对部分〈中国国家利益分析〉批评的讨论》，《中国社会科学季刊》1997 年秋季卷。

的问题：如何与传统文化对接，重建中华民族生机勃勃、丰厚深远的精神、文化、价值资源，来支持中国新一轮现代化的求索，导引中国成功地成为全面的受世界尊重而不是畏惧的大国。①

通过这样严肃认真的学术研讨和反复论辩，中国学界显然把对国家利益问题的研究扎扎实实地往前推进了一步。② 可惜的是，这样严肃认真的反复辩驳没能在中国国际关系学界形成风气。而《中国社会科学季刊》本身则在不同学科领域进行了多次这样的尝试和努力，值得发扬光大。

（六）主权问题论争

在 20 世纪 80 年代，中国学者对主权问题只有个别的讨论，其促动因素有二，一是试图从理论上探讨主权理论的新发展；③ 二是围绕中英关于香港回归问题的谈判，而产生的主权与治权等相关问题。④《政治学研究》杂志是当时主权问题讨论的主要平台。王沪宁的《论现当代主权理论的新发展》指出，20 世纪以来否认主权的趋势就已开始，但这场争论远未完结。至少存在三派：第一派相信由于联合国组织的建立、交通运输和通讯的改进、经济与政治的相互依赖，世界必然出现统一的权力，国际法是凌驾于国内法之上的最高法律。第二派则持相反的观点，确定法律不是人类希望和感情的产物，而完全是由握有权力和指挥组织机构的官员制定的，民族国家是权力的最后来源，法律必须得到这些国家的首肯才有效力。第三派认为有关一个国家总体利益的事情，可以交给国家去处理。但他们也承认，一旦触及国家的统治权力，国际法就不能扮演主角了，只能敲敲边鼓。因而，他们趋向限制和取消国家主权，建立一个

---

① 邓勇：《中国现实主义国家利益观述评》，《中国社会科学季刊》1997 年秋季卷。

② 同一期刊物较短的文章还有王缉思、张晓劲、秦亚青、景跃进、金灿荣和许振洲的，共同构成一组《〈中国国家利益分析〉讨论》。

③ 王沪宁：《论现当代主权理论的新发展》，《政治学研究》1985 年第 1 期；王沪宁：《国家主权》，人民出版社 1987 年版。

④ 王邦佐、王沪宁：《从“一国两制”看主权与治权的关系》，《政治学研究》1985 年第 2 期。

受国际法约束的太平世界。[①]

到 20 世纪 90 年代，国际关系的学术研究出现了明显的发展，对外关系的实践也提出了更多的问题：（1）欧洲一体化进程不断加深提出了新问题，需要回答，传统的"主权不可分割""不可让渡"说引起了反思；（2）美国主导的西方的"干涉主义"不断有新的发展，国际干预在理论和实践上都有发展，必须做出中国人的回答；（3）1998 年的科索沃战争进一步提出了与主权有关的尖锐问题和挑战。

在 20 世纪 90 年代的这些背景下，理论与实践都催生了中国国际关系学界的思考和研究，具有代表性的是发表于《复旦学报》1998 年第 1 期的一组文章，首篇俞正梁的《发展中国家在主权问题上的当代选择——中国对外战略问题思考之一》提出了国家在主权问题上"自主限制"的观点。当代特别是冷战后时期，国际政治–经济–社会–文化深刻变革的历史条件已经形成，一个密切联动的国际社会呈现在世人面前，封闭型的民族国家形式已经远远不能适应生产力发展所造成的相互依存、国际一体化和经济全球化的世界形势，也不能适应在许多方面必须进行全球治理的世界形势。虽然这些历史条件的变化至今仍未从根本上改变主权的本质和地位，但主权国家必须适应新的历史条件。在新的国际环境下，国际社会的政治、经济、社会、文化、生态等一切要素都在跨国界流动，国家与国家之间，国家与国际社会之间，普遍建立起全面的互动关系，发展中国家的生存和发展方式发生了根本性的变革。代表国家根本利益的生产力的发展，不是依靠封闭式的自我努力，而是在开放式的互动性的国际关系中求得实现。……国际合作成为世界各国普遍采用的生存和发展方式，发展中国家尤其如此。它们唯有在与其他国家、国际组织、跨国公司等的互动关系中才能实现自己的发展利益，这种实现是以利益和权力的相互让予为条件和代价的。例如为了参加某个国际组织而必须接受它的规则和条件，有关国家间领土、领海、专属经济区和大陆架的调整，通过国际条约在武器控制、基本人权保障、环境与卫生

---

① 王沪宁：《论现当代主权理论的新发展》，《政治学研究》1985 年第 1 期。

指标等方面承担义务，而这些方面往往涉及国家主权，因此，中国和其他发展中国家在当代国际大趋势下，在主权问题上所做的另一种选择是自主限制，即自主适应。这种自我选择，历史上虽然也有，却是偶然的、少量的，而在当代却成为必然的、普遍的。主权正在从传统走向未来，从古典的、封闭式的权力走向当代的、开放式的互动性权力。在可预见的将来，这一趋势将加速。①

发表在同一期刊物、由欧盟研究专家戴炳然撰写的文章论述道，区域一体化是主权国家在利益基础上的结合，就其本质而言，可以说是以群体（一体化组织）行为替代或取代个体（国家）行为的一个过程。因此一体化的每个进展，特别是质的跃迁，都意味着国家职能与职权进一步向一体化组织的转移或让渡。这种趋势在欧洲一体化进程中是十分明显的：从最初只涉及个别部门的煤钢共同体，到20世纪50年代后期包括整个经济领域的经济共同体，到目前已拓展至非经济领域和政治领域的欧洲联盟——欧洲一体化的整个进程均包含了成员国向一体化组织逐步让渡国家职能与职权的过程，而这种国家职能与职权的让渡必然意味着国家主权的让渡或者说转移。这种发展显然对传统的国家主权理论提出了挑战，要求我们做进一步研究，并不断深化我们的认识。②

到2003年，《欧洲研究》杂志发表了卢凌宇的论文《论主权的"不可分割性"》，③ 其题旨正如这一标题所揭示的，十分明确，引起了争鸣。戴炳然进一步论述了自己的看法，认为这一问题的讨论若继续纠缠于主权是否可分割和转让，实为不得要领。主权问题的讨论应从实际出发，而不是从概念出发。通过说理，他将自己的主要观点概括为三个：第一，在欧洲一体化进程中伴生了国家主权的转移或让渡，这种转移或让渡是

① 俞正梁：《发展中国家在主权问题上的当代选择——中国对外战略问题思考之一》，《复旦学报》1998年第1期。

② 戴炳然：《欧洲一体化中的国家主权问题——对一个特例的思索》，《复旦学报》1998年第1期。

③ 卢凌宇：《论主权的"不可分割性"——兼论西欧整合中的主权"让渡"问题》，《欧洲研究》2003年第3期。

欧洲一体化发展的前提或基础。但这种转移和让渡完全出于成员国的意愿，其本身就是自觉的主权行为。第二，欧洲一体化的最大体制创新就在于它形成了一种共同行使主权的体制，这种不同于任何现有结构的体制及其机构安排、法制、决策程序和习惯做法，较好地体现了国家主权自主与共同行使的结合与平衡。欧洲一体化的一个主要成就是彻底地排除了成员国间发生战争的可能性，也消减了成员国受外来侵犯的可能性。这里有没有欧盟成员国扬弃传统主权观念、实行有效主权联合的贡献呢？回答是肯定的。第三，发生在欧洲一体化进程中的这种国家主权转移或让渡有它特殊的先决条件，即并非所有区域化一体化都可以或必须达到这种程度。但从另一方面来说，在以体制化为特征的区域一体化的结构中，不可避免地会伴生某种程度的主权转移或让渡，这是一个国家在参与区域一体化时必须选择的。①

　　伍贻康和张海冰也发表商榷文章，质疑《论主权的"不可分割性"》一文，认为：（1）如果将治权与主权剥离开来，那么主权势必会被定义为一个抽象的、纯粹的质的概念。脱离了具体的治权，主权这一"最高权威"和"质"的概念就成了虚妄的圣物，仅供人们顶礼膜拜。（2）从本源上看，主权和治权是同质的，目的都是为了维护国家的独立和治理的正常运转。治权让渡的实质就是主权让渡。人为割裂主权与治权，将治权让渡说成是与主权无关的权力让渡，从而为主权不可分割寻找理论支撑是站不住脚的。（3）主权不是绝对的，而是一个历史的、发展的概念。国家主权观念在不同的历史条件和不同的国际环境下，其内容和表现形式是不同的。也可以说，主权观念是一个不断发展和完善的历史性产物，我们不能静止、教条地看待国家主权。（4）主权让渡不是主权放弃，而是主权权力的共享。主权的让渡和共享集中体现了国家主权在面对挑战时所做出的必要回应。②这篇论文的说理具有很强的逻辑和理据，

---

①　戴炳然：《关于主权问题的再思索》，《欧洲研究》2003 年第 5 期。

②　伍贻康、张海冰：《论主权的让渡——对"论主权的'不可分割性'"一文的论辩》，《欧洲研究》2003 年第 6 期。

与戴炳然的论文有不少一致和共通之处，颇具说服力。

　　稍早前，王逸舟的《当代国际政治析论》辟一章论述了"主权观念及其制约"，讨论了古典的主权定义和当代国际政治背景下对它造成的冲击和限制，认为国家是主权的，不意味着主权国家可以为所欲为；国家主权的行使，总会有一定的限制。[①] 同样也在 1995 年，上海社会科学院研究员黄仁伟中标承担了国家社科规划重点课题"国际新秩序中的国家主权问题"，在研究过程中形成了三点想法。一是主权问题太重要了，几乎所有的国际关系理论和实践问题都与之有关；二是主权概念的变化太大了，以至于现有的理论文献都难以解释这些变化；三是主权问题和中国崛起的各个方面联系太密切了，不解决这个问题，我们就无法在其他领域进行深入探索。[②] 这项研究的成果是黄仁伟和刘杰合著的《国家主权新论》一书。作者认为，应适当调适传统的绝对主权观念，既不放弃主权又不过度僵化主权，在将主权继续视为立国之本的同时表现出适当的灵活性，使主权观念能更加适应中国的跨世纪国际发展战略。然后两位学者从七个方面对此进行了阐发，其中最重要的是主权的政治观和主权的相对观这二者，即：主权本质上是国际法上的国家独立权，是政治范畴的权力，经济与文化权力则属于引申的权力。前者是国家的存在基础。除非涉及政治主权的受损，经济和文化主权可以根据形势而有所变化。这是中国主权观念不变的基本立场和调整主权政策行为的出发点。此即主权的政治观。主权的相对观包括对几方面相对性的认识：主权政策的相对性，即主权与中国的跨世纪战略相比是相对的，应该服从于后者的需要；主权理解和认识的相对性，当前对主权某些方面的强调不一定有利于中国长远的主权地位的巩固；主权能力的相对性，一国主权的维护已经不完全是本国的事情，既受到诸多国际因素的制约，也需要借助于国际合作来增强维护主权的能力，等等。[③] 还有学者发表了《论主

---

① 王逸舟：《当代国际政治析论》，上海人民出版社 1995 年版，第二章。

② 黄仁伟、刘杰：《国家主权新论》，时事出版社 2004 年版，"后记"。

③ 同上书，第 309—310 页。

权的起源》论文，基于在主权问题上，学者议论纷纭，不一而足；观点分歧，缺乏共识，发现所有争论最后都归结为"什么是主权"这一问题。而把主权从其历史发展的脉络中抽离出来，纯粹在理论概念上加以讨论，是难以解决问题的。为了阐明主权问题，尝试回到历史，由历史而理论，探究主权的起源。只有这样，才能把握住主权的真谛。①

接近 20 世纪 90 年代末发生的科索沃战争，给中国和世界造成了强烈的震撼。1998 年 3 月 24 日，以美国为首的北约对南斯拉夫联盟发动了以空袭为主要手段的战争，并持续了 78 天，最后以南联盟军队从科索沃撤出、北约军队实际占领而宣告结束。西方将其对南斯拉夫发动的这场战争称作"人道主义战争"或正义战争，其中英国首相托尼·布莱尔的说法最具代表性。他在战争结束之后说："这场战争不是利益之争，而是价值观之战，是一场人道主义战争。"② 如此自我标榜，可谓把一段时间以来西方的"人道主义干预"推达顶点，可谓登峰造极。而"人道主义干预"无不是以削弱、侵害乃至剥夺受干预国家的主权为代价的，这二者之间明明白白地形成此消彼长的两端，凸显了如何看待国家主权、如何认识"人道主义干预"的问题。这个问题是如此尖锐和犀利，不能不刺激中国国际关系学人的神经，迫使其进行思考，做出回答。

此外，随着人权学说的发展，人权保护日益成为一个突出议题。这首先当然是一个国家及其政府的职责。同时，由于作为政治实体的国家是国际社会的一员，它与国际社会的其他部分发生着各种互动，因而自然受到国际关注，其中包括人权状况。③ 在这一条件下，不可避免地发生外部要求与国家主权之间的紧张，绝对主权的概念必然受到侵蚀。随着人类社会关系网络的日益发达和紧密，绝对主权观愈来愈让位于更为灵活和弹性的主权观，而人权保护是其中的一个重要因素。然而，人权和主权之间是一种什么样的关系？这又不是一个容易回答

---

① 任晓：《论主权的起源》，《欧洲研究》2004 年第 5 期。

② 转引自夏义善：《试析科索沃战争的性质、特点、结局和影响》，《国际问题研究》1999 年 9 月特刊"科索沃战争后的国际形势"。

③ 赖彭城、倪世雄、袁铮编著：《国际人权论》，上海人民出版社 1993 年版。

的问题。简单的"人权高于主权"或"主权高于人权"说都可能问题多多。而这个问题，在20世纪90年代恰恰十分突出地摆在了中国国际关系学人的面前。

必须承认，这是一个十分复杂的学理问题，简单化的对待和处理是大忌。正如有学者指出的，"主权与人权以复杂、矛盾的形式相互联系。主权可以被用作政府侵犯本国公民人权的挡箭牌和借口。但与此同时，主权也能保护一个先进的政府致力于发展本国人民经济、社会和文化等方面的福利，抵御出于地缘政治目的向弱小国家施加压力的行为。由于主权具有这样的双重特性，还因为其变化形式繁多，任何具体情况下提出的主权与人权的关系问题都应该从更广义的角度来理解。在国际社会目前所处的发展阶段，不同的环境下，主权可能会促进人权，也有可能会阻碍人权"[①]。

有人考察了国内学者对于主权与人权关系的论述，发现有一个显著的特点，即国内学者对于人权与主权关系的论述具有应对外部压力的特点，存在着强烈的语言倾向性与批判性，诸多学者主要着力于反驳西方"人权高于主权"的观点。譬如，中国人权研究会编辑的论文集《论人权与主权——兼驳"人权高于主权"论》（当代世界出版社2001年版）一书中，29篇文章旨在集中批判西方"人权高于主权"的观点，揭示其霸权实质，抨击新干涉主义。各篇论文的标题大多大同小异，学者们的研究思路也差别不大。[②] 这样一来，就很难在学术性上有所建树。本来，政策应对属于政府部门的职责，学术机构的职责在于把相关问题研究得深入而透彻，这二者之间应该是有所分野的。而在上述这一情况中，两种角色发生了错位，这对于开展好研究工作并非是一种有利的情形。不过，亦有少数学者在一定程度上承认新干涉主义出现的合理性，但他们并不

[①]　Richard Falk, "Sovereignty and Human Rights: The Search for Reconciliation", see https://china.usembassy-china.org.cn.

[②]　王军：《中国的主权问题研究》，载王逸舟主编：《中国国际关系研究（1995—2005）》，北京大学出版社2006年版，第351页。

盲从，而是试图对其进行修正和规范。[①]

（七）中美日三边关系

整个 20 世纪 90 年代，中国、日本和美国三支力量在亚太地区频繁互动，被三国学人广泛认为形成了一种新的三角关系或三边关系，成为包括中国在内的三国国际关系学界十分关切的研究议题。三国的相关学术机构都显示出浓厚的兴趣，主办学术研讨会，发表研究文章和报告，中美日关系一时成为一个十分突出的研究议题。就中国方面而言，有诸多学者参与了探讨中美日关系的国际学术活动，它既吸引了以美国研究见长的学者，也吸引了以日本问题见长的学者，以及研究亚太地区国际关系的学者，产生了一批为数不少、质量较高的中英文研究产品。

中美日三方互动关系，必然涉及中美、中日和美日三对双边关系。对中美日三方关系的研究，既是建立在三对双边关系的研究之上，也带动和促进了关于三对双边关系的探讨。相关研究产品不断见诸《太平洋学报》《当代亚太》《世界发展研究》《世界经济与政治》《国际政治研究》等学术刊物，张也白、冯昭奎、张蕴岭、资中筠、时殷弘、贾庆国、王缉思、任晓等学者都在这方面进行了研究。

在张也白看来，进入 20 世纪 90 年代，美中日关系已逐步发展成为一种不同于 70 至 80 年代的美中苏三角关系的新型关系，其主要特点可概括为：（1）90 年代的美中日关系已变得更为多样化，其中经济关系已居最重要地位，同时三国关系又涉及广泛领域，是一种更为全面和均衡的关系。（2）90 年代的美中日关系是一种既相互合作与依存，又相互竞争与制约的关系。（3）从美中日三国的力量对比看，美国是最强大和最有影响力的国家，在三国关系中处于最有利地位。但由于美国的相对衰弱和中国国力的迅速增强，美国的有利地位正面临新的挑战。而中国在经济上、日本在政治上则分别具有脆弱的一面，两国

---

① 时殷弘、沈志雄：《论人道主义干涉及其严格限制——一种侧重于伦理和法理的阐析》，《现代国际关系》2001 年第 8 期。另同上书，第 353 页。

在处理对美关系时都表现出一定程度的防御性和被动性。（4）美中日三国关系并非"等边三角形"，其中中美关系最不稳定，困难最大，它使日本在三国关系中处于某种既可以"左右逢源"又常常"两头为难"的地位，成为中美关系中的一个平衡因素。没有任何其他大国之间的双边关系像中美关系那样受到两国国内政治因素的严重制约。不过一般来说，中美关系仍能保持在既合作又冲突，既难以大幅度改善又不致破裂的基本框架之内。在中美之间，日本更靠近美国。但对华关系毕竟是日本亚洲外交最重要的一环。日本不能过分得罪中国，它必须小心地在中美两国之间保持某种平衡。（5）目前的美中日关系仍处于发展变化之中，尚未形成一种稳定的模式，其前景存在着某种不确定性。张文又指出，美中日三国关系对亚太地区的繁荣与稳定至关重要。但三国关系无法覆盖亚太所有问题，因为毕竟还有俄罗斯、东盟的崛起及其他亚太国家。①

如果说张也白尚未将美中日关系径称为三角关系的话，那么，张蕴岭则通过讨论三角关系的界定而直视之为三角关系了。在张蕴岭看来，中美日之间有没有三角关系？对此是有不同看法的。首先有必要对三角关系的定义和含义加以界定。确定三者之间存在不存在三角关系，可以考虑以下三个因素。一是三者所构成的双边关系之间存在的相互联系。二是三者双边关系变动之间的互动关系。比如，中美关系之间的变化会对美日或中日之间的关系产生影响，中日关系之间的变化会对日美或日中之间的关系产生影响等。三是三者关系的外延作用，即它们在地区甚至是国际范围内具有一定或者重要影响。无论从哪个范围来说，中美日之间的关系至少对亚太地区的发展都有着举足轻重的影响。导致中美日三角关系形成的根本因素是中国经济的崛起和力量的增强。中国力量的增强，使中美日之间产生了超出单向双边关系的联系，出现一方变动牵动其他几方关系变动和在更大范围内产生重要影响或变化的机制。

---

①　张也白：《后冷战时期美中日相互关系的一些特点》，《世界发展研究》1996年3月25日总第88期。

　　就其构成机制看，中美日三角关系的构造并不只是由共同性决定的，其矛盾性也是重要的组成部分。共同性构成连接机制，矛盾性构成牵制机制，二者共同组成三角关系的框架和结构。就其互动联系看，中美日三角关系之间的变化和调整存在着越来越强的互动性。这种互动性一方面体现了三者之间不断增强的联系，另一方面也体现着三者力量和利益之间加强的制约。中美日三角关系变动后的影响有几个突出的特点：一是三角力量不平衡，中国是较弱的一边，但又是继续增强的一边；二是内部不是一种三方对峙或两方对一方的对峙关系，对外不形成一致的集团；三是三角关系基本支撑点是亚太地区事务。①

　　日本问题专家冯昭奎亦持"中美日三角关系"观，认为它的第一个特点是，它是作为"两强"的中日分别与作为"一超"的美国之间的关系。第二个特点是，一方面是中国的崛起及其在国际上的重新定位，另一方面是美、日对中国的崛起做何反应，正在成为影响中美日三角结构变化的主要因素。就中日而言，中国的崛起使作为中美日三角"一个边"的中日关系正在走出历史上的"强弱型"（日本的明治维新以前）或"弱强型"（从明治维新到1972年中日复交）关系，日益向着中日交往史上第一次出现的"强强型"关系发展。第三个特点是，美国是一个比较全面的强国，而中国和日本均是强处和弱处都较突出的国家。在强处与弱处都很突出的国家，往往容易出现两种政策路线之争。一种政策路线是倾向看重自身的强处，或高估自身实力，因而主张对外采取较高、较强硬的姿态。另一种政策路线是倾向正视自身的弱处，或谨慎地估计自身实力，因而主张对外采取"韬光养晦"、较灵活的姿态。中美日三角关系是一个不平衡的三角形。其一是三角关系在政治、经济、安全等不同领域的发展的不平衡，即在经济领域的关系发展较快，而在政治特别是安全领域的关系发展相当滞后。其二是三角关系的三个边的发展的不平衡，即日美边很强，中美边、中日边较弱，至于在中美、中日这两个边之间，有时中日边强于中美边（例如在20世纪90年代初），有时中美边强于中日边。其三是三角关系的

---

　　①　张蕴岭：《转变中的中美日关系》，《当代亚太》1996年第6期。

三个角的战略地位的不平衡，即对于最强大的美国来说，日本处于"同盟者"的地位，而中国却在被某些势力（例如"中国威胁论"的鼓吹者）推向"挑战者"的地位。以上三个不平衡，即不同领域的关系发展不平衡、不同边的强弱不平衡和三个角的战略地位不平衡，当然是相互联系的，也可以说是整个三角关系不平衡的三个侧面。[①]

学者资中筠和时殷弘均具有深厚的历史造诣，善于从历史看现在和未来。资中筠从上个世纪之交（19 世纪到 20 世纪）看这个世纪之交（20世纪到 21 世纪）的中美日关系，得出结论认为，尽管有种种问题，进入后一个世纪之交的中、美、日关系还是比上一个世纪之交要积极、健康得多。这一百年中三国都发生了很大的变化，而其中变化最大、最根本性的是中国。现在无论发生什么矛盾，都不大可能发生两国联合与第三国为敌的局面，三方的决策者都认识到这是不明智的而且也很难做到。三国除了应认定自己和他国的实际利益所在，善加协调外，美、日需要以平等的、平常的心态对待中国的发展，中国则需要对自己的言行所可能引起的影响更加敏感，避免发出错误信号，争取外界更加理解中国的发展对亚太地区的积极意义，同时努力沿着健康的道路深化改革，使自己的观念和实践都赶上日新月异的世界潮流，这是至关重要的。[②]持平地看，这些话语至今仍未失其意义。

时殷弘则认为，20 世纪 70 年代初以来，"三角关系"是中国的国际关系研究者们使用得很频繁、很广泛的一个概念，而在中国以外的国际关系学者当中，它也不时被用来帮助从事形势描述、政策分析甚或战略设计，尽管相比之下远不如像在中国有那么常见和重要的政治向导和学术工具作用。它的最为突出的运用，自然在于美国总统尼克松访华到苏联解体的近二十年间。对许多人来说，"三角关系"一语在国际政治结构、大国权势关系和外交战略艺术这三方面富含的奥义，连同其简洁和

---

① 冯昭奎：《走向平衡的三角关系——关于亚太地区大国关系的思考》，《当代亚太》1998 年第 1 期。

② 资中筠：《从上个世纪之交到本世纪之交的中美日关系——从中国人角度看》，《太平洋学报》1997 年第 1 期。

形象性，使之成为当代世界政治转变的一个重要时期里中、美、苏三大国相互关系的写照。与此同时，这个术语也被相当广泛地用于世界有关区域和功能领域内某些主要实体相互间的基本关系。它被用得最多的领域之一，是东亚太平洋地区 20 世纪大部分时间里的三个主要国家即中国、美国和日本（特别是 70 年代初以来）相互间的协调、合作、摩擦和对立。然而成为问题的是，人们在说"三角关系"的同时，似乎从未对它做过明确和严格的界定，使之能够被当作一个在理论上和实践中都堪称可靠和贴切的国际关系术语。正因为如此，我们现在才有在某个特定的、甚至任何一个历史时期里是否确实存在中、美、日三角关系的疑问，也才有对此进行历史考察和概念辨析的必要。

时殷弘又认为，国家间的三角关系是国际关系史上多见的，重要的是要从史例中抽象出三角关系的理论性定义，或者说一般地规定什么是严格意义上的或"标准的"三角关系。就体系层次上的前提条件而言，三国间若要存在"标准的"三角关系，就需要以下条件：（1）其中任何两国之间的基本关系在一段较长的历史时间里，既非纯粹合作，也非纯粹对立，而是处于合作与对立彼此交织状态。（2）上述基本关系同样在较长一段历史时间内有重要的变动，而非基本不变或甚至没有足以令人广泛注意的波动。（3）其中任何一国有关对外政策的重大变更，都会对其他一国或两国相关对外政策和整个三方关系造成巨大影响。就国家层次上有关三国各自行为的前提条件而言，"标准的"三角关系之存在取决于：（1）有关三国是否都具有基本独立自主的对外政策；（2）三国是否都将纵横捭阖的典型多极均势（它并不需要各极权势完全甚至大体均等）及其权谋外交视为三国关系的一大特征。真正严格意义上的三角关系需要具备所有这五项条件，尽管其中最后一项，即主观意义上的条件比较起来显然是次要的。①

显然，时殷弘对三角关系做了比较严格的界定。不过，从这五项条

---

① 时殷弘：《中美日"三角关系"——历史回顾·实例比较·概念辨析》，《世界经济与政治》2000 年第 1 期。

件看，20 世纪 90 年代至 21 世纪初的中美日关系符合三角关系的标准。
1997 年，复旦大学任晓中标承担了国家社科基金项目"亚太地区美中日
三边关系研究"。作为这项课题的最终成果，出版了《中美日三边关系》
一书（浙江人民出版社 2002 年版）。该书被认为有三个特点：（1）历史
研究和现状研究紧密结合，系统分析了 19 世纪中后期的英德俄三角关系
和 20 世纪 70 年代和 80 年代的中美苏三角关系，又系统分析了冷战终结
后中美日三角关系的三个发展阶段。历史事实的梳理使人们对国际政治
中的三角关系有一个生动、具体的概念。（2）理论与实际相结合，把现
实问题提到理论高度来加以研究。分析了国内外专家、学者有关三角关
系的种种论述，对国际政治中的三角关系的定义、类型、形成的条件、
演进与转化、相关的策略和影响三角关系变化的因素做了系统的阐述。
（3）从矛盾的发展、矛盾的各个侧面和相互联系，全方位、多层次地剖
析了冷战后中美日三角关系并得出结论，对读者认识、把握今天的中美
日三角关系颇有帮助。[①]

　　还有的中国学者参与了这一议题的国际合作研究。如日本国际交流
中心（JCIE）于 1998 年出版了《中国—日本—美国：处理三边关系》
小册子，作者是美国的莫顿·阿布拉莫维茨、日本的船桥洋一和中国的
王缉思。[②]1999 年，该中心又主持撰写和出版了《中日美关系的新方面》
文集，来自日本、美国和中国的十位作者通过分析亚洲金融危机、朝鲜
半岛形势、南亚新的核军备竞赛等国际性事件，考察了形成中的三边关
系的性质，认识到亚太地区持续的繁荣和安全基本上有赖于美国、中国
和日本扩大合作。作者们考察了三个国家可以合作解决具体而棘手的地
区问题的方式，以及改善三国间的双边关系的方式。该中心还称，许多

---

① 任晓、胡泳浩等：《中美日三边关系》，浙江人民出版社 2002 年版，"序"。

② Morton Abramowitz, Funabashi Yoichi, and Wang Jisi, *China-Japan-U.S.: Managing the Trilateral Relationship*, Tokyo and New York: Japan Center for International Exchange, 1998. 2010 年，日本国际交流中心又出版了 Gerald Curtis, Ryosei Kokubun, and Wang Jisi, *Getting the Triangle Straight: Managing China-Japan-US Relations*, Tokyo and New York: Japan Center for International Exchange, 2010。

政策分析家相信，中日美关系将成为 21 世纪世界政治中的关键三角。①
此外，中国的中央党校国际战略研究中心获得日本国际交流基金资助设
立了"中美日关系中的文化因素"课题，2002 年立项，次年即告完成。
除了撰写论文外，该课题还包括三项问卷调查，分别在中、美、日三国
以问卷形式调查了三国公众对三国的世界地位、国际形象、对外政策及
双边和三边关系的看法，出版了《政治文化与 21 世纪中美日关系》（刘
建飞主编，解放军出版社 2006 年版）一书。

至于中美日三边关系所涉及的中美关系、中日关系和美日关系这三
对双边关系的研究，则为数更众，就视野所及，举其要者，除了已经提
到的，还包括丁幸豪、托马斯·罗宾逊主编的《中美关系的新思想和新
概念》（上海教育出版社 1995 年版）；夏旭东、王书中主编的《走向 21
世纪的中美关系》（东方出版社 1996 年版）；杨洁勉的《后冷战时期的中
美关系：分析与探索》（上海人民出版社 1997 年版）；谢希德、倪世雄主
编的《曲折的历程——中美建交 20 年》（复旦大学出版社 1999 年版）；
冯昭奎、刘世龙、刘映春等的《战后日本外交（1945—1995）》（中国社
会科学出版社 1996 年版），等等。

四、基金会及其作用

20 世纪 90 年代末，福特基金会驻华代表处以委托研究的方式回顾和
考察了以往二十年中国的国际关系研究，并发表了一份报告《中国的国
际关系研究》，其中第一篇由福特基金会首任驻华首席代表盖思南（Peter
Geithner）撰写，第二篇由中国社会科学院美国研究所所长王缉思撰写，
第三篇由哈佛大学教授江忆恩（Alastair Iain Johnston）撰写。整个报告反
映了内容十分丰富的情况。

中国国际关系研究，是伴随着对外交流的开展而发展起来的，其中

---

① 　Japan Center for International Exchange, ed., *New Dimensions of China-Japan-U. S. Relations*, Tokyo and New York: Japan Center for International Exchange, 1999.

首要者是与美国和日本的基金会和学术机构合作。这种学术交流是从20世纪80年代初开始的，又以中国与美国福特基金会一起开展的工作最具代表性。

福特基金会对国际关系领域的支持开始于它同中国社会科学院共同承办有关国际事务的重大国际会议，将中国社会科学院国际关系各研究所的高级研究人员派往美国，并且资助美国的外交事务专家访华。在最初这些活动所取得结果的鼓舞下，1984年，福特基金会与洛克菲勒基金会和洛克菲勒兄弟基金会共同资助了一个新的项目，以拓展在与中华人民共和国的国际关系方面问题的研究。卢斯基金会（Henry Luce Foundation）和麦克阿瑟基金会（MacArthur Foundation）随后也参与进来。新项目包容了中国从事国际事务研究和教育的一些主要机构，最初为北京大学和复旦大学、中国社会科学院和上海社会科学院，以及五个政府下属的研究所，即中国国际问题研究中心、中国国际问题研究所、中国现代国际关系研究所、中国国际战略学会和上海国际问题研究所。项目由美方进行协调，协调机构为"美国与中华人民共和国国际关系研究委员会"（CIRSPRC）。委员会由一些著名的东亚和国际事务专家组成，先由伯克利加利福尼亚大学的罗伯特·斯卡拉皮诺任主席，后来由乔治·华盛顿大学的哈里·哈丁继任。

CIRSPRC项目的目的就是支持中国的国际关系研究。委员会在八年期间开展了四类相关的活动。它给在美国的中国学者提供资助，在华组织国际关系研究的培训项目，在中国和美国支持国际会议、研讨会和政策对话，帮助中国学者获得国际关系研究材料和西方奖学金。

初期，委员会优先支持在美各大学培养来自中国的博士研究生，然后又培训攻读硕士学位的研究生。对访问学者的优先考虑最少。后来这些优先顺序发生了变化，特别是在1989年6月之后，中国不太支持派出博士研究生在国外进行多年的学习，于是委员会重点转向了硕士研究生和访问学者。从1984—1992年，委员会为102名中国学者提供了资助，39名（占38%）为博士研究生，22名（占21%）为硕士研究生，41名（占40%）进行短期研究访问。获得奖学金被派往国外读博士的回国率最低，读硕士学位的回国率较高，访问学者回国率最高。

CIRSPRC 项目所提供的研究资助还包括在中国进行的培训项目。不少一流的美国国际关系学者都在中国授过课并举行过研讨会。1987 年在北京大学组织了正式的教学项目。1989 年之后更注重在中国国内开展培训工作。从 1990—1996 年，在中国人民大学开展了七期、每期三至五周的高级国际关系研究暑期班，对象是高级研究生和青年教师。据主事者宋新宁确认，"在福特基金会和美中国际关系研究委员会的资助下，我们于 1990 年举办了首期'中美国际关系教学与研究讲习班'，取得了很大成效"①。从 1992—1999 年，复旦大学也开办了类似的项目，参加者为处于事业初中期的大学教员。

委员会还资助了中美国际关系学者之间的若干次学术会议和政策对话。此外，委员会协助将一些主要的西方著作翻译成中文，如为中国人民公安大学出版社的"国际政治学汉译名著"资助了一万美元，并协助改善中国国际关系方面图书馆的管理和运作。在八年间，该委员会资助总额达到 400 万美元，其中福特基金会提供了约一半资金。之后，CIRSPRC 演变为"亚洲国际问题研究项目"（Program for International Studies in Asia，或 PISA）。在 PISA 的资助下，类似活动又继续了几年时间。

除此之外，就福特基金会而言，它还资助了其他有关的学术活动。这包括东盟–中国合作经济研究项目和南京大学–霍普金斯大学中美文化研究中心。前者由东盟国家的重要经济学家（由新加坡的东南亚研究所协调）和中国主要经济研究机构的研究人员（由中国社会科学院世界经济与政治研究所协调）参与。南京大学–霍普金斯大学中美文化研究中心得到的资助为从事美国问题和国际问题研究的中、美学生提供为期一年的专业训练。该基金会还支持研究生教育、研究与交流以加强中国对世界其他地区的了解。这些活动主要指对研究人员个人的资助，以及支持中国地区研究专家同其别国的同行之间进行的专业交流。这些中国研究人员 —— 几

---

① 宋新宁：《国际政治经济与中国对外关系》，香港社会科学出版社 1997 年版，第 107 页。

乎都是第一次——访问了他们所研究的国家。中国的地区研究专家分别访问了新加坡、尼泊尔、印度、埃及、肯尼亚、津巴布韦、赞比亚、尼日利亚、塞内加尔、委内瑞拉、巴西、秘鲁、墨西哥和美国，时间为几周到一年不等。除这些个人和小型团组访问外，还有同非洲、南亚、拉丁美洲、中东以及当时的苏联等地区研究专家代表团的交流。此外，该基金会还支持暨南大学、厦门大学、中山大学、广西社会科学院和云南社会科学院东南亚研究所从事的合作研究、会议和图书馆发展。①

在1996—2000年间，福特基金会继续支持中国的国际关系研究，但重点发生了变化。之前的CIRSPRC、亚洲国际问题研究项目以及地区研究的资助逐渐终止或被削减，而让位于三个主要领域的扩展项目，即中美关系（包括台湾海峡两岸关系及其影响）；中国在亚洲地区的作用；以及军备控制和裁军这个新领域。基金会还资助了国际关系教育和中国国际关系中的"新问题"项目。

将中美关系作为重点反映了它对于两国和对于整个国际体系的中心地位。基金会资助了研究、会议、研讨、图书馆发展以及培训，旨在促进中美之间的相互理解，并鼓励更为坦诚、建设性和合作的两国关系的发展。为帮助那些要加强中国对美国了解的机构，基金会支持了中国社会科学院美国研究所关于民权和社会问题的研究，复旦大学美国研究中心关于国会在美国外交政策制定过程中的作用的研究，清华大学国际问题研究所关于美国媒体对华报道的研究；也资助了中华美国学会出版美国研究方面的一系列书籍。

第二个重点领域是亚太地区。基金会所支持活动的目的是，在地区和平与安全和经济合作问题上，促进主要的中国机构和个人与他们在其他亚太国家的同行之间的对话与合作。在这方面资助了中国社会科学院APEC研究中心，资助中国现代国际关系研究所与新德里的政策研究中心进行中国与南亚间的非官方对话；资助广西社会科学院和云南社会科

①　见《中国的国际关系研究——福特基金会资助项目回顾与选择》，北京，2003年9月，第8—10页。

学院的东南亚研究所研究中国与东南亚和南亚邻国的关系；资助中国国际问题研究所在北京主办亚太安全合作理事会（CSCAP）的会议。

第三个重点领域是军备控制和裁军。六家中国研究机构受到了资助，即国防大学战略研究所、中国国际问题研究所、复旦大学美国研究中心、中国社会科学院美国研究所、北京大学国际关系学院和中国国防科技信息中心。

除此之外，福特基金会还对其他两个领域提供了一定的资助。其一是对中国的国际关系教育和研究继续提供加强机构基础设施建设的帮助。南京大学-霍普金斯大学中美文化研究中心受到资助建立新的电子图书系统和设立国际问题研究所，清华大学受到资助建设国际问题研究所，南开大学受到资助与乔治·华盛顿大学一起开展亚太地区主义项目。另一个领域是可被称为国际关系中"新问题"的领域。由于出现了对中国安全所面临的新兴非传统性威胁开展研究的需求，基金会提供了支持，如资助中国社会科学院世界经济与政治研究所研究新的东盟加中日韩的 10+3 合作。中国国际问题研究所得到资助，召开了"人道主义干预与国家主权"讨论会；中国社会科学院欧洲研究所关于外来援助的研究，等等。

在 1996—2000 年间，福特基金会对中国的国际关系研究的资助总额达到 720 万美元，占同期基金会在华总资助额度 6160 万美元的 11%。[①]

当然，在资助中国的国际关系研究方面，福特基金会并非唯一的一家。亚洲基金会、卢斯基金会、麦克阿瑟基金会、西德·理查森（Sid Richardson）基金会、犁铧（Ploughshares）基金会、艾尔顿·琼斯（W. Alton Jones）基金会以及卡内基基金会（Carnegie Corporation of New York）、哈佛-燕京学社（Harvard-Yenching Institute）和洛克菲勒兄弟基金会（Rockefeller Brothers Fund）都是支持了相关学术活动的外国私人公益机构。它们主要是给中国之外的机构提供赠款，用于召开有关中国对外关系的学术性会议或出版。其中福特基金会和亚洲基金会在华设有常

---

① 见《中国的国际关系研究——福特基金会资助项目回顾与选择》，北京，2003 年 9 月，第 10—12 页。

驻工作人员。

除美国外，日本国际交流基金（The Japan Foundation）和韩国的国际交流基金（The Korea Foundation）分别支持了中国国际关系学界开展日本研究和韩国及朝鲜半岛研究。韩国高等教育财团资助在中国（及其他亚洲国家）成立了若干个亚洲研究中心（Asia Research Center，或ARC）。德国的阿登纳基金会和艾伯特基金会也支持了相关研究和学术活动，它们的资助以合作性的研究和共同探讨为多，都设有驻华专职人员和办事机构。

五、多样的课题

20世纪90年代是国际关系研究在中国十分活跃的时期，本章已经概括的七个方面只不过是本书认为研究比较集中的几个方面。至于得到研究的课题，那就不胜枚举了。它们包括：苏联和东欧国家剧变的根源、性质、教训以及对世界经济、政治、军事等各个方面的影响，这些国家的前景；苏联解体后世界形势新的变化和基本特征，在新形势下的战争与和平问题，世界发展问题，东西欧关系、欧美关系和南北关系问题，局部战争和民族冲突问题，亚太地区安全机制问题，各国依据新的形势对发展战略和安全战略的调整，中国改革开放面临的新经济环境和安全环境以及应采取的对策等；苏联解体后世界格局的新变化，世界多极化的发展趋势，以及我国对建立世界新秩序的基本立场和原则等；世界科学技术的发展对世界经济和政治发展的影响，以及综合国力的概念和构成因素等。

这一时期对国际政治和国际经济的研究可说齐头并进，均取得了长足的进展。涉及国际经济研究的主要问题有：经济全球化和地区化的实质与根源，对世界经济和国际关系的影响，以及欧共体（欧盟）、北美自由贸易区、亚太经济合作的有关问题；中国在世界和亚太地区的地位、作用和应采取的对策；国际资本流动、对外直接投资和跨国公司问题；金融在当前世界经济中的作用，国际金融自由化，墨西哥和东亚金融危机，证券市场国际化，经济安全，国际金融体制的改革；汇率机制的形成与发展，汇率利率变化对世界经济发展的影响，衍生金融工具的性质和作用，非金融机构的地位和作用，欧元的启动及其对世界经济的影响；人口、环境、粮食、人权、失业、国际组织、毒品经济和经济犯罪等；国际经济组织、特别是世界贸易组织的作用以及我国加入世贸组织等；此外，还有过去很少涉及的新问题，如综合国力比较、国际竞争力比较，等等。[①]

在国际政治和安全领域，着重研究了东北亚和东南亚地区安全以及中日、中美、中欧、中俄战略关系问题，中东和平进程问题，非洲、拉美地区形势和我国与这些地区的关系问题。主要变化是：在继续进行国别研究的同时，重视了对综合性问题的探讨。从国际政治和经济互相分离到互相结合。在继续深入进行专题研究的同时，也注意建立国际关系理论体系。国际问题研究与国内问题研究的结合得到加强。对外国的研究成果，特别是西方学者的理论观点，力求采取实事求是的态度，有分析地加以辨别，以便吸收营养丰富自己。在研究方法上也发生了一些变化和改进。[②]在辨析"民主和平"论方面，中国学者发表了多篇论文。国际政治经济学（IPE），也一时成为一个十分热门的分支领域。

20 世纪 90 年代也开始讲究研究方法，但不一定是"科学方法"的主张者所钟爱的实证主义一类方法，即仿自然科学的、通常是定量的、模型的、进行变量控制的那种方法。长期在中国现代国际关系研究所及其前身工作的资深学者陈启达出版了《多维的世界与多维的思维 —— 国际问题研究方法概论》（时事出版社 1999 年版）。该书首先指出当时有不少文章只是就事论事地做一些评述，缺乏令人耳目一新的真知灼见；还有一些文章更是人云亦云，造成了"在原有水平上重复"的现象。这些缺陷集中表现在没有完全按照世界的本来面目来认识世界，亦即没有用多

---

① 李琮、刘国平、谭秀英：《新中国国际问题研究 50 年》，《世界经济与政治》1999 年第 12 期。

② 李琮、刘国平、谭秀英：《新中国国际问题研究 50 年》，《世界经济与政治》1999 年第 12 期。

维的思维来研究多维的世界。陈启达认为，客观世界充满着多维的辩证关系，在国际问题领域中主要表现在经济基础与上层建筑之间、阶级因素与非阶级因素之间、历史的继承性与历史的变异性之间、正面因素与反面因素之间、主要矛盾与非主要矛盾之间、宏观与微观之间、性质与数量之间、内因与外因之间、共性与特性之间等九对关系中。正确的研究方法应该全面地掌握这九对关系的两个方面，而不能忽视其中任何一个方面。此外又考虑了问题研究要与对策建议相结合，连同以上九对关系，共计提出十个"相结合"，构成为全书的架构。[①] 可见，此书所论更多地属于从事研究工作的思想方法，而有别于实证主义一类方法。

更为技术性的方法反映在李洪志编著的《国际政治与军事问题若干数量化分析方法》（军事科学出版社1995年版）一书。作者称，国际政治与军事问题的数量化分析，或者称为国际政治与军事问题的计算机辅助分析，是将国际政治与军事问题数量化，采用计算机进行统计分析、逻辑推理预测的过程。该书介绍了国外数量化分析的一些方法，同时也介绍了国内的研究成果。其八章分别为"用多点分布方法研究联合国投票""国家的政治动乱分析和预测""对复杂局势的分析预测：交叉影响分析""对战争局势的预测：贝叶斯分析""内容分析：对苏联领导层的分析""回归分析：经济状况对法国左派选举的影响""专题数据库""约翰里窗口及其信息推理预测"。运用这样的技术手段或工具性方法分析国际政治和军事问题不光在20世纪90年代极为少见，即便在今天恐怕仍然不多。

---

① 陈启达：《多维的世界与多维的思维：国际问题研究方法概论》，时事出版社1999年版。

第五章　21世纪的跃升（上）

　　进入21世纪后，中国国际关系学在量和质两方面都出现了显著提升，研究的议题变得极为广泛，发展势头强劲，因而日益被人们视为"显学"。

　　这一时期，国际关系研究在中国呈现了空前繁荣的态势，得到研究的各种议题范围不断扩大，研究队伍日益壮大，研究成果极为丰富。根据有关学者考察，以2008—2011年这一时间段为例，仅国际关系理论问题的研究方面，就包括十一个主要议题，其中国际制度与国际机制、国际规范、同盟理论、规范性理论和战争相关问题这五个议题属于传统的研究议题，基本涵盖了国际关系理论的主流研究领域。另一个议题国际政治经济学则属于中国国际关系学界正在探索和发展的重要领域。相比较而言，国际政治中的话语和语言、国内政治与国家行为则属于比较新的前沿性议题。前者与建构主义兴起之后的语言学转向密切相关，强调语言本身对国家身份和国家行为的塑造作用。后者则与国际学术界整体研究层次回落的趋势相一致，强调国家内部因素对国家对外行为的重要影响。特别值得指出的是，在这一议题中，中国学者已经不只是在强调国内因素的意义，也不仅是梳理了国外学者的相关成果，而且还遵循这一研究路径，勇于探索，做出了原创性的研究。[①] 除了这十一个主要议

---

　　① 例如钟龙彪：《双层认知与外交调整——以20世纪80年代中国外交政策调整为例》，《世界经济与政治》2009年第3期；马荣久：《国内政治与外交决策——以领土争端中的印度对华决策为例（1959~1962年）》，《世界经济与政治》2009年第12期；左希迎：《新精英集团、制度能力与国家的军事效仿行为》，《世界经济与政治》2010年第9期。

题外，还包括理论综合问题、马克思主义国际关系理论、英国学派、国际政治心理学、全球化与全球治理、地区与区域理论、关系与网络理论、地缘政治理论、均势与制衡问题、大国责任问题、国际合作理论、身份与认同问题、软实力、分裂主义问题、崛起与权力转移理论、干涉与调停问题、公共外交、国家形象问题、国际政治中的情感、军控与核问题等二十余个问题。[①] 再加上不涉及理论问题的国际关系研究，整个图景就显得相当壮观了，难怪有些中国学者要发出"火爆"之叹。

就"质"而言，此前为人诟病的突破性理论缺失、中国范式缺失以及主体意识缺失 [②]，在这一时期出现了程度不同的改观甚至突破。例如，出现了宏观层次的中国原创性理论及其代表性著作；中观 / 微观层次的创新性工作更是从偶然发展为常态，甚至部分创新成果的前沿性、开创性和规范性已经足以与西方同行的成果相比肩；还出现了像"古代中国思想和古代东亚历史经验"这样中国主题意识浓郁的核心议题。[③]

另外，国际关系研究的地域范围和研究群体也显著扩大。改革开放之前，国际关系研究多局限于京沪两地，再加上主要从事区域国别研究的厦门、昆明、长春等地。改革开放以来，京沪以外的其他地区如天津、南京、广州、杭州、成都、武汉、重庆、郑州、洛阳、兰州等地区都逐步建立起了国际关系的研究或教学机构。除此之外，不少国际关系课程在全国各个地区的党校和社会科学院得到开设。最能代表研究群体扩大的标志之一是国际关系专业研究生群体的扩大。

在国际学术界，中国国际关系学者的存在也不断扩大，中国学者出现于各种国际场合，他们展现的专业水准和外语水平为过去所不可企及。这方面的例子可谓不胜枚举，比如国际研究学会（ISA）和美国政治学会（APSA）都有中国学者参与其中，由美、欧、日知名人士组成的三边委员会（Trilateral Commission）的大会及其亚太分会都有中国学者参

---

① 杨原：《中国国际关系理论研究（2008—2011）》，《国际政治科学》2012 年第 2 期。

② 秦亚青：《中国国际关系理论研究的进步与问题》，《世界经济与政治》2008 年第 11 期。

③ 杨原：《中国国际关系理论研究（2008—2011）》，《国际政治科学》2012 年第 2 期。

与①，以香格里拉对话会（Shangri-la Dialogue）闻名的亚洲安全大会也有中国学者参与，还有很多林林总总的国际性学术会议和活动，都有了中国学者的存在和声音。

还有学者做了这样的归纳，即中国各大学的国际关系研究逐步形成了自己的研究特色和研究风格。如北京大学的国际战略、中国外交、国际政治经济学和第三世界研究；中国人民大学的国际政治思想、国内政治发展和中国对外战略研究；复旦大学的国际关系理论、地方政府国际行为、国际政治经济学研究；外交学院的建构主义转化、中国外交研究；浙江大学的非传统安全研究；清华大学和山东大学的中国传统对外思想研究；武汉大学的边界与边疆国际政治学研究；中国政法大学的全球化与全球治理研究；华东师范大学的冷战国际史和转型国家理论研究；北京外国语大学、上海外国语大学和复旦大学的女性主义国际关系理论研究；上海外国语大学的国际组织、伦理与国际事务研究。以上诸大学积渐而成的风格，再加上高校国际片人文社会科学重点研究基地的多个区域国别研究，可以说，中国国际关系研究的当代成绩是极为突出的。②

中国的国际和区域国别研究还形成了一定的地域特色。例如，西北地区的研究重点是民族关系、宗教问题和中亚动态；东北地区的研究对象涉及俄罗斯远东地区、朝鲜半岛及日本问题；东南沿海地区着重对东南亚开展了研究；西南地区在设计"开辟西南大通道"（与泰国、缅甸、越南等国合作）或加强与东盟国家的次区域合作等课题上居领先地位。

---

① 比如，2005 年 3 月，北京学者袁明和上海学者任晓出席了在华盛顿举行的三边委员会大会，由三边委员会亚太分会组织的中国专场获得成功和肯定。戴维·洛克菲勒、基辛格、布热津斯基等人士出席了这次会议。以后又有中国学者出席了在布鲁塞尔等地召开的三边委员会大会。

② 参见苏长和：《当代理论研究的现状、问题和前景》，载杨洁勉等著：《对外关系与国际问题研究》，上海人民出版社 2009 年版，第 230 页。（该书系"辉煌 60 年·社会发展与学术成长丛书"之一种）

一、学术组织的新发展

这一时期，中国国际关系学领域新的学术组织继续出现，新的组织又进而推动了学术研究的开展。

（一）全国高校国际政治研究会

2003 年 10 月，全国高校国际政治研究会在北京大学宣布成立。来自教育部、外交部等有关部门和北京大学等高校的领导人士，以及来自全国四十多所高校的五十余名代表出席了成立会。北京大学国际关系学院教授梁守德当选为第一任理事长，李义虎当选为第一任秘书长。早在 1991 年，就由北京大学和中国人民大学的两个国际政治系发起，在北京大学召开了首届全国高校国际政治理论教学与研究会，与会人员提出了建立全国高校国际政治研究会的愿望。1993 年在武汉大学召开的国际政治系主任联席会议达成共识，决定推进筹备工作。在以后长达十年左右的时间里，全国高校国际政治研究会筹备委员会进行了多方面的努力和扎实的工作，以研究会筹备会的名义多次召开有影响的全国性国际政治学术研讨会和全国高校国际政治、国际关系和外交学院、系、所负责人联席会议，在推动国际政治学科建设和国际政治、国际关系和外交学的教学、研究方面起到了一定的促进作用，并使成立全国高校国际政治研究会具备了相应的条件。2003 年 9 月下旬，国家有关部门批准成立全国高校国际政治研究会。该研究会的宗旨是团结全国高校国际政治的教学、科研工作者和学术单位，为中国国际政治学科发展服务，为国家现代化建设和改革开放服务。此后，该研究会定期举行年会，如第二届年会于 2004 年 7 月在甘肃兰州举行，由兰州大学主办；第三届年会于 2005 年 7 月在辽宁大学举行，主题为"国际环境与中国和平发展"；第四届年会于 2006 年 10 月在江苏扬州市举行，由江苏省委党校和扬州市政府共同承办，主题为"全球化与和谐世界"；第五届年会于 2007 年 5 月在北京师范大学珠海分校举行；第六届年会于 2008 年 5 月在上海外国语大学召开，等等。

（二）中国军控与裁军协会

此外还出现了更为专门性的学术组织，如中国军控与裁军协会（CACDA）于 2001 年成立。协会的宗旨是：组织和推动有关军控、裁军和防扩散领域的学术研究，开展国内外交流活动，促进国际裁军与军备控制，维护世界和平与安全。协会团体会员为从事军控、裁军与国际安全问题研究的机构；个人会员包括相关领域的资深专家、学者、前高级外交官、前高级国防官员及其他专业人士。协会自 2005 年起获得联合国经社理事会特别咨商地位；自 2004 年开始出版年度性的《国际军备控制与裁军》专书，由世界知识出版社出版。以《2009：国际军备控制与裁军》为例，它汇集了过去一年里协会部分专家和学者的研究成果，涉及核、化学、外空、防扩散、导弹、透明度、国际条约与制度等多方面内容，共计论文 20 篇，其中三篇以英文形式出现。协会试图以此对过去一年中军控、裁军、防扩散等领域里的相关问题做一总结性回顾和评述，同时收录了三个附件，它们分别是当年国际军控与裁军大事记、中国政府以及国际社会关于军控与裁军的相关文件。[①] 作为该协会负责人之一的滕建群等还撰写出版了《国际军备控制与裁军概论》（世界知识出版社2009 年版），代表性学者还有潘振强、沈丁立、李彬等。

（三）期刊研究会

另一个重要的组织发展是在中国国际关系学会下成立了期刊研究会，这是一个创新性发展。各个国际关系类杂志的代表聚首，创立国际关系类杂志年度期刊会议制度，这在所有人文社会科学学科杂志中开了先河。2007 年，首届会议由上海外国语大学国际关系与外交事务研究院主办。会议对于论文规范、办刊经验交流起到了积极作用。2008 年 11 月，第二届国际政治类期刊工作交流会在广州召开，来自全国 20 家国际政治类期刊的代表参加了这次会议。经过酝酿和讨论，与会代表就加强国际政治类期刊学术规范建设取得若干共识，并发出《加强国际政治类期刊学术

---

① 李根信、滕建群编著：《2009：国际军备控制与裁军》，世界知识出版社 2009 年版。

规范建设倡议书》，倡议书内容是：

（1）加强学术道德规范建设。恪守职业道德，严格把握审稿和编辑关，建立和强化双向匿名审稿制度，在稿件选用上反对论资排辈和照顾人情，同时注重培养学术新人。杜绝文章抄袭、成果剽窃、重复发表等严重损害学术尊严的行为，对"一稿多发"者一经发现立即撤稿、通报各刊，并给予一定时期内共同拒发其文的惩戒。

（2）强化学术论文注释等编辑规范。学术论文注释应遵循诚实、可查证原则，严禁做假注、篡改文献和数据、故意断章取义等学术不端行为。研究者应加强学术自律，尊重他人的研究成果，引用各类文献应详细注明出处，转引必须如实说明。为便于学术交流，在注释体例方面，建议国际政治类期刊逐步统一。

（3）注重学术批评规范建设。鼓励学术争鸣，积极开展学术批评。在学术争鸣和学术批评中，强调以理服人、对文不对人的原则。

（4）建立和健全学术规范交流合作机制。建立国际政治类期刊协调机制，定期举行期刊工作交流会，就编辑方针、选题和学术规范等进行研讨，努力提高办刊水平；平时通过期刊交换、稿件互鉴、目录传送、不端行为通报等形式，加强期刊间在学术规范等方面的交流与合作。积极参与期刊评价体系建设，在促进自身学术规范建设的同时，推动期刊评价体系更加科学化。[①]

共同发起这一倡议书的 20 家期刊是（按期刊名称音序排列）：《当代世界与社会主义》《东北亚论坛》《东南亚研究》《东南亚纵横》《俄罗斯研究》《俄罗斯中亚东欧研究》《国际观察》《国际论坛》《国际问题研究》《国际政治研究》《国际政治科学》《和平与发展》《解放军国际关系学院学报》《美国问题研究》《南亚研究季刊》《南洋问题研究》《世界经济与政治》《世界经济与政治论坛》《外交评论》和《亚太评论》。当然，除此之外的本领域专业期刊还有不少，但这 20 家刊物共同发起倡议，仍然具有相当的分量和号召力，有助于形成学术共同体内的规则规范。

---

① 《加强国际政治类期刊学术规范建设倡议书》，《世界经济与政治》2009 年第 2 期。

　　学术期刊具有较强的学术研究导向功能。进入 21 世纪后，中国越来越多的国际关系学刊更加注意通过各种方式来策划选题，对学术研究进行引导和规范。有些刊物尤其注重通过学术会议引导研究和组织稿件，这方面具有代表性的是创刊较早的《世界经济与政治》和《国际观察》，以及新秀《国际安全研究》《国际展望》和《国际关系研究》，它们都定期或不定期地在不同范围内召开学术会议，在引导学术研究方向、政策讨论方面发挥了十分活跃的作用。当然，也有一些学术刊物缺乏必要的资源、途径和能力，在学术引导方面的作用有限。

　　2009 年，第三届期刊年会在清华大学举行，有 25 家国际关系类杂志主编参加了这次会议。如果再加上一些以书代刊的国际关系研究杂志，这个数字至少在 35 家左右，可见国际关系类期刊数量增长之快。① 2014 年 10 月，"第四届全国国际关系及政治学类学术期刊研讨会"在成都召开，来自全国 34 家期刊、部分学术期刊评价机构的专家和部分高校教师共 70 余人参加了会议。在此基础上，成立了全国性的国际政治类期刊研究会，设于中国国际关系学会之下，为二级学会。国际关系学术期刊的共同体，变得更为制度化了。

（四）中国国际关系学会

　　至于中国国际关系史研究会，因其会址设于外交学院，在杨福昌任外交学院院长期间，接受了外交部的意见，也即要使该组织的工作跟中国外交的现实更紧密地联系起来。这样，为适应形势发展，2000 年举行的第六届年会决定将中国国际关系史研究会更名为"中国国际关系学会"，并于 2003 年 4 月 25 日得到民政部批准。自 2002 年 4 月起该会由外交学院院长杨福昌担任会长。在 2004 年 6 月 1 日举行的学会第六届第二次全国理事会上，一致推举唐家璇国务委员担任学会会长，外交学院院长吴建民大使担任学会常务副会长，学会的发展进入了一个新阶段。

　　试以 2006 年为例，该学会在本年度除了召开理事会议、学术研讨会

外，还开展了多项其他活动。例如，从 2006 年开始，根据中国外交实践需要向各理事单位推出一批课题开展研究；继续与国家图书馆共同举办"国际知识与中国外交"系列讲座，让更多的公众了解中国外交政策与实践等。这些活动对服务于中国外交实践、宣传中国外交政策起到了积极作用。该学会更多地把力量放在经验研究层面，成为学界向政府部门建言献策的一条重要渠道。根据一些学者所做的评估，这样做固然是必要的，但作为全国性的专业学会，对学科建设的重视似乎不够。具体而言，除了继续强化为实践服务外，在普及学科知识、夯实学科基础、促进中国理论或学派建设、促进一个更加紧密的学术共同体的形成等方面，中国国际关系学会和全国高校国际政治研究会都还可以做更多的工作。①

二、人才培养

中国国际关系学教学与研究的学科分类，主要有两种：一是教育部的分类。根据教育部 1997 年颁布的《授予博士、硕士学位和培养研究生的学科、专业目录》，在政治学一级学科下有"国际关系""国际政治"等二级学科。此二者实际上很难区别。对不少大学而言，多一个二级学科，可以在同样师资力量、科研成果的基础上多申报一个硕士点或是博士点，这倒是不少高校所乐见。二是国家哲学社会科学规划办公室的学科分类。社会科学被分为二十余个大的学科类别，"国际问题研究"是其中之一，其下又分为国际战略、国际经济、国际政治等十来个子类。"国际问题研究"在这里处于类似一级学科的地位。

总的来说，二级学科在中国划分过细，忽略了它们之间有很多交叉和相通之处，例如国际关系与比较政治就有着千丝万缕的联系，"合"则两利，"分"则可能俱伤。② 在北京大学，由于国际关系学院和政府管理

---

① 《世界经济与政治》编辑部：《2006 年中国国际关系学科发展综述》，《世界经济与政治》2007 年第 5 期。

② 包刚升：《世界政治：打通比较政治与国际关系的新视角》，《中国社会科学报》2019 年 2 月 13 日。

学院在体制上分立，比较政治随后者而"去"，致使国际关系学院因感其不可或缺而又设立比较政治系。这是颇能说明问题的一个情况。

中国人喜欢说"长江后浪推前浪"。对任何一个学科而言，只有年轻一辈一代又一代地成长，才能做到后继有人，不断把本学科推向前进。国际关系学同样如此。

在大学及其他学术机构中设立国际关系研究的博士点，培养博士研究生，是从 20 世纪 80 年代后期开始的。例如复旦大学的国际关系博士点是在 1988 年设立的，其他较早设立博士点的大学也大致在此前后开始培养国际关系学博士研究生。90 年代初开始，逐渐有新晋博士学成就业，他们当中较年长的有四十多岁，年轻的仅二十多岁。这些博士学位获得者进入大学或研究机构后，很快即成为各学术单位的生力军。经过 90 年代并进入 21 世纪，中生代、新生代的国际关系学者逐渐成为主导性力量。较之上一辈学者，他们普遍受过更好的学术训练，学术上成长于改革开放之后，大多具有在国外进修或访学的经历，对国际学术发展动态有较好的了解和把握，外语较熟练。

在年轻人才的造就方面，中国国际关系学会发挥了重要的培育作用。

2006 年 5 月，中国国际关系学会与中国社会科学院世界经济与政治研究所共同举办了首届博士生论坛，从而开创了一种模式，即以中国国际关系学会的名义、由学会理事单位负责主办、以博士和硕士研究生为主体，讨论国际关系理论、方法和问题，这样的论坛在国内还是第一次。首届论坛在外交学院举行，全国各地十所拥有国际关系博士点的院校选送了 11 名优秀博士生向论坛提交了论文，他们并到会做了发言，13 名京内外学者对他们的发言进行了点评。在京院校的博士生和硕士生约上百人参加了会议，并就感兴趣的问题参与了提问和讨论。两天的论坛取得了相当的成功。①

第一届博士论坛成功举办并出版论文集后，学术界反映良好。为进

---

① 中国国际关系学会编：《国际关系理论：前沿与热点 ——2006 博士论坛》，世界知识出版社 2007 年版，"后记"。（朱立群时任中国国际关系学会秘书长）

一步推动中国国际关系研究的发展和学科建设，2007年5月，中国国际关系学会和南开大学共同主办召开了以"评价国际关系理论：积累与进步"为主题的第二届博士论坛，来自十所高校和研究机构的国际关系专业100余名博士和硕士研究生参加了论坛，北京、天津、上海、武汉、南京等地的近20位知名中青年学者作为嘉宾或点评人参与了论坛的讨论。作为论坛的记录，会后出版了论文集。[①] 参会文章的入选和发表，对于年轻学人是一种极大的激励。

在两次论坛成功的基础上，主其事者再接再厉，由中国国际关系学会和上海交通大学共同主办，于2008年6月在上海召开了第三届博士论坛。这届论坛的主题更为专门一些，称为"国际合作理论及争鸣"。来自十六所高校和研究机构所设国际关系专业的100余名博士和硕士研究生参加了论坛。北京、天津、上海、南京等地的21位专家学者作为点评人参加了论坛的讨论。会后同样出版了论文集，留下了学术痕迹。[②]

作为中国国际关系学会常务副会长的秦亚青，在第一届论坛上致辞时强调了交流精神，强调学术思想的平等交流和相互碰撞。在第二届论坛上则倡导了敬畏学问，以敬畏的心态去热爱学问、潜心学问、砥砺学问，将学问作为自己的事业和追求。在第三届论坛上强调的重点则放在了学术创新上，即：首先是要有创新的意识。质疑是学问的精神，是探索未知的领域，是知识的生产和再生产。同时，创新需要学习，创新需要感悟，创新是学问的目的，是学问的最高境界。[③] 该学会所倡导的这些精神，显然是跟这一时期中国国际关系学术创新意识的增强并行不悖的，是学术创新得到倡导的又一表现。

---

① 中国国际关系学会编：《评价国际关系理论：积累与进步——2007年博士论坛》，世界知识出版社2008年版。

② 中国国际关系学会编：《国际关系研究：合作理论及争鸣——2008博士论坛》，世界知识出版社2009年版。

③ 秦亚青：《学习 感悟 创新——在第三届中国国际关系学会博士论坛上的致辞》，载《国际关系研究：合作理论及争鸣——2008博士论坛》，世界知识出版社2009年版，第4—5页。

　　据不完全统计，迄 2003 年 12 月，全国已经有四十多所高校成立有国际政治、国际关系和外交学的院、系、所和中心，有数千名教师在从事国际政治、国际关系和外交学等学科的教学与研究工作。又，《世界经济与政治》编辑部通过相关的搜索与整理，对大陆（不含台、港、澳地区）范围内拥有国际关系学科点[①]的高等院校、研究机构情况进行了"不完全统计"，发现迄 2006 年，在全国 24 个省、直辖市和自治区范围内拥有该学科的高校和科研机构已达 83 个，其数量相当可观，发展速度相当快。其中北京 16，上海 8，江苏 7，山东 6，湖北和湖南各 5，广东及河南各 4，陕西、辽宁和吉林各 3，天津、四川、云南、安徽、河北和甘肃各 2，福建、浙江、山西、新疆、广西、黑龙江和江西各 1。国际关系学科点迅速扩张的一个直接结果是本科生、研究生的数量急剧攀升。[②]

　　有若干个青年论坛或博士生论坛都对人才成长产生了推动作用。除了中国国际关系学会组织的博士生论坛之外，还有北京大学组织的类似论坛。例如，2019 年 11 月，由国务院学位委员会办公室、教育部学位管理与研究生教育司共同发起的全国国际关系、国际政治专业博士生学术论坛在北京大学召开，这已经是第十二届了。这届论坛由北京大学研究生院资助，北京大学国际关系学院和《国际政治研究》编辑部联合主办，论坛主题是"区域与国别研究和比较政治学：新问题、新方法"。主办方事先发布公告征文，并从中评选出优秀论文，优中选优者在《国际政治研究》杂志发表。这次论坛共收到海内外 19 所高校及科研院所的在读博士研究生论文 80 篇，最终共有 30 篇论文通过学术委员会的匿名评审并获得参会资格。经论坛学术委员会的评审和再次匿名投票，有六篇论文分获一、二、三等奖。这一过程，对于年轻人才成长发挥了孵化作用。又如，2017 年在南开大学召开了北京大学·复旦大学·南开大学第 11 届日本研究博士生论坛暨 2017 年度学术研讨会，也有异曲同工

---

　　①　指拥有本科点、硕士点、博士点的其中之一或更多者，一级学科（政治学）博士点/硕士点所覆盖的国际关系或国际政治或外交学二级学科博士点/硕士点也包括在内。

　　②　《世界经济与政治》编辑部：《2006 年中国国际关系学科发展综述》，《世界经济与政治》2007 年第 5 期。

之效。

自 2003 年开始，清华大学国际问题研究所及其后的国际关系研究院创办了"国际关系研究方法讲习班"，参加者都为青年学人。在若干年间，他们举办了多届国际关系研究方法讲习班，倾力推广其所力倡的科学研究方法，在青年学人中普及他们所极为看重的研究方法。[①]

2008 年，清华大学国际关系学科发起召开面向全国国际关系学界的"政治学与国际关系学术共同体会议"，并于同年 12 月在清华大学举行了首届会议。来自全国各高等院校及研究所的 210 余名与会代表共同参与了此次学术会议。世界知识出版社、北京大学出版社、时事出版社进行了现场出版物展示，《世界经济与政治》《欧洲研究》《国际政治科学》《领导者》等期刊负责人与读者和作者进行了有益的讨论。政治学与国际关系学术共同体着力于在理论研究、教学改革、政策讨论、专业培训、期刊网站建设和学术评价等方面构筑公共论坛，形成将学术研讨、博士论文诊断、著作出版、政策沙龙等全方位、多层次的交流与评议、学术创造和传播相结合的综合性年度集会。首届学术共同体会议包括 15 个小组会议和一个军备控制教学研讨会。小组会议围绕以下 15 个议题进行研讨：比较政治与国际关系、建构主义视角下的国际热点冲突与联盟政治、先秦国家间政治思想、美国大选后的外交政策走向、中国与欧洲的相互认知、金融危机背景下的东西方关系、春秋战国时期国家间联盟政治、当今的国际关系处于什么时代、政治心理学与国际关系研究、中国外交与内政研究前沿、国际关系中的新闻传播、比较政治经济学的研究和教学、中国外交的战略理念、东亚合作研究、国际关系中的结构概念。此后，政治学与学术共同体会议每年举行一届，产生了广泛影响，特别是年轻一代踊跃参与，为新生代学者成长创造了较好的条件。2012 年开始，随着"世界和平论坛"的创办，两个重要会议背靠背举行，各自都产生了影响，也都创出了品牌。

---

① 此前有阎学通和孙学峰合著的《国际关系研究实用方法》（人民出版社 2001 年版）一书出版。

可能是受到政治学与学术共同体会议获得成功的激励，清华大学又发起了政治学与国际关系教学共同体会议，聚拢各方人士讨论相关课程的教学工作，交流经验，共同探讨。2020 年 1 月 4 日，由清华大学国际关系研究院和北京大学出版社联合主办的第三届政治学与国际关系教学共同体年会在北京举行，来自全国 60 多个院校的 80 多位政治学与国际关系学科的教师参加了会议。

三、"和平崛起"

在这一时期，中国国际关系学界就"韬光养晦"问题进行了反复讨论甚至争论，涉及与之有关的一系列理论性和政策性问题。

20 世纪 80 年代末，邓小平根据中国发展的历史经验和未来趋势，在 1989 年风波发生后，提出了"冷静观察、稳住阵脚、沉着应付"三句话[①]，在其后的几次谈话中，又陆续加入了善于守拙、决不当头、韬光养晦、有所作为等几句话。邓小平提出的这些政策思想，为中国外交摆脱困境，开出新局确立了战略方针。后来，这一战略方针被简化地概括为"韬光养晦，有所作为"八个字。如果说在那个时候，中国外交的主要着眼点是"韬光养晦"的话，那么到 21 世纪初，"有所作为"成为中国外交的主要着眼点。[②]2000 年初，邓小平早在 20 世纪 80 年代初提出的国家三大任务中的第三项"反对霸权主义，维护世界和平"演变为"维护世界和平，促进共同繁荣"。[③]

（一）"和平崛起"论的提出

进入 21 世纪前后，中国崛起之势已成。还在 1993 年，美国学者威廉·奥弗霍尔特就已出版了《中国的崛起——经济改革正在如何造就一

---

① 《邓小平文选》第三卷，人民出版社 1993 年版，第 321 页。

② 刘德喜：《从历史发展看中国外交的和平本质》，载中共中央党校国际战略研究所编：《中国和平崛起新道路》，中共中央党校出版社 2004 年版。

③ 《中共十五届五中全会公报》，《人民日报》2000 年 11 月 12 日。

个新的超级强国》[①]，这极可能是最早的一部以中国崛起为名的书。此后，中国的持续发展未辜负奥弗霍尔特的这个书名。

在这一时代背景下，中国崛起与和平崛起问题也成为中国学界一个突出而集中研究的议题。较早时有阎学通等著的《中国崛起：国际环境评估》（天津人民出版社1998年版）。2002年，上海社会科学院学者黄仁伟发表了《中国崛起的时间和空间》（上海社会科学院出版社2002年版）一书，认为中华民族的伟大复兴是21世纪中国的战略目标，同时也是全球范围力量格局的空前深刻的变化。该书明确无误地认为，"中国崛起"是一个不可回避的重大战略课题。"中国崛起"的内涵极为丰富。如果我们把"崛起"的目标定位在"成为世界强国"，可以有多种标准。该书将其"初步"界定为包括十项内涵，即：（1）中国的经济总量达到主要大国的前列，对世界经济增长（主要是亚太经济）具有明显的拉动能力。（2）中国的科技教育文化达到中等发达国家水平，在主要科研领域拥有一流的成果和专家队伍。（3）中国的整体发展水平相对均衡，但有部分地区的发展水平达到世界发达经济的质量。（4）中国能够驾驭经济全球化过程中的复杂矛盾，能够预警和防范全球资本流动引发的金融危机，也能应对其他跨国非传统威胁。（5）中国通过地缘经济和地缘政治的结合，引导亚太地区一体化进程，与周边国家形成紧密型东亚经济政治合作框架。（6）中国通过政治经济安全等结合的多种途径实现国家的统一，并解决与周边国家的领土领海争端。（7）中国基本完成国家制度的现代化建设，由此对国际体系重构和国际政治民主化过程拥有较大的影响力。（8）中国拥有维护国家领土完整和战略利益的各种威慑和反威慑手段，可以根据中国的发展和安全需要，对全球和地区问题做出自己的战略选择。（9）中国与主要大国和地区集团结成广泛的利益共同体和战略合作关系，任何遏制和孤立中国的战略企图不再有可能实现。（10）中国拥有较强的文化竞争力和其他软力量，中华文化和全球文化的融合

[①]　William H. Overholt, *The Rise of China: How Economic Reform is Creating a New Superpower*, New York: Norton, 1993.

产生中国与国际社会的强大亲和力。①

　　大致同一时间，曾长期在高层从事政策研究的郑必坚酝酿并形成了"和平崛起"的思想。2002年12月8日至15日，原中共中央党校常务副校长郑必坚率领中国改革开放论坛代表团访问美国。针对美国有些人认为中国作为崛起中的大国将不可避免地挑战美国战略利益，必然会对美国形成潜在威胁的观点，郑必坚强调地提出和讨论了中国作为当代世界后起大国，要走一条什么样的崛起道路的问题。郑必坚等阐明，改革开放以来，中国逐步开创出一条全新的发展道路，这就是在同经济全球化相联系而不是相脱离的进程中，独立自主地建设中国特色社会主义的道路。二十多年来，中国从这样一条全新道路中收获巨大，没有任何理由改变。中国的崛起是和平的崛起，这样的中国是维护世界和平和促进共同发展的坚定力量。② 这一发展标志着"和平崛起"论的提出。

　　郑必坚等一行在访问中明显感到，对于中国作为后起大国的崛起，美朝野人士既有认同，也有担忧，当时总的状况是担忧大于认同，"中国威胁论"和"中国崩溃论"均有一定市场。稍后，郑必坚上呈报告至中国领导层，并在博鳌亚洲论坛等多个场合继续阐发"和平崛起"论。他的报告和建议引起中国领导层的极大重视，得到采纳。2003年12月10日，国务院总理温家宝在美国哈佛大学发表了题为"把目光投向中国"的演讲，称今天的中国是一个改革开放与和平崛起的大国。温家宝总理明确地把中国选择的发展道路称为"和平崛起的发展道路"。他说："中国是个发展中的大国，我们的发展，不应当也不可能依赖外国，必须也只能把事情放在自己力量的基点上。这就是说，我们要在扩大对外开放的同时，更加充分和自觉地依靠自身的体制创新，依靠开发越来越大的国内市场，依靠把庞大的居民储蓄转化为投资，依靠国民素质的提高和科技进步来解决资源和环境问题。中国和平崛起发展道路的要义就在于

---

① 黄仁伟：《中国崛起的时间和空间》，上海社会科学院出版社2002年版，第1—4页。

② 郑必坚：《思考的历程——关于中国和平发展道路的由来、根据、内涵和前景》，中共中央党校出版社2006年版，第136—137页。另见郑必坚：《论中国和平崛起发展新道路》，中共中央党校出版社2005年版。

此。"这里似乎主要是就国内问题而言说的。

稍后的 2003 年 12 月 26 日，在纪念毛泽东诞辰 110 周年座谈会上的讲话中，中共中央总书记胡锦涛称，中国"要坚持走和平崛起的发展道路，坚持在和平共处五项原则的基础上同各国友好相处，在平等互利的基础上积极开展同各国的交流合作，为人类和平与发展的崇高事业作出贡献"。这是"和平崛起"论在中国最高领导人正式讲话中的第一次出现。

这就是说，从 2003 年底到 2004 年春一段不长的时间内，中国主要领导人先后数次在讲话或演讲中使用了"和平崛起"一语，这成为一种重大政策宣示。

其后，2005 年 11 月在英国，2006 年 4 月在美国进行国事访问期间，中国国家主席胡锦涛又进一步阐述了中国坚持走和平发展道路的历史必然性以及这条道路的内涵。一石激起千层浪，"和平崛起"很快成为世人争说的话题，一时间也在中国成为最为热门的社会科学问题。

就其提出者而言，之所以要深入研究中国和平崛起的发展道路，是因为，第一，直接的原因，是要应对"中国威胁论"和"中国崩溃论"。更明确地提出和坚持和平崛起的发展道路，更高地举起和平、发展、合作的旗帜，有利于把建设中国特色社会主义的对内方面和对外方面更加鲜明地统一起来，把坚持发展生产力的社会主义和坚持和平的社会主义更加鲜明地统一起来，把韬光养晦和有所作为更加鲜明地统一起来。第二，更为深刻的现实需要是，可以针对国际风云的变幻，更好地树立中国的国际形象，并同美国的单边主义形成鲜明的对照。第三，还有理论上的意义。2004 年是邓小平诞辰一百周年，如何进一步总结好改革开放 25 年来中国共产党开创的全新战略道路和积累的新鲜经验，对于深化邓小平理论的研究，更好地贯彻"三个代表"重要思想，动员全党更加紧密地团结在以胡锦涛同志为总书记的党中央周围，增强党的凝聚力和民族的自信心，也是有必要的。

这项研究的牵头单位中共中央党校的常务副校长虞云耀对此这样言说："在世界近代史上，有的后起大国在经济发展过程中对外扩张，与原来的大国发生冲突，从而导致战争，两次世界大战由此发生。这些国家走的是一条殖民侵略扩张的道路，即战争崛起的道路。"如今，"要和平、求合作、促发展成为世界各国人民的共同愿望，和平与发展成为时代主题。随着新科技革命和经济全球化趋势的迅速发展，后起国家通过科技创新和制度创新，争取技术、资金、人才，实现快速发展，赶上和超过先进国家，即走一条和平崛起的道路成为可能"。① 显然，中国的和平崛起，是一个关系到中国未来和世界未来的重大课题。2003 年初，中央党校国际战略研究所成立课题组，对这一重大课题开展研究。

（二）围绕"和平崛起"的研究

在对"和平崛起"论的热烈讨论中，既出现了很多支持者，也出现了反对的人士。在具体措辞上，国内有人提出异议，力主外方人士使用"中国崛起"提法是他们的自由，中国自己使用"崛起"字眼则有不妥。这一意见似乎具有合理性，因而受到了中国决策者的重视。领导层进而确定正式提法为"走和平发展道路"。其实，从"和平崛起"到"走和平发展道路"只不过是一个具体措辞的选择问题，其含义并无实质不同。

尽管官方的提法发生了这一变化，但这并不意味着学术研究必须亦步亦趋。"和平崛起"是一个颇具学术意义的术语，它引起了学术界一波关于和平崛起的含义、历史经验、路径等问题的热烈讨论和研究，还催生了多集纪录片《大国崛起》的制作。有的学者研究了苏联的经验教训，得出看法：走上军备竞赛之路，是苏联社会主义失败的重要原因；以苏为鉴，不做现存世界秩序的挑战者；吸取苏联的教训，走和平发展之路。②

到 2006 年初，中央党校学者刘建飞已观察到，"和平崛起"这个词语一度在中国媒体上暴热之后，突然冷却下来并成了一个有争议的话题。

---

① 中共中央党校国际战略研究所：《中国和平崛起新道路》，中共中央党校出版社 2004 年版，"序言"。

② 左凤荣：《以苏为鉴，建设和平的社会主义》，见中共中央党校国际战略研究所编：《中国和平崛起新道路》，中共中央党校出版社 2004 年版。另见同书所载王缉思的《苏美争霸的历史教训和中国的崛起之路》一文。

争议来自两个方面：一是"崛起"这个词。一些人质疑，称中国自己大讲"崛起"有悖韬光养晦精神，容易为"中国威胁论"提供炮弹。二是"和平"这个词。有些人认为，讲"和平崛起"束缚了中国自己的手脚，等于自动放弃了选择其他崛起道路的权利和机会。他自己则认为，鉴于"崛起"一词确实有点不合中国人谦虚、低姿态的传统，"和平崛起"不宜作为官方的政治口号。但是，作为一个表达中国大战略的学术概念，"和平崛起"还是很有价值的，它更准确地反映了客观现实，符合实事求是的精神，与学术研究求真求实的理念相吻合。[①]

又有学者认为，和平崛起首先是一个定位，一种追求。定位是指对自身的定位、自我期许和对未来的追求，正如中国自己以及外部世界不少人士所共同认为的那样，中国的崛起是一个大国的崛起，也是一个和平的崛起，外部世界可以放心。中国崛起最终不是为了挑战现有的国际体系，也不是为了挑战现有的世界大国。从内部来看是为了满足人民日益增长的物质文化生活的需要，是自身现代化的需要；从外部来看则是为了谋求世界各国的共同发展。中国崛起是不争的事实，但一国崛起过程中以及崛起以后，既有可能走帝国扩张之路，也有可能走和平之路，这里的关键要看该国持什么样的政治理念。如果中国仍以权力政治观作为自身崛起的政治理念，那么，不断崛起的中国就会走上帝国扩张之路，并成为现有国际体系的挑战者，也就不可避免地成为现有国际体系的维护者美国的竞争对手。[②]反之就会大不一样。也就是说，问题取决于中国自己的政治理念。

在上海，上海社会科学院世界经济与政治研究院先后连续举办了三次以"和平崛起"为主题的学术研讨会，包括"大国崛起道路的历史比较"（2003 年 3 月 27—28 日，与中国世界史学会、上海世界史学会合作）、"建设经济强国与中国和平崛起"（2004 年 4 月 6 日），以及"中国国际地位与和平崛起战略"（2004 年 4 月 12 日，与上海国际关系学会、

---

① 刘建飞：《和平崛起是中国的战略选择》，《世界经济与政治》2006 年第 2 期。

② 胡键：《问题政治观：中国和平崛起的国际政治理念》，《国际观察》2004 年第 3 期。

上海世界经济学会合作）。在这些研讨会上，国内众多世界历史、国际关系和世界经济专家就"中国和平崛起道路"问题进行了广泛的讨论，提出了不少精到的见解。[①]

1. 关于"和平崛起"道路的意义

和平崛起与其说是一个目标，不如说是一个进程，一种模式，一种价值取向。和平崛起是一种与历史上世界大国崛起模式相对而言的和平模式。崛起的反面是衰微，和平的反面是战争，是两对组合。中国提出和平崛起，首先就是不称霸。但实际上，世界上总是有一个或几个起核心影响、主导影响的国家。成为这样国家的崛起，要么是强制性的影响力，即通过军事力量而崛起；要么是一种示范性的影响，通过友好相处而崛起。这样一种和平崛起，在历史上还没有成功过。因此，中国的和平崛起，就要下决心开创一条崭新的道路，开创一条大国发展历程上从来没有的一条道路。

2. 世界大国崛起道路的历史分析与比较

论者以为，应吸取日本的经验教训，要有正确的崛起要求，要善于判断世界潮流的发展方向，与国家和社会发展的目标相联系。大国崛起必然也应该对世界体系的改善做出贡献，要有健康的民族主义。中国存在着强烈的民族情绪，在崛起时期不能将这种民族主义视为是天然合理的，这对崛起有不利影响。崛起不以称霸为目标。要增强睦邻合作，要建立民主政治体制，关注社会进步。

3. "和平崛起"与中国经济社会发展战略

在短期内尽量避免和减少目前发展模式与外界正面冲突的同时，从长期战略角度考虑，中国可以寻找到一条新的发展道路，融科学、技术、人文为一体的具有创新精神的发展道路，在世界范围内具有主导性、示范性影响的崛起模式。可以说和平崛起就是一条崭新的、史无前例的发展道路。在国际局面纷繁复杂的背景下，国际协调显得尤为重要。中国的政治架构、国体、政体能否容纳、吸收、处理这种多元化，需要深思

---

① 《关于中国和平崛起道路的探讨》，《世界经济研究》2004 年第 5 期。

熟虑。不仅是国际多元化，还有国内多元化，需要在经济、政治、文化、军事上做好战略部署和安排，构建出一条新的和平崛起的道路。

4."和平崛起"与中国对外开放发展战略

中国实现崛起，经济迅速发展，国际地位提升，世界格局为之改变，国际上失去了短暂的平衡，打破了世界的平衡。要找到一个新的平衡点是和平崛起的一个新视角，中国要通过自己的努力寻找到平衡点。实现和平崛起要达到两个平衡：一个是国内平衡，一个是国际平衡。首先，国内平衡是重点。多年间，中国经济增长依靠两个外界因素，即外需和外资，这导致了经济增长的脆弱性。中国需要利用国际市场，参与国际分工，但作为一个大国，必须要有完整的、与参与国际分工不矛盾的国民经济体系，这是中国和平崛起的重要国内条件。其次，在国际方面存在着不平衡，特别是贸易不平衡。在一个相互依存的国际社会中，单赢是不可能的，不可能一枝独秀。如何求得对外的平衡是中国今后若干年内经济、社会发展国际环境能否好转的重要外部因素。

5.国际格局与中国的国际地位

和平崛起必然涉及安全困境问题。由民族国家构成的国际体系处于无政府状态之中。在这种无序的体系中，一方的发展会引起另一方实力的相对下降而产生恐惧，从而陷入以军备竞赛为特征的"安全困境"。一个国家是否能实现和平崛起不在于国家自身的意愿，而是由国际体系自身的结构和性质所决定的。和平崛起的关键在于超越无序状态的国际体系。

6.外交战略与中国的"和平崛起"

中国对于国际体系而言有五种角色，即参与者、合作者、批评者、改造者和首创者。在现阶段，中国主要是参与者及合作者，在某些方面可以发挥批评作用，但改造和首创力量则甚弱。必须在参与、合作的基础上改造，不是打破体系、对体系进行革命。历史上，所有的后起大国失败的很大原因是和现存体系发生冲突。因而，国家崛起是否挑战现有体系是和平崛起的关键，而崛起的途径决定了是否会挑战体系。在经济上，过去为了重新分割世界市场，争夺资源，必然引起世界大战。在全球化时代，可以依靠竞争，通过世界贸易经济体系来实现资源的配置，获取外部资源。中国未来的道路选择取决于国家的价值取向。[①]

　　有的学者论述了中国崛起道路的和平性。张幼文称其为"利用与依靠"的战略，即利用经济全球化的条件，使经济全球化为中国的发展服务。"利用"经济全球化是中国发展战略的基点之一，体现了发展战略的时代特征和发展的道路创新，而与几百年来许多国家在封闭条件下成长的轨迹相区别。"依靠"国内市场是中国发展战略的基点之二，体现了中国在参与经济全球化中注重政策与战略的自主性和可控性，从而与简单的融入经济全球化相区别。和平崛起道路是外交战略与发展战略的统一。和平崛起包含了外交与内政两方面的内容，二者具有紧密的联系。和平既是中国崛起的条件，也是中国崛起道路的特征和中国崛起的目标。中国需要以和平稳定的外部环境保证自己的发展，也要以自己的发展为世界和平做出贡献。崛起是中国自己发展的目标，既有富民的内容，也有相对更高国际地位的内容。实现崛起包括了解决国内发展问题的全部内容，尤其是其中那些与外部世界关系的内容。从以经济建设为中心，到把对外开放确定为基本国策，再到"三个代表"重要思想的执政理念，在中国，"和平崛起"已经成为人民群众的共识，思想文化的主流，执政党的方针，体制政策的基点，外交战略的原则。一句话，已经在制度和观念上根深蒂固。这一切将保证和平崛起道路的长期持续。[②]

（三）"战略机遇期"问题

　　与和平崛起相关的是"战略机遇期"问题。它来自于 2002 年中共十六大的一个重大判断，即 21 世纪的头二十年是一个中国可以紧紧抓住并可以大有作为的战略机遇期。时殷弘设问：中国在 21 世纪初期有

---

　　①　《关于中国和平崛起道路的探讨》，《世界经济研究》2004 年第 5 期。

　　②　张幼文：《中国崛起道路的和平特征——在博鳌亚洲论坛"中国和平崛起与经济全球化"圆桌会议上的主题发言》，《文汇报》2004 年 4 月 26 日。

什么样的基本战略机遇？或者说，以当今和未来一个较长历史时期的世界政治基本特征来定义，什么样的一个世界政治时期可以被认为是中国的"重要战略机遇期"？他的回答是，在世界基本潮流当中，最重要的当然是全球化，其次则是一般说的多极化。由此，中国在21世纪初期面临的基本战略机遇主要是：第一，只要中国坚持除非迫不得已、决不同美国长时期对立或大规模冲突的根本国策，连同中美关系是重中之重和争取全方位睦邻关系的基本方针，中国的处境和战略任务就会逐渐变得比在"一超多强"（两层而非三层性的大国格局）或可想象的经典多极格局情况下简单得多，这是一种大有助于集中战略方向和资源、从而保证成功的大战略裨益。第二，美国由于紧迫和较长期的反恐、防大规模毁伤性武器扩散、"平定"和控制中近东地区等国家战略优先事项，加上它同中国之间较广泛的共同利益，再加上它对与中国冲突或长时间对抗的巨大代价的深切顾虑，将长时间地不以中国为标准敌手甚或主要对手，其对华政策将长时间保持战略警戒和威慑、政治压力、缓解对抗、协调合作四者大致动态平衡的形态。第三，在东亚国际政治中，总的长期趋势将是美国权势逐渐衰减，中国影响逐渐增长，特别是在我们能基本控制台湾问题、较好处理朝鲜半岛问题和防止中日经久敌对的情况下。第四，鉴于中国的国家规模和发展速度，中国大致可以说是美国以外已经并将继续得益于全球化最多的国家。我们大可有所防范地"搭全球化之车"，以达到中国的基本富强，实现中国的广泛国际政治经济影响（其中很大部分政治影响是由基于中国有效地参与经济全球化而愈益增大的经济分量和经济影响转化而来）。第五，尽管格外漫长和曲折、但必定逐渐发展的多极化潮流有助于中国制约美国和构建自身更大的国际力量，只要我们注意在一个较长时期里一方面积极利用多极化趋势展示或蕴含的种种具体机遇，另一方面坚持总的来说"不当头"，不过分卷入与中国至关紧要的利益关系不大的国际纠葛。[1] 所有这些基本战略机遇都属于中国和平崛起的根本性

---

[1]　时殷弘：《中国和平崛起的战略机遇和若干基本条件》，《国际观察》2004年第3期。

条件。

在黄仁伟看来，战略机遇期是客观存在的，能否抓住并延长战略机遇期则取决于一个国家的战略判断正确与否，是由主观因素决定的。中国的战略机遇期是怎样出来并得以延长的？简单地说，就是提前十至二十年准确判断了世界政治经济的基本走向，在每一个战略十字路口做出了正确的选择。这种选择的基点就是"和平"与"发展"，中国共产党人从研究"和平与发展"作为当代世界的"两个问题"，到判断它们作为"时代主题"，再到把它们确定为中国发展道路的核心特征，这个过程就是中国人寻找、捕捉、利用并延长战略机遇期的过程。①

在相当一段时间中，"和平崛起"这一议题在绵延中继续得到探讨和深究。在王缉思看来，当前（2011 年），中国与世界的关系正经历着历史性变化，实力迅速增强的中国受到国际社会越来越多的关注，甚而遭到质疑、误解和诋毁。如何应对横亘在中外之间的认知"铁幕"，是中国在和平发展进程中无法回避也不能回避的重大挑战。能否以开放、包容的胸怀看待这些质疑，能否对自身发展道路和战略意图做出耐心、虚心而又有说服力的解释，本身就是对中国和平发展的决心、意愿和能力的一大考验。概括起来，国际社会对中国的和平发展主要存在五方面的质疑：一是认为中国是一个"脆弱的大国"；二是认为中国是一个"强势的大国"；三是认为中国是一个"另类的国家"；四是认为中国是一个"资源饥渴型国家"；五是认为中国难逃"国强必霸"的历史覆辙，特别是必将挑战不愿放弃霸权的超级大国美国。中国正处于深刻而长远的改革进程之中，其前进道路上的各种困难、阻碍和风险还很多，内外挑战相互交错、相互转换，防范和应对难度日益增大。在这种情况下，其他国家对中国的和平发展努力所做出的反应，将对中国的内部行为和对外取向产生重要影响。中国理应选择并坚持和平发展道路，但国际社会也应做出改变，给予中国应有的尊重和理解，真心支持一个繁荣发展的中国，一个民主文明的中国，一个和谐稳定的中国，一个愿意并且能够为世界

---

① 黄仁伟：《关于把握和延长战略机遇期的再探讨》，《解放日报》2008 年 1 月 27 日。

做出更大贡献的中国。①

四、学刊"提质增效"

在专业刊物方面，这一时期出现了两道颇为灿烂的亮色，这就是，两份原先的大学学报均成功地转型为更加专业化的国际关系学术期刊。

（一）《外交评论》和《国际安全研究》

首先是在 2005 年，《外交学院学报》改刊为《外交评论》，刊期由季刊改为双月刊。它同时也成为中国国际关系学会的会刊。《外交评论》研究"大国际关系"和"大外交"学科范畴内的各种重大理论和现实问题，推重对中国外交及其相关问题的研讨。它的主要栏目有中国外交及其相关问题、国别和地区的重大和热点问题、国际关系理论前沿、非传统安全问题与全球治理、国际关系与国际法等，其中"国际关系"栏目曾被评为北京高校人文社科学报名栏。

接着是在 2013 年，《国际关系学院学报》改刊为《国际安全研究》双月刊。《国际安全研究》主要刊载国际关系、国际安全领域的学术研究成果和安全理论、安全战略和安全议题等内容。安全理论涉及安全的基本概念、理论模式、流派、范式以及方法论等；安全战略包括在国际关系中如何实现安全目标，改善安全关系的策略、手段、途径和方法等；安全议题主要探讨在国际关系实践中出现的各种具有代表性的传统安全和非传统安全问题等。

专业化程度是不少学术刊物存在的问题，也是它们发展的方向。科学研究的基本使命是促进知识的增长。比较规范的学术期刊是知识增长的主要载体。有学者研究了 2012—2014 年中国十种优秀的国际关系期刊②

---

① 王缉思：《努力消解国际社会对中国和平发展道路的疑虑》，《当代世界》2011 年第 10 期。

② 这十种期刊分别是：《世界经济与政治》《当代亚太》《国际问题研究》《现代国际关系》《欧洲研究》《外交评论》《美国研究》《国际政治研究》《国际观察》《国际安全研究》。

所发表的研究性论文，认为中国的国际关系学期刊陷入了"泛政策化"的状态，主要有两个表现：一是政策性期刊有着很大的学术影响力；二是理论性期刊过于强烈的政策关怀。中国国际关系期刊专业化分工不足，阻碍了中国国际关系学者培养问题意识和提高理论水平，妨碍了国际关系知识的渐进增长，不利于彰显期刊特色；分工水平的低下还加重了编辑的工作负担，降低了期刊的质量。[①]

指出这些问题，应该说是中肯的。不过，以《外交评论》和《国际安全研究》的"华丽转身"为代表，中国国际关系期刊的专业化分工仍实现了一定的进步，应该说是十分积极的现象。

这一时期还继续有新的学术刊物诞生，其中包括《国际政治科学》《国际关系研究》《亚太安全与海洋研究》等。

（二）《国际政治科学》《国际关系研究》《亚太安全与海洋研究》

《国际政治科学》于 2005 年创刊。创刊号表明它的旨趣是："为了促进我国国际政治研究的科学化发展，我们推出了《国际政治科学》这个学术园地。以往 20 年，我国的国际政治研究取得了长足进步，但问题型的研究论文尚未成为学术期刊的主要组成部分。鉴于此，《国际政治科学》将主要刊登问题型的科学学术成果，特别是与中国对外关系相关的文章，以此促进中国国际关系的科学研究。本刊争取多发表那些清晰描述国际现象，或发现国际行为规律，或科学预测国际形势，或系统地创建国际关系理论，或提出可行性策略的文章。"[②] 该刊的核心关键词是"科学"，一开始并曾以英文注刊名为"Science of International Politics"，由此可见该刊编者的倾向。《国际政治科学》先为季刊，后改为双月刊，先后由北京大学出版社和世界知识出版社以书号出版。获得正式刊号后，自 2016 年起以双月刊出版。

---

① 卢凌宇：《期刊专业化分工与中国国际关系学发展》，《国际政治科学》2016 年第 4 期。

② 《国际政治科学》2005 年第 1 期（总第一期），"编者的话"。

《国际关系研究》（双月刊）于 2013 年创刊，由上海社会科学院国际问题研究所主办。在国家出版部门对刊物进行"总量控制"的背景下，能够挖掘资源"潜力"，以正式刊号创办新刊发行，殊为不易。

《亚太安全与海洋研究》（双月刊）是由《亚非纵横》演变而来的，2015 年 5 月诞生，由南京大学中国南海研究协同创新中心和国务院发展研究中心亚非发展研究所共同主办。《亚太安全与海洋研究》致力于探讨解决中国与周边国家海洋争议的现实途径，研究中国崛起背景下降低和管控国家间海洋安全风险与冲突的办法，寻求推动共同开发海洋资源、保护海洋生态、促进海洋合作的有效机制；目标是将其办成一个学术争鸣的平台、亚太安全与涉海研究的专业平台，以及在国内外宣传中国海洋政策与战略的平台。[1]

武汉大学中国边界与海洋研究院主办的《边界与海洋研究》，是 2016 年创刊的双月刊。

此外，有的期刊则进行了改版，从形式到内容都实现了提升。

由北京大学国际政治系创办多年的刊物《国际政治研究》进行了重要改版。该刊最初于 1980 年以《国际政治资料》问世，曾更名为《政治研究》，做过若干次改版。2002 年起，以"国际政治研究"之名公开发行。较为晚近的 2006 年，该刊再次改版。"改版寄语"曰："本刊欲凸显的特色，一如改版后的封面风格：中规中矩而有所侧重，淡雅端庄中微露风骨。编者既不贪求虚名，亦不自恃清高，唯愿以质判文，以文会友，以友集群贤，将中国的国际政治研究推向世界前列。"[2] 短短数语，表明了刊物的宗旨、定位、志向，实为一精彩而精到的告白。改版后，刊物的质量也出现了明显的提升。

现代国际关系研究所（院）除《现代国际关系》外，还办有另一种刊物《国际资料信息》。随着形势的发展变化，该刊从 2002 年第 7 期再次改版后，扩大了刊物容量，向广大作者和读者提供了更多的资料和信

---

[1] 《亚太安全与海洋研究》2015 年第 1 期（创刊号），张异宾"发刊词"。

[2] 《国际政治研究》2006 年第 1 期，"改版寄语"。

息，得到了好评。新版《国际资料信息》设有背景资料库、国际组织动态库、人物库、思想库、数据统计库、周边国家情况库等多个栏目，加大向读者提供国际问题的背景性、基础性研究成果和系列资料的力度，让读者在更广阔的面上、更深的层次上，了解世界局势，把握世界变化。

（三）"以书代刊"

除了以上拥有正式刊号的杂志外，还出现了为数不少的"以书代刊"的丛刊，即以书号出版的学刊，包括南京大学国际关系研究院朱瀛泉主编的《国际关系评论》（2000 年创办）；华东师范大学国际冷战史研究中心李丹慧主编的《冷战国际史研究》（2004 年至今）；首都师范大学历史学院国际关系研究中心徐蓝主编的《近现代国际关系史研究》（2006 年至今）。较为晚近出现的则是中国人民大学主办的《世界政治评论》，2018年开始由中国社会科学出版社出版。

多年间，复旦大学国际关系与公共事务学院在上海人民出版社支持下出版了"以书代刊"的"复旦国际关系评论"系列，因其高质量而于数年后被列为中国社会科学引文（CSSCI）来源集刊。从 2010 年起，《复旦国际研究评论》又有新的定位。原刊名"复旦国际关系评论"在一定时间后不再使用。其办刊旨趣是，20 世纪 80 年代中期前，中国的国际研究基本上是史学和外交政策研究为主流。80 年代中期到 2000 年大致是一个在继承传统的基础上，大规模介绍、吸收和引进西方各个主要国际关系理论学派的时段。而 2000—2010 年这十年则是一个开始逐渐运用国际关系理论来试图诠释或解决中国面临的日益多元的问题，并且在批判性吸收的基础上开始寻求一定创新的时段。随着中国参与的国际事务越来越广泛，如今中国的国际研究的课题日益广泛，学术流派日益纷杂，研究方法也日益多元。以此观之，中国在过去三十年的国际研究已经有了相当的积累。这些积累，尽管仍然有许多值得期待的地方，却是我们未来进步的必不可少的基础。而中国的国际研究如果要进步，中国学者就必须对这些积累作批判性的和建设性的回顾。在这些积累和批判的基础上，我们也必须提出新的问题，开拓新的领域，做出更好的研究，从而为中国的继续成长尽到学者应尽的职责。因此，中国的国际研究到了需要有一份主要用来发表对学科的成长具有重要意义的综合性评论文章（review article）的刊物。《复旦国际研究评论》就是为了满足这一需要的杂志。《复旦国际研究评论》希望能够为成就中国拥有更加繁荣和逐渐走向世界领先的国际研究而尽自己的微薄之力。

（四）英文学刊的创办

另一个重要发展是英文学刊的创办。

这一时期，中国国际关系学界的一个突出发展是办起了像模像样的英文刊物。中国学术机构主办英文刊物至少有三十年以上的历史，如中国人民外交学会所办的 *Foreign Affairs Journal*，是从 1988 年开始的，另有中国国际问题研究所／院主办的 *China International Studies*，中国现代国际关系研究所／院主办的 *Contemporary International Relations*，但多年间影响都不大，其中的重要原因大约是"自我循环"，没有进入主流国际发行渠道而导致阅读面狭窄，也欠缺办英文刊物的经验和人才。它们所起的作用主要是用于对外交流。

而现在的情况已经不同。具有指标性意义的是，清华大学国际关系研究院主办了 *The Chinese Journal of International Politics*，由牛津大学出版社出版。复旦大学国际关系与公共事务学院主办了 *Chinese Political Science Review*，由具国际声誉的斯普林格出版公司出版。上海国际问题研究院则与新加坡的世界科技图书公司合作，主办了 *China Quarterly of International Strategic Studies*。总的来看，中国学术单位所办的英文国际性学术刊物，已经历了从交流型到研究型的转变，它们无疑已经并将继续产生国际性的影响。

（五）内部刊物

还应该一提的是大量似默默无闻的内部刊物。

中国国际关系学术机构办有大量的内部刊物或内参。这是一种很重要的成果形式，但因其是内参，阅读范围一般不大，也不太为人们所关注。但如果不提，就会遗漏中国学者的很大一部分研究成果。这些成果的特点是紧跟国际形势和世界经济的发展和变化，紧抓其重大动向、事件和问题，试图冷静观察，深入分析，摸清来龙去脉，正确估量其对世界和中国可能产生的影响，并在此基础上提出对策意见和建议，供中央和有关部门参考。多年来，每个时期的重大国际问题，特别是与中国有直接或间接关系的重大问题，在这些内刊中都有反映。这些问题，包括政治、外交、经济、科技文化、价值观、人物、事件等，范围十分广泛。这些内刊或研究报告数量之多，难以估量。其中有些是半公开的，但更多的是内部的，并不公开，因此，不太为人所知。

这些内参或研究报告，有的是专门报送中央和有关部门，有的则刊载在定期或不定期的内部刊物中。改革开放以来，国际问题研究机构不断诞生，内部刊物也随之增多。这些内部刊物，每年少则出 15—20 期，多则出 70—80 期。它们成为科研机构向中央和有关单位反映情况、传递信息、提供研究成果、提出政策建议的重要渠道，发挥了参谋和助手的作用。

有些省、市、自治区的国际问题研究机构，也针对相邻外国和本地区面临的问题，包括经济建设和涉外问题，特别是对外开放和引进外资、发展与他国的经济合作等问题，向当地领导提供研究报告。不少研究报告，受到各地领导的重视，对各省、直辖市、自治区发展对外经济合作起了积极的作用。[1]

五、全方位的学术研究

这一时期，中国国际关系学的水平明显提升，"水涨船高"，开始敢于质疑西方国际关系理论的一些根本假定，并致力于建设中国自己的学术理论。这种精神在进入 21 世纪后的中国国际关系学界很大程度上得到

---

[1]　李琮、刘国平、谭秀英：《新中国国际问题研究 50 年》，《世界经济与政治》1999 年第 12 期。

了发扬，事实证明其具有极为深刻的意义，也产生了一批重要学术著作。

（一）重要著述

在重要著述中，复旦大学学者俞正梁、陈玉刚和苏长和合撰的专著《二十一世纪全球政治范式研究》（［台北］雁山出版社 2003 年版）是一部创新性著作。该书的立意是，自世界进入冷战后时期尤其是 21 世纪以来，全球化这一历史大趋势加速发展，它对于国际关系的影响具有整体性和深刻性，以及历史变革的意义。与此同时，以美国为代表的传统国际政治也达到了巅峰，从而与历史趋势形成了巨大的悖论。转折中的世界迫切需要一个关于全球政治的思维框架。该书通过对西方特别是美国国际关系学者的全球政治范式的学术批判与借鉴，从国际政治向全球政治嬗变的视角，沿着国际无政府状态批判、全球秩序、全球治理与国家共同治理、国家在全球化中的位置等路径，系统地提出了自己的理论思考。作者倡导一种全球参与下的国家共同治理的范式。这一全球政治范式从国家主义到全球主义的精髓，揭示人类整体发展的现实、趋势与本质，强调国际合作、国际制度建设与国家的重要性，其哲学思想基础是中庸思想及其方法论。[1]

该书深具批判精神，质疑了美国主流国际关系理论中长期存在的无政府假定，论述了"全球政治"的新范式，认为这一范式能够解释和预测全球政治的发展：通过内部微观调整的长期积累，最终从根本上突破既定体制与逻辑前提，形成一种集理想、进程、实践和规则于一身的新的全球社会基本制度框架，对全球事务进行合作性的全面治理，既包括传统的国家治理，也包括反映全球化新趋势的国家共同治理、非国家治理以及涵盖上述各种治理的多层次复合治理，实现一个建立在制度而不是实力、协商一致而不是霸权强制基础上的全球社会。[2]

---

[1]　俞正梁、陈玉刚、苏长和：《二十一世纪全球政治范式研究》，（台北）雁山出版社 2003 年版，第 1 页。

[2]　俞正梁、陈玉刚、苏长和：《二十一世纪全球政治范式研究》，（台北）雁山出版社 2003 年版，第 307 页。

复旦大学俞正梁还发起和主持了"当代国际关系理论丛书",由北京的长征出版社出版。该丛书对自身有一个明确的定位,即聚焦于国际关系理论方向的研究,丛书包括任晓的《国际关系理论新视野》(2001年版)、陈志敏的《次国家政府与对外事务》(2001年版)、郭树勇的《建构主义与国际政治》(2001年版)、许嘉的《权力与国际政治》(2001年版)、吴莼思的《威慑理论与导弹防御》(2001年版)、刘永涛的《安全政治视角的新拓展》(2002年版)等。丛书所由出发的考虑是,在全球化进程加速发展、全球问题层出不穷的今天,国际关系理论已经大大滞后了。新的千年呼唤新的理论、新的思维以及新的机制。一个孕育中的新的国际社会有三个最显著的特点:一是以人为本,全人类利益及其可持续发展优先;二是跨国性,全球性,全球发展、稳定和治理优先;三是知识革命,高科技健康发展及防止其异化优先。中国的国际关系理论研究虽有创获,但远未形成具备整体解释力、一定预测力的规范的理论和流派。中国是世界上少数几个具有悠久而灿烂文明的大国之一,理应对国际关系理论建设做出重大贡献。[①]丛书的这些指导理念,再次表明了一种成长中的学术自觉和理论自觉。丛书的这一定位,也显示出进入21世纪前后中国学人具有了更为明确的学术追求,意识到必须进行原创性研究和学理性研究,必须有自己的基本概念、范畴、原理和方法论。

中国国际关系研究的一个集中展示,是由周明伟任总策划、王缉思任总主编的八卷本《中国学者看世界》,2001年1月由新世界出版社出版发行。该丛书的宗旨是,向海内外广大读者全面展示21世纪初中国学者在国际问题研究领域所取得的成果,以及这些成果折射出来的中国对世界事务的观点、视角。全书共230余万字,由《国际秩序卷》(秦亚青主编)、《国家利益卷》(王逸舟主编)、《大国战略卷》(金灿荣主编)、《中国外交卷》(牛军主编)、《国际安全卷》(阎学通主编)、《非传统安全卷》(查道炯主编)、《世界经济卷》(张宇燕主编)、《全球治理卷》(庞中英主编)共八卷组成,荟萃了2001—2006年间中国大陆180余位学术

---

① "当代国际关系理论丛书"各种,长征出版社出版,"丛书总序"。

中坚撰写的 200 余篇学术文章，全面展示了中国学者对当今世界政治经济大势以及中国与世界关系的研究成果和学术观点，是中国首次推出的集中论述中国人如何看待当今国际事务和国际关系的多卷学术论著。其中《国际秩序卷》体现了编者和作者关于国际秩序演变的哲学思辨，比较了中国秩序观同西方之异同。《国家利益卷》精选了有关主权和国家利益及其现实政策含义的论文，为制定外交政策构筑了理论基础。《大国战略卷》评说了世界政治格局、各大国的国际战略，展示了中国独特的战略视角。《中国外交卷》侧重于分析当前中国外交面临的机遇和考验，并具体评述了中国同其他世界大国和地区的关系。《国际安全卷》既展现了国际安全理念的最新研究成果，又深入探讨了"台独"危险增加后中国必须应对的国家安全挑战。《非传统安全卷》充分展示了全球化趋势下非传统安全问题的复杂性和严重性，分别研究了经济、生态、资源、公共卫生、跨境犯罪等领域的国际合作。《世界经济卷》反映了中国学术界对世界经济规律的认识，探究了经济与政治之间的互动、中国经济与世界经济的融合。《全球治理卷》探讨了国际社会时兴的"全球治理"概念，提出了在全球化条件下涉及精神文明、公民社会、法制建设、消除贫困、防止国际恐怖活动的许多建议和思路。①

根据丛书总主编所言，该丛书的目的，主要不在于让读者了解有代表性的学者专家对国际问题本身的观点，而在于介绍这些观点得以形成的学科基础、论证方法、资料来源，以及国内外政治背景。作者来自数十个研究院所、高等学府、政府部门，具有相当的代表性。②此八卷书，可以说是对到那时为止的中国国际关系研究的一个集中检阅。

这一时期产生了不少颇为重要的专著。其中，秦亚青的《关系与过程——中国国际关系理论的文化建构》（上海人民出版社 2012 年版）是"关系理论"的代表作。任晓的《走向世界共生》（商务印书馆 2019 年

---

① 王缉思：《中国尺度　全球视野——〈中国学者看世界〉丛书导论》，载"中国学者看世界"丛书各种，新世界出版社 2007 年版，第 5 页。

② 同上书，第 4 页。

版）是共生理论的代表性著作。阎学通、徐进等除了撰有《王霸天下思想及启迪》（世界知识出版社 2009 年版）之外，阎学通特别感兴趣于世界权力转移问题，出版了《世界权力的转移——政治领导与战略竞争》（北京大学出版社 2015 年版）。此外还有唐世平的《国际政治的社会演化——从公元前 8000 年到未来》（中信出版社 2017 年版）；王缉思的《世界政治的终极目标》（中信出版社 2018 年版）；时殷弘的《病变　中兴　衰毁——解读〈汉书〉密码》（中国人民大学出版社 2014 年版）和《从帝国复兴到华夏野蛮：对〈后汉书〉的政治 / 战略解读》（人民出版社 2018 年版）；王正毅的《世界体系论与中国》（商务印书馆 2000 年版）；王正毅和张岩贵的《国际政治经济学：理论范式与现实经验研究》（商务印书馆 2003 年版）；俞新天等的《强大的无形力量：文化对当代国际关系的作用》（上海人民出版社 2007 年版）等。

值得一提的还有任东来的《政治世界探微》（北京大学出版社 2005 年版）。这是一本很见学术功力的文集。根据作者的解题，翻检自己的学术文字，政治这一主题居然是唯一可以贯穿他不断转换的学术兴趣的一条主线。不论是研究大国的外交，还是研究国际体制；不论是研究一般性的族裔冲突、民族自决，还是具体的宪政法治；不论是讨论宏大的国际事务，还是学术界茶壶里的风暴，其实质问题都是权力的获得与使用，利益的分配与协调，秩序的建立与维护，而这些恰恰是构成政治的基本要素。[①] 该书分政治的国际制度维度，大国政治，中美关系的政治，政治的族性和民族维度，政治的法律维度，政治中的个人、政党、社群与学术六个部分，所论问题均极精彩而到位，展现了一位中国学者的学术功力。本书谨以此简要文字纪念这位英年早逝的优秀学者。

（二）全球治理得到集中研究

全球性问题需要全球的治理，全球治理则需要国际社会经由一定的国际制度进行，以合作的态度积极参与，共同磋商以寻找解决问题的途

---

① 任东来：《政治：难以摆脱的公共空间（代序言）》，载任东来：《政治世界探微》，北京大学出版社 2005 年版。本书特别提及这本文集，以表达对这位早逝的优秀学者的怀念之意。

径。中国接受"全球治理"并参与其中经历了一个适应过程。初时，由于政策制定者尚不熟悉"全球治理"，存在一定疑虑，一般以使用"全球经济治理"的提法为多，跟"经济全球化"的用法大体是一致的。随着时间的推移，政策界对"全球治理"变得更为开放，态度转为积极。就研究界而言，则一开始就没有太多顾虑，而是积极开展研究探讨，蔡拓、刘贞晔、张胜军、高奇琦、任琳等学者在这方面收获了不少研究成果。

对全球治理的研究，无论中外，从根本上说是由现实推动的。在当今国际社会中，已经被纳入全球治理议程的议题领域极为广泛，从人类所处的环境生态危机到可持续发展议题，从防扩散等传统军事安全议题到全球金融体系监管，从普遍人权等政治文化议题到禁毒和防治艾滋病等社会问题，全球治理议程的范围在急剧地扩大。同时，全球治理的行为主体也日益纷繁复杂，从过去单一的国家行为体扩展到包括政府间组织、次国家行为体、地区组织、公民社会团体、社会运动、跨国行动网络以及跨国公司和地方非正式组织，等等，几乎所有治理议题的利益相关者都参与到了治理议程中来，以至于在治理模式上也出现了各种各样的形态，如政府的自我治理行动、政府间合作治理、超国家治理、没有政府的治理，等等。[①]正因如此，日益深度地融入世界的中国无法置身事外。

早在世纪之交，中国学界关于全球治理思想的引介就开始了。随着引介的深入，中国学界的研究从介绍、模仿和质疑进一步延展到了完善、改进和发展。比如，中国学者对全球治理的内涵和外延进行了比较深入的分析，着力比较多的研究点有：（1）分析全球治理生发的动因；（2）分析全球治理的原则、结构和局限；（3）思考全球治理的价值冲突和解决途径；（4）提出全球治理具体模式；（5）解读全球治理的影响，如对国际法、国家主权的影响等。多元主体性是全球治理最突出的特点之一，自然不会被忽略。在具体把握上，中国学者大多从一个角度、两

[①]　蔡拓、刘贞晔：《探索中的全球治理与全球学学科》，载蔡拓、刘贞晔主编：《全球学的构建与全球治理》，中国政法大学出版社 2013 年版，第 2 页。

个方面来对全球治理的主体进行分析。一个角度指非国家行为体,从全球治理理论本身来看,对非国家行为体的"偏爱"是由理论本身的特性所决定的。在这个角度之下,具体从国际组织和全球公民社会这两个方面来切入。①

引介之后的消化,包括对全球治理的评价、对全球治理的改进意见等。根据徐进等的研究,中国学者:(1)对全球治理缺陷的认识趋同。主要聚焦于两点,一是集体行动的困难,二是规范的缺失。(2)对非政府组织在全球治理中的作用认识趋同。有学者归纳为三条,即"参与、协调""补充、纠偏""监督、约束"。(3)对全球治理中价值冲突的认识分歧。在这一方面,存在着两种观点。一种是反对所谓"全球共同价值观"。这种观点政策性比较强,也比较主流。另一种观点则比较罕见,认为中国不仅不应排斥这种共同价值观,还应该参与其中,为己所用。

中国学者对全球治理的研究也存在缺陷,主要有两个表现。一是引介多,创见少。引介工作做得再好,也不过是一个研究领域的初始阶段,不能完全体现研究者的研究能力和整个学科的研究水平。因此,中国学者必须"升级换代",尽快脱离引介阶段,进入一种创见的提出阶段。二是缺乏具体领域和个案的研究。国内学者纷纷从宏观上来把握和理解全球治理自然有着自身研究的考量,但具体领域和个案研究的稀少,向学者们提出了挑战,同时也为他们开启着一扇大门,②有待他们登堂入室,以窥堂奥。经过考察,徐进等得出结论,即中国学者正在逐步超越单纯对全球治理理论的引介与评论阶段,开始对全球治理的具体领域(经济治理、环境治理和非传统安全事务的治理)展开视角各异、深浅不同的研究,同时对中国参与全球治理的进程与方式提出了针对性的建议。

研究界和政策界是相互联系和相互促进的,上述趋势因中国对外政策实践的发展而得到了加强。

21世纪第二个十年中,中国领导层在不同场合多次提及并强调要参

---

① 徐进、刘畅:《中国学者关于全球治理的研究》,《国际政治科学》2013年第1期。
② 同上。

与全球治理或者"积极参与全球治理体系变革"。比如，2015 年 10 月中共中央政治局第二十七次集体学习，即以"全球治理格局和全球治理体制"为主题。2016 年 9 月 27 日，G20 杭州峰会成功召开后，中央政治局进行第三十五次集体学习，主题为"二十国集团领导人峰会和全球治理体系变革"，这一次突出了"变革"二字。2017 年 10 月发表的十九大报告，提法则是"积极参与全球治理体系改革和建设"。积极参与全球治理及其变革这一思想，在中国的外交实践中已经有了诸多反映，因而不能不对这方面的学术研究产生进一步的推动。更重要的是，中国学者正在超越评介的层次，在理论创新上取得了一定成绩。

比如北京师范大学张胜军独树一帜地论述了全球治理的"东南主义"新范式。在他看来，当代全球治理存在一个日益显化的事实，即新自由主义式的"没有政府治理"是以公民社会为主要路径的全球治理，而且正是这一主要路径导致全球治理制度和规则碎片化并陷入能力不足的困境。通过阐述"没有政府治理"模式的成因及其与新自由主义全球化及其背后治理理念的关系，张胜军进一步分析了以全球公民社会作为民主化全球治理的路径已经走入了死胡同，指出了当代全球治理面临着全面政治化的趋势。在当今国际权力格局和文化格局发生变化的背景下，金砖国家等南方国家提出的全球治理新倡议及其丰富的实践孕育出的全球治理"东南主义"将成为变革、重建全球治理的新范式。"东南主义"是因南方国家和东方文化（或东西方文化融合）兴起而出现的，其核心是关心全球治理权力的集中、分配与平衡，代表性与协商民主的平衡、权利与义务的平衡，公平与效率的平衡，以及系统性的顶层设计。全球治理的东南主义者反对将全球治理"去政治化"或"去权力化"，承认和肯定政治性的现实以及权力的重要作用。由于大量形形色色的非国家行为体在国际上拥有并使用权力，等级化、集权化和控制力正在日益遭受侵蚀，导致了权力的分散和多中心化，甚至出现了无中心化趋势的全球治理现状。全球治理东南主义者认为，制度和规则"碎片化"的根子在于权力的"碎片化"，强调重建以国家为中心的、负责任权力为主导的多元全球治理体系，并致力于解决现有国际机构和国际制度存在的权力部门化、部门利益化问题。①

张胜军还提出和论述了"全球深度治理"的观念及其目标、机制和前景，认为全球深度治理的中心议程是治理全球化及其带来的跨国问题。这一提法旨在改变或校正西方国家主导下全球治理议程中所蕴含的政治偏好和理论偏好。从这一意义上说，无论实现从被动反应型的议程向具有前瞻性和主动性的治理议程转变，还是建立以治理全球化为核心的跨国机制，全球深度治理都是一场关于全球治理理论的范式革命。②

这方面的论著还有陈玉刚的《超国家治理——国际关系转型研究》（上海人民出版社 2009 年版）；刘鸣主编的《21 世纪的全球治理：制度变迁和战略选择》（社会科学文献出版社 2016 年版）等。

（三）地缘政治和海权／陆权之争成为较突出议题

陆权论和海权论是地缘政治学中的两个重要流派。进入 21 世纪后，随着对中国崛起研究的深入，也出于对中国长期以来忽视海洋力量建设的不满意，一些学者开始倡导海权，比如张文木就撰写了不少倡导海权方面的文章。③ 叶自成则认为，陆权与海权相比更加持久，海权国家的影响多在二三百年，而中国能在几千年分而不散，弱而不灭，始终是一个统一国家，与中国的大陆属性密切相关；每个国家都应当根据自己的自然禀赋来选择海权和陆权的发展，盲目"变脸"往往要付出代价。④ 有学者部分支持了这种看法，认为陆地边界的安全问题始终是中国安全战略中的重心所在；作为陆海复合国家，中国不可能发展全球性的海权。⑤ 还

---

① 张胜军：《全球治理的"东南主义"新范式》，《世界经济与政治》2017 年第 5 期。

② 张胜军：《为一个更加公正的世界而努力——全球深度治理的目标与前景》，载蔡拓、刘贞晔主编：《全球学的构建与全球治理》，第 84—106 页。

③ 张文木：《论中国海权》，海洋出版社 2009 年版。

④ 叶自成：《从大历史观看地缘政治》，《现代国际关系》2007 年第 6 期。叶自成：《陆权发展与大国兴衰——地缘政治环境与中国和平发展的地缘战略选择》，新星出版社 2007 年版。

⑤ 刘中民：《关于海权与大国崛起问题的若干思考》，《世界经济与政治》2007 年第 12 期。

有学者则进一步发展了海权论观点，认为海权对陆权具有绝对的优势，中国正在由传统内陆农耕国家演变成现代海洋国家，中国长远的国家战略应该建立在"依赖海洋通道的外向型经济"结构的基础上。[1] 另有学者则试图调和二者之间的争论，如李义虎提出，中国是一个海陆度值高、兼具陆地大国和濒海大国双重身份的地缘实体；中国应该"在充分认识所面临的陆海兼备和陆海二分现实的前提下，充分利用其中的正面效应，特别是需要以主动和超越姿态进行海陆统筹整合，才能求得地缘政治的最优化结果和增值效应"。[2]

　　所有这些均是严肃认真的探讨研究，反映了中国学者在新的历史条件下在这一方向上有深度的思索。在具体战略实践中，海权/陆权之争实际上涉及战略取向的侧重、战略资源的分配等重大问题，进而影响到 21 世纪中国的整体内外战略。因此，更多的探讨和论争有利于中国战略界权衡多方利弊，提出具有战略意义的政策思想。这方面的著述包括张文木的《世界地缘政治中的中国国家安全利益分析》（中国社会科学出版社 2012 年版），《论中国海权》（海洋出版社 2014 年版），《中国地缘政治论》（海洋出版社 2015 年版），以及《战略学札记》（海洋出版社 2018 年版）。海权、能源、战略是这位学者学术探索中的关注点。

　　在这方面，季国兴的《中国的海洋安全和海域管辖》（上海人民出版社 2009 年版）是一部有代表性的论著。中国海洋安全和海域管辖的研究涉及历史、政治、经济、外交、军事、国际法、海洋法等多个领域，问题复杂，头绪众多，在多年间是学术研究工作中的一个薄弱环节。1988 年 3 月 14 日，中国和越南在南沙群岛赤瓜礁发生武装冲突事件时，季国兴正在香港岭南学院任客座教授，其间有机会广泛接触东南亚国家的一些学者，并赴吉隆坡、马尼拉、普吉岛等地参加国际会议。当时东南亚

---

　　① 倪乐雄：《从陆权到海权的历史必然——兼与叶自成教授商榷》，《世界经济与政治》2007 年第 11 期。

　　② 李义虎：《从海陆二分到海陆统筹——对中国海陆关系的再审视》，《现代国际关系》2007 年第 8 期；李义虎：《地缘政治学：二分论及其超越：兼论地缘整合中的中国选择》，北京大学出版社 2007 年版。

国家对中国在南海的政策存在着很深的误解，季国兴由此意识到研究海洋安全和海域管辖的重要性。它既关系到中国海洋权益的维护，又关系到中国周边和平环境的营造和维护。从此，他的研究方向转向了亚太海洋政策和海洋安全。20 世纪 90 年代，季国兴相继得到了美国和平研究所（USIP）关于中国邻近海域的海域管辖、亚太能源安全和亚太海运线安全三项课题资助。2004—2005 年，承担了教育部"中国海洋发展战略"项目中关于海洋安全战略的研究。2005 年 11 月以后，又获得福特基金会资助进行关于中日在东海及中朝韩在黄海的管辖海域划界的两项研究。在此基础上撰成了《中国的海洋安全和海域管辖》专著。该书上编较全面、客观地厘清了中国当今的海洋安全形势，从海域管辖争议、能源安全、生态环境安全、海运线安全等多个方面阐明海洋安全的重要性，并论述了增强以海强国意识，把中国建设成为海洋强国的必要性。下编则根据《联合国海洋法公约》和国际海域划界实践，探讨了解决我国海域管辖争议应遵循的原则和解决的途径。①

其他论著还包括倪世雄的《我国的地缘政治及其战略研究》（经济科学出版社 2015 年版）等。

（四）《长编》以另一种形式的延续

本书第二章述及的代表性长卷《战后世界历史长编》，绵延多年，在编撰出版了第十分册后，主其事的刘同舜和姚椿龄二教授退休年龄将届。《长编》向何处去？经过商谈，暂由南京大学的一些学者续撰。2000 年，上海人民出版社出版了由时殷弘和蔡佳禾主编的第十一分册（1956—1958 年）。此后，南京大学主其事者因有其他研究工作难以继续编撰；出版社方面则从图书市场考虑，认为很少会有读者孤零零地购买新出的分册，因此也考虑改弦更张。于是，《战后世界历史长编》在此画上了句号。

不过，《长编》毕竟享有卓著的声誉，不少学人对其如此终止不免感

---

① 《中国的海洋安全和海域管辖》一书是季国兴后半生学术研究的结晶，谨以这里的记述向这位已经逝去的学者表示敬意和怀念。

到惋惜，其中就包括一向推崇《长编》的复旦大学朱明权教授，他有意以一种新的方式延续《长编》的工作，于是就有了《20 世纪 60 年代国际关系》一书的撰著，2001 年由《长编》的出版者上海人民出版社出版。该书撰写的宗旨是，首先，绝大多数已有著作涉及的要么是战后国际关系通史，要么是 20 世纪 50 年代的国际关系，这本书探讨的则是 20 世纪 60 年代的国际关系。其次，这本书是专题性的，不是全面描述 20 世纪 60 年代的国际关系，而是集中探讨了主要发生在这一时期国际关系中的几件大事。它应当不仅有助于读者理解这些事件的本身，而且有助于读者认识当时整个国际形势。再次，这本书强调档案资料的收集和运用，其中有的作者使用了 90 年代刚解密不久的美国官方的档案文件。这些原始资料既是作者分析的依据，也能为读者的进一步研究提供方便。最后，这本书主张论从叙出、叙中含论，避免过多地直接发表议论，主要通过事件的叙述和分析来体现作者的观点。这样或许可以为读者提供更多可加思索的东西。[①] 这四点，都体现出了与《长编》相关的某种延续性。主编更交代说："复旦大学的刘同舜教授和姚椿龄教授为本书作出了特殊的贡献。最初是他们帮助争取出版资助、联系出版单位和确定研究专题。在初稿写出后，他们又在百忙之中进行了通读，提出了极为坦率中肯的意见。没有他们的努力，就不会有这本书的出版甚至写作。"[②]

此后，朱明权教授又继续领衔撰写了《约翰逊时期的美国对华政策（1964—1968）》《尼克松时期的美国对华政策（1969—1972）》以及《尼克松—福特时期的美国对华政策（1973—1976）》，由上海人民出版社分别于 2009 年、2011 年和 2012 年出版，总称为"美国对外政策研究丛书"的前三册。著者明确交代，该丛书是一项长期系统工程，是原《战后世界历史长编》的继续，但在内容、结构、体例等方面又有重要变化，力求形成自己的特色：第一，该丛书系按照美国总统任期，集中研究 20 世纪 60 年代中期以来美国的对外政策，每一册涉及当时美国对外政策的

---

① 朱明权主编：《20 世纪 60 年代国际关系》，上海人民出版社 2001 年版，第 1—2 页。
② 同上书，第 2 页。

一个主要方面，如美国的对华政策、对苏政策、对盟国（西欧和日本）的政策以及对第三世界的政策等。并且，每册都不是全面地描述美国的政策，而是采用专题性的写法，即围绕最为重大和典型的问题或事件研究美国的相关政策。第二，该丛书是依据有关档案材料对美国的对外政策再次进行的解读和思考。它的各册所涉及的专题在不同时期已为许多专家、学者所探讨，而他们则是试图利用已经解密的美国档案（主要是 *Foreign Relations of the United States*, FRUS）以及其他国家的档案对这些问题重新进行分析和研究，以期得出一些更加科学和深入的结论。第三，该丛书把对历史问题的研究与理论和政策问题的研究结合起来，力图揭示历史的真相，并从理论上加以分析，从而为理解当前美国的对外政策以及制定中国的对美政策提供参考。也就是说，丛书的研究是建立在已经解密的档案资料的基础上，力求做到言之有据。不过，它并不满足于对历史事实的描述，而是试图从中寻找到某些规律并对这些规律加以解释。作者相信这种做法不仅有助于更深刻地理解过去，而且能促使人们更准确地认识现在和预测未来。历史虽然不可能重复，但却肯定具有某种关联性，甚至可能存在某种相似性，而这便是历史研究的意义和魅力所在。第四，该丛书的每个专题都围绕两个基本问题展开：美国在这一方面的政策是什么？该政策是如何制定出来的？外交档案的解密无疑为人们理解这一过程提供了必不可少的条件。所以，在该丛书试图更加深入、准确地认识美国对外政策的同时，也力求发现和理解它的制定过程，包括美国政府的各个部门乃至有关官员之间的分歧，以及它（他）们最终共识的达成，或者最后决定的做出。[①]

（五）中国外交研究蓬勃展开

中国资深外交官基于其丰富的外交经历，出版中国外交方面的著述，在这一时期出现了令人瞩目的发展，其中最具代表性的是曾先后主管中

[①]　朱明权主编：《尼克松—福特时期的美国对华政策（1973—1976）》，上海人民出版社 2012 年版，第 1—2 页。

国外交事务的三位政府高级官员，钱其琛撰写了《外交十记》（世界知识出版社 2003 年版），唐家璇撰写了《劲雨煦风》（世界知识出版社 2009 年版），戴秉国撰写了《战略对话》（人民出版社／世界知识出版社 2016 年版）。这三部著述，披露了在相当高层次上的中国外交政策制定及某些过程的细节，对于中国外交的研究者而言是极重要的著述。中联部部长王家瑞则主编了《中国共产党对外交往 90 年》（当代世界出版社 2013 年版），研究了中国共产党作为执政党的对外工作。

另外出现了大量由原资深外交官撰写的著述，它们包括：原外交部副部长周文重的《出使美国（2005—2010）》（世界知识出版社 2012 年版）和《斗而不破：中美博弈与世界再平衡》（中信出版社 2017 年版）；原外交部副部长何亚非的《风云激荡的世界：从全球化发展看中国的机遇与挑战》（人民出版社 2017 年版）和《全球治理的中国方案》（五洲传播出版社 2019 年版）。之前则已有丁孝文的《走进国会山：一个中国外交官的亲历》（复旦大学出版社 2004 年版）。

更多的出版物，则是退休外交官记述自己的外交经历、带有回忆录性质的书。上海人民出版社出版了文集性质的"中国外交官丛书"，包括《中国外交官在亚洲》（李同成、喻明生主编，2005 年版），《中国外交官在非洲》（李同成、金伯雄主编，2005 年版），《中国外交官在欧洲》（李同成、徐明远、李锡龄主编，2005 年版），《中国外交官在北美、大洋洲》（蔡再杜主编，2005 年版），《中国外交官在拉丁美洲》（李同成、黄士康主编，2005 年版）。郑言（当时外交政策研究部门的笔名）编辑了《外交纪实》四册。这是一套介绍中华人民共和国外交重要活动和重要事件的纪实性回忆丛书，分四册共收录文章一百五十篇。撰稿人多数是长期从事外交工作的前大使、总领事、参赞等高级外交官。他们根据亲身经历，以翔实的资料、生动的笔墨或记录下来他们外交生涯中的精彩片段，或回忆在毛泽东、周恩来、陈毅、邓小平等老一辈外交家身边工作的美好岁月，或抒发对外交工作的感悟，形式多姿多彩，内容涉及方方面面。[1]

---

① 郑言编：《外交纪实》（三），世界知识出版社 2007 年版，"编者按"。

新华出版社的"新中国外交亲历"丛书，包括秦华孙的《出使联合国》（2010 年版）、刘宝莱的《出使中东》（2009 年版）、骆亦粟的《在风起云涌的年代里（1949—1989）》（2011 年版）、聂功成的《关山度若飞：我的领事生涯》（2009 年版）等。上海辞书出版社的"见证历史：共和国大使讲述"丛书，包括前驻越南大使李家忠的《印支外交亲历》（2010 年版）等。还有四川人民出版社的"外交官看世界"系列丛书，包括李家忠的《从未名湖到还剑湖：我与越南》（2004 年版），程瑞声的《睦邻外交四十年》（2006 年版）等。

外交档案的部分解密，对中国外交的研究产生了促进作用。2004 年1 月 19 日，中华人民共和国外交部档案馆首次对外开放了 1949—1955 年的档案，2006 年又开放了 1956—1960 年档案的 60%。2008 年末外交部档案馆第三次解密档案，时限为 1961—1965 年，数量较大，内容也颇为丰富。这样，学术界得以利用这些解密档案开展相关研究，对外交史研究产生了积极促进作用。

外交部档案馆自身根据解密外交档案，出版了一批档案资料性质的书，也有助于中华人民共和国外交史研究的推进，如关于中苏关系的《中国与苏联关系文献汇编（1949 年 10 月—1951 年 12 月）》和《中国与苏联关系文献汇编（1952 年—1955 年）》（世界知识出版社 2009 年版），中华人民共和国外交档案选编第一集《1954 年日内瓦会议》（世界知识出版社 2006 年）和第二集《中国代表团出席 1955 年亚非会议》（世界知识出版社 2007 年版）。

还有工具书的编撰，其代表是唐家璇主编的《中国外交辞典》（世界知识出版社 2000 年版）。《中国外交辞典》共收辞目三千余条，约二百万字，包容古代中国外交、近现代中国外交和中华人民共和国外交。时间起于先秦，讫于 20 世纪 90 年代中期（少数词条及于 1999 年），涵盖外交理论、政策、事件、文献、人物、机构，力求尽可能完备地收集中国外交语辞，并对中国外交做比较全面的反映。此前曾有《简明世界知识辞典》（世界知识出版社 1991 年版）出版，属于小型工具书。

这一时期由学者做出的中国外交研究，接续了早前作为"当代中国丛书"之一种的《当代中国外交》以及牛军的《从延安走向世界——中国共产党对外政策的起源》（福建人民出版社 1992 年版），谢益显主编、由外交学院学者撰写的《中国当代外交史（1949—1995）》（中国青年出版社 1997 年版），曲星的《中国外交 50 年》（江苏人民出版社 2000 年版），陈启懋主编的《中国对外关系》（上海远东出版社 2001 年版），陈洁华的《21 世纪中国外交战略》（时事出版社 2001 年版），俞新天主编的《在和平·发展·合作的旗帜下——中国战略机遇期的对外战略纵论》（中共中央党校出版社 2005 年版），张植荣的《中国对外关系新论——地缘政治与睦邻外交研究（修订版）》（励志出版社 2008 年版），张蕴岭、任晶晶等的《中国对外关系（1978—2018）》（社会科学文献出版社 2020 年版），张清敏、李秀铎的《改革开放四十年中国外交（1978—2018）》（世界知识出版社 2019 年版）等。

（六）冷战研究成果丰硕

这一时期，冷战国际史以及与冷战史密切相关的外交史研究，成就斐然。关于冷战的起源，早前有外交学院教授霜木（林军）发表了重要论文《冷战起源刍议——兼论意识形态在国际关系中的作用》（《历史研究》1999 年第 4 期），认为"冷战"的概念并不能涵盖战后的世界历史，它只强调了军备竞赛和对峙的一面，忽视了和平之时代潮流，是不科学的，应该说"冷和平"或"核和平"可能更贴近现实。

华东师范大学成立了冷战国际史研究中心，组成了一支研究队伍，在若干年间学术成果粲然。沈志华的研究成果尤其突出。2013 年，九州出版社将沈志华 1994 年以来发表的部分论文，根据"冷战的起源""冷战在亚洲""冷战的转型""冷战中的盟友""冷战的再转型"五个专题编辑成五册出版，分别为《冷战的起源：战后苏联的对外政策及其转变》《冷战在亚洲：朝鲜战争与中国出兵朝鲜》《冷战的转型——中苏同盟建立与远东格局变化》《冷战中的盟友——社会主义阵营内部的国家关系》《冷战的再转型：中苏同盟的内在分歧及其结局》，均由九州出版社出版于 2013 年。沈志华的其他成果还有《无奈的选择：冷战与中苏同盟的命运（1945—1959）》（社会科学文献出版社2013年版）、《苏联专家在中国》（社会科学文献出版社2015年版）、主编的《中苏关系史纲——1917—1991年中苏关系若干问题再探讨》（社会科学文献出版社2016年版）、主编的《冷战国际史二十四讲》（世界知识出版社2018年版）等。

这方面的成果还有：李丹慧主编的《国际冷战史研究》丛刊系列，主编的《中国与印度支那战争》（2000年版），著有《北京与莫斯科：从联盟到对抗——中苏关系论文集》（2002年版）。张曙光的《美国对华战略考虑与决策（1949—1972）》（上海外语教育出版社2003年版），《美国遏制战略与冷战起源再探》（上海外语教育出版社2007年版），《接触外交：尼克松政府与解冻中美关系》（世界知识出版社2009年版），《经济制裁研究》（上海人民出版社2010年版，系"战略与国际关系研究丛书"之一种）。杨奎松的《毛泽东与莫斯科的恩恩怨怨》（江苏人民出版社1999年版）基于丰富的材料，对涉及毛泽东与莫斯科关系的历次重大事件以及毛泽东的性格和处事特点做了引人入胜的描述。作者认为，中共与苏共从战友加盟友到反目成仇，毛泽东的态度起了相当重要的作用，我们至少应该从历史上的恩怨、毛泽东的独特个性、民族利益的矛盾以及革命理念上的歧异四个方面来解释这种变化。[①]

专长冷战国际史的学者还提出了冷战国际史与国际关系理论要"链接"的命题。时任上海外国语大学特聘教授的张曙光经过深入思考，得出看法认为，冷战国际史研究与国际关系理论探索相结合应该成为国际关系跨领域研究的有益尝试，原因在于：

（1）冷战国际关系应该成为检测当代国际关系理论假设的一个时空"实验室"。

（2）冷战国际关系应该成为设定当代与未来国际关系理论研究新议题的参照体系。可以从七个方面对议题进行重新设计，分别如下：（a）

[①]　徐蓝：《中国国际关系史研究述评》，世界知识出版社2014年版，第131页。

"大国体系"（great-power system）的变迁规律。（b）"力量分布"（power distribution）的变迁轨迹。传统的"极"是否仍是描述力量分布的坐标？有无新的指数？（c）世界经济对国际社会的影响。（d）国际冲突的解决方式。（e）国际合作规范 / 体制的建构。冷战的"阵营"对抗并未阻碍甚至延缓国际间的多面和深度合作。到底应该如何评估冷战状态下国际合作的规范（norm）和机制（regime）的构建与实施？这些规范和体制是否也适用于非冷战形态下的国际社会？新的规范 / 机制的建构是否导致国际关系主体的变化（从国家政府到非国家政府）？（f）科技革命与国际关系的关联。科技到底能否成为当代国际关系中的一个重要自变量甚至一个新的分析范式？（g）"民主和平"的评估。

（3）冷战国际关系应该成为检验现存国际关系理论模式的参照体系。现代国际关系理论主要产生于对至少 500 年以来民族国家对外交往行为的研究。其中无论是成论（均势、地缘政治），还是假设（威慑、霸权、危机处理、国际体制、相互依存、一体化等），都对冷战研究具有框架性的指导意义。更重要的是，它们能够在冷战国际关系的体系内得到进一步验证。例如，国际关系学者可以对冷战中民族国家的外交与安全决策行为进行多层面分析，这些层面包括：（a）利弊计算；（b）外来威胁认知；（c）威慑、胁迫和遏制；（d）使用武力决定；（e）风险评估和控制；（f）结盟选择（与维护）行为；（g）正（援助）负（制裁）面经济外交实施；（h）机构整合；（i）资源配置；（j）国内政治动员；（k）战略文化建构，等等。同时，如果国际关系学者将单个的决策行为放在一个较长的时空段内、使用"历史长焦距"或深度比较的方法去"检验"或提炼，完全有可能得出接近理论意义的推论，而这样的研究成果距离构建国际关系理论的科学要求也就不远了。

（4）自冷战以来，主要大国不断解密和公布的档案文献应该成为国际关系理论研究的"数据库"。现存所有的（加上仍在不断公布的）数以百万（页）计的冷战时期大国外交与国防档案资料，为从事国际关系理论研究的学者们在进行多案例、深度比较分析时提供了厚实的资料基础，也为构建国际关系理论，特别是在进行定量甚至模型分析时提供了一个社会科学研究中难以替代的数据库。① 如果新生代国际关系学者能够尝试"理论指导"与"历史实证"相结合的方法，对当代国际关系理论研究中尚未成论的假设和概念（国际安全研究中的威慑/胁迫、冲突弥合、预防性打击等，国际与比较政治中的霸权稳定论、国际制度、身份认同、国际伦理、性别与权力、跨文化等，国际政治经济学的相互依存/依附论、全球化和一体化等）进行论证和延伸研究，那么他们的国际关系理论研究定能得以拓宽、夯实，为最终形成特色鲜明的中国国际关系研究与理论体系做出新的贡献。② 这些看法，阐述得十分精彩而深刻，富有启示意义，应得到人们的重视。

（七）英国学派受到重视

这一时期，中国国际关系学人对英国学派的学术和理论产生了十分浓厚的兴趣，英国学派的学术成就在中国受到很大重视。中国学者较早撰写这方面文章的是时殷弘和叶凤丽的《现实主义·理性主义·革命主义——国际关系思想传统及其当代典型表现》（《欧洲》1995 年第 3 期）、庞中英的《国际社会理论与国际关系的英国学派》（《欧洲》1996 年第 2 期）等。任晓发表于《世界经济与政治》2003 年第 7 期的学术随笔《向英国学派学习》则是借英国学派说中国国际关系学之事，主张走自主发展之路。

经过一定的积累，中国学者以著作形式呈现了他们对英国学派的研究，其中，陈志瑞、周桂银和石斌主编了《开放的国际社会——国际关系研究中的英国学派》（北京大学出版社 2006 年版），许嘉等著有《"英国学派"国际关系理论研究》（时事出版社 2008 年版），张小明写出了专著《国际关系英国学派：历史、理论与中国观》（人民出版社 2010 年版）。这方面著作还有苗红妮的《国际社会理论与英国学派的发展》（中国社会科学出版社 2009 年版），章前明的《英国学派的国际社会理论》（中国社会科学出版社 2009 年版），刘德斌主编的《英国学派理论与国

---

① 张曙光：《冷战国际史与国际关系理论的链接——构建中国国际关系研究体系的路径探索》，《世界经济与政治》2007 年第 2 期。

② 同上。

际关系史研究》（北京大学出版社 2011 年版）。《欧洲研究》杂志尤其为推进中国学界的英国学派研究做出了许多卓有成效的工作。2004 年第 5 期《欧洲研究》发表了以"英国学派：回顾与批评（一）"为总题的一组文章，分别是石斌的《权力·秩序·正义——"英国学派"国际关系理论的伦理取向》、郭树勇的《英国学派的研究方法及其演变》和张振江的《英国学派与建构主义之比较》。2005 年第 1 期发表了一组论文（3 篇），分别为徐雅丽的《国际关系思想传统与英国学派的国际社会理论》、周桂银和党新凯的《权力政治、国家体系和国际关系思想传统——马丁·怀特的国际关系思想》、吴征宇的《主权、人权与人道主义干涉——约翰·文森特的国际社会观》。2005 年第 4 期发表的一组文章（4 篇），包括周桂银的《基督教、历史与国际政治——赫伯特·巴特菲尔德的国际关系思想》、郭观桥的《国际社会及其机制——赫德利·布尔的国际关系思想》、苗红妮和秦治来的《从国际社会迈向世界社会——巴里·布赞对英国学派的重塑》以及王存刚的《可借鉴的和应批判的——关于研究和学习英国学派的思考》。三期加起来一共发表了10 篇研究文章，这样的重视是中国国际关系学术期刊中绝无仅有的。

　　英国学派的著作被翻译为中文在中国出版，较早的是约翰·文森特的《人权与国际关系》，1998 年由知识出版社出版[①]，然而它是作为"人权译丛"的一种出版的，并非中国国际关系学人的主动作为。情况的改变发生于世界知识出版社为出版"国际关系学名著系列"而选定了爱德华·卡尔的《二十年危机》、马丁·怀特的《权力政治》、赫德利·布尔的《无政府社会》等英国学派的代表性著作。而下面一代的代表性学者巴里·布赞的著作则更受关注，其主要著作基本上都已被翻译为中文在中国出版。晚近则有刘德斌主持的"英国学派译丛"的翻译出版工作，确定了五种著作，包括巴里·布赞的《英国学派理论导论》（颜震译），亚当·沃森的《国际社会的演进》（周桂银等译），铃木胜吾、张勇进和乔尔·夸克的《早期现代世界的国际秩序》（颜震等译），铃木胜吾的

---

① 〔美〕R. J. 文森特著，凌迪、黄列译：《人权与国际关系》，知识出版社 1998 年版。

《文明与帝国》（王文奇译，世界知识出版社 2019 年版）以及修订再版的
巴里·布赞和理查德·利特尔的《世界历史中的国际体系》（初版由高等
教育出版社出版于 2004 年）。在主事者看来，英国学派的特点有二：其
一，与美国国际关系学界的实证主义研究取向不同，英国学派采用了历
史、法律、政治理论甚至神学等更为古典的方法研究国际关系问题。一
般认为，理论和方法论上的折中主义或曰多元主义是英国学派的一个重
要特点。其二，英国学派强调国际关系研究应突破欧洲中心论传统，将
撒哈拉以南非洲、澳大利亚、美洲、中亚、东亚、南亚和西亚纳入国际
关系理论视野中。此译丛被认为集英国学派的经典与新锐于一体，是几
代英国学者辛勤学术工作的集合。上述情况反映出，英国学派在中国国
际关系学界很受关注，也显得相当"火爆"，中国国际关系学人与英国学
派之间存在着不可否认的心灵相通之处。

　　以上七个方面，概述了这一时期在学术研究方面的进展。有些地方
采用了列举的办法，从中可以看到研究成果之丰硕，但仍有很多其他的
出版物难以归纳进去，它们包括倪世雄等著的《当代西方国际关系理论》
（复旦大学出版社 2001 年版）；[1] 赵可金、倪世雄的《中国国际关系理论
研究》（复旦大学出版社 2007 年版）；王杰主编的《国际机制论》（新华
出版社 2002 年版）；王逸舟的《全球政治和中国外交》（世界知识出版社
2003 年版）；王逸舟主编的《磨合中的建构 —— 中国与国际组织关系的
多视角透视》（中国发展出版社 2003 年版）；薄燕的《国际谈判与国内政
治 —— 美国与〈京都议定书〉谈判的实例》（上海三联书店 2007 年版）；
陈志敏和崔大伟主编的《国际政治经济学与中国的全球化》（上海三联
书店 2006 年版）；刘鸣的《国际体系：历史演进与理论的解读》（中共
中央党校出版社 2006 年版）；刘鸣主编的《中国国际关系与外交理论前

---

[1]　张睿壮：《我国国际关系学科发展存在的若干问题》，《世界经济与政治》2003 年第
5 期。这篇文章对该书提出了商榷意见。类似文章至少还有李巍：《中国国际关系研究中的
"理论进步"与"问题缺失"—— 兼评〈中国国际关系研究（1995—2005）〉》，《世界经济
与政治》2007 年第 9 期。

沿：探索与发展》（上海社会科学院出版社 2016 年版）；陈志敏、肖佳灵和赵可金的《当代外交学》（北京大学出版社 2008 年版，"21 世纪国际关系学系列教材"之一）；李少军、李开盛等著的《国际安全新论》（中国社会科学出版社 2018 年版）；韦民的《小国与国际关系》（北京大学出版社 2014 年版）；刘铁娃主编的《保护的责任 —— 国际规范建构中的中国视角》（北京大学出版社 2015 年版）；朱明权的《国际安全与军备控制》（上海人民出版社 2011 年版），等等。

复旦大学国际问题研究丛书由上海辞书出版社出版，包括刘文龙和朱鸿博的《西半球的裂变：近代拉美和美国发展模式比较研究》（2005 年版），石源华的《近代中国周边外交史论》（2006 年版），简军波的《权力的限度 —— 冷战后美国霸权合法性问题研究》（2011 年版），方秀玉的《战后韩国外交与中国 —— 理论与政策分析》（2011 年版），卢光盛的《地区主义与东盟经济合作》（2008 年版），赵可金的《公共外交的理论与实践》（2007 年版），王公龙的《保守主义与冷战后美国对华政策》（2006 年版），王联合的《美国新保守主义：思想沿革与外交影响》（2008 年版），朱鸿博的《冷战后美国的拉丁美洲政策》（2007 年版），蔡建的《晚清与大韩帝国的外交关系（1897—1910）》（2008 年版），涉及诸多方面的议题。

另外值得一提的还有年鉴性质、每年一本的著作，第三章已经提及外交部的《中国外交》（及其前身《中国外交概览》）和上海的《国际形势年鉴》。在本章所述的这一时期又出现了若干种此类著作，如果把地区国别性质的"年书"暂存不论的话，综合性出版物的主要代表是中国国际问题研究院的《国际形势和中国外交蓝皮书》，中国现代国际关系研究院的《国际战略与安全形势评估》，以及最为晚近"出炉"的《中国社会科学院国际形势报告（2020）》（社会科学文献出版社 2020 年版）。《国际形势和中国外交蓝皮书》由中国国际问题研究院自 2005 年起编撰和推出，世界知识出版社出版；为了满足国外读者的要求，从 2009 年起出版中英文两种版本。

《中国社会科学院国际形势报告（2020）》是关于 2019—2020 年全

球形势分析与展望的年度报告，由谢伏瞻主编，中国社会科学院国际学部各研究所组织人员撰写各篇报告。全书在总论之外，主要以地区为单位，对 2019 年几个大国（美国、日本、俄罗斯）及各地区的经济、政治、社会、外交领域形势，以及重大事件和风险进行了综合分析。在此基础上，对 2020 年全球世界格局发展趋势进行预判。报告提出，2019 年世界经济增速下滑，国际贸易负增长，世界经济中蕴藏的风险上升。国际政治中大国竞争明显，全球武装冲突数量减少，但是地区局部战争不断，国际安全战略稳定性下降。2020 年，全球形势和世界格局将表现出八大趋势：全球经济进入超低利率时代、全球治理中利益博弈日趋激烈、区域和双边合作快速推进、国际战略和安全领域的东西方割裂趋势加剧、各国在网络空间的角力更加凸显、科技竞争更加激烈、核扩散风险上升、极端主义行为呈国际化趋势。[①] 很显然，对 2020 年的世界影响最大的，毫无疑问是全球新冠疫情这只"黑天鹅"，但报告撰写时还没有发生，当然就需要进行另外的专门研究并据此对全球形势做出新的估价了。

六、"先秦国际法"的再发现

这一时期，民国学术重新引起了中国社科界的关注。在国际关系学界，2011 年，毛维准率先发表了论文《民国时期的国际关系研究》，[②] 毛维准和庞中英发表了《民国学人的大国追求：知识建构和外交实践 —— 基于民国国际关系研究文献的分析（1912—1949）》；卫琛、伍雪骏和刘通发表了《百年炮火中的未竟之学 —— 对民国时期国际关系研究与教学的回溯》。[③] 2017 年，又有赵思洋发表《反思国际关系史的书写 —— 近

---

① 王春燕：《加强全球合作协调经济政策刻不容缓 ——〈中国社会科学院国际形势报告（2020）〉〈中国对外关系（1978—2018）〉发布》，《中国社会科学报》2020 年 5 月 15 日。

② 毛维准：《民国时期的国际关系研究》，《国际政治科学》2011 年第 2 期。

③ 毛维准、庞中英：《民国学人的大国追求：知识建构和外交实践 —— 基于民国国际关系研究文献的分析（1912—1949 年）》，《世界经济与政治》2011 年第 11 期；卫琛、伍雪骏、刘通：《百年炮火中的未竟之学 —— 对民国时期国际关系研究与教学的回溯》，《世界经济与政治》2011 年第 11 期。

代中国国际关系研究中的基准时间》①，均是具有代表性的论文，具有学术
史的意义。颇值得一提的是"先秦国际法"的重新发现。

清末之时，已有一些中国知识人以春秋战国时期形成的一套规则比
附由西方而来的国际公法。民国时期则有学人进行了对"先秦国际法"
的研究工作。

根据王铁崖的说法，最早的中国人的著作似乎是蓝光策的《春秋公
法比义发微》和刘人熙的《春秋公法内传》，出版于清末民初。比较严
肃的著作是从张心澂的《春秋国际公法》开始的，出版于1924年。接着
是徐传保（Siu Tchoan-pao）以法文写的博士论文《国际法与古代中国》，
第一部分：《思想》，1926年；其第二部分是用中文在上海出版的《古代
中国国际法遗迹》，1931年。其后，重要的中文著作有陈顾远的《中国
国际法溯源》，1931年；洪钧培的《春秋国际公法》，1937年。②

中国学者时昭瀛曾经对春秋时代的条约做了详细研究。他援引许多
材料，说明春秋时代缔结条约的实例和惯例，几乎包括近代条约法的全
部内容：缔约各方；缔约权；条约形式；缔结条约的方法；条约的种类；
条约的解释；条约的终止和条约的制裁。特别有意思的是，缔结条约是
十分庄严的，除了条约中所载的誓言以外，有时还规定施行条约的其他
保证，如扣押或交换人质。但是，当时却都承认，条约的效力基础是国
际信用。③雷海宗则撰写了《古代中国外交》（载清华大学主办的《社会
科学》1941年第3卷第1号）。

不同于晚清时期士大夫们以《春秋》《周礼》与近代国际法进行比
附或比较，民国学人是以客观的学术态度具体研究考据春秋国际法本身。
随着民国时期中国国际法学科的初建和发展，颇有一些民国国际法学者
关注到中国先秦时期可称作国际公法的国家间规范，并有一批堪称典范

---

① 赵思洋：《反思国际关系史的书写——近代中国国际关系研究中的基准时间》，
《世界经济与政治》2017年第12期。

② 王铁崖：《国际法引论》，北京大学出版社1998年版，第360页注2。

③ 时昭瀛：《春秋时代条约》，转引自王铁崖：《国际法引论》，第363—364页。原载
《社会科学》1931年第11卷。

之作问世。其中最具代表性的研究是陈顾远的《中国国际法溯源》、徐传保的《先秦国际法之遗迹》和洪钧培的《春秋国际公法》。①

　　根据杨紫翔的研究，民国的"先秦国际法"研究与晚清传教士的附会论不同，研究旨趣已发生了转移——从让中国发现西方、接受西方国际法观转移到了让西方发现中国、接受中国的国际法观，体现出一种话语高度自主的"学术自觉"。这种"自觉"体现在：首先，启用"国际法"一词而摒弃丁韪良所提"万国公法"概念，这不仅受到20世纪初日本学者影响，亦包含了民国学者的审慎思考，即不接受西方国际法作为"万国通用"之准绳的话语逻辑。其次，诚如陈顾远在《中国国际法溯源》中的"国际法"定义，强调"义务的遵守、国际团体的加入、对一国外交之作用"。② 这与西方格劳秀斯等人对"国际法"用于解决西欧体系内部民族国家之间问题的解释殊不相同。此外，对先秦时代这段历史的选取，实际上暗含了民国时期学者"以古之遵礼守法比今之弱肉强食"的类比逻辑，期望以"先秦国际法"之要义来批判现世西方国际法之重利轻义，并追求一种"中国之国际法"的理论构建。③ 民国众多研究中对"先秦国际法"的讨论最系统也最深入的两部著作是陈顾远的《中国国际法溯源》和徐传保的《先秦国际法之遗迹》。④ 如陈顾远所言："既不欲让欧美独有其光荣，亦期于中国法系内容，有所阐发。"⑤ 不同于晚清丁韪良的泛泛而论，陈、徐二人对中国的"先秦国际关系"，包括常时邦交、临时策略、战时

<hr>

① 赵思洋：《民国学人对春秋战国时期国家间政治思想的诠释》，《世界经济与政治》2016年第1期。

② 陈顾远：《中国国际法溯源》，载《民国丛书》第三编，上海书店1989年版，"绪言"第1页。

③ 杨紫翔：《民国时期"先秦国际法"研究述评——兼论当代中国国际关系理论的构建》，载中国国际关系学会、复旦大学国际问题研究院、外交学院编：《中国国际关系理论的建设：借鉴与创新——2011年博士论坛》，世界知识出版社2012年版，第235页。

④ 陈顾远：《中国国际法溯源》，载《民国丛书》第三编，上海书店1989年版；徐传保：《先秦国际法之遗迹》，载《民国丛书》第三编，上海书店1989年版。另有洪钧培：《春秋国际公法》，中华书局1939年版。

⑤ 陈顾远：《中国国际法溯源》，上海书店1989年版，"绪言"第1页。

法则、外交机构和人员等做了颇为详尽的分类总结，《先秦国际法之遗迹》还把国家间关系梳理在国际公法、国际刑法和国际私法三个框架内。

《中国国际法溯源》在全书基本架构上，分为"总论""常时之邦交""临时之策略""战时之法则"四个部分。对先秦国际法的解读有礼、信、敬、义四端，具体而言如下：

（1）礼——国际规律。"礼"即古代的支配国际关系的规律（或规则）。"言平时之邦交，则有朝礼，聘礼；以言临时之政略，则有会礼，盟礼；以言战时之法规，则有军礼，戎礼。"在古代是否守礼，就被转化为在今日是否遵守国际规律。

（2）信——国际道德。"信"即古代的国际道德。陈顾远引《左传》"守之以信，行之以礼"，认为"信"是"礼"的保证。在他看来，没有国际道德，"一切国际规律皆不能维持之矣"。

（3）敬——国际仪貌。"敬"即古代的国际仪貌。陈顾远指出："礼以行义，信以守礼，敬以行礼，三事相辅，而后义存，此古代对于国际关系上之整个的观点也。"

（4）义——国际公理。"义"即古代的国际公理。陈顾远认为，"义"是在"礼""信""敬"三者之上的总原则，即所谓的"天道"，用西方的语言，就是"自然法"。

通过这样一种话语的对接，中国国际法有了与西方国际法进行对话的可能。① 这样的对话无论如何都是有益的。西方国际法体系的扩展所带来的不仅仅是国际关系的重新界定，更是观念和原则的重新塑造。随着频繁的外交实践和大量的西学输入，西方国际法的种种概念成为中国人的常识。这种常识又因西方的强力而不断合理化，并随着中国寻求平等地位的努力而日益得到强化。

徐传保所著的《先秦国际法之遗迹》，在"本论"第二章讨论"先秦国际关系"时以近世国际法的分类方法，将先秦之诸侯交际纳入国际公法、

① 邹磊：《"先秦国际法"研究与中国"世界图景"的重建——从丁韪良到陈顾远》，《国际观察》2009年第3期。

国际刑法和国际私法三种范畴。具体看，国际公法范围内有和谐关系、不睦关系、战争关系、会同关系四种；国际刑法范围内有相约勿匿、容纳政犯、不庇凶人、设官处罚四种；国际私法范围内有论惠远弥、修政致旅、关市稽查、保护侨民、仕用外才、奖饰客商六种。徐传保对先秦"礼法"关系的整理归纳不单单以"国家"作为行为主体，还涵盖到个人，包括经济实体。这样一种"礼法"外延的扩大，是对儒家学派视野的有益补充——孔子强调个人遵守伦理修养是国家遵守"礼法"的基础，徐著则强调了先秦包括"国家"在内多元主体遵"礼"而守"法"的行为特征。[①]

总体来看，民国时期"先秦国际法"研究有两个重要的维度，一为"礼法"，一为"古今"。

近代以来中国学人对传统知识资源的重新发现和利用，具有当时促动这一潮流的历史背景。由于清末及民国时期的中国越来越深地卷入以西方国家为首的世界体系，接受"科学"等源自欧洲的理念，当时的知识界可能面临一种话语困境。在这样的困境中，作为背负着寻求开拓"中国思维"使命的"先秦国际法"研究学者，他们在著述中带有的民族抱负和价值判断也就比较容易理解了。

根据对民国"先秦"研究潮流背景的这一理解，人们可能会产生一个疑问，即当时的学者争相为"国际法"在中国"溯源"，究竟在多大程度上是为了抵御西方、重塑自己？这样的研究最终是意义大于实质，还是实质大于意义？如果在民国时期学者的著述中寻找答案，会发现意义和实质二者并存。中国学人从"礼法合一"与"古今相通"两个方面，以陈顾远、徐传保的两部著述为主，同时参考其他学者的论述，对民国时期"先秦国际法"的研究手法做了剖析。

（一）礼法合一

民国时期"先秦国际法"研究手法的一大特点是，不论陈、徐两位

---

① 杨紫翔：《民国时期"先秦国际法"研究述评——兼论当代中国国际关系理论的构建》，载《中国国际关系理论的建设：借鉴与创新——2011年博士论坛》，世界知识出版社2012年版，第239—240页。

学者的著作还是其他相关研究文献，都普遍以对先秦时期"礼制"的讨论为主要陈述手段，在"礼"的基础上阐释中国先秦时代"法"的存在。这与晚清丁韪良所持观点基本一致。①

第一，"礼"为"法"之基础。民国时期学者研究"先秦国际法"所参照文献大致不外《春秋》《国语》和《周礼》，因而讨论先秦时期的"国际"规则和规范，基本沿用了儒家学派以"礼"维系周代以来天下体系的考察视角。例如陈顾远在《中国国际法溯源》中即首先强调对"先秦国际法"的讨论依据是《春秋》和《国语》，并且先有周代"礼"的创立，才有春秋以来的邦交。② 又言："《春秋》经孔子修订，寓有褒贬，三传随义而发，以正褒贬；其关于国际间之事，更得知其某应为，某不应为，是即国际法原则之存在也。"这里孔子著《春秋》的褒贬以及三传（《左传》、《公羊传》、《榖梁传》）评价的什么该做、什么不该做，即是构成国际法原则的"礼"。③ 又如学者起东著《春秋列国国际法与近世国际法异同论》，同样以"春秋三传"要义为蓝本讨论先秦时期之礼法："按春秋之世，列国错列，其国际间之交涉，亦常有一定之仪式，凡春秋三传所称谓礼者，即近世之所谓法也。"④ 学者刘达人谈及中国古代国际法之原则时提到："'礼'为支配当时国际关系的规律。遵守'礼'，无异今日之遵守国际规律。"⑤ 另有学者以春秋国家对"尊王攘夷"的运用来证明，即使在春秋五霸存在的局面下，"礼"的秩序仍然能够维持，并左右霸主国的外交策略。⑥ 相较而言，徐传保在文献的选用方面保持审慎，盖因"吾国书籍，不乏伪著"，

---

① "丁韪良谓，考中国古史春秋列国交际之道，一秉乎礼。"参见刘达人、袁国钦：《国际法发达史》，中国方正出版社 2007 年版，第 19 页。

② "宾客之礼，创于西周，邦交之局，定于春秋。"参见陈顾远：《中国国际法溯源》，上海书店 1989 年版，第 3 页。

③ 陈顾远：《中国国际法溯源》，上海书店 1989 年版，第 3 页。

④ 起东：《春秋列国国际法与近世国际法异同论》，《河南》1908 年第 2 期。

⑤ 刘达人、袁国钦：《国际法发达史》，中国方正出版社 2007 年版，第 19 页。

⑥ "五霸之中，齐晋为主。二国均敌视楚，因楚亦蛮夷之邦，既欲尊王，非攘夷不可。因此齐桓之尊王攘夷主义，最为明盛。"参见吴景文：《先秦外交史纲》，载《复旦学报》1937 年第 5 期。

不过除以《史记》为主之外，大量论据仍然援引儒家经典《尚书》和《左传》。①

第二，以"礼"为本，以"法"为表。以陈顾远、徐传保为代表的学者在考察先秦时期"邦交之法"时，虽切入角度不同，但大抵采用一种手法，即以当时之"礼"为规律，把"法"阐释为遵循这些规律的具体做法。可理解为，"礼"是先秦"国际体系"之客观规律，"法"是先秦"国际行为"之方法论。需要说明的是，"法"的概念在中国古代与现世有所出入，"故治国无法则乱，守法而弗变则悖"（《国语·周语》），在先秦时代解为做法、方法和制度。具体看文献，陈顾远在其著作中分"常时之邦交""临时之策略"和"战时之法则"三部分详细讨论了各种"礼"的具体要求和法则，以此作为先秦时期"邦交法"的归纳，可简要列表如下：

表 5.1　陈顾远《中国国际法溯源》"礼法关系"简表 ②

类	礼	法（一般法则）	变例（特殊法则）
常时之邦交	朝觐	受朝于庙、辨位正等、执玉相见、享礼为续、朝不终礼、朝须尽礼	摄君来朝、君属来朝、狄人来朝
	聘问	宾有其介、主有其摈、聘礼执玉、聘礼享宴、聘须称礼	王崩不聘、国丧不聘、聘遭丧亡
	报拜	具体事例	具体事例
	告请	实告、虚告、称名、不称名、告辞（举例）、告仪（举例）	不见书
	吊恤	遣使、吊赠、奔丧、会葬、归粟、祸灾之吊、围败之禬、寇乱之恤	不见书
临时之策略	会同	弭兵、衣裳、兵车	妇人与诸侯会、大夫与诸侯会、后会、外会
	遇离	冬遇、简易	不见书
	盟誓	同盟、常盟、寻盟、涖盟、改盟、补盟、复盟、要盟、请盟、乞盟、衰盟	诈盟、背盟、不盟、后盟、逃盟、窃盟
	质执	结信、复君、讨伐、要盟、请师、执诸侯、执叛逆、执使者、执同使	不见书

①　参见徐传保：《先秦国际法之遗迹》，上海书店 1989 年版。
②　根据陈顾远《中国国际法溯源》第二、三、四编整理。

类	礼	法（一般法则）	变例（特殊法则）
战时之法则	征伐侵袭	具体事例（见陈顾远：《中国国际法溯源》，第271—333 页）	具体事例（见陈顾远：《中国国际法溯源》，第271—333 页）
	战取入灭		
	敌俘谍使		
	降成平盟		

由上表，大致可以厘清陈顾远《中国国际法溯源》的"礼法关系"脉络。从这样的梳理中不难看出：第一，无论常时、临时还是战时，都有一套既定规则，即使战争状态下也有诸如征伐侵袭、战取入灭等行动原则，可见"礼"并非只维系和平，而是国家间关系的普遍准则。第二，针对每一类"礼"，都有国家（包括个人）如何行动被承认、如何行动不被承认的具体要求，例如"聘问"制度下的宾有其介、主有其摈、聘礼执玉、聘礼享宴、聘须称礼等做法，即为合乎"法"；"盟誓"中的诈盟、背盟、不盟、后盟、逃盟、窃盟等做法则划为"非法"而不被诸侯承认。

而观之徐传保著《先秦国际法之遗迹》，对先秦"礼法"关系的整理归纳不单单以"国家"作为行为主体，还涵盖到个人，包括经济实体，这样一种"礼法"的外延的扩大，恰是对儒家学派视野的有益补充——孔子强调个人遵守伦理修养是国家遵守"礼法"的基础，徐著则强调了先秦包括"国家"在内多元主体遵"礼"而守"法"的行为特征。

（二）古今相通

任何涉及古典文献的研究工作，常常是"古今相通"的，从而赋予研究本身以时代价值。但这并不是说，既然"古今相通"是民国时期"先秦国际法"研究的一个必然要素，就无讨论的必要。如果对民国时期学者如何运用近世逻辑解释古代、如何将古代价值判断加诸近世等进行一番探讨，则对今人不无启发。

第一，以今叙古。从民国多篇著述皆可看出，研究者在"先秦国际法"的叙述手法上普遍包含了对近世国际法概念和逻辑的运用。比如徐传保在《先秦国际法之遗迹》绪言中即首先论证先秦有否"国际"这一问题，其逻辑大致为：判断有否"国际"，先判断有否名副其实之"国家"；有否"国家"，又取决于有否"主权"。[①] 而后运用大量古典文献对春秋战国时期的"国家"性质加以判断，认为周平王以前"诸侯仅服乎天子之德"，而"与天子交质、战天子、断天子之讼"这三点证明了诸侯国自平王时开始拥有"主权"。[②] 又如学者起东在其文《春秋列国国际法与近世国际法异同论》的总论部分，运用权利与义务的概念分析了当时"国家"之存在，并以权利和义务划分春秋时期"国家"的等级。[③] 因此可见：非独当代，民国时期同样存在着以近世西方之概念和逻辑来叙述中国古代的学术现象，从以上二例可见一斑。一方面体现了近代以来的学术话语已深受西方影响；另一方面，换个角度看，"以今叙古"何尝不是结合西学对中国历史的一种重新构筑？诚如是，则民国"先秦国际法"众学者可视为奠基者。

第二，古为今源。民国研究"先秦国际法"的学者多将当世之国际法原理作为蓝本，溯源于中国先秦。如陈顾远就提出："今日国际法上之通商修好条约，虽不见于古之世，而政治上之同盟条约，与夫国际间之各种会议，固早见于春秋时代焉。"[④] 又言："春秋时代亦犹今日，同为邦国，强弱异等，强者掉弄智术，扩其势力，弱者折冲樽俎，谋保社稷。"[⑤] 陈顾远认为先秦时期诸侯会盟等行为和仪式，其性质与近世国家间缔结同盟条约、国际会议无异，先秦时期"国际格局"亦如近世，因此强调无论欧美古代还是中国古代，皆有国际法之原形，对近世皆有参照价

---

① 陈顾远：《中国国际法溯源》，上海书店 1989 年版，第 1—2 页。

② 徐传保：《先秦国际法之遗迹》，上海书店 1989 年版，第 81—94 页。

③ 起东以国家权利、义务为依据，将春秋诸侯国划分为主盟国、会盟国、半会盟国、从属国、蛮夷国共五类，以主盟国为例，权利有："受王命以征讨、断王室之争讼、断列国之争讼、享盟国之进贡、征召盟国出师、节制盟国师旅"；义务有："保护王室、保护结盟各国、抑强扶弱、恤病伐贰、聘问列国"。见起东：《春秋列国国际法与近世国际法异同论》，《河南》1908 年第 2 期。

④ 陈顾远：《中国国际法溯源》，上海书店 1989 年版，第 184 页。

⑤ 同上书，第 184 页。

值。[1] 倡导国际法"溯源"的学者又如刘达人，在其著《国际法发达史》绪论中同样提出："试观古代国家虽无近代国家组织，无明确之国际法规，但如战和之事，商业贸易之沟通，乃至使臣之遣派与接受，可以说无处无之，无时无之，是则国际法之远源又不能不溯之于古代。"[2] 由此观之，民国时期学者大抵以先秦"国际"规范、惯例为近世国际法之原形，这一点不难理解。

第三，古为今鉴。从民国众学者著述中还可发现，对"先秦国际法"的研究并不单纯只是依据大量史料进行叙述。通过对中国古代"国际法"的叙述实现对当世的借鉴价值，乃为学者的更高追求。以陈顾远著作为例，在《中国国际法溯源》总论"先秦国际法"之内容部分即指出，近世现行的国际法到底合不合于"法"之本质、"法"之精神，是个值得考虑的问题。[3] 继而以礼——国际规律、信——国际道德、敬——国际仪貌、义——国际公理，作为构成"先秦国际法"内容的四项基本要素。正如其言"支配国与国之间关系者，除国际规律外，且有国际道德以佐之，国际仪貌以成之，即其所谓礼也、信也、敬也是耳"。[4] 这些所谓的道德、礼仪、公理等并不只是对先秦史实的一种描述，在他看来，同样具有比照近世以来国际法的普世性意义，是对现行国际法"合法性"的有力补充。[5]

由上可见，中国国际关系学人从"礼法"和"古今"两个维度对民国时期"先秦国际法"研究进行了一定分析和梳理。从这样的回顾不难看到，一方面，正如当代学者言，"先秦时期距今已有两千多年历史，当时的一些认识仍可用于解释今天的现实，这说明当时的认识具有很强的

---

① "言国际法而溯源于中国或溯源于欧美，其事虽不同，而价值相等。"陈顾远：《中国国际法溯源》，上海书店1989年版，第1页。

② 刘达人、袁国钦：《国际法发达史》，中国方正出版社2007年版，"绪论"第1页。

③ "谓国际法之纯粹合于法之性质，亦有考虑。"陈顾远：《中国国际法溯源》，上海书店1989年版，第9页。

④ 同上书，第9—16页。

⑤ 杨紫翔：《民国时期"先秦国际法"研究述评——兼论当代中国国际关系理论的构建》，载中国国际关系学会、复旦大学国际问题研究院、外交学院编：《中国国际关系理论的建设：借鉴与创新——2011年博士论坛》，世界知识出版社2012年版。

普世性，与客观规律非常接近"。^① 可以说当代中国的国际关系学者所持有的这种看法或者信念，在民国学者身上已有体现。另一方面，有学者指出，《春秋》《周礼》等典籍中谈及的"国"或"邦国"与欧洲国际法中的国家（主权国家或民族国家）是两种不同的概念，从属于不同的关系模式。中国传统儒家思想和以欧洲为中心的当世国际观处在两个不同的历史语境下，如何摆脱西方思维的宰制而回归中国传统话语体系，或者如何站在中国传统文化的话语体系之上，实现同西方的话语对接，也成为一直延续至当代的问题。

这一问题，在多年后，仍能听到中国学者的回声^②，无论这种回答是肯定的还是否定的。在撰写《春秋战国时期存在"国际法"吗？》一文的两位学者看来，春秋战国时期，诸侯国交往中确实产生和存在一些具有约束作用的原则和规范，但是这些原则和规范是从中国传统和历史情境中产生出来，与"国际法"并不具有法理上的共同基础。这样看当然有他们的道理，有此一说，立此存照。

---

① 阎学通：《借鉴先秦思想创新国际关系理论》，《国际政治科学》2009 年第 3 期。

② 辛万翔、曾向红：《春秋战国时期存在"国际法"吗？》，《国际政治研究》2011 年第 1 期。

第六章　21世纪的跃升（下）

一、机制·品牌·智库

（一）协同创新中心

这一时期出现了一批"协同创新中心"。这是一种新的科学研究机制，来自于"2011计划"。"2011计划"全称"高等学校创新能力提升计划"，是继"211工程"和"985工程"之后，中华人民共和国国务院在高等教育系统又一项体现国家意志的重大战略举措。"2011计划"以协同创新中心建设为载体。协同创新中心分为面向科学前沿、面向文化传承创新、面向行业产业和面向区域发展四种类型，涵盖理工和人文社科。本章所涉及的当然只是人文社科方面的中心，例如由武汉大学牵头成立的国家领土主权与海洋权益协调创新中心，就是如此。该中心可溯源至武汉大学在该领域悠久的历史传统。2007年4月，外交部基于国家边界海洋事务的需要和武汉大学已有的基础，建议并支持武汉大学成立了中国边界与海洋研究院。武汉大学打破院系界限，整合文法理工学科资源，汇聚国内外高端人才，建成了"校部共建、专兼结合、优势集成、开放运行"的实体性、跨学科研究平台。2011年，中国边界与海洋研究院被外交部、国家海洋局聘为海洋问题咨询机构。武汉大学协同创新的试验为国家领土主权与海洋权益协同创新中心的组建积累了宝贵的经验，奠定了良好的基础。

"2011计划"文件下达后，为更好地服务国家在领土海洋领域的重大急需，武汉大学基于自身的历史积淀、较厚实的基础及成功的先行试点经验，经与中央和国家部委、已有合作单位沟通和科学论证，决定牵头组建领土主权与海洋权益协同创新中心。2012 年 9 月，由武汉大学牵头，联合复旦大学、中国政法大学、外交学院、郑州大学、中国社会科学院中国边疆研究所、水利部国际经济技术合作交流中心、国家海洋局海洋发展战略研究所等协同单位共同组建了国家领土主权与海洋权益协同创新中心。该中心的组建得到了中央外办、外交部、水利部、国家海洋局、国家测绘地理信息局等中央和国家部委的大力支持。2014 年经教育部、财政部正式认定为"2011 协同创新中心"。2016 年 1 月，湖北大学与协同创新中心签署了战略合作协议，成为协同创新中心的合作单位。

国家领土主权与海洋权益协同创新中心本着服务国家重大急需的宗旨，按照"需求导向、实体架构、专兼结合、开放运行、深度融合、创新引领"的原则，瞄准维护国家领土主权、保障和拓展国家海洋权益亟待解决的重大问题，以深化机制体制改革为核心，以重大任务为牵引，开展三位一体的协同创新，提出具有重要决策参考价值的咨询报告，努力形成学术上有重大突破、理论上有重大创新的研究成果，造就具有国际视野的复合型人才，催生领土海洋学科并带动相关学科发展，目标是将中心建成集科学研究、决策咨询、人才培养、公共外交为一体的国家战略平台、世界一流智库。中心依托历史基础、法律依据、技术保障三大支撑，研究"陆地领土主权和权益维护""岛礁主权维护""海洋权益维护和拓展""极地权益保障和拓展"四大核心问题，为国家制定近期和长远的陆海联动的领土海洋政策，系统解决紧迫的现实与重大战略问题，提供决策咨询、理论支撑、人才保障。①

"中国南海研究协同创新中心"则由南京大学牵头，中国南海研究院、海军指挥学院、中国人民大学、四川大学、中国社会科学院边疆史地中心、中国科学院地理资源所等参与。2012 年，汇集南京大学国际关

---

① 参见国家领土主权与海洋权益协同创新中心网页 cictsmr.whu.edu.cn 以及武汉大学中国边界与海洋研究院网页 www.cibos.whu.edu.cn。

系、史地文化、资源环境、经济与法律等优势学科，协同国内有实力的大学和相关科研机构，在全国高校系统中率先成立了综合性海洋问题研究中心——中国南海研究协同创新中心。2013 年，该中心被教育部认定为首批"2011 计划"国家级协同创新中心。

此外，还由厦门大学牵头成立了台湾研究的协同创新中心，等等。经过若干年实践，教育部决定不再进一步组建协同创新中心，相关工作并入"双一流"（一流大学、一流学科）建设。

（二）品牌会议

每年年末，中国国际问题研究所（院）（CIIS）和中国国际问题研究基金会（CFIS）都会召开关于一年来国际形势与中国外交的全国性研讨会，到 2019 年已届三十周年。这一知名的、通常汇集全国各路人马的年终国际形势研讨会最初由中国国际问题研究中心创始。这一品牌会议通常有来自国内各有关单位的人士包括外交官、学者和新闻记者参加，邀请外交部长做开幕演讲，有的年份还邀请到更高级别官员在闭幕前讲话。如 2019 年 12 月 13 日召开的研讨会名为"百年未有之大变局与新时代中国外交——2019 年国际形势与中国外交研讨会"，王毅国务委员兼外长做主旨演讲，出席者有中央国家机关及部队代表 6 人，北京高校及研究机构代表 73 人，外地高校及研究机构代表 36 人，主办单位及前大使代表 34 人，另有若干列席人员分别来自中央国家机关、高校及研究机构、媒体和主办方。

一些国际性的学术会议也形成了品牌。比如，在韩国高等教育财团资助下，分别由北京大学主办"北京论坛"和由复旦大学主办"上海论坛"。两个重要论坛各有分工和侧重，北京论坛以"文明的和谐与共同繁荣"为主题，上海论坛则以"经济全球化与亚洲的选择"为主题。北京论坛创办于 2004 年，定位在"用东方的智慧解决世界的问题"，是以学术和文化为中心的世界级学术性论坛，致力于推动亚太地区人文社会科学问题的研究，促进亚洲太平洋地区乃至世界的学术发展和社会进步，努力为人类的发展贡献力量。"上海论坛"是在上海举办的最具国际影响力的品牌论坛之一。论坛创始于 2005 年，以"关注亚洲、聚焦热点、荟萃精英、推进互动、增强合作、谋求共识"为宗旨，每年有近 700 位来自世界各国政府机构、知名企业、一流高校、著名智库和主流媒体精英参会，在经济、政治、社会、文化、生态、科技等领域，围绕重大战略性议题和发展问题展开对话交流和思想碰撞，挖掘并形成政策研究成果和产品，为中央和地方、政府和企业、学术机构及智库平台提供更好的服务。北京论坛和上海论坛都有国际关系方面的专场。

由上海社会科学院主办的"世界中国学论坛"每两年在上海举办一届。自 2004—2019 年，已连续成功举办多届（含数次专题论坛）。前四届论坛弘扬中国文化传统精神，分别以"和而不同""和谐和平""和衷共济""和合共生"为主题，将中国文化理念与当代中国现代化进程紧密结合，开创了"中国学回归中国"的新路径。自第五届起，更加突出当代中国，分别以"中国现代化：道路与前景""中国梦的世界对话""中国改革：机遇与挑战"为主题，探究中国学的历史、现状和趋势，认识当代中国发展的世界意义等重大学术问题。2015 年 5 月，论坛走出国门，在纽约和亚特兰大成功举办首届世界中国学论坛美国分论坛。2010 年开始创设世界中国学贡献奖，旨在推动海外中国学发展，弘扬海外中国学杰出学者和优异成果，促进海内外中国研究交流，是当下国际上中国研究的最高奖项。

北京香山论坛，原称香山论坛，由中国军方主办。2006 年，中国军事科学学会发起"香山论坛"，初为亚太地区安全二轨对话平台。论坛从 2014 年第五届起升级为"一轨半"，层级规模大幅提升，与会人员扩展为亚太地区和域外相关国家的国防部或军队领导人、国际组织代表、前军政要员及知名学者。自 2015 年第六届起，香山论坛由中国军事科学学会和中国国际战略学会共同主办。2018 年举行第八届，更名为北京香山论坛。论坛坚持"平等·开放·包容·互鉴"的理念，致力于集聚智慧、扩大共识、增进互信，已发展成为开展国际安全和防务对话的重要平台，具有重要国际影响力。

（三）新智库

2013年11月，十八届三中全会召开，通过了《中共中央关于全面深化改革若干重大问题的决定》，明确提出要"加强中国特色新型智库建设，建立健全决策咨询制度"。2015年1月20日，中共中央办公厅、国务院办公厅发布了《关于加强中国特色新型智库建设的意见》，提出到2020年的目标是"重点建设一批具有较大影响力和国际知名度的高端智库"。同年11月9日，中央全面深化改革领导小组第十八次会议审议通过了《国家高端智库建设试点工作方案》。

2015年11月，中共中央宣传部印发《国家高端智库试点工作方案》，确定了首批"国家高端智库建设试点单位"25家。首批入选的机构大体分为四种类型。

第一类是党中央、国务院、中央军委直属的综合性研究机构，共10家。分别是：国务院发展研究中心、中国社会科学院、中国科学院、中国工程院、中央党校、国家行政学院、中央编译局、新华社、军事科学院和国防大学。

第二类是依托大学和科研机构形成的专业性智库，共12家。分别是：中国社会科学院国家金融与发展实验室、中国社会科学院国家全球战略智库、中国现代国际关系研究院、国家发改委宏观经济研究院、商务部国际贸易经济合作研究院、北京大学国家发展研究院、清华大学国情研究院、中国人民大学国家发展与战略研究院、复旦大学中国研究院、武汉大学国际法研究所、中山大学粤港澳发展研究院、上海社会科学院。

第三类是依托大型国有企业的智库，只有1家，为中国石油经济技术研究院。

第四类是基础较好的社会智库，共2家，分别是中国国际经济交流中心和综合开发研究院（中国·深圳）。

新华社作为综合性智库列入首批25家国家高端智库建设试点单位，其世界问题研究中心是以研究国际问题、外交关系等为特色的研究机构，成为国家高端智库的组成部分。新华社世界问题研究中心（简称"世研中心"）成立于1992年11月，迄今已运行多年。中心拥有数十名多年身处采编一线的前海外分社首席记者，研究领域涵盖联合国、美国、日本、俄罗斯、欧盟、法国、非洲、中东、东盟、世界军事、世界经济等。该中心研究员常年跟踪曾经所驻国家，"人熟、地熟、情况熟"，研究成果具有准确性、前瞻性、可操作性强的优势。

2020 年 3 月，中宣部又公布了五家新增国家高端智库建设试点单位名单，浙江大学区域协调发展中心和北京师范大学中国教育与社会发展研究院作为高校智库代表入选其中。这两个高校智库均曾于 2017 年被中宣部列入国家高端智库建设培育单位，"晋升"为正式试点单位，属情理之中。

至此，全国已有三十家国家高端智库建设试点单位，其中，依托大学形成的专业性智库共有八家，涉及的高校均为"一流大学"建设高校——北京大学国家发展研究院、清华大学国情研究院、复旦大学中国研究院、武汉大学国际法研究所、中山大学粤港澳发展研究院、浙江大学区域协调发展研究中心和北京师范大学中国教育与社会发展研究院。

未跻身上述三十家"高端智库"的优秀智库还有多家，比如北京大学国际战略研究中心／国际战略研究院就是其中之一。该中心于 2007 年 5 月正式成立，旨在促进世界政治、国际安全、国家战略等领域的学术研究和政策研究。其重点是对当今中国所处的国际环境以及相关各国的国际战略进行分析，并在此基础上公开发表或向有关方面提交有政策含义的、面向未来的研究成果。中心的研究工作致力于为中国的国际战略决策提供智力支持，为教学服务，并引导公众全面、准确、理性地认识国家安全与国际战略问题。中心出版物包括：不定期发表的《国际战略研究简报》、专题研究报告、每年一期的《中国国际战略评论》（自 2012 年起另发行英文版），以及"北京大学国际战略研究丛书"等。而"北阁对话"则是其品牌性会议。

该中心在体制上属北京大学领导，由北京大学国际关系学院管理。设立理事会为中心的决策机构，由北京大学主管领导担任理事长，校内外资深学者专家担任理事。中心学术委员会具体组织研究工作和交流活动，负责课题的立项和审查。2013 年 10 月，经过充分酝酿和精心筹备，北大在原国际战略研究中心的基础上，集合校内外各方面力量，正式组建了"北京大学国际战略研究院"。这是一个实体单位，由原主管外交事务的国务委员戴秉国担任名誉院长。国际战略研究院在北京大学领导下，依托北京大学国际关系学院和其他相关院系丰厚的智力资源，接受政府部门和企业委托的研究课题，致力于为中国的国际战略和对外政策提供高质量的咨询服务，并与世界各国有代表性的智库和学术机构建立合作关系。

这些林林总总的智库，一般都围绕国内外重大或紧迫的问题开展研究工作，它们理所当然地带动了中国的国际关系研究。

（四）缤纷的译事

进入21世纪后，中国国际关系学界的翻译引进工作仍在继续，只是较之从前更为系统和专业了。

这一时期的两个大型译丛分别是由北京大学出版社和世界知识出版社推出的，颇成系统，也产生了较大影响。

自2002年起，北京大学出版社开始推出"国际关系理论前沿译丛"，其宗旨是以西方国际关系知识谱系为蓝图、以主流理论发展宏线为基准，以学理思想为根本，聚焦西方国际关系思想交锋的前沿，重点译介新自由主义和建构主义等国际关系理论方面的优秀学术著作。[1] 所收各种著作包括罗伯特·基欧汉和约瑟夫·奈的《权力与相互依赖》（2001年第三版，系在正式获得版权后重译，门洪华译，2002年版）；罗伯特·基欧汉编的《新现实主义及其批评》（郭树勇译，2002年版）；罗伯特·基欧汉和海伦·米尔纳主编的《国际化与国内政治》（姜鹏、董素华译，2003年版）；玛格丽特·凯克和凯瑟琳·辛金克的《超越国界的活动家：国际政治中的倡议网络》（韩召颖、孙英丽译，2004年版）；约瑟夫·奈的《硬权力与软权力》（门洪华译，2005年版）；朱迪斯·戈尔茨坦和罗伯特·基欧汉的《观念与外交政策：信念、制度与政治变迁》（刘东国译，

---

[1] "国际关系理论前沿译丛"各种，北京大学出版社出版，秦亚青"总序"。

2005 年版）；罗伯特·基欧汉的《局部全球化世界中的自由主义、权力与治理》（门洪华译，2004 年版）；约瑟夫·格里科和约翰·伊肯伯里的《国家权力与世界市场：国际政治经济学》（王展鹏译，2008 年版）；彼得·卡赞斯坦主编的《国家安全的文化：世界政治中的规范与认同》（宋伟、刘铁娃译，2009 年版）。可以看到，以上各种著作均出自美国学者之手，其中包括了罗伯特·基欧汉除《霸权之后》以外的主要著述。

世界知识出版社的"国际关系学名著系列"，分为三个系列：（1）"经典论著"系列，包括詹姆斯·多尔蒂和罗伯特·普法尔茨格拉夫的《争论中的国际关系理论（第五版）》（阎学通、陈寒溪等译，2003 年版）；赫德利·布尔的《无政府社会——世界政治秩序研究（第二版）》（张小明译，2003 年版）；马丁·怀特的《权力政治》（宋爱群译，2004 年版）；爱德华·卡尔的《20 年危机（1919—1939）：国际关系研究导论》（秦亚青译，2005 年版）；罗伯特·杰维斯的《国际政治中的知觉与错误知觉》（秦亚青译，2003 年版）；阿诺德·沃尔弗斯的《纷争与协作——国际政治论集》（于铁军译，2006 年版）。这个系列包括了英国学派的三部代表性著作。

（2）"国际政治经济学"系列，包括约翰·奥德尔的《世界经济谈判》（孙英春译，2003 年版）；罗伯特·考克斯的《生产、权力和世界秩序》（林华译，2004 年版）；丹尼·罗德里克的《新全球经济和发展中国家：让开放起作用》（王勇译，2004 年版）；约瑟夫·奈和约翰·唐纳胡主编的《全球化世界的治理》（王勇等译，2003 年版）。

（3）"国家大战略"系列，包括彼得·帕雷特主编的《现代战略的缔造者：从马基雅维利到核时代》（时殷弘等译，2006 年版）；威廉森·默里、麦格雷戈·诺克斯、阿尔文·伯恩斯坦的《缔造战略：统治者、国家与战争》（时殷弘等译，2004 年版）；加迪斯的《遏制战略：战后美国国家安全政策评析》（时殷弘等译，2005 年版）；保罗·肯尼迪编的《战争与和平的大战略》（时殷弘、李庆四译，2005 年版）。

长期以来，上海人民出版社在推进中国国际关系学学术进步方面一向贡献卓越，除了出版颇有影响的"当代国际政治丛书"各种著作外，还出版了不少译著。与有的出版社在数年间集中出版一批译著的模式不同的是，其"东方编译所译丛"系列在多年间细水长流地出版了诸多翻译著作，因而是延续时间最长的一个译丛，也可能是影响最大的。

浙江人民出版社的"国际关系学当代名著译丛"所选著作包括戴维·鲍德温主编的《新现实主义和新自由主义》（肖欢容译，2001年版）；熊玠的《无政府状态与世界秩序》（余逊达、张铁军译，2001年版）；玛莎·费丽莫的《国际社会中的国家利益》（袁正清译，2001年版）；约瑟夫·凯米莱里和吉姆·福尔克的《主权的终结？——日趋"缩小"和"碎片化"的世界政治》（李东燕译，2001年版）；斯蒂芬·克莱斯勒的《结构冲突：第三世界对抗全球自由主义》（李小华译，2001年版）；约瑟夫·拉彼德和弗里德里希·克拉托赫维尔主编的《文化和认同：国际关系回归理论》（金烨译，2003年版）；詹姆斯·德·代元主编的《国际关系理论批判》（秦治来译，2003年版）；约翰·鲁杰的《多边主义》（苏长和等译，2003年版）；巴瑞·布赞、奥利·维夫和迪·怀尔德的《新安全论》（朱宁译，2003年版）；克瑞斯汀·丝维斯特的《女性主义与后现代国际关系》（余潇枫、潘一禾、郭夏娟译，2003年版）。这套译丛的缺陷在于翻译质量参差不齐，有的译著译文不够准确。

还有两个译丛则专注于国际安全领域。一个是由余潇枫主持、浙江大学出版社出版的"非传统安全与当代世界译丛"。另一个是由外交学院国际关系研究所组织、世界知识出版社出版的"国际安全译丛"。后一译丛的出发点是，在国际关系领域，西方国际理论的译著已经较多，而在国际安全领域的译著仍有不足，因而做此选择。这一译丛所译之书可分为两类。第一类属于基础类，可以使读者丰富对国际安全研究的理解，强化对国际安全问题的理解能力。其中，《当代安全研究》和《安全与国际关系》是评介性的教材。《理性选择与安全研究》是一部探讨理性主义方法在国际安全问题领域中是否过时的辩论文集。第二类是对国际安全研究问题的分析性著作，有助于读者模仿和学习书中研究方法、培养思辨能力，包括《安全共同体》《不完美的联盟：时空维度的安全制度》《核不扩散规范：国家为什么选择核克制》以及《作为实践的安全》。[①]

经过以上的工作，大体上而言，西方出版的重要国际关系学著作基本上都被纳入"榖"中。所不足的是，非英语国家的著作和论文等受到的重视远远不够，这又是一种缺憾。不过，中国学者的确做出了很大努力吃透原文并把握住西方理论，其中一例是任东来关于 international regime 中文翻译的讨论。Regime 这个来自法文的术语通常指政权或政府，在政治学上往往是指缺少 legitimacy（合法性或正当性）的政府。在西方学者那里，就是没有经过西方式民主选举产生的政权。它的另外一个含义是管理制度和管理体制。缺少合法性和管理体制这一层含义，对于理解 international regime 非常重要。明白了 regime 的含义之后，再看它的几种中文译名。译为制度应该说比较确切，但问题是这与 20 世纪 80 年代以后流行的另一个术语 international institution（国际制度）相混淆，难以区分。译为机制，略有不妥，因为机制往往是某一结构（制度）的功能，而不是结构（制度）本身，它的相应英文词是 mechanism。译为"规则"，内涵显然过于狭窄。译为"规制"，虽然颇为新颖，但毕竟不够平白通达。应该说，译为"体制"最为合适。体制在中文语境中突出的是某一领域里的管理和组织制度，与制度相比，体制更多的是一种没有严格法律界定、相对松散的和非根本性的组织和管理结构，可以被理解为一系列相关的条条框框（原则、规范、规则和程序）。与国内政治机构或制度相比，国际体制没有那么严密，也缺少国内制度那种权威性。[②] 这一讨论十分细致而严谨，可以看到这位学者在这一问题上对西方术语有比较深入的把握和理解。

早在 1992 年，何方就曾指出："当前的问题是，国内无论在研究和教学中还是多限于介绍西方各流派的理论，并且多所肯定而少分析批判，对创建中国自己的现代国际关系理论注意不够。这种情况已经到了必须

---

① 世界知识出版社"国际安全译丛"各种，王帆"总序"。

② 任东来：《对国际体制和国际制度的理解和翻译》，《国际问题研究》2000 年第 6 期。

改变的时候了。"[①] 到 21 世纪的头二十年，这一情形的确已经发生了很大的改观。

二、四个特征

如果归纳一下从 20 世纪 90 年代到 21 世纪头二十年国际关系学在中国的发展，可以看到呈现出如下四个特征：

（1）学术自主意识日益增长。中国国际关系学界开始认识到理论不仅仅是传统所理解的政策制定的方针，同时也应是人们观察国际关系的视角、检验理论假设和理解国际关系的一般原则。学术研究的独立意识和自主意识的成长越来越明显。[②] 以《欧洲》（及由《欧洲》改名而来的《欧洲研究》）、《世界经济与政治》、《国际政治研究》等刊物为代表的重要国际关系期刊在这方面起到了很大的推动作用。

（2）研究范围十分广泛。随着中国参与国际体系程度的迅速提高和学界对于国际关系领域前沿研究的关注，中国国际关系研究的范围也不断扩大。出版于 2006 年的《中国国际关系研究（1995—2005）》一书（北京大学出版社），共由十七章组成，凡 554 页，分别考察了中国的马克思主义国际关系研究、中国的现实主义理论研究、中国的国际制度理论研究、中国的建构主义研究、中国的国际政治经济学研究、中国的英国学派研究、中国的女性主义国际关系研究、中国的国际战略研究、中国的国家利益研究、中国的联合国研究、中国的主权问题研究、中国的地区主义研究、中国的安全问题研究、中国的国际关系方法论研究、中国国际关系学科中的全球化研究、中国国际关系学科中的民族主义研究以及国际关系研究"中国化"的论争，可谓洋洋大观。考虑到一部书的容量有限，这些章名应还没有穷尽全部的研究内容。

---

① 何方：《建立中国的国际关系理论》，《世界经济与政治》1992 年第 1 期。

② 参见任晓：《走自主发展之路——争论中的"中国学派"》，《国际政治研究》2009 年第 2 期。

（3）学派意识明显提高。对建设中国学派的呼声越来越强烈，并发表了一系列相关文章①，引起了国际关系学界的广泛兴趣和讨论。争论的焦点在于：理论是普世的吗？还是植根于一个民族的历史或集体记忆？具有中国特色的中国学派能够诞生和发展吗？②

（4）研究方法的自觉意识有明显增强。③较之过去，中国国际关系学界更重视对研究方法的自觉运用了。这一现象不仅可见于专书出版④，还可见于各家期刊所发表的众多研究论文中。很自然地，在这个问题上同样也存在不同看法的争论。有些学者不赞成过分"拔高"一些具体方法的作用，争论也涉及对实证主义的认识。时殷弘就指出，一些学者所称的"科学方法"，其命题或论断基于逻辑的或数学的证据，或基于严格的实证性验证程序。在其趋于极端的形态上，其信仰者设想理论化等同于构建和运作模型，并且执迷于单纯的量化描述和分析，力图追求在自然科学中往往能够达到或容易达到的那种精准、简明、确定性和可验证性，甚至"将国际关系的种种经典理论当作无价值之物撇在脑后，显然将他们自己想象为一门全新的科学的创建者"。⑤国际关系研究在若干方面的显著进步表明，"科学方法"有其重大甚至伟大价值，然而它的不易避免的弊端（或者说迷信和滥用这种方法的弊端）也已经在数十年的国际关系研究中显示出来。这些弊端主要在于脱离复杂的经验实际，忽视根本而专注于边际，忽视实质而专注于形式，漠视认识的相对性，缺乏

---

① 较早的是梅然的《该不该有国际政治理论的中国学派？——兼评美国的国际政治理论》，《国际政治研究》2000 年第 1 期，以及任晓的《理论与国际关系理论：一些思考》，《欧洲》2000 年第 4 期。

② 秦亚青：《探索与反思：中国国际关系学三十年（1978—2008）》，载邓正来、郝雨凡主编：《中国人文社会科学三十年：回顾与前瞻》，复旦大学出版社 2008 年版，第 346—347 页。

③ 其中一组讨论文章见秦亚青、阎学通、张文木、时殷弘、冯绍雷：《国际关系研究方法笔谈》，《中国社会科学》2004 年第 1 期。

④ 阎学通、孙学峰：《国际关系研究实用方法》，人民出版社 2001 年版。

⑤ Hedley Bull,"International Theory: The Case for a Classical Approach", in John Vasquez, ed., *Classics of International Relations*, 2nd edition, Eaglewood Cliffs, N. J.: Prentice-Hall, 1990, p. 83.

对本身研究结论的适当的怀疑态度。与此相关，尤其像近二十年来越来越多的人士指出和批评的那样，那些过度倚重此类方法的国际关系理论派别有其特别基本的大毛病，即漠视哲理（特别是伦理）思考，漠视历史研究。[1]

因此，在中国国际关系学界，有大力主张和推广"科学方法"的，有坚持"经典方法"的，也有对方法的"神通广大"持质疑态度的，认为不存在什么最好的研究方法，运用什么研究方法要看具体的研究议题，只有最适合的研究方法，没有最佳的研究方法，应该持多元研究方法观。如此的一些争论，正反映了中国国际关系学所展现的生机。

在检讨方法论的同时，还有学者进一步提出了本体论思考的问题。李义虎就此做了专门论述。他指出，我们对方法论的重视超过了本体论。这是一个需要纠正的现象。本体论关系到国际关系的存在形式是什么的基本问题，也关系到国际关系理论的基本内核是什么的本源性课题。中国人应该去阐释国际关系的"体"是什么，并进而创造自己的基本概念、话语和逻辑，只有这样才能打破西方或美国的"话语霸权"或"文化霸权"，与西方理论进行平等的对话与交流。"只有在本体论上取得突破，才能建构起中国学派。"[2] 相关的发展表明，随着时间的推移，中国国际关系学界的学术探讨日益实在化、学理化，学术水平稳步提高，不少学者已经具有了在国际性比较中亦毫不逊色的水平。

三、国际化和走向世界

自20世纪90年代以来，中国国际关系学国际化的趋势日趋明显，中国学者和国际关系学术开始走向世界。这指的并非是人们熟知的向其他国家派遣留学生和访问学者，而是中国的学术活动与国际学术界和研

---

① 时殷弘：《关于国际关系的历史理解》，《世界经济与政治》2005年第10期。
② 李义虎：《关于国际关系理论的本体论问题——从西方理论到中国理论》，《国际政治研究》2005年第1期。

究界日益深入地交织在一起，成为其中平等的一分子。存在大量的事实可以说明这一点，其中之一是与亚太安全合作理事会有关的各项活动。

（一）"第二轨道"

20 世纪 90 年代，中国先后加入了亚太安全合作理事会（CSCAP）和东盟地区论坛（ARF），其中，作为"第二轨道"（或"二轨"）的前者是为作为"一轨"的后者提供思想和行动选择的"脑库"。自那以后，中国积极参加了 CSCAP 的相关研讨活动，参与这些活动激发了中国学界的研究工作。

亚太安全合作理事会（CSCAP）正式成立于 1993 年，不久即成为亚太地区重要的"二轨"安全对话与合作机制。它有二十多个成员委员会，涵盖亚太地区的大多数国家。CSCAP 以国际和地区安全问题为核心开展研究，研究成果多以备忘录形式提交东盟地区论坛和各国政府或官方机构参考。

中国于 1996 年加入 CSCAP，1997 年成立了 CSCAP 中国委员会，秘书处设在中国国际问题研究院，委员由来自国内外交和安全相关部门以及知名学术研究机构的数十名专家组成。中国委员会积极参与了 CSCAP 的各项活动，为促进中国与亚太地区各国在安全领域的相互了解与合作而努力。

在任何一个时间点，CSCAP 都有数个研讨小组在开展工作。中国委员会开展的工作和活动，带动了对建立信任、预防外交、亚太安全、非传统性的安全问题等相关课题的研究。以 2009 年为例，中国委员会的主要工作包括：（1）这一年，委员会共组团参加了 15 次 CSCAP 的有关国际会议，在京承办了一次研究小组会议。秘书处同有关委员单位协商派遣适当人选，并承办了安排数十人次参会的内外联络，还与相关委员单位一起召开中方预备会。（2）双边交流有所增加，在 CSCAP 内的影响力有所增强。这主要体现在 CSCAP 越来越重视中国的参与，中国的意见日益受到重视和关注，不少委员会加强与中国委员会沟通并在一些问题上寻求中方支持。（3）各研究小组当前及未来工作：（a）东北亚多边安全框架小组。中方为该小组联合主席之一。小组于 2009 年 2 月在日本召开了第一次会议，中国委员会派员参会。会议就六方会谈下的机制建设、朝鲜半岛和平体制建设与军事互信措施、六方会谈与东北亚多边安全机制等议题进行了讨论。（b）增强海军力量研究小组。中、日、印为联合主席。5 月在新加坡召开了小组第一次会议，中国委员会派人参加。会议就当前亚太地区海军力量的发展及其可能给地区海上安全带来的益处与风险、地区各国在维护海上安全等方面的共同利益、地区海上安全合作现状、增强互信的途径等问题进行了讨论。（c）打击跨境犯罪研究小组。小组于 2009 年召开了两次会议，公安部第四研究所、公安部国际合作局等专家到会。会议主要就影响地区安全的主要跨境犯罪类型进行分析，并最后形成风险评估机制。（d）气候变化研究小组。小组共召开两次会议。会议就气候变化对亚太地区安全的影响及应对措施进行了讨论。（e）防扩散研究小组。小组共召开了三次会议，其中中国委员会于 2009 年 6 月在北京承办了第九次会议。此次会议与东盟地区论坛首次裁军与防扩散会间会"背靠背"举行。会议就全球防扩散体制、朝鲜半岛局势、《亚太地区防扩散手册》等问题进行了深入讨论。（4）2009 年 12 月 28 日，CSCAP 中国委员会在北京召开了第十一次大会。

除了 CSCAP 外，还有若干个其他"二轨"或所谓"一轨半"研讨或沟通机制，为数众多且颇为活跃，也有越来越多的中国研究者参与其中。参与这些国际性会议活动，要求事先（以及事后）开展研究，会中参与研讨，甚至唇枪舌剑，这就带动了中国国内相关研究机构或高等院校的相关研究工作。

（二）中外合作研究

这一时期中外合作研究进一步增多。中央党校因需要与哈佛大学费正清东亚研究中心合作研究冷战时期的中美关系，专门成立了国际战略研究中心。2000 年，经中央党校常务副校长郑必坚提议，把国际战略研究中心与国际政治教研室、世界经济教研室整合，组建中央党校国际战略研究所，2001 年经中编办批准成立。不久该所就在和平崛起问题的研究中发挥了重要作用。

中国国际战略研究基金会则与美国卡内基国际和平基金会合作，共同就中美之间的危机管理问题开展了研究，出版了中英文研究成果，受到各方所肯定，是十分成功的中外合作尝试和努力。[①] 还有中美日三方开展的合作研究，南开大学王正毅早前就携手美国圣迭戈加利福尼亚大学（UCSD）迈尔斯·凯勒（Miles Kahler）和日本防卫研究所高木诚一郎，共同主持了为期四年的国际合作项目"国际政治经济学和亚太区域化（1996—2000）"。作为这一项目的最终成果，2007 年由上海人民出版社出版了《亚太区域合作的政治经济分析：制度建设、安全合作与经济增长》。

（三）国际发表

与上述发展有一定关系的是，中国学人用英文撰写的作品和国际发表大幅上升，成为这一时期的一大趋势。中国学者用英语撰写和发表文章，一开始更多的是应国际会议的邀约而为。随着时间的推移，则逐渐越来越多更为自主地在英文国际学刊或政策性刊物上发表文章，不少刊物颇有影响。这些学刊包括但不限于 *Foreign Affairs*，*International Studies Review*，*Review of International Studies*，*International Affairs*，*The Pacific Review*，*Third World Quarterly*，*The Washington Quarterly*，*Orbis*，*International Relations of the Asia-Pacific*，*Asia Policy*，*Journal of Contemporary China* 等。这只是一份不完整的单子。

这一时期的一个重要突破是中国学者开始出版英文专著，复旦大学唐世平的 *The Social Evolution of International Politics* 于 2013 年由牛津大学出版社出版；外交学院秦亚青的 *A Relational Theory of World Politics*

---

① 中文版为：张沱生、〔美〕史文主编：《中美安全危机管理案例分析》，世界知识出版社 2007 年版；英文版为：Michael D. Swaine and Zhang Tuosheng, eds., *Managing Sino-American Crises: Case Studies and Analysis*, Washington, D.C.: Carnegie Endowment for International Peace, 2006。

于 2018 年由剑桥大学出版社出版；清华大学阎学通的 *Ancient Chinese Thought, Modern Chinese Power* 和 *Leadership and the Rise of Great Powers* 分别于 2011 年和 2019 年由普林斯顿大学出版社出版；中国社会科学院赵汀阳被翻译为英文的 *Redefining A Philosophy for World Governance* 于 2019 年由国际知名出版公司 Palgrave 出版。中国学者主编并集体撰成的英文著述更多，如北京大学朱锋（现南京大学）与罗伯特·罗斯共同主编了 *China's Ascent*，2008 年由康奈尔大学出版社出版；复旦大学任晓与艾伦·卡尔森共同主编了 *New Frontiers of China's Foreign Relations*，2011 年由美国 Lexington Books 出版公司出版；任晓还与他国学者共同主编了 *Human Security and Cross-Border Cooperation in East Asia*，2019 年由 Palgrave Macmillan 出版公司出版；王缉思、朱锋和约翰·艾肯伯里共同主编了 *America, China, and the Struggle for World Order*，由 Palgrave Macmillan 公司于 2015 年出版。

　　另一种形式是就特定主题组织开展专门研究，并出版国际学术刊物的专辑。如由任晓组织，在相对较早时的 2011 年，出版了 *East Asia: An International Quarterly* 的英文专辑"中国对外政策的根源和转变"，由中国学者时殷弘、张小明、朱锋、任晓及韩国专长中国事务的学者郑在浩撰稿，被该刊主编认为是一次十分成功的合作。经过数年的工作，2020 年，在国际上颇有影响的 *The Pacific Review* 学刊出版了由任晓和英国学者布雷斯林（Shaun Breslin）共同主编的"中国的全球角色辩论"专号，撰稿人均为中国学者，包括任晓、陈志敏、魏玲、王栋、何志鹏、刘宏松、黄梅波、张雪滢等。

四、从"中国特色"到"中国学派"

　　进入 21 世纪后，中国国际关系学中意义最为重大的一个发展，是在创建中国人提出的国际关系理论方面迈出了稳健步伐，并取得了实质性的进展。这同样经历了一个过程，大体上说是一个二十年的历程，也是一个可圈可点的发展过程。

（一）"中国特色"说及其超越

前已提到，在进入 21 世纪后，中国国际关系学的学术自觉程度有了显著的提高。这一动向中最有意义和价值的，或许是围绕着是否应建设国际关系理论（或国际关系学）的"中国学派"而展开的讨论和论争，以及由此而产生的原创性理论成果。二十年间，这一讨论从开始时对"中国学派"孤独的呼吁，发展到这一主张逐渐得到了更多从业人员的赞同和支持，成为一种具有重要意义的努力，对中国国际关系理论建设的发展产生了积极促进作用。与此同时，也很自然地存在对这一主张的怀疑和保留。

有必要提及的是，在建设"中国学派"的呼吁或主张产生之前，曾经出现过针对是否应提出建设"中国特色"国际关系学的争论。1987年，时任国务院国际问题研究中心总干事的宦乡在上海国际关系理论讨论会上就曾提到应"建立一个有中国特色的国际关系理论"①。以后的提倡者以北京大学教授梁守德等为代表，梁从 20 世纪 90 年代初开始就主张中国国际政治学理论建设应突出"中国特色"。根据他的解释，在理论建设中突出"特色"，不仅是承认个性和多样性，而且是重视开拓性，追求杰出性。理论建设中的求实创新和更新发展，就是"特色"杰出性的表现和要求。②后来，他又对"中国特色"的含义加以说明，称"国际政治学的中国特色，指的是立足中国，面向世界，从中国的角度研究国际政治演变和发展的客观规律"。同时，又表明了强调中国特色的目的，是"在于通过独立自主的研究，全面、准确地揭示国际政治的本来面目，完整建设好自己的国际政治学"③。

对此持怀疑态度者则认为，这或多或少是"建设有中国特色社会主

---

① 宦乡：《关于建立国际关系学的几个问题》，载上海市国际关系学会编：《国际关系理论初探》，上海外语教育出版社 1991 年版，第 3—7 页。

② 梁守德：《国际政治学在中国——再谈国际政治理论的"中国特色"》，《国际政治研究》1997 年第 1 期。此前的一篇文章为梁守德：《论国际政治学的中国特色》，《国际政治研究》1994 年第 1 期。

③ 梁守德、洪银娴：《国际政治学理论》，北京大学出版社 2000 年版，第 31—33 页。

义"口号的套用。有的则认为，中国人研究国际关系，是一定会有中国特色的，因而无须特别这样提倡。例如有人指出："凡在中国文化土壤上生长起来的思想，包括移植过来的思想，无一不具有中国特色。问题仅仅在于中国特色是什么。"[①] 王逸舟"倾向于现阶段少讲或尽量不讲"，理由很简单，"我们迄今仍然谈不上对作为一门学科的国际政治学有多少贡献"。现阶段不宜多宣传"特色"的另一原因是，在经历了长时间的泛政治化之后，中国人在经济社会生活中都在淡化意识形态，国际政治研究也应当这样，要把意识形态追求同国家利益追求、对策分析与学理探讨、政见分歧与学理分歧区别开来，这样才有助于研究的深入和学术气氛的培养。[②] 而根据梁守德的"再谈"文章，学术界不同意国际政治学"中国特色"的提法（甚至不同意"特色"的提法），主要有五种意见：（1）国际政治学理论是普遍适用的科学，要"力图克服民族主义的障碍"，提"中国特色"是不科学的。（2）"中国特色"是一个政治意识形态概念，学术研究不能照搬。（3）突出"中国特色"会陷入理论的实用性，易出现片面性，削弱理论的学术性，有可能造成理论的停滞性和僵化。（4）特色的形成，并不是预先的设计，而是有赖于理论本身发展的成熟。（5）中国学者的理论研究本身就带有"中国特色"，何必要特别突出。梁认为，这些看法，虽然能够理解，但均站不住脚。其实，不仅国际政治学理论，而且所有社会科学理论，均有各国特色，甚至学派特色和个人特色，不管你承认不承认。[③] 问题在于，既然如此，那又为什么需要特别提倡呢？数年后，王逸舟又写道，他仍坚持上面提到的看法，但想加上一些补充意见，即"中国这样的大国必须有、也肯定会有独具特色的国际政治观"，"严格意义上的大国，从来不会长时期地完全依附他国，不论

---

① 王缉思：《国际关系理论与中国外交研究》，《中国社会科学季刊》第一卷（1993 年 2 月）。

② 王逸舟：《当代国际政治析论》，上海人民出版社 1995 年版，"写在前面"第 11—12 页。

③ 梁守德：《国际政治学在中国 —— 再谈国际政治学理论的"中国特色"》，《国际政治研究》1997 年第 1 期。

是政治经济或者思想文化"。从某种意义上讲，所谓"中国特色"也就是中国人自己的视角、自己的观察和自己的结论，如果我们把这种视角精确化、全方位化，把这种观察深入化、系统化，把这种结论理论化、逻辑化，自然就有了"中国特色的理论"。① 这么说来，似乎不需要专门提倡或强调"中国特色"四个字。

北京大学王勇则认为，"中国特色"提法既有合理性又有局限性。在他看来，国际关系研究界提出"建设有中国特色的国际关系理论"的目标，直到他写作那时还没有十分具体、系统的论述，特别是没有产生专著来专门论述这一理论体系的对象、内容与方法。目前虽已公开出版一些中国学者的集体著作，但大都为"概论"一类，它们能否代表"有中国特色的国际关系理论"体系，是有疑问的。②

在王勇看来，这一理论目标的提出有其合理性的一面：（1）它反映了中国学者的紧迫感和责任感。挑战来自于理论与实践两个层面，即在当今世界上，西方理论大行其道；而变化了的国际形势又迫使学者对之进行解释。不少中国学者想要创出一条中国式的理论之路。（2）对"特色"的把握有合理的一面。他们强调国家力量、国情与国际地位必然对理论产生较大影响；各国对政策的实践也对理论有影响，如各国理论一定程度上是服务于国家利益的。这些意见确实反映了国际关系理论一个方面的本质，即理论必然是价值性理论与实证性理论的结合体。（3）传统文化遗产将对国际关系理论建设做出独特的贡献，特别是博大精深的中国古代文化将是中国理论建设的源头活水。

然而，"有中国特色的国际关系理论"目标的含混之处，可能使其产生不少局限性：（1）理论流派、体系的多标准化问题没有得到回答。"有中国特色的国际关系理论"是独一的理论体系呢，还是对由不同流派、体系组成的大理论体系的总括？（2）实证性理论意义上的方法论问题并

---

① 王逸舟：《中国国际政治理论研究的几个问题》，载资中筠主编：《国际政治理论探索在中国》，上海人民出版社 1998 年版，第 18—20 页。

② 王勇：《试论建立国际关系理论的实证方法——兼评国际关系理论的"中国特色"》，《国际政治研究》1994 年第 4 期。

未涉及。这是一个十分关键的问题，不能回避，而且应当首先做出回答。（3）"中国特色"容易使人误解，即认为是以中国的国际经验解释国际体系和体系内其他国家的行为。（4）强调"中国特色"，如何与国际社会的"国际化""人类共同利益"的发展等新现实相调和？问题是，这些国际新现实存在不存在，它们代表了人类社会发展的怎样的方向？（5）中国文化的影响问题。这是个极端重要的问题，应当及早进行科学研究。这里的问题是，文化价值观不会自动对建立理论体系起作用。那么，它是怎样起作用的呢？文化中的哪些部分将起作用呢？冷战后的美国学术界正对文化、观念在国际关系、对外政策中的作用展开论战，及时了解国外同行的看法有益于这个问题的解决。①

围绕"中国特色"问题的这一争论，如果说总体上颇有兴味但还比较空泛的话，那么，确曾有学者具体地指出过"中国外交思想"虽然经历了许多变化，但其理性思维的基本框架没有变，具有一些西方国际关系理论涉及不到的概念，反映了中国文化和哲学的特色。在王缉思看来，其中有四个方面：（1）强调国际形势不断变化，应据此而调整外交思想及政策。有三个具有中国特色的概念，是做出形势判断和调整政策的基础。第一个是关于基本矛盾和主要矛盾的概念；第二个是"时代"的概念；第三个是"世界格局"和各种力量重新分化、组合以及力量对比的概念。（2）形象化的比喻和高度概括。如毛泽东善于运用"东风压倒西风""纸老虎""两把刀子"（指列宁和斯大林）等形象化的比喻来说明问题和现象，至今在中国理论界仍有潜移默化的影响。（3）以"关系"为研究对象，以国家行为体为中心。中国人观察国际政治，很容易理解处于无政府状态的国家间关系的不确定性和不稳定性，比较善于分清不同时期、不同问题上的"敌我友"，利用矛盾，争取多数。（4）强烈的道义色彩。中国外交声明和有关论述反复宣传中国在国际事务中所持的公正立场和高尚的道义准则，如无产阶级国际主义、和平共处五项原则、反

---

① 王勇：《试论建立国际关系理论的实证方法——兼评国际关系理论的"中国特色"》，《国际政治研究》1994年第4期。

对霸权主义和强权政治、中国"永不称霸",等等。①

　　当然,王缉思所指出的这些具体特色还是属于中国外交思想或理论思维的特色,如果采用"政策导向的理论"和"知识导向的理论"区分的话,主要属于前者。而"中国学派"论的提出和阐发,不光是明显比"中国特色"论在主观上更自觉,在内容上更充实,较之从前更有底气了;而且,它更多地是指中国学派的国际关系理论,因而不能不更多的是属于"知识导向的理论"了。

　　(二)"中国学派"说的登场

　　较早提出主张建设"中国学派国际关系理论",见于北京大学青年学者梅然 2000 年发表于《国际政治研究》和复旦大学青年学者任晓同年 8 月发表于《欧洲》杂志的论文中。梅然在文章中开宗明义地写道:"我认为,中国国际政治理论研究者应力求使自己的研究体现出创造性和独立性,以求建立'国际政治学的中国学派'。"文章提及了在这个问题上存在不同的看法。比如有人说,不同国家的学者研究同样的主题自然会受到各自国家的文化、传统、社会环境、政策需要的影响,这是一个不言自明的事实。因此,虽然美国的理论有这样那样的毛病,虽然中国学者有必要进行独立的研究,但也用不着非得打出"中国特色"或"中国学派"之类的旗号,就像美国人不说什么"美国学派"一样。这话看似有理,实则不然。它触及了人文、社会科学研究的一般特点,却没有顾及全球国际政治研究的具体现实。中国的历史学研究源远流长,有自己独特的研究方法、擅长的研究领域和经典的研究成果。对此我们也许并无太大必要打出"中国牌"。可是,国际政治学在中国是新学科;更重要的是,美国在该学科居于统治地位,而该地位从学术角度而言远非令人满意。在这种情形下,打出"中国牌",就是要凸显出当前全球国际政治学界的不合理状况,"要强调对这种状况进行变革的意义,显示出中国学

① 王缉思:《国际关系理论与中国外交研究》,《中国社会科学季刊》第一卷(1993 年 2 月)。

者参与这场变革的勇气。……在其他国家的国际政治研究被美国的研究'边缘化'的今天，这样做就是要变'单一中心'为'多中心'"①。否则的话，一种或一类理论、思想一旦成为主导，而又不经历挑战或积极变革，就会自然地统治、禁锢人们的头脑。"不仅日渐淡化自身的特色，而且往往忽视其他特色的存在。后起的特色理论开始时总是处于少数，但它的出现，就是对权威的挑战，其建立和发展是一个艰苦的漫长过程。"②

任晓的文章则指出，20世纪90年代曾出现过关于是不是应该提建立有中国特色国际政治理论或国际关系学的争论，有赞成的和反对的不同意见。他本人不大赞成提"中国特色"，因为这多多少少是"建设有中国特色社会主义"一语的套用。但必须指出，中国的学者一定要有一种志向，一种创新意识，要致力于建设中国人自己的理论观点和理论主张，进而至于理论系统，因此之故，他比较赞成提建设"中国学派的国际关系理论"。文章并认为："建设中国学派的国际关系理论的前景是可以谨慎乐观的。建立中国的理论，并不是要刻意追求与西方理论的对立，为了求不同而不同，而是说中国人要有独立思考的精神，不要拾人牙慧；要有自己的学说，不要总是跟着别人走。一言以蔽之，要有我们中国人的理论贡献。"③该文强调了进行原创性研究的重要性，认为这是学科和理论得到发展的关键。现在的问题是原创性的研究甚少，其中一个重要原因在于未能提出原创性的问题。提出原创性的问题，咬住不放，锲而不舍，就可能产生知识的创新。理论研究的发展，最终是要通过研究者个体的创造性研究来实现的。④

由上可见，在2000年，北京和上海的两位青年学者十分鲜明地提出了建设"中国学派"的主张，这是出于一种对当时中国国际关系学状况

---

① 梅然：《该不该有国际政治理论的中国学派？——兼评美国的国际政治理论》，《国际政治研究》2000年第1期。

② 梁守德：《国际政治学在中国——再谈国际政治学理论的"中国特色"》，《国际政治研究》1997年第1期。

③ 任晓：《理论与国际关系理论：一些思考》，《欧洲》2000年第4期。

④ 同上。

的不满意，在于当时中国还处于引进西方理论居多的"学徒"状态，还缺少具有中国学界自己原创性的学术产品，因而提出了以建设"中国学派"为中国国际关系学的追求。不过，这已经属于一种相当高远的追求了。

在此后的 2002 年 9 月，外交学院的秦亚青为北京大学出版社的"国际关系理论前沿译丛"写了一篇总序，其中写道："希望这套译丛能够起到他山攻错的作用，使我国国际关系学界的同仁通过借鉴、思考和批判，提出原创性的国际关系理论，建立国际关系理论体系中的中国学派。"[①]可见他也颇为明确地提出了建立中国学派的主张。南京大学石斌则认为，一度颇有争议的"特色""中国化"或"本土化"等提法，原则上并不是一个问题。只要此类主张的内涵并不等于纯粹的意识形态宣示或"政策注解"，也不等于排斥外来理论，此种追求不但无可厚非，而且非常必要。[②]他自己的提法则是"中国式探索"。所谓"中国式探索"的关键，是从中国作为一个崛起的发展中大国需要解决的问题出发，通过独立思考，寻求自己的答案。

2004 年 12 月，在上海举行了又一次全国国际关系理论讨论会（有时也被称为"中国国际关系理论第三次研讨会"[③]）。这次讨论会打出了"创建中国理论，构建中国学派"的旗帜。若从 1987 年、1998 年和 2004 年先后在上海召开的三次全国性国际关系理论讨论会看，可以发现，2004年会议所打出的这一旗号，尽管并非首次提出，却也可算是国际关系学在中国发展的重要事件之一，会后出版了《国际关系：呼唤中国理论》一书。"这三次会议的召开，标志着中国国际关系理论研究起步、发展和进入综合、创新的阶段。"[④]

① 参见：北京大学出版社"国际关系理论前沿译丛"各书，秦亚青"总序"。

② 石斌：《国际关系理论"中国式探索"的几个基本问题》，《世界经济与政治》2004年第 5 期。

③ 梁守德：《中国国际政治学学科建设的回顾与思考》，《河南社会科学》2005 年第1 期。

④ 郭树勇主编：《国际关系：呼唤中国理论》，天津人民出版社 2005 年版，俞正梁"序言"第 1 页。

2004年讨论会的主要组织者俞正梁十分精到地写道："理论创新是一项长期而艰辛的工作。……中国国际关系理论的创新和建设：一是需要有大无畏的开拓者精神，需要有冲破原有的思维定式和理论框架的勇气和胆识。要敢为天下先，敢于提出独立的见解，敢于坚持自己的观点，更重要的是要有深邃、锐利的目光，洞察深藏在表象背后的真谛，由此才能达到理论的突破，这就是理论探索的顿悟。二是需要有实事求是的科学精神，根据全球和中国实践中出现的新情况、新问题，用创造性的、更合理的理论来解释它、指导它。三是需要有足够的恒心和韧劲。理论创造是一项相对枯燥、抽象的工作，受制于创新能力的强弱和知识的积累，短期内难以出成果。只有宁静致远、淡泊名利、持之以恒，才能有所成就，任何急功近利、心浮气躁、行色匆忙的学术品格都无济于事。"[①] 这段话说得十分精彩，可谓道尽了理论建设的道理、道路、难度和所需的条件。2004年讨论会后所出版的文集质量，比之1998年讨论会文集有明显的提高。

倡导或主张"中国学派"的学者有一个共同点，即他们都认为建设中国学派是必要和可能的；他们大都提倡研究方法的多元化，注重人文内涵，而这一点与他们对中国学派本身的倡导是一致的。

还可以观察到，大约与此同时，在其他人文社会科学学科也同样提出了对原创性的追求。如一本名为《原创》的丛刊在2007年的创刊号旨趣中写道："问题是，全球范围内的理论创新很多，但中国学者基本上还没有原创性的、对全球现代化进程产生重要影响的成果，也还没有在'和平崛起'的中国式现代化道路上有重大理论贡献给世界，特别是还没有在全球市场背景下提供出不同于西方宗教、也不同于儒家伦理的解决精神和心灵问题的思想方案，这必然会影响中国人文社会科学学者在世界范围内的自信心以及依托这种自信建立起来的'主体性'。"[②] 因此之故，

---

① 郭树勇主编：《国际关系：呼唤中国理论》，天津人民出版社2005年版，俞正梁"序言"第2页。

② 吴炫：《原创是一种努力》，载吴炫主编：《原创》第一辑，黑龙江人民出版社2007年版，第1—4页。

要把建立中国人自己的当代原创性思想、理论，作为我们的一个持续、潜在的价值追求，通过个人的努力为之增添一砖一瓦。[①] 不难看到，这一旨趣，与中国国际关系学界"中国学派"的主张和追求是完全一致的。

五、中国国际关系理论的兴起

此后，有不少中国国际关系学人进入了沉潜往复、孜孜不倦于扎实理论建设的阶段，因此，尽管表面上看似乎不见有更多相同类型、常常颇为隆重的国际关系理论讨论会召开，但实际状况较之以往更具有实质性的意义。这种意义，人们在不久之后就看到了，它体现在具有中国原创性的学术成果的出现。

从"中国学派"一语的使用看，一种语义是被用来宽泛地指称中国国际关系学界已经做出了的研究。比如有学者在探讨了中国对国际格局问题的研究后，认为"中国的国际格局理论"反映出明显而强烈的现实主义自然倾向。中国式的现实主义一旦与西方现实主义相遇，常常会产生很大的"共鸣"。但另一方面，与西方现实主义和新现实主义关于国际格局的理论相比，中国国际格局理论也具有自己的一些特征，这些特征可以说完全是"中国学派"的特征。该学者从五个侧面来加以说明。

（1）长期以来，中国国际关系理论大量使用了有自己特色和语境限制的现实主义概念，如国际格局、多极化和两极化等，是国际关系文献中最经常出现的语汇，它们与时代、主题、基本矛盾、力量对比和综合国力等概念共同构成了中国学派的理论范畴和特殊话语体系。这些概念为国内学术界所共同认定，尤其是国际格局的概念足以反映中国学者的共同意向。（2）国内学者对国际格局研究的定位反映出他们的理论偏重于与外交政策的联系，有将外交政策理论取代国际关系理论或是将二者混淆起来的显著倾向。必须强调的是：第一，国际格局是制定外交政策

---

① 吴炫：《原创是一种努力》，载吴炫主编：《原创》第一辑，黑龙江人民出版社2007年版，第3页。

时必须考虑的基础条件，但却不能简单地说是整个国际关系的基础；第二，国际关系理论和外交政策（理论）是两个不同的范畴，不能把二者混为一谈。（3）中国的国际格局理论所具有的现实主义特征，促使它关注宏观的问题而忽视微观的问题，一般来讲，倾向于对国际关系和国际形势做出较大的"战略划分"。其重要的结果是，这种研究偏重于国际格局所表现出来的表面数量关系，而未能进行深入的结构分析，更谈不上去研究国际格局的性质和过程。（4）由于受到列宁经济政治发展不平衡规律和力量对比分析理论的影响，中国的国际格局理论强调国际格局发展的不平衡或动态平衡，认为不平衡是绝对的，平衡是相对的。根据这一观点，"不平衡规律"实际上提供了对国际格局进行动态的过程研究的潜在可能，只不过中国国际格局理论尚未就此进行充分的挖掘。（5）中国的国际格局理论强调国际关系中的基本矛盾对国际格局的决定意义，认为基本矛盾的存在是国际格局进行划分的重要依据，基本矛盾的变化是国际格局变化的根源。国际格局在内涵上所反映的就是国际关系中的基本矛盾及其运动。①

"中国学派"的另一种用法，则是被用来指称从事更具有原创性的研究从而产生了中国国际关系理论，由此而形成的学术流派。这是更为主流的理解。而这恰恰是21世纪中国国际关系学领域具有最重要意义的发展，这一发展决定性地改变了中国国际关系学原创性理论缺失的状况，从而推动中国国际关系学实现了实质性的提升。这一重要发展主要表现在以下四种原创性理论的出现。

（一）天下理论

天下体系理论的代表性学者为中国社会科学院研究员赵汀阳。2005年，赵汀阳将此前已经发表的两篇讨论天下体系的论文，连同一篇新撰写的导论"为什么要讨论中国的世界观"，合为一体，以《天下体系：世

---

① 李义虎：《国际格局研究的现实主义取向和"中国学派"——国际关系学科整合研究之一》，《国际政治研究》2004年第2期。

界制度哲学导论》为名出版。此书甫一出版，即在学界引起广泛的关注和讨论。2011年，赵汀阳再版其书，其中收入中外相关反应和评论15篇。又数年后，他出版了《天下的当代性：世界秩序的实践与想象》一书，对前书主题做了进一步的阐发。[①]

赵汀阳在《天下体系》的"前言"中说，今日世界，乱世已成，究其原因，主要有以下两个方面：一是人类有世界而无天下，世无良序久矣；二是一乱生百乱，小乱成大乱，势所难免也。他认为，所谓天下兴亡之事理，以今日之说法，便是世界政治哲学问题。[②] 在关于世界政治的问题上，中国的世界观，即天下体系理论，是唯一考虑到了世界秩序和世界制度的合法性的理论，因为只有中国的世界观拥有"天下"这个在级别上高于／大于"国家"的分析角度。[③] 中国的基本精神在于"化"。"化"是为了追求"大"，有容乃大，以至无边。当这一基本精神落实在关于世界的问题上，就是天下无外。这种精神同时也决定了中国思想从根本上有别于西方思想。简单地说，它注定了中国思想中不承认绝对在外的超越存在（the transcendent），也就是那种无论如何也"化"不进来的存在。[④] 可以看到，"无外"是天下体系理论中尤其重要的一个原则，在赵看来它能够有助于我们人类消除西方思想中的一个顽固病症，即基于宗教非理性的"异教徒意识"而发展出来的"敌人假设"。尽管天下体系模式并没有把握消除国家之间的政治／经济性矛盾，但至少可以消解文化差异性所导致的冲突。这一点无比重要。世界需要一种新的存在秩序（order of being），一种世界内部化的秩序，谓之"天下体系"。

这一理论以"共在实在论"为自己的本体论。"共在"（coexistence）

---

① 分别为赵汀阳：《天下体系：世界制度哲学导论》，江苏教育出版社2005年版；再版为：《天下体系：世界制度哲学导论》，中国人民大学出版社2011年版；赵汀阳：《天下的当代性：世界秩序的实践与想象》，中信出版社2016年版。

② 参见赵汀阳：《天下体系——世界制度哲学导论》，江苏教育出版社2005年版，"前言"。

③ 同上书，第4页。

④ 同上书，第13—14页。

而不是"存在"（existence）为首要问题。共在存在论的基本原则是：共在先于存在。这意味着，任何事都必定形成一个共在状态，在共在状态中的存在才是有意义的存在，共在状态所确定的在场状态才是存在的有效面目。当某物尚未进入某事，它的存在是尚未在场状态，物只有在事中与他物形成共存关系才能确定其在场的存在价值。选择一种事就是选择一种关系，选择一种关系就是选择一种共在方式，只有选择了共在方式，存在才具有在世意义，所以说，共在先于存在。[①]

赵汀阳认为，最优共在关系的基本表现就是"和谐"，因为和谐最充分地体现了多样存在的兼容互惠合作，体现了合作最大化和冲突最小化的共在原则。在这种环境条件下，人与人的共在将使每个人的利益和幸福都获得改善。赵汀阳将"和谐"定义为这样一种情况：处于共在关系中的一方 X 要获得利益改进 x+，当且仅当另一方 Y 也同时获得利益改进 y+，反之亦然。这样，促成 x+ 的出现是 Y 的优选策略，因为 Y 为了达到 y+ 就不得不承认并促成 x+，反之亦然。赵汀阳将符合这一条件的共在关系出现称为"孔子改进"（Confucian Improvement），以纪念孔子"己欲立而立人，己欲达而达人"的经典共在关系论述。[②]

《天下体系》初版面世后，引起中国国际关系学界的广泛注意和极大兴趣，很自然地，人们对此既有肯定又有商榷。《国际政治科学》2007 年第 2 期刊登了徐建新对赵汀阳《天下体系》一书的学术评论，洋洋洒洒两万余言。[③] 周方银则对赵汀阳评价世界制度优劣的标准进行了逻辑上的批评。[④] 李明明区分了"天下思想"中的政道和治道两种概念，并认为后者而非前者才符合当今全球治理发展的需要。[⑤] 冯维江、刘涵等则由"天

[①] 赵汀阳：《共在存在论：人际与心际》，《哲学研究》2009 年第 8 期。

[②] 同上。

[③] 徐建新：《天下体系与世界制度——评〈天下体系：世界制度哲学导论〉》，《国际政治科学》2007 年第 2 期。

[④] 周方银：《天下体系是最好的世界制度吗？——再评〈天下体系：世界制度哲学导论〉》，《国际政治科学》2008 年第 2 期。

[⑤] 李明明：《论天下思想中的政道与治道》，《世界经济与政治》2011 年第 12 期。

下体系"切入，将中国传统制度的理论范式与西方制度实践以及有关国际秩序的理论进行比较。[1] 这其中还不包括来自国外的评论或批评。

就此，赵汀阳有《"天下体系"及其内涵》一文做出进一步说明。他写道："众所周知，天下是西周的政治观念和政治制度，我所说的'天下体系'并非复古，而是在全球化条件下的重构，是面向未来的新制度。'天下体系'首先意味着一种政治方法论，它提供了一个'家—国—天下'的分析框架，这个框架所以具有未来性，就在于它提供了能够容纳全球化问题的世界尺度。相比之下，'个人—团体—国家'的现代政治框架缺失世界的维度，于是，世界就是一个无主公地，必定形成由国际冲突构成的'公地悲剧'。显然，世界的公地悲剧不可能通过无政府的私有化或武力征服去解决，因此，全球化的理性目的就是创造一个和平共享的世界。通常，国际理论总是从现实出发去分析问题，与此相反，我试图以逆向思维去寻找世界的最优可能性，从理想去反推出现实所缺失的制度。"[2] 又，现代政治理论的一个根本失误是对理性的错误理解。现代所理解的理性是追求自身利益最大化的个人理性，而这种个人理性正是无穷冲突的一个根源。一方的最大化追求必定遭到对方的最大化追求的反制，于是，个人理性行为其实是自我挫败行为，总是错过共同的帕累托改进。天下理论所理解的理性是关系理性，就是优先考虑关系安全的最大化，然后再考虑可及利益。赵相信这是世界和平的理性条件。简单地说，"天下体系"的基本精神是使歧视最小化、追求共同发展最大化和共同利益最大化。天下的制度建构要求：（1）以关系理性去重新定义普遍价值；（2）以兼容的普遍价值为基础去建立世界宪法；（3）世界宪法必须包含人义（human obligations）和人权并重的万民法。[3]

在赵汀阳看来，天下理论不仅是一个世界政治理论，同时也是对政

---

① 冯维江：《试论"天下体系"的秩序特征、存亡原理及制度遗产》，《世界经济与政治》2011 年第 8 期；刘涵、王存刚：《论英国学派的国际秩序观：兼与天下体系理论的秩序观比较》，《国际论坛》2011 年第 6 期。

② 赵汀阳：《"天下体系"及其内涵》，《中国科学报》2012 年 5 月 28 日。

③ 同上。

治概念的重新定义。天下概念意味着一个使世界成为政治主体的世界体系，一个以世界为整体政治单位的共在秩序。从天下去理解世界，就是以整个世界作为思考单位去分析问题，从而超越现代的民族国家思维方式。经济和技术的全球化必须有一个与之同步的政治全球化过程，才能够协调完成"世界内部化"，只有一个消除了外部性而只有内部性的世界才可能真正解决冲突，从而建立世界的安全和合作体系。世界内部化不仅意味着重新定义政治游戏规则，而且意味着重新定义政治的概念，它还意味着，只有化敌为友并且建构世界的共在秩序的行为才是政治，而任何敌对行为或战争都是政治的失败而不是政治的延续。政治的概念需要通过共在实在论和关系理性而重新定义，同时，政治的领域需要在天下理论中得到充分伸展。只有引入天下无外原则，才能获得充分延伸的政治完全语境，也因此能够清楚理解政治的概念和问题，才能够一般地定义政治的普遍性和合法性。①

2016年3月，《探索与争鸣》杂志借赵汀阳新著《天下的当代性》出版之机，组织了"天下秩序与人类命运共同体"高峰论坛，围绕"天下体系与未来世界秩序"主题展开讨论，讨论内容发表于《探索与争鸣》2016年第5期。2018年第1期《文史哲》的"人文前沿"栏目，则刊出了包括赵汀阳本人文章在内的笔谈"'新天下主义'纵论"。由此可见学界对"天下"理论兴趣之浓厚和讨论之集中。

赵对相关质疑和批评做出了回应。一种批评是认为天下体系只不过是一种难以实现的理想。例如葛兆光就认为"天下"理想只存在于儒家文本中，并非历史事实。② 这个批评令人很有些疑问。周朝无疑是天下体系的一种实践，不能说"天下"只存在于文本。另外，理想不是缺点，反而是人类思想之必需。假如没有理想，也就无从理解实践的局限性。"天下"理想就像柏拉图的理想国一样，都是重要的思想资源。另一种批

---

① 赵汀阳：《以天下重新定义政治概念：问题、条件和方法》，《世界经济与政治》2015年第6期。

② 葛兆光：《对天下的想象》，载《思想》总第29期，联经出版事业公司2015年版，第1—56页。

评以柯岚安（William Callahan）为代表，他担心天下体系会导致"中国治下之和平秩序（Pax Sinica）"，或中国中心主义（Sinocentrism）将代替欧洲中心主义（Eurocentrism）。柯岚安的担心显示了西方理论框架的局限性。在西方概念里，最大规模的政治体系是帝国，尽管小于天下格局，仍然很容易指鹿为马地把"天下"纳入熟知的"帝国"概念。尽管帝国与天下有某些相似性，比如都试图建立世界秩序，但天下体系并不包含帝国的征服性、霸权性和敌对性（hostility）这些本质特性，相反，天下体系具有兼容性、共享性和友善性（hospitality），因此，天下体系其实具有反帝国主义特性。简略地说，天下体系是一个以"关系理性"为准的世界兼容体系，是普遍共在关系所定义的秩序，而不是某个国家的统治，其预期效果是，天下体系的任何成员都不可能达到自私利益的最大化，但可指望达到共同安全和共享利益的最大化。①

于是，十余年间，有关"天下体系"概念、实质和在现今国际政治中可操作性的论争已然成为当下国际关系理论研究中的突出问题之一。主要在赵汀阳的阐释下，"天下"理论因其能够提供一套筑基于中国古代政治理想和历史经验、关于未来国际政治应然形态的理解框架，引发了国内和国际学术界的极大关注。②

学者葛汉文从史实角度对赵的西周解读提出了疑问，认为事实可能与赵汀阳的历史判断存在巨大反差。在他看来，在周人勃兴、打垮殷商、巩固统治和拓展权势的过程中，历代具有极高战略素养的周人领袖（尤其是文王、武王、周公旦、成王和康王）本着"谋取天下"这个异常明确的大战略目标，颇为巧妙地统筹了时间与空间、敌手与盟友、武力与道义、实力与人心、征伐与合作、进取与妥协等诸多复杂矛盾，为周人翦商乃至塑造天下，提供了一以贯之且被证明是大成功的战略指导。这一情形与赵汀

---

① 见《文史哲》2018年第1期发表的《"新天下主义"纵论（笔谈）》中赵汀阳的《"天下"的外运用与内运用》一文。

② 葛汉文：《武力与道义：周人谋取天下的大战略——兼与赵汀阳研究员商榷》，《国际政治研究》2019年第4期。

阳对西周"天下体系"的国际政治理想主义认定有显著不同。[①] 于是，这里的问题就在于，"天下体系"在多大程度上有赖于西周的政治实践，或者西周政治实践能在多大程度上为天下体系理论提供支撑，这成为一个有待解决的问题。

天下理论的另一支自名为"新天下主义"，它认为，中国的文明传统不是民族主义，而是天下主义。天下的价值是普世的、人类主义的，而不是特殊的，不是某个具体的民族或国家的。中华文明在历史上曾经是天下主义，到了今天这个全球化时代，天下主义如何转型为与普世文明相结合的世界主义，这应是一个文明大国的目标所在。新天下主义的所谓"新"，乃是加入了民族国家主权平等的原则。新天下主义来自中国的历史智慧，又通过传统天下主义的扬弃，去中心化、去等级化，以平等的共享为核心，在普世文明的基础上，试图建立一个新的普遍性，即所谓"分享的普遍性"。[②] 又认为，传统的天下主义，与犹太教、基督教、古希腊罗马文明和印度教一样，都是轴心文明。但是轴心文明的普遍性是从特殊性发展为普遍性，最后凌驾于特殊性之上。新天下主义不在各种特殊性之上，而在各种特殊性之中，也就在这个意义上，它试图构成一个新的普世文明。这个普世文明，不是以某个特殊的文明为代表为核心，而是各个不同的文明和文化所共享、所分享的，它的普遍性是一种分享的普遍性。

还有中国学者主张告别文明中心论，终结霸权轮替的历史，走向一种基于跨文明对话与合作的世界秩序，并进而提出了"新世界主义"说。这种理论肯认天下思想的核心观念对达成一种尊重差异的跨文明普遍主义具有深刻的启发意义，但出于摆脱华夏中心主义的诉求，在术语上选择了"新世界主义"而不是"新天下主义"。转向新世界主义或许是天下理想在当代获得复兴的一种最可期许的希望。它旨在寻求一种更可欲

---

① 葛汉文：《武力与道义：周人谋取天下的大战略——兼与赵汀阳研究员商榷》，《国际政治研究》2019年第4期。

② 许纪霖：《新天下主义与中国的内外秩序》，载许纪霖、刘擎主编：《新天下主义》（"知识分子论丛"第13辑），上海人民出版社2015年版。

的未来世界秩序，并为此奠定认知的与规范的理论基础。其基本特征是：第一，在价值立场上，新世界主义秉持人类和平、合作共赢与共同发展的理想，寻求根本改变国际政治的霸权结构，建立一个公正的"后霸权世界秩序"。第二，在认识论层面上，新世界主义理论主张一种"关系性的文化观念"，强调文化共同体之间的相互影响，并揭示其在文化本身的构成、演进与变化中的至关重要的作用。第三，在规范意义上，新世界主义试图重新阐释文化的特殊性与普遍性，主张一种后形而上学的普遍主义理论：作为世界秩序之规范性基础的普遍性原则，既不是先验给定的，也不是由某种强势文明单独界定的，而是在各民族文化之间的相互对话中建构的。这种"对话"既是彼此学习的过程，也包含着争议、竞争甚至思想对抗，以及在遵循平等与尊重原则的前提下的妥协与协调机制。新世界主义倡导的这种对话取向的跨文明普遍主义，是一种可欲的理想，同时也是一个极为艰难的实践过程。①

（二）道义现实主义

　　道义现实主义属于有学者所称的"清华路径"的产物。清华路径有三个明显特征。首先，它的研究动机来自对丰富现代国际关系理论并为当前中国崛起提供政策建议的愿望。其次，它寻求分析借鉴中国先秦思想和实践的独到之处，以之为知识与思想来源。这是清华路径最具特色之处，也是中国意识充分展现之处。最后，它将阎学通所认为的科学方法应用到对先秦思想的分析中。在社会科学实证主义的影响下，阎提倡偏向于定量分析的"科学方法"。尽管他也承认不同的问题需要不同的研究方法，但是他对假设检验、因果分析、客观性及可验证性的强调，无疑表明他是一个实证主义者。②

---

① 刘擎：《重建全球想象：从"天下"理想走向新世界主义》，《学术月刊》2015 年第8 期。正如许多其他术语一样，"天下"也是多义的，照雷海宗的说法，过去中国称实际所知的世界为"天下"，见雷海宗：《如此世界　如何中国》，中国文史出版社 2018 年版，第20 页。

② 张锋：《中国国际关系研究中的清华路径》，《国际政治科学》2012 年第 4 期。

清华大学团队所做的一项重要工作是对中国先秦时期诸子的思想进行了认真的梳理。首先是阎学通和徐进选编了《中国先秦国家间政治思想选读》一书（复旦大学出版社 2008 年版）。两位学者编辑这个读本的初衷是，现代国际关系理论是以欧洲政治理论为基础发展起来的，如果能从中国古代先贤的政治思想中汲取营养，将可以丰富现有的国际关系理论。该书的目的在于帮助读者从阅读先秦人士的论述中得到启发，深化自己对现代国际政治的理解，而非论证先秦人士两千年前的论述到底是什么意思。[①] 编者从《管子》《老子》《墨子》《荀子》《韩非子》《尚书》《左传》《国语》《四书》《战国策》《吕氏春秋》《武经七书》《大戴礼记》中选编了相关内容，加了导读和译文，再加一章"警句"。这本读本固然是一项初步的工作，却无疑是清华学人所做工作中一个不可缺少的部分。研究和分析性文章则大都发表于他们所办的刊物《国际政治科学》。

就此，有的中国学者认为，无论是在西方还是中国学术界，有关春秋战国时期国家间政治思想的关注并不多见。《中国先秦国家间政治思想选读》一书的出版促使我们思考，两千年前的东方经典何以能为我们提供裨益，以理解架构在西方近代传统之上的当代国际关系？文章指出，经典著作之所以能够产生恒久的影响，主要在于时间上的穿透性和空间上的相似性。春秋战国时期的经典提出了关乎人类生存与发展的根本问题，而所处的国家间关系形态与当今国际社会又有相似之处，因此能为当代理论的发展提供可资借鉴的思想。同时也指出，经典思想与当代理论在本体论和认识论上存在着显著的差异，在解读和阐释经典时需要加以鉴别，避免误读和比附。[②] 该学者又婉转但正确地提醒道：中国学者在对待先秦思想的时候，最重要的应是踏实和谨慎，也就是尽可能完整、全面地了解经典作品及其时代背景，而不应见到与现代理论的相似之处就急于比附，见到不同之处就急于创新。若然"沉潜往复，从容含玩"，

---

① 阎学通、徐进编：《中国先秦国家间政治思想选读》，复旦大学出版社 2008 年版，"编者的话"。

② 陈玉聃：《国际关系学中的经典与阐释——评〈中国先秦国家间政治思想选读〉》，《国际政治科学》2008 年第 3 期。

则自然能以合适的方式对待经典，也自然能将经典思想融会于国际关系研究之中。

清华大学团队所提倡的研究方法和研究取向，以倡导国际关系科学研究方法为基本特征，以关注大国崛起战略、东亚秩序转型和东亚历史经验为主要特色。这批学者积极从事对中国古代政治思想的发掘和阐释工作。"古代中国思想与东亚历史经验"成为这一时期最受中国学者关注的理论议题之一。中国学者对这个议题的关注度如此之高，不仅体现了中国学者对实现国际关系理论突破的强烈渴望，更反映出一部分中国学者已经开始从单纯的"喊口号"进步到实际的文献发掘和阐释工作。这种脚踏实地的实干精神和不畏艰险的探索精神，是十分值得肯定的。[①]

在古代中国思想研究和发掘方面，从 2005 年起，阎学通所带领的清华大学学术团队比较早地开展了先秦政治思想的挖掘工作。在此基础上，阎学通对先秦七位主要思想家的国际政治思想进行了较为系统的比较和总结。[②] 除了清华大学团队对春秋战国时期典籍所做的梳理和评价之外，其他一些学者将视角扩展到了更为广泛、更为细致的方面。例如，朱中博、肖晞、王鹏等对老子、墨子和纵横家战略思想的研究，王日华对中国传统国家间信任思想以及孔子国际关系思想的研究，余丽等对中国传统国家间道义思想的比较研究，叶自成对贾谊民众主义思想的研究，等等。[③] 陈康令在其博士论文基础上出版了《礼和天下：传统东亚秩序的长稳定》（复旦大学出版社 2018 年版）。在这些学者的共同努力下，这一时期中国学界对中国传统国家间思想的研究已初具规模，产生了可观的成

①　杨原：《中国国际关系理论研究（2008—2011）》，《国际政治科学》2012 年第 2 期。

②　阎学通：《先秦国家间政治思想的异同及其启示》，《中国社会科学》2009 年第 3 期。

③　朱中博、周云亨：《老子的大战略思想研究》，《国际政治研究》2010 年第 2 期；肖晞、刘笑阳：《墨家思想对中国国际战略定位的启示》，《国际观察》2011 年第 2 期；王日华：《中国传统的国家间信任思想及其启示》，《世界经济与政治》2011 年第 3 期；王日华：《孔子主义国际关系理论与中国外交》，《现代国际关系》2011 年第 5 期；余丽、李涛：《中国国家间道义思想探本溯源——基于先秦诸子国家间道义思想的对比分析》，《世界经济与政治》2011 年第 3 期；叶自成：《从贾谊的民众主义看国际关系主体的重新定位》，《外交评论（外交学院学报）》2008 年第 1 期。

果，成为中国国际关系学界所独有的课题。①

由汉语翻译为英语的《古代中国思想与现代中国权力》被认为代表着国际关系领域清华研究路径的兴起。作为中国学界对全球国际关系学的一项创新性贡献，它具有不俗的理论潜力和政策意义。从中国国际关系学的角度看，它的一个重要意义在于开始了对中国国际关系传统的知识重建，并为中国国际关系的学术研究和政策实践开辟了一个方向。从全球国际关系学的角度看，它的重要性在于使"为什么没有非西方的国际关系理论"这一问题显得有点过时。②

此后，阎学通进一步发展出了他所称的"道义现实主义"理论。

在阎学通看来，道义现实主义是强调政治领导力决定大国实力对比转变及国际体系类变的国际关系理论。该理论研究的核心问题是，崛起国是如何取代现行世界主导国地位的，即系统阐释世界中心转移的原理。众所周知，人类历史上不断发生权力转移的现象，当世界不再分割为多个地区体系后，世界中心转移的原理——主导国失去主导地位的原因以及相应的国际体系变化的原因——就成为国际关系研究的核心问题之一。道义现实主义对这两个问题的核心解释是，崛起国的政治领导力强于现行主导国。③ 政治领导力的一个重要来源是道义。道义现实主义论认为，它所提倡的道义原则都是普适性的，而非民族性的，例如公平、正义、文明、诚信。道义对"权力"和"实力"的影响主要有两种情况。一种是，遵循或违背国际道义具有提高或削弱权力合法性的作用，但并不必然相应地增强或降低实力。另一种是，遵循或违背道义不仅具有增强或削弱权力合法性的作用，同时也具有增强或降低实力的作用。遵循道义有助于增强内外政治动员能力，而政治动员能力可转化为物质实力。

"政治领导"是"道义现实主义"的一个中心概念。它将政治领导

① 杨原：《中国国际关系理论研究（2008—2011）》，《国际政治科学》2012 年第 2 期。
② 张锋：《中国国际关系研究中的清华路径》，《国际政治科学》2012 年第 4 期。
③ 阎学通：《道义现实主义的国际关系理论》，《国际问题研究》2014 年第 5 期。

分为无为、守成、进取和争斗四个类型。政治领导的类型不是由国家实力和国家性质决定的，而是由人的性格、年龄、成长环境、世界观等多种因素决定的。因此，该四类政治领导在任何国家都可能出现。四类不同的政治领导会采取不同的战略来应对崛起困境。（1）无为型领导倾向于逃避困境战略；（2）守成型领导倾向经济合作战略；（3）进取型领导倾向于睦邻结盟战略；（4）争斗型领导倾向于军事扩张战略。将政治领导分为无为、守成、进取和争斗四种类型，不仅可以解释崛起国领导类型与对外战略偏好的关系，也可用于解释主导国、地区大国和小国的对外战略选择。领导类型之不同还决定了一国政府是否看重国际战略信誉。在上述四个类型中，无为型和争斗型不在乎国际战略信誉，守成型愿以低成本维护信誉但不愿付出太多，进取型则将战略信誉视为重要利益。崛起国的领导人对于国际战略信誉的重视程度，对国际格局的实力对比、建立国际新秩序和维持秩序稳定性等，都有重要影响。

道义现实主义理论引入了政治领导和战略信誉这两个重要变量，并且将政治领导视为战略选择以及崛起成败的核心因素。在其代表人士看来，借助中国古代"政治决定论"的思想，现实主义理论家重新引入了"政治领导"这个自变量，创建了"道义现实主义"理论。这种理论由于以"国家领导"的类型解释国际格局的变化，以"国际领导"的类型解释国际规范的变化，因而使得该理论不但能解释当前客观的国际现象，而且还能对国际政治的发展趋势具有一定的预测力。

（三）关系理论

关系理论的代表性学者是秦亚青。在他看来，如果我们承认实在的社会建构，承认社会实践活动是理论的源泉，承认文化对于思维和行为的影响，那么，不同文化的差异就会导致不同的实在建构和社会建构。换言之，人、社会、文化的差异可以导致社会理论的不同与创新，而人、社会、文化的共性可以使得理论具有一定的普适性意义。比如，理性选择理论抓住了人的一个重要特征，即利己特征，并以此为核心概念发展成为诸多理论的内核。正是由于不同文化和社会中的人都在一定程度上具有这样的权衡式理性，所以，理性选择也就有了一定的普适性。不过，在重关系和重人情的社会中，理性可能会呈现出另外的状态。比如，通过自己熟悉的人脉关系去实现某种利益，这就与个体社会中的个体理性不尽相同，可以称为"关系理性"。

建立在"关系理性"之上的这个理论模式从"关系性"开始，首先考虑到社会过程的问题，然后再思考认识论和方法论问题，最后通过提出"元关系"的基本理念和同时引入中庸辩证法的基本方法，对关系状态下的国际关系过程进行了全面系统的理论分析。这就是重视动态、重视关系的世界观与方法论。这样便完成了这个理论模式的理论和方法部分，亦即以关系为本位、以过程为本体、以元关系为认识核心、以中庸和谐为方法基础的比较完整的理论建构①，形成了一个比较完整的理论。

关系理论的着重点，首先是对关系和过程的理论建构。关系和过程实际上是一体的。关系理论将"关系和过程"这两个中国社会文化中的重要理念植入了国际关系理论，非常重要的一点是提出了"关系性"的概念。与西方个体本位社会强调个体"理性"不同，中国社会文化的一个根本理念是"关系性"。对关系性的重视不是推翻"理性"的重要地位，而是强调理性是有条件的，是不完全的，是不确定的。理性很可能是关系条件下的理性，而非完全意义上的"经济人"理性。他对"关系性"做出四个假定，构成了其理论的基本框架：（1）关系本位假定。关系是社会生活的关键枢纽，是分析社会生活的基本单位；（2）关系理性假定。西方的理性排除了关系要素，理性人是独立分离的行动者，而"关系理性"是指人们对利害权衡是社会关系网络场域中展开的；（3）关系身份假定。关系确定身份，个人的身份只有在关系中才能确定；（4）关系权利假定。它有两层含义：关系孕化权利和关系即权力。他将中国的"阴阳"思想作为一种"元关系"，构成"关系理论"的哲学基础，将中国传统中的"中庸辩证法"作为方法论基础，并以此理论解释中国融

① 秦亚青：《关系与过程——中国国际关系理论的文化建构》，上海人民出版社2012年版，第6、11页。

入国际秩序、"全球治理",以及东亚地区合作等目前国际社会中的实例。

其次是认识论和方法论。主要的研究路径是先凝练"元关系",然后发现元关系这一"关系的关系"有着什么根本内涵。如果说以"理性"为核心的社会理论可以延伸到"个体""利己""冲突""规则"等内容,以"关系性"为核心的社会理论则更趋于包含"社会""道德""和谐""关系"等内涵。

关系理论的基本思路是,中国人和西方人有异有同,在行为方面的差异主要表现在思维方式的差异上面:思维不同,则行为有异。思维的不同,根源在于文化的不同,包括实践、语言、生活方式等重要方面,通常反映在世界观上面。构成关系理论硬核部分的是"关系性",由此而发展起来的理论强调动态实践而不是静态事实,强调生成过程而不是存在实体,强调复杂的社会关系而不是线性的因果关系。[①]

它与西方关系主义理论最大的不同,在于更加关注关系性的本体意义,并在关系本体假定的基础上构建了关系主义的理论体系。西方关系社会学的兴起以及过程/关系主义理论为秦亚青的关系理论提供了最初的启发。但秦亚青对西方主流国际关系理论的批判,尤其是从"过程建构主义"(processual constructivism)的提出到"关系本位"的确立,更多是受到中国传统文化的启迪,带有中国独特的"文化胎记"。[②]

秦亚青率先将中国传统文化中对关系的重视提炼为"关系性"这一

---

① 秦亚青:《关系与过程——中国国际关系理论的文化建构》,第11—17页。

② 季玲:《论"关系转向"的本体论自觉》,《世界经济与政治》2019年第1期。学者尚会鹏就此提出商榷意见,认为中国文明经验在新型国际关系理论建构上的应用,不是贡献儒家的"关系",而是如何将中国人基于人"相互性"把人视为一种相互联系的"关系体"这种认知模式进行学理性提升。"关系性"如果作为中国人对人的一种认知模式,即"强调人的相互性、弱化人的个体性"的认知模式,是具有普适性的,但只有部分的普适性,因为它是建立在忽视或弱化人的另一基本属性——"个体性"——前提之上的。只有在做了这样的辨析把"关系"提升到"对人的把握模式"层次来认识,中国的文明经验才能与西方文明经验对话,才能考虑对基于西方文明经验的主流国际关系理论缺陷的修补问题。见尚会鹏:《关于国际政治"关系理论"的几个问题——与秦亚青教授商榷》,《国际政治研究》2017年第2期。

核心理念，将其植入国际关系理论，为过程建构主义确立了关系本体论的基础[①]，并坚持在本体论意义上推动国际关系研究的转向。这一关系主义本体立场直接体现在"关系世界"的一系列假定上，他对"我们的世界是什么？是由什么构成的？"这一本体论问题做出了明确的回答：世界是由复杂关系构成的，由天、地、人之间的关系，人与人之间的关系，以及世界上所有事物之间的关系所构成。与实体主义和个体主义相对，关系世界被看作充满连续的事件和流动的关系，而不是孤立的个体和静止的物体。因为一切都是相互关联的，所以不存在一个先验的存在、原则或力量凌驾于这个互系的整体之上。在社会世界里，最重要的关系是人与人之间或人类行为体之间的关系。个体不再是如个体社会中理解的那样，是相互独立且独立于外在环境、具有各自属性的实体。关系社会中，所有社会性存在都是置身于一个复杂的关系整体中，这个关系整体界定了其存在，并指引着它们采取具有某种意义的行为，也赋予行动者管理和编制关系网络的能力。秦亚青不同意赵汀阳"共在先于存在"的论断。在他自己的关系世界里，关系与个体、共在与存在是不分先后而同在的，互为生命前提。[②]

关系主义既坚持明确的关系价值及其实现手段，又在既定的关系框架内界定利益、确定其实现方式，这就是关系理性的实质。在社会生活中，关系理性至少有三个表现：一是人们在共在关系框架中追求最大可及利益，而不盲目追求并不现实的纯粹个人利益；二是人们主动创造最优共在关系，以求改善自己所处的共在关系结构和利益实现环境；三是人们可以接受儒家"体仁行义"的现实选择，务实推动最优共在关系的构建。[③]关系主义国际政治理论包含四个基本要素：

（1）关系主义国际政治理论假定国际体系是一种以主权国家为主要构成单元的共在关系体系。在这种共在关系体系中，任何一个国家

---

① 季玲：《论"关系转向"的本体论自觉》，《世界经济与政治》2019年第1期。

② 季玲：《论"关系转向"的本体论自觉》，《世界经济与政治》2019年第1期。

③ 高尚涛：《关系主义与中国学派》，《世界经济与政治》2010年第8期。

都以共同生存的方式与其他国家形成共在关系，并且因与其他国家的关系而有意义。（2）关系主义国际政治理论坚持关系理性逻辑。处于主权共在关系结构中的国家只有在特定的关系框架内理解自己、认识别国、界定利益、选择行为，才是可行的和适当的，也才是符合理性的。这就是关系理性。（3）关系主义国际政治理论将国家面临的问题理解为在主权共在关系结构中的相互作用的问题。（4）关系主义国际政治理论的基本假设包括国际体系的主权共在关系结构的构成方式假设以及主权共在关系结构与国家的国际行为之间的关系假设等。既然国家的性质和国家间关系都是由主权共在关系结构界定的，那么最优主权共在关系结构及其对国家行为的作用机制将是关系主义国际政治理论研究的核心问题。[①]

（四）共生理论

共生理论的代表是几位上海学者。在社会共生论看来，共生是一个颇有成效的社会分析工具、人生发展理论和社会改造学说，能够对我们分析社会各种现象提供独特的观察视角和分析维度。世界上存在万事万物，事物的多样性是事物存在和发展的生机之源。同时，事物因多样而有差异，但差异不必是冲突之源，而恰恰应是活力的来源和共生的条件。国际社会的共生正如其他事物的共生一样，是基于差异，以差异为恒常，并视之为源头活水，它比"一花独放不是春"式的防御性姿态更进一步。

共生论并不否定个体利益（无论个人还是国家）的存在。相反，它是在体认个体利益的基础上探求共生之道，并继而提出了两个要点。第一，共生论首先体认事物的多元性且认为多元本来就是事物的基本形态乃至本质形态。这是共生论的一个重要出发点。更为重要的是，同质的"多"可以共生，异质的"多"也可以共生。它要提倡的是开放式的异质共生，对其他"种"采取宽容的、共存的态度，并进而欣赏对方的特性和所长，甚至加以吸收消化。这是一种更高层次、更进一步的共生形态。

---

①　高尚涛：《关系主义与中国学派》，《世界经济与政治》2010 年第 8 期。

第二，"共生"有异于并超越"共存"。共生包含了共同生存和共同生长两层含义。共同生存是基本的，不是"你吃掉我，我吃掉你"的状态。共存是平和的，是"自己活，也让他人活"的状态。但共生是超越上述状态的一种更高的境界。"共生"之超越"共存"，乃在于它强调了行为体之间不是彼此孤立的，而是相互联系着的，相互之间存在着多种互动关系，它们是各个活跃的"生命"，在相互的行动中彼此激发生机。共生的要义不在于求"同"，也不仅仅只是存"异"，而是主张在多元前提下的互动和互补中寻求建设性的发展生长。

　　共生现象的普遍存在和事物生存生长的特性为人们启示了国际社会的成长之道。一方面，共生并不意味着没有矛盾。矛盾和冲突因素一直存在，这是事物运动的规律。世界是充满矛盾的，不存在一个没有矛盾的世界。另一方面，共生理论从来都认为事物之间是相依为伴的。在共生理论中（以及在"关系理论"中），权力不因为力量大、能力强，一方就一定居于支配地位。进一步说，在一个共生体系中，各方都处于互相依靠的关系之中。这可以解释为什么在一个共生体系中，由于相互依靠的关系性，大和小的区别往往失去意义，不能说大一定就会支配小，也不能说小一定就屈从大，或者放在一个国际体系之中，也就是大国和小国相依为命。因为是"关系性权力"而不是"因果性权力"发挥作用，所以大国和小国都能够接受共生状态。[①]

　　数百年来，西方思想随西方力量的强势而强势。持平而论，西方思想中多有可取之处，譬如自由、人权以及相应的制度安排等，均是人类文明发展的成果。但与此同时，它也颇多力有不逮之处，在某种变异了的思想导引下甚至产生了"为恶"的现象，而无论其动机是否良善。为今之计，为了让世界有更多的公平正义，西方之偏必须得到补救，而中国思想文化能够贡献于世界之一者，必曰共生及"共生发展"。一言以蔽

---

　　① 任晓编：《共生：上海学派的兴起》，上海译文出版社 2015 年版，第 6—7 页。另参见任晓：《走向世界共生》，商务印书馆 2019 年版；苏长和：《从关系到共生——中国大国外交理论的文化和制度阐释》，载《世界经济与政治》2016 年第 1 期。

之，我们应让共生成为一种世界政治的哲学。

　　共生派学者对共生原理进行了论述。在金应忠看来，共生理论没有否认个体利益和权力，但是却告诉人们个体利益、权力的寻求与实现离不开共生关系，离不开他者自我实现的发展与安全：即自己要好必须使他者也能好，自己好与他者好存在共同利益，都面临如何选择公与私关系的挑战，谁要否认这个事实无异于要肯定人可拉着自己头发离开地球。既然共生性、共生关系是人、国家及其他行为体的存在形式，那么世界上就不存在不含有共同利益的个体利益，也不存在可以绝对孤立的个体利益，如果要寻求绝对孤立的个体利益只会最终导致个体利益的丧失。共同利益存在于个体利益之中，各个个体利益是以共同利益相联结的，各自的自我实现只能发生于共生关系的联结之中，这就是他们相互关系的逻辑。所以为了实现个体利益人们就不得不努力发现与承认相互之间存在利益、权力的交汇点、汇合点，不得不努力发现和承认在各自的个体利益之间存在共同利益。共生关系原初是相关各方各自的合群性、共生性交汇联结起来的，之所以会发生交汇联结不是因为权力、利益的相互一致性，而是因为各自的利益、权力的自我实现存在共生性、相互依赖性，存在共同利益或互补利益，或者说存在合作的好处。①

　　对苏长和来说，在从孤立走向交流的过程中，人类文明之所以没有能够向更高阶段迈进，形成一个更大的文明共同体或者秩序，很重要的原因是因为一种强势文明总是试图将别的文明变成同自己一样的思维，以一种文明来代替另外一种文明。简单说，就是以"一"改造"多"。这种思维是第一种普遍主义思维，即信奉适应于一个地方的文明法则同样应该适应于其他地方。这种政治思维会促使产生这种普遍主义土壤的地区，无论是崛起还是衰落时，都会产生强烈的不安全感：因为在崛起的时候它会改造别人，为别人制造不安全；在衰落的时候会担心被别人改

---

　　①　金应忠：《为什么要倡导共生型国际体系——与熊李力先生对共生性学说理论批判的商榷》，《社会科学》2014 年第 9 期。

造，按照自己的逻辑度想别人会给自己制造不安全，这就是文明冲突的宿命。因此，按照这种普遍主义并不能够解决文明间共生问题。如果我们换一个逻辑，也即第二种普遍主义逻辑，更多的是异中求通，那么对话、欣赏、互鉴、依靠、共生等就会成为文明交流的主旋律。按照"通"的逻辑，文明交往才可以逐步到达一个化的境界，从而在多元中形成新的文明结晶。①

苏长和在《共生型国际体系的可能》一文中，主张在批判性地反思西方特色特别是英美特色国际关系理论基础上，对我们时代国际关系出现的共生现象给予更多的关注，在汲取中国参与国际体系正面经验以及探究国际关系发展规律的基础上，探讨在一个日趋生成的多极世界中，共生命题对构建新型大国关系、新型国际关系、国际体系转型以及全球治理改进的意义。从共生角度思考全球治理改善、国际体系变革、新型大国关系构建甚至新型国际关系的建设，具有越来越大的迫切性和必要性。这并非说矛盾中的双方不会出现最终以对抗来解决矛盾的可能性，但共生关系的发展使得对抗作为一种可行性在减小。这也并不是说正面力量放弃对反面力量的警惕，夸大共生力量而忽视对对立力量的防御。但当前国际体系变革和多极力量的发展，确实出现较大的共生力量和意识，以抑制多极力量向历史上两极对抗体系的悲剧性方向演变。这也正是共生型国际体系的机会和可能。②

以"共生"为核心概念，从不同方面阐述或论证共生观、共生秩序及其价值基础、共生型国际体系，跳脱出了西方国际关系理论的窠臼，为中国理论的成长提供了又一种路径。

以上，只是就四种具有中国原创性的理论作了一个简略的交代，旨在说明问题，难免挂一漏万，并不是说除了上述四者之外就没有其他原

① 苏长和：《以新普遍主义建构世界秩序——对共生问题的进一步思考》，《探索与争鸣》2014年第11期。
② 苏长和：《共生型国际体系的可能——在一个多极世界中如何构建新型大国关系？》，《世界经济与政治》2013年第9期。

创性学术理论或论述了。实际上，这些"中国学派"中的每一种理论都具有更为丰富的内容和精细的论证，若要更完整地加以把握，我们必须回到它们的代表性作品中去。

　　过去，曾有不止一位中国学者撰文，以"为什么没有中国的国际关系理论"或类似的疑问为题，受到了人们的注意和重视。[①] 经过21世纪前二十年中国国际关系理论的建设和发展，这一命题已经成功地被超越了。这也许是二十年间中国国际关系学最重要的进步和成就，国际学界对此也给予了十分积极的评价。中国国际关系学人有理由为这些年来中国国际关系学的发展感到高兴和自豪。同时，他们仍应就未来的发展找准方向，继续前进，在下一个十年或二十年中进一步推进中国的国际关系理论建设，促进其继续生长发展。在这个问题上，无论人们是使用"中国特色""中国学派"还是别的什么提法，其指向在本质上是一致的。一言以蔽之，国际关系学"中国学派"的兴起已经是一个不争的事实，且仍在继续发展之中。[②]

　　有学者认为，要建立"中国学派"，显然必须要加强对共有知识，即共同构建和承认的概念、术语和话语体系的积累。中国国际关系研究整体水平的提高和真正的"中国化"，有赖于多元化发展基础上的相互交流和相互促进。要有整体意义上的"中国学派"和"中国特色"，首先需要各个研究机构、研究群体发挥自己的优势，形成自身的"特色"甚或"学派"。学术研究有自身的规律，知识的生产说到底要靠发挥个体的积极性和能动性。经验早已证明，任何清一色、大一统的学术格局和研究模式都不可能培养出充满活力的研究队伍，也不可能产生在学术史上站

---

　　① 如苏长和：《为什么没有中国的国际关系理论？》，《国际观察》2005年第4期；秦亚青："Why is there no Chinese international relations theory?", *International Relations of the Asia-Pacific*, Volume 7, Issue 3, September 2007, pp. 313-340. 其提问方式均源于马丁·怀特著名的论文："Why is there no International Theory?", in Herbert Butterfield and Martin Wight, eds., *Diplomatic Investigations*, London: Allen & Unwin, 1966。

　　② 鲁鹏：《构建国际关系理论的中国学派》，《人民日报》2018年2月26日；郭树勇：《中国国际关系理论建设中的中国意识成长及中国学派前途》，《国际观察》2017年第1期。

得住的"学派"。万丈高楼起于平地，归根结底，还是得遵循学术研究的规律，从扎扎实实的具体工作做起。[①]

　　应该说，这些意见是正确的。中国国际关系理论建设之所以能够取得若干实质性的进展，正是秉持了上述精神，扎扎实实努力的结果。事实已经证明了这一点。在此基础上，只要能一以贯之地继续建设和发展，"中国学派"的国际关系理论未来的进一步成长是可以预期的。

　　这里涉及的一个问题是，人们对"理论"二字的理解。由于受美国式实证主义的影响日深，对"理论"一语的理解变得日益狭窄化，于是就发生了偏差。基于这一体认，中国学界应十分注意纠正这种偏差。如影响很大的《国际政治理论》一书的作者肯尼思·华尔兹，虽然承认他的结构理论有两大主要竞争对手，即自由制度主义理论和建构主义理论，但认为自由制度主义理论并非一个独立的理论（distinct theory），而建构主义则根本就不是理论。[②]这便是把理论狭窄化的一个典型表现，因而导致了理解的极端狭隘性。华尔兹对理论做如此的理解，已经严苛得无以复加，以至于很少有人能够接受了。

　　根据美国式实证主义的观念，必须在两个"变量"之间建立起因果联系，使之可"验证"，如此才是"科学"的研究，也才能够建立起理论。若非如此，则不能算"科学"。这种实证主义的美式社会科学观念谬种流传，产生了很大流弊。学者台乐怡（Ian Taylor）就此发出过警告说："一个实证主义和美式方法论的'幽灵'正在中国国际关系学界徘徊。如果这个幽灵得其所愿，中国的国际关系研究将注定进入一种苍白的模仿美国国际关系研究的状态。而且，如果中国的国际关系学者屈从于压力而以'严格'（rigor）和'科学方法'（scientific methods）为标准进行研究的话，那么中国国际关系学界与除作为极少数派的美国学界（它们对与非美国学界进行对话一事并无特别的兴趣）之外的世界其他国家学者

---

　　①　石斌：《国际关系研究"中国化"的论争》，载王逸舟主编：《中国国际关系研究（1995—2005）》，北京大学出版社 2006 年版，第 534、543 页。

　　②　〔美〕肯尼思·华尔兹著，信强译：《国际政治理论》，上海人民出版社 2003 年版，"中文版前言"第 18 页。

对话的能力将会受到严重的制约。""如果中国的国际关系学者允许体现美国人意志的认识论取得支配地位的话，那将是一个巨大的错误。这不仅会把中国的国际关系学带入一个知识的荒原，而且还表明中国国际关系学界对美利坚霸权卑躬屈膝。当令人振奋的新理论正从中国诞生之时，当人们正在探索一条中国式的国际关系研究特殊路径之时，任何采纳数量公式和实证主义的伪谬的举措都应当遭到所有严肃的中国国际关系学者的严厉抵制。"①

在这个重要问题上，任晓认为，实证主义在其本质上是"科学主义"（scientism）。在美国甚嚣尘上的"科学主义"来自于把社会科学与自然科学等同看待，迷信自然科学的模型、公式的普遍作用，以其为放之四海而皆准的信条，认为它们可无一例外地、普遍地适用于社会科学各学科。"科学方法"所谓的"科学"同样是被窄化的，是指自然科学所提供的那样一系列精确的观察、统计、抽样、验证等可操作、可计算，甚至是可重复的方法和手段。言下之意，如果不是这样，那就是"非科学方法"了。这样的认识隐含了一种偏颇的霸气，却可能是陷入了严重误区而不自知。当科学主义大行其道之时，国际关系学也未能幸免，在美国尤甚。由于美国的国力及其社会科学研究的国际影响力，科学主义的影响作用也从美国外溢至别的国家，流风所及，导致国际关系学轻视和漠视历史的重要性，以至于国际关系学似乎可以"无历史"，可一概由公式、模型加以推论。②对"理论"的实证主义理解也与之一脉相承，弊端极大。所幸的是，科学主义的一套东西在中国国际关系学界虽有影响，但似未成为主流。秦亚青认为，实证主义的理论是理论，但并非只有实证主义的理论才是理论。国际关系理论既包含以因果关系论述验证的理论，也包括诠释学意义上的解读性理论。③时殷弘也指出过，不少人将

---

① 〔英〕台乐怡著，徐进译：《与权力做斗争——拒绝美国国际关系研究中的实证主义》，《世界经济与政治》2010 年第 2 期。

② 任晓：《国际关系学的"去历史化"和"再历史化"——兼疑"修昔底德陷阱"》，《世界经济与政治》2018 年第 7 期。

③ 秦亚青：《全球国际关系学与中国国际关系理论》，《国际观察》2020 年第 2 期。

"理论"一语的意义想得太狭隘，似乎一定要是怎么一种形式才是理论，其他都不叫理论，认为理论非得是以概念化和概念规定为基础、以命题为枝干的逻辑性组合体系。这样一来，理论就会排除许多不是或不怎么是那样的东西，就会太狭窄、太刻板。理论不单在内容上，而且在方法上和表述形式上都应该百花齐放。[①] 这是一种清醒而平衡的认识，有助于廓清科学主义的迷雾。

国际关系的现实，实际上已经给了科学主义以当头棒喝。比如，当年冷战会那样结束，苏联会自行解体，使美国国际关系学界在现实面前简直碰得头破血流。一向被国际关系学界视为缺少理论、不够科学的历史学家正好借以反唇相讥，对貌似科学的"行为主义、结构主义和进化论"的国际关系理论大加质疑。[②] 冷战史名家约翰·刘易斯·加迪斯在其著名的论文《国际关系理论与冷战的终结》中写道，行为主义建立在古典经验主义的一个关键假定之上，即只有当人们能够直接观察和衡量事物时，他们才能知道某件事。行为主义者聚焦于对可观察现象进行仔细描述，在可能时则加以定量化，比如战争伤亡、投票结果、贸易统计、报纸报道，甚至沟通模式等。当无法做到直接衡量时，他们就试图生产可测量的数据，其途径要么是通过建立规则来整理各个国家、组织和个人的活动，要么是通过模拟情境从而产生可计算的"输入"和"输出"。强调的重点放在运用严格的数学技术，对运用这些方法而生产出来的信息进行分析，作为一种确保可比性的手段。行为主义者决定性地采用归纳法和"自下而上"的研究路径。

结构主义路径则有别于行为主义，它聚焦于不可观察因而也不可衡

---

① 时殷弘、陆昕：《时殷弘 —— 寻找历史与战略连接的思想者》，《世界经济与政治》2005 年第 8 期。该杂志从 2005 年 6 月起刊登特约记者陆昕所做的一组系列访谈，王缉思、秦亚青、阎学通、时殷弘、金灿荣、楚树龙、王正毅、叶自成、张文木、王逸舟共十位北京学者以对话的方式，分别探讨了各自受教育、做学问的心路历程。这些访谈反映了一批"50 后"（20 世纪 50 年代出生）和"60 后"（20 世纪 60 年代出生）学者的经历和感悟。

② John Lewis Gaddis, "International Relations Theory and the End of the Cold War", *International Security*, Vol. 17, No. 3, Winter 1992-93, pp. 5-58.

量的结构（structures）上，但尽管如此，这些结构是以可观察和可衡量的方式塑造国际关系的。行为主义者从不否认这些结构的存在及其重要性；他们只是认为科学缺乏处理这些结构的手段。然而结构主义者则指出，20 世纪最引人注目的一些科学成就来自于如下假定，即不可观察的结构生产了可观察的结果，如关于看不见的原子结构的理论，带来了绝对可见的广岛和长崎核爆。国际体系就是这样一种结构：没有人看到过、衡量过或甚至精确地描述过某一种国际体系；但无人能够否认，世界政治中的一群国家的确具有一些特征，它们加起来产生了总体大于部分之和的结果。尽管没有哪个国家有意实行了某些政策从而创造了多极结构和两极结构，但它们是国际事务中真实的条件。在某一个特定的时间，这些条件中的哪一个在世上流行，大有讲究。

第三种路径是进化理论。结构主义者和行为主义者采用的都是静态视角；他们不大注意国际关系中结构和行为变化的可能性。国际关系理论中的进化论则看到了时间的推移不仅能影响世界政治中的行为和结构，它还能混淆行为和结构的区分。其中的假定是，人类和他们创建的国家不光能积累经验，还能从中学习；这种学习可以带来新的行为方式。这个过程要发生，时间的推移本身是关键要求：如果国家要超越自己的本性，形成合作的技能，它们必须有机会从经历中学习，并对现有各种条件延续进入未来抱有信心。

行为主义、结构主义和进化论的国际关系理论建构各有其弱点。行为主义者倾向于只关注可观察、可衡量的现象，因而就排除了不属于这一类的其他国际关系方面。结构主义则相反，做出印象式的判断和不可验证的结论。行为主义者和结构主义者都忽视了世界政治中时间的角色，进化论者则集中于此，但它首先就是以混淆行为与结构的区分为代价的。①

加迪斯提出的问题是：各种国际关系理论都没有预见到冷战的终结，

① John Lewis Gaddis,"International Relations Theory and the End of the Cold War", *International Security*, Vol. 17, No. 3, Winter 1992-1993, pp. 12-17.

为什么？加迪斯此问不能不可谓醍醐灌顶，说明行为主义、结构主义和进化理论一旦落实于国际关系的现实，实际上并不那么灵验，相反却是问题多多。

逻辑的结论是，必须破除对西方理论的迷信和对美国式社会科学的崇拜。必须抱持既不仰视（已经多年），也不俯视（尽管不太多见），而是平视的态度。应纠正科学主义之弊，坚持中国学术的自主性，走自主发展之路。

人们曾经发问：“为什么没有中国的国际关系理论？”二十多年后，已经需要改为“为什么现在有中国（和非西方）的国际关系理论”了。毫无疑问的是，由中国人提出、具有中国原创性的国际关系理论已经成为世界国际关系学中十分亮丽的部分。

第七章　中国国际关系学走向未来

1980 年 12 月，中国政治学会成立，标志着政治学作为一门学科在中国的恢复重建。巧的是，中国国际关系学会的前身——国际关系史研究会也于同年同月成立，后称中国国际关系史研究会。这是一个例证，表明国际关系研究在一定程度上是一门相对独立的学问。而在此之前很久，作为中华人民共和国时期成立的第一个国际关系学会——上海国际关系学会早在 1957 年便已诞生。20 世纪 60 年代，在中国的三所重要大学（北京大学、复旦大学、中国人民大学）分别成立了三个国际政治系，这一历史使它们有理由声明自己学科的正当性，即对国际关系的研究本身是一门学问。值得指出的是，20 世纪 80 年代政治学在中国的恢复重建最初正是在这三所重要大学（尤其是北大和复旦）的国际政治系中开始并逐步成长起来的，它所获得的奥援包括教师队伍、人才培养、图书资料等。由此看来，在中华人民共和国时期的大学各系科中，国际政治一脉相当长时间来是相对独立的。

从其他视角也可以看到这一点。按照权威机构"国家哲学社会科学工作办公室"的学科划分，"国际问题研究"是被单列而与众多以"学"为名的其他学科并列的，因而，在国家哲学社会科学规划系统中，"国际问题研究"具有相当于一级学科的地位，但其名称并不叫什么"学"，因而又与别的学科有所不同。那么，与之最相近的"学"又是什么呢？应该说是"国际关系学"（相当于英文中大写的 IR）无疑，尽管"国际问题研究"的说法比"国际关系学"的所指还要宽泛一些。因此，这门学问是可以也应该叫作"国际关系学"的。

在别的国家，我们可以看到类似的情形。如在人们一般认为的本学科起源地英国，成立有政治研究学会（Political Studies Association 或 PSA），同时还有英国国际研究学会（British International Studies Association 或 BISA）。英国政治研究学会的旗舰刊物是全覆盖式的学术期刊 *Political Studies*（《政治研究》），同时也办有 *British Journal of Politics and International Relations*（*BJPIR*，即《英国政治与国际关系杂志》）。但因为有专注于国际关系的专门学会 BISA 存在，政治研究学会内的国际关系内容自然也就稀薄一些。BISA 有自己的旗舰学刊 *Review of International Studies*（《国际研究评论》），其影响比政治研究学会的 *BJPIR* 明显要大。在美国，早在 1903 年就成立了美国政治学会（American Political Science Association 或 APSA），办有旗舰学刊《美国政治学评论》（*American Political Science Review* 或 *APSR*），后来该学会又创办了其他刊物如 PS: *Political Science & Politics* 及 *Perspectives on Politics* 等。在美国政治学会之外，International Studies Association（ISA）于 1959 年在美国创立，它的头号学刊 *International Studies Quarterly*（《国际研究季刊》）已成为本领域十分有影响的刊物，除此之外还有数种别的刊物。① 当然，这并不排除《美国政治学评论》也仍发表优秀的国际关系论文。此外，在亚洲的日本、韩国等地，情形大体类似。因此，人们把对国际关系进行的专门研究称为"国际关系学"在国际上是基本公认的。

任何一门学科的核心都是理论。21 世纪头二十年，理论研究和创新在中国国际关系学界变得十分活跃，这是学科活力极为重要的表现，围绕着理论的论辩常常成为本学科学术兴奋的中心点。

21 世纪第二个十年结束之时，中国国际关系学与 20 世纪终结之时相比，已经跃上了更高一级台阶，因而呈现出不同的面貌，这可以从四个方面来看。

---

① 即 *International Studies Review*，*International Studies Perspectives*，*Foreign Policy Analysis*，*International Political Sociology*。

　　第一个方面是学科的制度化。

　　时至今日，国际关系学作为一个大学系科的地位在中国已经牢牢确立了。这反映在大学系科的设置上，也反映在教育部学科目录和国家社会科学基金的学科分类中。实际上，越来越多的中国大学仍在继续设立这方面的院系或专业，包括诸多非一二线高等院校也都成立了国际关系学院，在有的大学，这门学科则置身于政治与公共管理学院之内。国际关系学在中国的"走红"，根本上是由需求的大幅度增长拉动的，这些需求主要来自于三个方面，即政府、社会和国际。由于面临日益增多的挑战和问题，政府较之以往更愿意听取学界的分析和意见，这对中国国际关系研究者产生了一种吸引力，不少人从中看到了自身的价值，愿意投身于政策研究相关工作，这对整个学科产生了推动作用。就社会层面看，随着越来越多的中国公司和企业"走出去"，它们遭遇到了各种各样的问题。这就需要深入细致的区域国别研究为其提供信息，提供咨询意见、应对办法等。中国各种媒体，无论是传统的报纸杂志还是新兴的社交媒体，都很关注国际上的各种问题，也需要专业学者为公众和社会分析解惑。另外，由于中国的重要地位，尤其因为中国崛起于世界，国际上包括大学在内的学术机构比以往更多地需要中国学者到场发声，或为其出版物撰稿，于是相应地也推高了需求。这三个方面的巨大需求相互激荡，强有力地推动了国际关系研究在中国的扩展和深化。

　　若干年来，由于区域国别研究大受重视，国际关系学的地位进一步得到加强。

　　进入21世纪后，主要在教育部推动下，中国的区域国别研究继20世纪60年代和80年代之后出现了第三期发展。具体而言，第三期发展又可分为两个阶段。第一阶段，教育部秉持"一流"以及"唯一"的标准，在全国范围内建立起了九个涉及国际问题的重点研究基地，分别是厦门大学东南亚研究基地、吉林大学东北亚研究基地、复旦大学美国研究基地、华东师范大学俄罗斯研究基地、上海外国语大学中东研究基地、中国人民大学的欧洲研究、四川大学的南亚研究、南开大学的亚太经济合作组织（APEC）研究以及暨南大学的华侨华人研究。第二阶段，教育部又启动了"985 工程"国家哲学社会科学创新基地建设,其目标是在"211 工程"、国家哲学社会科学重点学科、教育部人文社会科学重点研究基地以及重大攻关项目基础上,进一步提升高校哲学社会科学整体创新能力。在这一进程中,超过半数的教育部人文社会科学重点研究基地成为后来"985 工程"相同研究领域的国家哲学社会科学创新基地。在这一阶段,随着国家综合国力的跃升,区域国别研究受到了更大重视,资金投入显著增加,中国的区域国别研究在整体水平上迈上了新台阶。

此外,经过三期发展,中国"区域国别研究"整体水平的提升还鲜明地体现在研究机构的多元、研究成果的丰富、研究队伍的壮大三个方面。试以东南亚研究为例,我国广西、云南、广东、福建等地陆续建立了更为多元的东南亚区域国别研究机构。如在云南,云南社会科学院设立了东南亚研究所、缅甸研究所、老挝研究所、越南研究所、泰国研究所,并创办了学术刊物《南亚东南亚研究》(其前身先后为《东南亚》和《东南亚南亚研究》);云南大学设立了东南亚研究所、周边外交研究中心、澜沧江-湄公河次区域研究中心、缅甸研究院。在广西,广西社会科学院于 1978 年设立东南亚研究所(原名"印度支那研究所"),先后持续出版了《中国-东盟年鉴》《越南国情报告》等学术著作,并创办学术刊物《东南亚纵横》;广西社科联设立了东南亚经济与政治研究院;广西大学设立了中国-东盟研究院、中国-东盟协同创新中心;广西民族大学设立了东盟学院。在广东,暨南大学设有东南亚研究所,并创办了学术刊物《东南亚研究》;中山大学设立了东南亚研究所;广东外语外贸大学依托语言优势,整合国际研究的资源,于 2018 年建立了国际关系学院。在福建,厦门大学设有南洋研究院、东南亚研究中心,持续出版《东南亚蓝皮书:东南亚地区发展报告》,创办并多年出版学术期刊《南洋问题研究》以及发表外国研究成果的《南洋问题译丛》;华侨大学设有国际关系学院/华侨华人研究院,并先后建立起印度尼西亚、菲律宾、越南、马来西亚等研究中心,出版了连续性的《泰国蓝皮书:泰国研究报告》等著作。总的来看,中国的东南亚区域研究出现了显著提升,研究机构呈现多元化发展趋势,学术成果日益丰富,研究队伍也日趋壮大。

东南亚区域研究的发展在很大程度上折射出中国区域国别研究的积极变化和进步。不过总体来看，中国的区域国别研究建设也存在一些不足。首先，尽管成果十分丰富，但总体研究水平有待提高。现有的区域国别研究尽管以国别和区域研究为导向，却经常对研究对象国的语言缺乏熟练掌握，普遍缺乏长期扎实的田野调查，缺乏一手资料的累积，经常依赖英文二手材料。如何在"量"的基础上提升"质"，是中国区域国别研究在未来需要很好解决的问题。其次，现有区域国别研究和社会科学学科和理论的结合严重不足。现实中，许多区域国别的研究者虽然对对象国家或区域的现实情况较熟悉，也有一定实地生活、调研的经验，但缺乏必要的社会科学训练，在研究中难以做到自觉地将区域国别研究和学术理论问题结合起来，进而造成研究产品缺乏"张力"，仅能在一个狭小的研究圈子中得到阅读，难以在国际关系、区域研究学界产生广泛共鸣，也难以引发反思和讨论，进而推动社会科学理论新的发展。

第二个方面是人才培养体系的牢固确立。

无论是作为大学本科专业，还是培养硕士研究生和博士研究生的学位点，国际关系作为一个学科的地位在中国的大学体系中已经毫无疑问地得到确立，而且，相关院、系的设立还在继续扩大和增多之中。如果把博士后流动站也考虑在内，那就更是如此了。近些年来，输送更多的中国籍人员到国际组织工作受到了很大重视，因而，国际组织人才培养成为大学中的"新宠"。在越来越多的中国大学中，国际组织人才培养项目越来越多地得到建立，对外交流项目遍地开花，更多的中国大学本科生和研究生有机会到国外学习锻炼深造，这对于其跨文化的接触沟通、国际视野和相关能力培养都产生了促进作用。其结果是出现了一个新的趋势，即着眼于国际组织的人才培养日益成为一个亮点。

当前，中国高校国际组织人才培养模式大致可分为五类：第一类是综合性大学中依托国际关系学科的人才培养模式。以北京大学为例，北京大学依托国际关系学院，设立专门的国际组织与国际公共政策系，并充分利用其41个"双一流"学科的综合性优势，以本科、硕士和博士贯通的方式培养国际组织人才，包括高层次理论研究人才，成效显著。第二类为综合性大学中依托外语学科的国际组织人才培养模式。以浙江大学为例，浙江大学依托外国语学院创立国精班，充分结合浙江大学的学科优势，不断取得新的进展。第三类是外语类大学的国际组织人才培养模式，北京外国语大学、上海外国语大学和北京语言大学等高校，面对全球化时代对外语院校发展提出的新挑战，不断探索新的发展空间，以外语优势为基础，培养国际化复合型人才成为它们的人才培养重点。第四类是理工科大学中依托外语学科的国际组织人才培养模式。以西北工业大学为例。该校依托外语学院，积极服务西北工业大学与军工有关的传统优势专业的学生需求，提升学生的国际化意识，取得积极成效。第五类是一些办学规模较小、有学科特色的大学。外交学院、国际关系学院（UIR）和上海财经大学等是其中的代表，这些学校结合自身学科特色和优势，发展特色鲜明、规模适中的国际组织人才培养项目。[1]

第三个方面是国际关系学在中国稳步走上了自主发展之路。

中国国际关系学的主流，已经不是跟在西方理论后面亦步亦趋，而是具有了越来越明显的中国意识和学术自觉，"中国特色""本土化""中国视角"及至"中国学派"这些提法和主张，表明了这种学术自觉和走自主发展之路意识的逐步增强。中国国际关系学人除了在对国际战略、国际秩序、时代主题、国际格局等问题的研究中逐渐显示出了自身特色之外，"中国学派"追求的提出和确立尤其是一个鲜明标志，已然成为中国国际关系学界的努力方向，并迈出了坚实有力的步伐。有学者将这一新局面归纳为四句话，即"形成了今天总体方向适当、核心概念初定、中外兼收并蓄、南北一唱一和的中国学派建设大致局面"[2]。对这四句话的解释为，总体方向适当，是指强调社会实践本位，特别是关系本位、和平主义与和合主义，坚持共生共治、合作共赢；核心概念初定，是指

①　张海滨、刘莲莲：《服务国家战略，积极推进中国国际组织人才培养——2019年北京大学国际组织人才培养论坛综述》，《国际政治研究》2019年第6期。

②　郭树勇：《中国国际关系理论建设中的中国意识成长及中国学派前途》，《国际观察》2017年第1期。

中国学者提出了以关系、权势、圈序认同等为代表的客观性概念，以及以天下主义、仁智、共治、共生等为代表的主观性概念，形成了一定的解释力和国内外认可度，基本支持了一个学派的概念需求；中外兼收并蓄，是指中国学派的建设包括上海学派的兴起，并不是从故纸堆里找出现成的概念或结论，而是参照国外的研究成果，改造国内类似概念，形成中国特色的理论视野和理论成果；南北一唱一和（或可易言之比翼齐飞。——引者注），是指当前中国学派建设的初期，呈现出以北京为代表的北方学派和以上海为代表的南方学派的大致景象，南北相互切磋，相互促进，共同举办高水平理论会议，形成遥相呼应的竞争合作格局。①

这一局面的初步形成，也激励了京沪以外其他地区中国学者的自主创新意识，他们正分别投入各自具有原创性的研究工作中，未来可望有创新性的学术产品问世。因此，中国国际关系学界有希望在未来呈现出更为多元发展和严肃论辩探究的图景，也必将在世界的国际关系学界引起注意和反响。

第四个方面是重新"发现"了中国思想文化作为源头活水。

思想的世界，正如物质的世界一样，需要积极的平衡。当只有一种思想占据支配地位时，这很可能不是一种健康的状态，而是一种需要引起人们警觉或警醒的状态了。同理，在世界国际关系学领域，如果只有西方理论独步天下，而没有来自世界其他地区的理论可作参照、比较、鉴别，也不是一种健康的现象。作为一个有着深厚历史积淀和文化底蕴的国家，中国具有巨大的潜力和可能为世界提供独到、平衡的国际关系思想理论。

建设中国国际关系理论属于一种"文化自觉"，过去若干年间，它已在中国国际关系学界生长发展，初试啼声，这具有十分重要的意义。根

---

① 郭树勇：《中国国际关系理论建设中的中国意识成长及中国学派前途》，《国际观察》2017年第1期。较为晚近的两个重要研讨会是2018年4月在北京召开的"全球国际关系学和非西方国际关系理论"国际研讨会和2019年12月在上海召开的"国际关系理论创新研讨会暨《国际观察》'中国学派'理论专栏选题会"。这两次研讨会都汇聚了中国学派建设的代表性学者。

据费孝通的界定，文化自觉是指生活在一定文化中的人对其文化有"自知之明"，明白它的来历、形成过程、所具的特色和它发展的趋向。文化自觉是一个艰巨的过程，首先要认识自己的文化，理解所接触到的多种文化，才有条件在这个已经形成中的多元文化的世界里确立自己的位置。经过自主的适应，和其他文化一起，取长补短，共同建立一个由共同认可的基本秩序和一套各种文化能够和平共处，各骋所长，联手发展的共处守则。① 这是一段十分精辟和思想深邃的话，其中包括了如下几个要素或关键点：（1）对自身的文化底蕴要有"自知之明"，而非懵懵懂懂，更不是浑然不知。这也属于一种"知人者智，自知者明"。（2）要在与其他文化的接触交往互动中确立自身的适当位置，确立自主适应的意识并且具有学习能力。（3）要能与他者一起找寻，找到共同认可的基本原则和基本秩序，同时又要各展所长，共同发展。

　　在多年间，中国国际关系学界做了大量"知彼"的工作，而"知己"的工作却做得很不够。在认识到这一点后，中国国际关系学人在21世纪头二十年做出了不少工作以反观中国和中国思想文化，力图从中发掘出可以也应该继承、阐扬的观念和概念，汲取养分，在这一过程中产生了重要的理论成果。例如清华大学的学者从2005年开始，尝试从发掘先秦诸子有关国家间（inter-state）关系的论述中寻找理论创新的出路，团队式、较系统地开展研究工作，相继在学刊上发表了论文，并以专著的形式较完整地推出成果。毋庸置疑的是，他们的工作并没有穷尽这方面的研究，所采用的研究方法也并非没有疑问。比如有学者指出，"先秦国家间政治思想"的研究，为了与政治史、思想史等历史研究的方法相区别，大多采取了一种"三段论式"的方法，即首先剥离具体的历史语境（如历史背景、时代思潮、具体史实），仅选择先秦诸子著作中的部分语录加以阐发。其次以定量分析的方法如图表、公式等试图寻求其中的逻辑联系，并与西方国际政治理论相对照。最后在研究结果上归纳出对现实政治的启示。研究者的目的旨在以实证研究的方法，建立一种足

---

① 费孝通：《论人类学与文化自觉》，华夏出版社2004年版，第188页。

以覆盖所有现象的解释模式，以期得出带有普遍意义的规律性的结论。这位学者提出的问题是：对于先秦历史的解读和先秦诸子思想的阐发，其实质究竟是实证性的还是诠释性的？如果是实证性的，则势必建立在精确、严谨的历史考证基础之上，而现实情况是，伴随这一命题的提出和研究的推进过程，对于这一命题是否成立、有关先秦诸子思想的阐发是否准确以及所得出的结论是否符合"历史的真实"的质疑之声，是始终存在的。①

这正说明，清华大学团队的研究工作激发了中国国际关系学界进一步的思考、质疑和深化研究。未来，中国国际关系学界还应在已经看准的正确方向上继续前进，并在这一过程中保持与包括西方在内的世界国际关系理论学说的接触和对话，与之并行不悖，以达到相互补正的效果，促进相生相长。有学者指出，2011 年西方世界国际关系领域顶尖出版社之一的美国普林斯顿大学出版社出版了中国学者文集《古代中国思想与现代中国权力》，这可被视为中国国际关系学发展进入一个转折点的重要标志。西方出版中国学者的著作自然早有先例，但多数是在像历史或哲学这样有强大中国本土底蕴的领域。如今在国际关系学领域也开始了，这具有标志性的意义。② 这也可认为是一种重要的承认，相信未来国际上进一步的重视和承认还会继续发生。

在 21 世纪的头二十年间，中国国际关系学已经初步形成了自主创新式的发展势头，不同理论流派齐头并进，各擅胜场，已经产生并将继续产生有价值有分量的研究成果。正如有中国学者指出的："中国理论的形成决非是统一的或唯一的国际关系理论的确立，而只能是众多观点、理论和学派的百家争鸣。交流、辩论与争鸣是理论发展的最好方式，也许是唯一方式。"进而言之，"学术争论不仅仅限于中国学术圈内部，而且要扩大到国际学术界，要切实增强国际对话能力，在国际学术界的辩论

---

① 杨倩如：《对先秦国家间政治思想的思考——兼评〈先秦国家间政治思想的异同及其启示〉》，《国际政治科学》2009 年第 3 期。

② 张锋：《中国国际关系研究中的清华路径》，《国际政治科学》2012 年第 4 期。

中确立中国学派的地位"。①

二十年间，中国国际关系学在历史、理论和方法三个方面都取得了长足的进步，以往中国国际关系的学术与世界国际关系的学术所存在的巨大知识鸿沟，已经在很大程度上得到了弥合，有不少中国学者已经能够与国际上最高水平的知名学者展开平等的学术对话。

中国国际关系学之所以发展迅速，其原因在于：第一，改革开放促使中国与世界的命运前所未有地紧密联系在一起，中国融入国际社会的进程，带动了国际关系学在中国的迅猛发展。第二，与政治学的其他二级学科（如政治思想、比较政治、中国政治）相比，国际关系理论研究毫不逊色。这是中国社会科学整体发展进步的组成部分。第三，中国是一个全球性大国，中国必须大力发展 —— 也迫切需要 —— 国际关系理论研究，为世界治理贡献中国人的智慧、知识和制度。在标举了天下体系理论、道义现实主义和世界政治的关系理论之后，秦亚青写道："中国国际关系理论的贡献是具有历史性意义的。在国际关系学科建立一百年之际，中国国际关系理论的兴起并在国际学界产生影响，说明建立全球国际关系学的意识越来越强。在全球化时代，地方性知识的合法性和创新性得到更多的重视，打破了知识的垄断和知识生产的单一标准。这无疑是国际关系发展历史上的一个重要时刻。"②

这几句言简意赅的话，已经把中国国际关系理论发展的重要意义提到了相当的高度，现在需要通过产生进一步的理论成果继续加以证明。晚近以来，主要由一批上海学者在建设和发展的世界政治共生理论可能是另一个案例。③除此之外，我们也应期待其他非西方地区国际理论的产生和繁荣，从而在世界国际关系学领域形成百花齐放的景象。"全面理解和解释世界政治需要不同文化的智识资源和理论贡献。印度文化、伊斯

---

① 赵可金、倪世雄：《中国国际关系理论研究》，复旦大学出版社 2007 年版，第 380—381 页。

② 秦亚青：《中国国际关系理论的发展与贡献》，《外交评论（外交学院学报）》2019 年第 6 期。

③ 任晓编：《共生：上海学派的兴起》，上海译文出版社 2015 年版。

兰文化以及其他多种文化都可能对国际关系理论乃至社会理论做出重要贡献。未来的全球国际关系学一定是兼容并蓄，一定包含丰厚的地方性知识要素，也一定是对全人类的关怀和整个世界的关照。"①

以上前景的出现，需要具备人才方面的条件。从中国国际关系学者的代际更替看，亦犹如一波又一波的江水，"长江后浪推前浪"，奔流向前。

改革开放后的第一代国际关系学者主要出生在 20 世纪 30 年代和 40 年代初，他们大都在"文化大革命"前接受教育特别是大学教育。第二代国际关系学者主要出生于 20 世纪 40 年代末和 50 年代，他们大都在"文化大革命"期间有上山下乡的经历，在改革开放之初补充接受大学教育。第三代国际关系学者普遍出生在 20 世纪 60 年代或 70 年代前半期。第四代国际关系学者出生在改革开放时代，也即 20 世纪 70 年代末和 80 年代。② 年轻一代学者受过良好的大学和研究生教育，外语娴熟，具有国际经历和国际视野，如能坚定不移地坚持中国学术自主性，在中国思想文化方面有更深入的熟稔和把握，假以时日，必能产生高质量的研究产品，从而超越前代学者而有更大建树。

多年前，广受尊敬的英国学者李约瑟（Joseph Needham）就曾指出："欧洲人说起来总好像整个世界都是他们发现的。这是一种极其狭隘的观念，在文艺复兴以前是完全不正确的，巴克特里王国的希腊人并没有发现中国；相反地却是中国人（张骞）发现了希腊人。……"③ 若干年后的 1992 年，李约瑟已届 92 岁高龄时，又再次肯定中国对世界的贡献，称："无疑，世界受惠于中国的，比可能想象的还要多，而'唤起智慧的警钟'即弗朗西斯·培根只看到三项：磁罗盘、火药及纸与印刷。对于这

---

① 见秦亚青：《中国国际关系理论的发展与贡献》，《外交评论（外交学院学报）》2019 年第 6 期。

② 见徐进：《中国国际关系学"学派"的生成》，载张宇燕主编：《当代中国国际政治学研究》，中国社会科学出版社 2016 年版，第 405 页。

③ 〔英〕李约瑟著，劳陇译：《四海之内——东方和西方的对话》，生活·读书·新知三联书店 1987 年版，第 11 页。

些，我们现在能够再补充许许多多，诸如机械钟的擒纵装置、旋转运动与直线运动相互转换的标准方法及算术中的十进位等等。这些发明不只是技术发明 —— 像人们从这一早熟文明中所能料想的那样，而且还是在最严格意义下的科学发明。……我肯定地认为，在未来时间里世界将会看到有越来越多的东西受惠于中国和中国人民。"①

作为中国人，我们应该感谢英国人李约瑟关于中国对世界所做贡献的肯定，以及他所进行的发掘甚至是"发现"。与此同时，我们也应该体认近现代以来欧洲和北美对世界做出的重大贡献，相形之下中国则应奋起直追。李约瑟所相信和期望于中国的，需要中国人通过时间、行动和实际成果来证明。这适用于自然科学领域，也同样适用于社会科学和思想文化领域，包括国际关系和世界和平。

在 1955 年的英中友好协会主席演说词中，李约瑟这样提醒过人们，说："也许整个问题归结到一点，就是要实践谦逊和友爱的精神。我们必须真诚相信，一切种族主义的思想，一切自我陶醉的文化优越感都是和世界大同社会的目标背道而驰的。"② 在这里，我们看到了一位西方人的博大胸怀。21 世纪的今天，世人必须理解、赞赏和发扬这种情怀，并将其落实到各自的行动中。中国文化本不稀缺优美的质素，但它们可能被忽略，可能变得暗淡，甚至可能中落。站在 21 世纪第三个十年的入口处，作为中国人的我们必须努力发掘、继承中国思想中优美的质素，转化之，发展之，而贡献于明日世界的国际关系和人类的未来，是所至望。

---

① 潘吉星主编:《李约瑟集》，天津人民出版社 1998 年版，李约瑟"序言"。

② 〔英〕李约瑟著，劳陇译:《四海之内 —— 东方和西方的对话》，生活·读书·新知三联书店 1987 年版，第 22 页。

参考文献

专著：

"太平洋地区发展前景和中国现代化"学术讨论会组织委员会编：《太平洋地区发展前景和中国现代化》，中国财政经济出版社 1985 年版。

《邓小平文选》第三卷，人民出版社 1993 年版。

《胡愈之文集》第三卷，生活·读书·新知三联书店 1996 年版。

《回忆张闻天》，湖南人民出版社 1985 年版。

《蒋廷黻回忆录》，岳麓书社 2003 年版。

《李大钊选集》，人民出版社 1959 年版。

《民国丛书》第一至五编，上海书店出版社 1989—1996 年出版。

《民国丛书续编》，上海书店出版社 2012 年开始出版。

《韬奋文集 2》，生活·读书·新知三联书店 1955 年版。

《战后世界历史长编》各册，上海人民出版社出版。

《中国当代社会科学家》第五、六辑，书目文献出版社 1983 年版。

陈博文：《中日外交史》，商务印书馆 1928 年版。

陈汉文：《在国际舞台上 —— 西方现代国际关系学浅说》，四川人民出版社 1985 年版。

陈翰笙：《四个时代的我：陈翰笙回忆录》，中国文史出版社 2012 年版。

陈翰笙著，汪熙、杨小佛主编：《陈翰笙文集》，复旦大学出版社 1985 年版。

陈翰笙：《美国垄断财团》，世界知识社 1955 年版。

陈力编著:《东风压倒西风》,浙江人民出版社 1958 年版。

陈其人:《帝国主义经济与政治概论》,复旦大学出版社 1986 年版。

陈启达:《多维的世界与多维的思维 —— 国际问题研究方法概论》,时事出版社 1999 年版。

陈启懋主编,金应忠副主编:《跨世纪的世界格局大转换》,上海教育出版社 1996 年版。

陈崧编:《五四前后东西文化问题论战》,中国社会科学出版社 1985 年版。

陈忠经:《国际战略问题》,时事出版社 1987 年版。

戴文葆:《新颖的课题》,生活·读书·新知三联书店 1986 年版。

邓正来编:《王铁崖文选》,中国政法大学出版社 2003 年版。

费孝通、夏衍等著:《胡愈之印象记》,中国友谊出版公司 1989 年版。

费孝通:《美国和美国人》,生活·读书·新知三联书店 1985 年版。

冯宾符著,杨学纯、沈中明编:《冯宾符国际问题文选》(上、下册),世界知识出版社 2002 年版。

冯绍雷、潘世伟、范军、卢林:《国际关系新论》,上海社会科学院出版社 1994 年版。

福特基金会:《中国的国际关系研究 —— 福特基金会资助项目回顾与选择》,北京,2003 年。

复旦大学资本主义国家经济研究所编:《美国垄断财团》,上海人民出版社 1977 年版。

郭普著:《什么是战争》,上海人民出版社 1955 年版。

郭树勇主编:《国际关系:呼唤中国理论》,天津人民出版社 2005 年版。

国际关系史研究会编:《国际关系史论文集》,1981 年。无出版者。

国际和平年中国组织委员会编:《为了和平与人类的未来:纪念国际和平年》,世界知识出版社 1986 年版。

何方:《从延安一路走来 —— 何方自述》,人民日报出版社 2015 年版。

何方:《何方集》,中国社会科学出版社 2001 年版。

何方:《论和平与发展时代》,世界知识出版社 2000 年版。

何兆武口述,文靖撰写:《上学记》,生活·读书·新知三联书店 2008 年版。

洪钧培编:《国民政府外交史》(第一集),上海华通书局发行 1932 年 11 月再版。

宦乡:《宦乡集》,中国社会科学出版社 2002 年版。

宦乡:《纵横世界》,世界知识出版社 1985 年版。

宦乡:《纵横世界续编》,世界知识出版社 1989 年版。

宦乡主编:《当代世界政治经济基本问题》,世界知识出版社 1989 年版。

黄仁伟:《中国崛起的时间和空间》,上海社会科学院出版社 2002 年版。

季国兴:《中国的海洋安全和海域管辖》,上海人民出版社 2009 年版。

姜长斌、罗伯特·罗斯主编:《1955—1971 年的中美关系 ——缓和之前:冷战冲突与克制的再探讨》,世界知识出版社 1998 年版。

蒋廷黻:《近代中国外交史资料辑要》,东方出版社 2014 年版。

蒋廷黻:《中国近代史》,海南出版社 1994 年版。

金仲华:《第二次世界大战前后 —— 金仲华国际问题文选》,世界知识出版社 1987 年版。

雷海宗:《如此世界 如何中国》,中国文史出版社 2018 年版。

李纯青:《笔耕五十年》,生活·读书·新知三联书店 1994 年版。

李琮:《第三世界论》,世界知识出版社 1993 年版。

李平心:《平心文集》第一卷,华东师范大学出版社 1985 年版。

李圣五:《国际公法论》,商务印书馆 1933 年版。

李晔、李振军:《太平洋学会研究(1925—1960)》,燕山大学出版社 2016 年版。

刘胜俊:《从“慕尼黑”到“赫尔辛基”》,北京人民出版社 1977 年版。

刘思慕:《第二次世界大战:历史与现实》,国防大学出版社 1990

年版。

柳克述：《近百年世界外交史》，商务印书馆 1930 年初版，（台北）正中书局 1960 年再版。

龙光编著：《东风压倒西风》，江苏人民出版社 1958 年版。

鲁毅、顾关福、俞正梁、傅耀祖主编：《新时期中国国际关系理论研究》，时事出版社 1999 年版。

罗元铮主编：《太平洋经济共同体》，中国财政经济出版社 1981 年版。

马振岗主编：《五十载春秋 —— 纪念中国国际问题研究所成立 50 周年》，世界知识出版社 2006 年版。

毛泽东：《毛泽东选集》（一卷本），人民出版社 1967 年版。

倪世雄、冯绍雷、金应忠：《世纪风云的产儿 —— 当代国际关系理论》，浙江人民出版社 1989 年版。

倪孝铨、罗伯特·罗斯主编：《美中苏三角关系（70—80 年代）》，人民出版社 1993 年版。

平心：《国际问题研究法》，生活书店 1936 年 10 月初版，1939 年 1 月第四版。

钱小柏、雷群明编著：《韬奋与出版》，学林出版社 1983 年版。

乔冠华：《从慕尼黑到敦刻尔克 —— 关于第二次欧战的形成、发展和演变》，世界知识出版社 1984 年版。

秦亚青：《关系与过程 —— 中国国际关系理论的文化建构》，上海人民出版社 2012 年版。

任晓：《走向世界共生》，商务印书馆 2019 年版。

任晓编：《共生 —— 上海学派的兴起》，上海译文出版社 2015 年版。

上海国际问题研究所、西德艾伯特基金会合编：《南北关系 —— 全球瞩目的重要课题》，中国财政经济出版社 1983 年版。

上海国际问题研究所编：《国际形势年鉴》各册，中国大百科全书出版社上海分社等出版。

上海市国际关系学会编：《国际关系理论初探》，上海外语教育出版社 1991 年版。

上海市国际关系学会编：《和平的探索》，上海社会科学院出版社1988年版。

上海市国际关系学会编：《回顾与展望 —— 庆祝上海市国际关系学会成立五十周年》，上海人民出版社2007年版。

上海通志编纂委员会编：《上海通志》第7卷，上海人民出版社/上海社会科学院出版社2005年版。

史俊民：《中日国际史》，北京鸣报社1919年12月初版。

宋应离、刘小敏编：《亲历新中国出版六十年》，河南大学出版社2009年版。

孙宏云：《中国现代政治学的展开：清华政治学系的早期发展（一九二六至一九三七）》，生活·读书·新知三联书店2005年版。

孙平华：《张彭春：世界人权体系的重要设计师》，社会科学文献出版社2017年版。

谭焯宏：《国际公法原论》，商务印书馆1922年5月初版。

外交学院：《中国外交官的摇篮 —— 热烈庆祝外交学院建院六十周年（1955—2015）》，2015年。

汪晖：《文化与政治的变奏 —— 一战和中国的"思想战"》，上海人民出版社2014年版。

汪精卫：《国民会议国际问题草案》，北京国际问题研究会1925年版。

王邦佐、潘世伟主编：《二十世纪中国社会科学·政治学卷》，上海人民出版社2005年版。

王化成：《现代国际公法》，中国文化服务社1942年版。

王惠中：《国际法纲要》，中华书局1934年版。

王家福：《国际战略学》，黑龙江人民出版社1986年版。

王绳祖主编：《国际关系史》（全十卷），世界知识出版社1995年版。

王铁崖：《国际法引论》，北京大学出版社1998年版。

王向民：《民国政治与民国政治学：以1930年代为中心》，上海人民出版社2008年版。

王亚南：《王亚南文集》第五卷，福建教育出版社1989年版。

王逸舟：《当代国际政治析论》，上海人民出版社 1995 年版。

王逸舟主编：《中国国际关系研究（1995—2005）》，北京大学出版社 2006 年版。

王芸生编著：《六十年来中国与日本》第一卷，生活·读书·新知三联书店 1979 年版。

温儒敏、丁晓萍编：《时代之波 —— 战国策派文化论著辑要》，中国广播电视出版社 1995 年版。

许涤新：《风狂霜峭录》，生活·读书·新知三联书店 1989 年版。

许纪霖、李琼编：《天地之间 —— 林同济文集》，复旦大学出版社 2004 年版。

许纪霖、刘擎主编：《新天下主义》（"知识分子论丛"第 13 辑），上海人民出版社 2015 年版。

阎学通、孙学峰：《国际关系研究实用方法》，人民出版社 2001 年版。

阎学通、徐进编：《中国先秦国家间政治思想选读》，复旦大学出版社 2008 年版。

阎学通：《中国国家利益分析》，天津人民出版社 1996 年版。

颜声毅、李幼芬、俞正梁、朱明权：《现代国际关系史》，知识出版社 1984 年版。

杨公素：《沧桑九十年 —— 一个外交特使的回忆》，海南出版社 1999 年版。

杨泽伟：《宏观国际法史》，武汉大学出版社 2001 年版。

杨紫翔：《民国时期"先秦国际法"研究述评 —— 兼论当代中国国际关系理论的构建》，载中国国际关系学会、复旦大学国际问题研究院、外交学院编：《中国国际关系理论的建设：借鉴与创新·2011 年博士论坛》，世界知识出版社 2012 年版。

余开祥主编：《世界政治经济和国际关系》，上海人民出版社 1988 年版。

俞正梁、陈玉刚、苏长和：《二十一世纪全球政治范式研究》，（台北）雁山出版社 2003 年版。

俞正梁、颜声毅、汪鸿祥：《战后国际关系史纲（1945—1987）》，世界知识出版社 1989 年版。

俞正梁等著：《大国战略研究——未来世界的美、俄、日、欧（盟）和中国》，中央编译出版社 1998 年版。

袁明、哈里·哈丁主编：《中美关系史上沉重的一页》，北京大学出版社 1989 年版。

袁明主编：《跨世纪的挑战：中国国际关系学科的发展（修订版）》，北京大学出版社 2007 年版。

张椿年、陆国俊主编：《陈翰笙百岁华诞集》，中国社会科学出版社 1998 年版。

张季良主编：《国际关系学概论》，世界知识出版社 1989 年版。

张静：《中国太平洋国际学会研究（1925~1945）》，社会科学文献出版社 2012 年版。

张力：《国际合作在中国——国际联盟角色的考察（1919—1946）》，"中研院"近代史研究所专刊（83），1999 年 6 月。

张明养：《国际政治讲话》，开明书店 1935 年版。

张奚若：《张奚若文集》，清华大学出版社 1989 年版。

张友渔：《张友渔学术精华录》，北京师范学院出版社 1988 年版。

张仲实：《张仲实文集》第二卷（上、下册），中央编译出版社 2016 年版。

赵汀阳：《天下的当代性：世界秩序的实践与想象》，中信出版社 2015 年版。

赵汀阳：《天下体系：世界制度哲学导论》，江苏教育出版社 2005 年版（再版由中国人民大学出版社 2011 年出版）。

郑必坚：《思考的历程——关于中国和平发展道路的由来、根据、内涵和前景》，中共中央党校出版社 2006 年版。

郑异凡主编：《灰皮书：回忆与研究》，漓江出版社 2015 年版。

中共中央党校国际战略研究所编：《中国和平崛起新道路》，中共中央党校出版社 2004 年版。

中国出版工作者协会编:《生活·读书·新知革命出版工作五十年纪念集（1932—1982）》,生活·读书·新知三联书店 1984 年版。

中国国际关系学会编:《国际关系理论:前沿与热点 ——2006 博士论坛》,世界知识出版社 2007 年版。

中国国际关系学会编:《国际关系研究:合作理论及争鸣 ——2008 博士论坛》,世界知识出版社 2009 年版。

中国国际关系学会编:《评价国际关系理论:积累与进步 ——2007 年博士论坛》,世界知识出版社 2008 年版。

中国人民大学中共党史教研室编:《批判中国资产阶级中间路线参考资料》第一至四辑,中国人民大学 1959 年版。

中国人民政治协商会议上海市委员会文史资料工作委员会、中共上海市委统战部统战工作史料征集组编:《上海文史资料选辑 —— 统战工作史料专辑（六）》,上海人民出版社 1986 年版。

中国社会科学院科研局组织编选:《陈翰笙集》,中国社会科学出版社 2002 年版。

中国现代国际关系研究所编:《国际政治新秩序问题》,时事出版社 1992 年版。

中华人民共和国外交部:《中国外交概览》和《中国外交》各册,世界知识出版社出版。

朱明权主编:《20 世纪 60 年代国际关系》,上海人民出版社 2001 年版。

朱明权主编:《尼克松—福特时期的美国对华政策（1973—1976）》,上海人民出版社 2012 年版。

资中筠、陈乐民等:《冷眼向洋 —— 百年风云启示录》,生活·读书·新知三联书店 2000 年版。

资中筠主编:《国际政治理论探索在中国》,上海人民出版社 1998 年版。

译著:

〔法〕白吉尔著,张富强、许世芬译:《中国资产阶级的黄金时代

（1911—1937）》，上海人民出版社 1994 年版。

〔美〕弗雷德里克·范德比尔特·菲尔德著，竞耘、芦荻生译：《从右到左——我的自传》，世界知识出版社 1992 年版。

文章：

《关于中国和平崛起道路的探讨》，《世界经济研究》2004 年第 5 期。

《世界主要矛盾问题研讨会纪要》，《现代国际关系》1995 年第 1 期。

陈乐民：《西方现代国际关系学简介》，《国际问题研究》1981 年第 2 期。

戴炳然：《关于主权问题的再思索》，《欧洲研究》2003 年第 5 期。

高尚涛：《关系主义与中国学派》，《世界经济与政治》2010 年第 8 期。

洪远：《中国国际关系理论研究述要》，《历史教学》1989 年第 11 期。

李琼、刘国平、谭秀英：《新中国国际问题研究 50 年》，《世界经济与政治》1999 年第 12 期。

李义虎：《关于国际关系理论的本体论问题——从西方理论到中国理论》，《国际政治研究》2005 年第 1 期。

梁守德：《国际政治学在中国：再谈国际政治学理论的"中国特色"》，《国际政治研究》1997 年第 1 期。

梁守德：《论国际政治学的中国特色》，《国际政治研究》1994 年第 1 期。

梁守德：《中国国际政治学学科建设的回顾与思考》，《河南社会科学》2005 年第 1 期。

鲁鹏：《构建国际关系理论的中国学派》，《人民日报》2018 年 2 月 26 日。

梅然：《该不该有国际政治理论的中国学派？》，《国际政治研究》2000 年第 1 期。

秦亚青：《全球国际关系学与中国国际关系理论》，《国际观察》2020 年第 2 期。

秦亚青：《中国国际关系理论的发展与贡献》，《外交评论》2019 年第 6 期。

秦亚青:《中国国际关系理论研究的进步与问题》,《世界经济与政治》2008 年第 11 期。

任晓:《"中国学派"问题的再思与再认》,《国际观察》2020 年第 2 期。

任晓:《理论与国际关系理论:一些思考》,《欧洲》2000 年第 4 期。

任晓:《论主权的起源》,《欧洲研究》2004 年第 5 期。

任晓:《走自主发展之路 —— 争论中的"中国学派"》,《国际政治研究》2009 年第 2 期。

尚会鹏:《关于国际政治"关系理论"的几个问题 —— 与秦亚青教授商榷》,《国际政治研究》2017 年第 2 期。

石斌:《国际关系理论"中国式探索"的几个基本问题》,《世界经济与政治》2004 年第 5 期。

宋新宁:《国家利益的理论认识》,《中国社会科学季刊》1997 年秋季卷。

苏长和:《从关系到共生 —— 中国大国外交理论的文化和制度阐释》,《世界经济与政治》2016 年第 1 期。

王建伟、林至敏、赵玉梁:《努力创建我国自己的国际关系理论体系》,《世界经济与政治内参》1986 年第 9 期。

王勇:《试论建立国际关系理论的实证方法 —— 兼评国际关系理论的"中国特色"》,《国际政治研究》1994 年第 4 期。

伍贻康、张海冰:《论主权的让渡 —— 对"论主权的不可分割性"一文的论辩》,《欧洲研究》2003 年第 6 期。

习近平:《在纪念胡耀邦同志诞辰 100 周年座谈会上的讲话》,《人民日报》2015 年 11 月 21 日。

徐进、刘畅:《中国学者关于全球治理的研究》,《国际政治科学》2013 年第 1 期。

阎学通:《道义现实主义的国际关系理论》,《国际问题研究》2014 年第 5 期。

阎学通:《借鉴先秦思想创新国际关系理论》,《国际政治科学》2009年第 3 期。

杨原:《中国国际关系理论研究（2008—2011）》,《国际政治科学》2012 年第 2 期。

俞正梁:《发展中国家在主权问题上的当代选择 —— 中国对外战略问题思考之一》,《复旦学报》1998 年第 1 期。

张锋:《中国国际关系研究中的清华路径》,《国际政治科学》2012年第 4 期。

张睿壮:《我国国际关系学科发展存在的若干问题》,《世界经济与政治》2003 年第 5 期。

张胜军:《全球治理的“东南主义”新范式》,《世界经济与政治》2017 年第 5 期。

张曙光:《冷战国际史与国际关系理论的链接 —— 构建中国国际关系研究体系的路径探索》,《世界经济与政治》2007 年第 2 期。

赵宝煦:《关于加强外国问题研究的一点史料》,《国际政治研究》2014 年第 3 期。

赵玉梁、赵晓春、楚树龙:《关于建立有中国特色的国际关系学体系 —— 上海国际关系理论讨论会纪要》,《现代国际关系》1987 年第 4 期。

志　谢

本书得以完成，需要感谢的人士甚多。

复旦大学图书馆以及国际关系与公共事务学院图书资料室、历史系图书资料室给予我诸多帮助，我对周韧稜、傅德华、李春博诸位深表感谢。

编辑朱竞梅女士对本书初稿提出了十分中肯而专业的意见和建议，对于提升书稿质量助益甚大。

感谢袁明教授和秦亚青教授为本书作序。郭小琴和孙志强在本书撰写过程中给予了协助，一并鸣谢。

在研究和写作过程中，我还请教了若干位了解某一情况的当事人，尤其是仍健在的老一辈学者。但如果具体列举这些人士的名字，就难免不出现遗漏。再说他们也无须为本书可能存在的讹误负责。在这里，请允许我以非列名的方式向其他帮助过我的人士表示感谢。

任　晓

2020 年 5 月 30 日初记

2021 年 1 月 21 日改于沪东吉浦河畔